新土地经济学

New Land Economics

On the Background of Modern State
and Public-owned System

以现代国家
和土地公有制为背景

秦中春 著

中国发展出版社
CHINA DEVELOPMENT PRESS

图书在版编目（CIP）数据

新土地经济学：以现代国家和土地公有制为背景 / 秦中春著. —北京：中国发展出版社，2022. 4（2022. 9重印）

ISBN 978-7-5177-0999-2

Ⅰ. ①新… Ⅱ. ①秦… Ⅲ. ①土地经济学—研究Ⅳ. ①F301

中国版本图书馆CIP数据核字（2022）第044722号

书　　名： 新土地经济学：以现代国家和土地公有制为背景
著作责任者： 秦中春
责 任 编 辑： 陈学英　龚　雪
出 版 发 行： 中国发展出版社
联 系 地 址： 北京经济技术开发区荣华中路22号亦城财富中心1号楼8层（100176）
标 准 书 号： ISBN 978-7-5177-0999-2
经　销　者： 各地新华书店
印　刷　者： 北京市密东印刷有限公司
开　　本： 710mm × 1000mm 1/16
印　　张： 24.25
字　　数： 461千字
版　　次： 2022 年 4 月第 1 版
印　　次： 2022 年 9 月第 2 次印刷
定　　价： 78.00元

联 系 电 话：（010）68990642　68990692
购 书 热 线：（010）68990682　68990686
网 络 订 购： http：//zgfzcbs.tmall.com
网 购 电 话：（010）68990639　88333349
本 社 网 址： http：//www.develpress.com
电 子 邮 件： fazhanreader@163.com

目　录

引　论　反思和创新土地经济学的基本理论……………………………………1

第一章　问题的提出与新型理论框架的建构……………………………………8

一、一个“清华教授之问”带给我们的思考……………………………………8
二、土地制度的设计、变革与坚守意义重大……………………………………10
三、中国现行的土地制度在设计上还不完善……………………………………12
四、现行土地经济学的理论体系存在缺陷……………………………………15
五、关于新土地经济学的理论框架的建构……………………………………20

第二章　现代经济学的若干基本原理……………………………………26

一、劳动价值论：国民财富的源泉……………………………………26
二、交换价值论：引入交换很重要……………………………………30
三、结构价值论：结构优化很重要……………………………………36
四、时间价值论：时间因素很重要……………………………………41
五、制度价值论：社会秩序很重要……………………………………45

第三章　土地在现代经济学上的特殊性……………………………………53

一、土地物品和土地问题的特殊性……………………………………53
二、土地产权和土地利用的特殊性……………………………………62
三、土地市场和市场机制的特殊性……………………………………70

四、土地租金和利益调节的特殊性……72
五、土地经济和变量考虑的特殊性……74

第四章　土地制度设计的观念、定义和方法……78

一、关于土地制度设计的基本观念……78
二、关于土地制度设计的基本定义……89
三、关于土地制度设计的基本方法……102

第五章　土地利用的时空条件的界定与保护……105

一、土地利用的时空条件是变量……105
二、土地利用的时间条件的界定……109
三、土地利用的时间条件的保护……112
四、土地利用的空间条件的界定……113
五、土地利用的空间条件的保护……118

第六章　土地利用的用途条件的界定与保护……121

一、土地利用的用途条件是变量……121
二、土地利用的主要用途的划分……122
三、土地利用的主要用途的变化……125
四、土地利用的用途条件的界定……127
五、土地利用的用途条件的保护……130

第七章　土地利用的方式条件的界定与保护……132

一、土地利用的方式条件是变量……132
二、土地利用方式的基本划分……134
三、土地利用方式的重要变化……141
四、土地利用的方式条件的界定……144
五、土地利用的方式条件的保护……146

第八章 土地利用的责权条件的界定与保护……148

一、土地利用的责权条件是变量……148

二、土地权利的构成及其责任的隐含性……150

三、土地的所有权与使用权的关联和转化……158

四、土地利用的责权条件的界定……160

五、土地利用的责权条件的保护……161

第九章 土地利用的边界条件的调整与管理……163

一、土地利用的边界条件调整的原因……163

二、土地利用的时间边界条件的调整……169

三、土地利用的空间边界条件的调整……171

四、土地利用的用途边界条件的调整……171

五、土地利用的方式边界条件的调整……172

六、土地利用的责权边界条件的调整……173

七、土地利用的边界条件调整的规范……174

第十章 土地公有制的历史进步和不断完善……176

一、新中国建立土地公有制有开创性……176

二、建立土地公有制是一种历史进步……181

三、实行土地公有制在实践中面临的难题……183

四、正视与土地公有制有关的认识分歧……192

五、统筹推进土地公有制的不断完善……201

第十一章 土地有条件个人所有权的提出和界定……207

一、土地所有权及相关制度……207

二、土地所有权及相关制度的理论新解……215

三、基于新解释的土地私有制的主要缺陷……223

四、基于新解释的土地公有制的隐含条件……225

五、从土地公有制到引入配套条件可公可私……226

六、关于土地有条件个人所有权的概念界定……230
七、从土地有条件个人所有权到土地财产权……232

第十二章　土地有条件个人所有权的引入和应用……234

一、重新思考现实社会中的土地制度相关内容……234
二、引入土地有条件个人所有权不是推倒重来……239
三、引入土地有条件个人所有权的情景和类型……240
四、基于碎片化的个人土地使用权的合理组装和建制……241
五、基于绝对化的个人土地所有权的合理转型和改制……246
六、重视土地制度中的时代背景、前提条件和隐含假设……254
七、制度建构的科学化、规范化、标准化和长期化……259

第十三章　农村土地集体所有制的合理解释与变革……264

一、对农村土地集体所有制的解释回顾及其存在的缺陷……264
二、对农村土地集体所有制进行新解释的角度和方法……268
三、对农村土地集体所有制的新解释的主要内容……271
四、对农村土地集体所有制的新解释与现有解释的比较……277
五、从现有解释转向新的解释所突破的重大理论问题……282
六、基于新解释的农村土地集体所有制的制度变迁……288
七、一些重要制度安排变化的原理、内容和假设条件……294
八、对农村土地集体所有制的新解释的政策含义……304

第十四章　土地资源配置效率的提升与促进机制……318

一、土地的资源配置效率问题关系重大……318
二、土地的资源配置效率具有特殊性……319
三、影响土地资源配置效率的各种因素……324
四、关系土地资源配置效率的工作要求……331
五、提升土地资源配置效率的内在机制……332
六、提升土地资源配置效率的实践途径……333

七、提升土地资源配置效率的重要保障……………………335

第十五章　土地经济利益分配的决定与调节机制……………………342

一、土地上的经济利益具有特殊性……………………342
二、土地上的经济利益的形成与分配……………………346
三、解决土地上的经济利益矛盾的不同途径……………………355
四、国家调节土地经济利益分配的基本原理……………………356
五、国家规范土地经济利益分配的重要方式……………………358
六、国家对土地及附属物进行课税的政策……………………360
七、国家土地利用管理制度的健全和完善……………………364

参考文献……………………367

后记……………………375

图目录

图 2-1　迈向企业竞争优势的五种竞争作用力 ······35
图 2-2　迈向国家竞争优势的钻石理论分析体系 ······35
图 12-1　土地有条件个人所有权的引入和土地制度框架的拓展 ······239
图 12-2　一个国家或地区土地制度基本框架的科学建构 ······260
图 13-1　改革开放以前的农村土地集体所有制的传统模型 ······289
图 13-2　改革开放以后的农村土地集体所有制的发展模型 ······291
图 13-3　深化改革以后的农村土地集体所有制的现代模型 ······293
图 13-4　农村土地所有权的拆分与市场交易机制的引入 ······296
图 13-5　从交换价值论到劳动价值论 ······299

表目录

表 2-1　一个国家的国民财富的基本构成 ······28
表 2-2　经济发展中的重要替代 ······34
表 2-3　经济发展中人的不同层次的社会需求 ······40
表 2-4　经济发展中人的不同种类的成本代价 ······41
表 2-5　经济发展中人的两种预期 ······43
表 3-1　纯粹私人物品的特点要求 ······54
表 3-2　纯粹公共物品的特点要求 ······55
表 3-3　准公共物品的基本特点 ······55
表 3-4　土地作为经济物品转换使用的两种类型及特点 ······56
表 3-5　土地利用的三个层次及特点 ······58
表 3-6　土地利用中的劳动者的不同形式 ······65
表 4-1　作为土地利用主体的人的特点 ······79
表 4-2　现代社会的人的分化及其主要类型 ······81
表 4-3　土地利用的时代变化及对土地制度设计的影响 ······82
表 4-4　土地制度的两种形态及其比较 ······91
表 4-5　土地的自然属性 ······95
表 4-6　土地的社会属性 ······96

表 5-1　时间因素的确定在土地经济学中的重要意义……106
表 5-2　与土地利用有关的各种投资周期的类型及其特点……107
表 5-3　空间因素的确定在经济学中的重要意义……109
表 5-4　改革开放后中国各类城市用地使用权出让的最高年限……111
表 5-5　改革开放后中国农村集体土地家庭承包经营时间的政策规定……112
表 6-1　中国土地状况（2017 年）……127
表 6-2　全国主体功能区的划分……128
表 8-1　土地自由市场失灵的可能表现与国家介入的可能角色……153
表 9-1　土地利用的各种主体及特点比较……168
表 10-1　新中国土地公有制的思想内涵和内容创新……180
表 10-2　新中国土地公有制的参与主体……181
表 10-3　社会对土地公有制内容的不同理解……195
表 13-1　农村土地集体所有制的问题导向和制度内容……275
表 13-2　中国农村土地集体所有制与中国城市土地国有制的比较……276
表 13-3　中国农村土地集体所有制与资本主义国家土地私有制的比较……277
表 13-4　对中国农村土地集体所有制的新解释与经典的传统解释的比较……278
表 13-5　对中国农村土地集体所有制的新解释与发展的主流解释的比较……280
表 13-6　中国农村土地的产权构成及三种权利的区分……287
表 13-7　农村土地集体所有制在实践中面临的四大难题及解决途径……294
表 13-8　引入创新因素驱动发展的五种类型、内容和条件……301
表 13-9　农村土地上的劳动者所有方式的演变……301
表 13-10　农村土地上的劳动成果及利益分配方式的演变……302
表 13-11　国家在农村土地管理中的角色演变……303
表 14-1　影响土地资源配置效率的人口与社会因素……325
表 14-2　影响土地资源配置效率的自然与环境因素……326
表 14-3　影响土地资源配置效率的技术与投资因素……327
表 14-4　影响土地资源配置效率的制度与政策因素……328
表 15-1　各国土地及房地产税收设置情况……362

专栏目录

专栏 1–1　清华教授之问：城市房子是啥性质？……8
专栏 2–1　交换或贸易可使每个人的状况都变好……33
专栏 2–2　经济发展中数学模型的利用……37
专栏 2–3　经济发展中关于资本的多层次含义……45
专栏 2–4　经济发展中制度的重要力量……50
专栏 2–5　经济制度的结构和多维性……52
专栏 3–1　土地固定资产关系重大……59
专栏 3–2　土地的登记很重要——以澳大利亚为例……63
专栏 3–3　土地利用的独特主体：企业法人……65
专栏 3–4　土地利用的独特领域：现代农业……69
专栏 4–1　现实社会的人的五大层面特点……85
专栏 4–2　土地制度的变迁有“买出”型与“买入”型两种路径……88
专栏 4–3　中国土地制度的特点：公共政策……99
专栏 4–4　中国农村土地制度改革的新进展……103
专栏 5–1　新加坡土地权属法中的土地空间界定……114
专栏 5–2　中国城镇国有土地使用权出让和转让中的土地空间界定……115
专栏 5–3　中华人民共和国第一个国土空间开发规划……116
专栏 5–4　土地利用的多种类型空间细分……118
专栏 7–1　重视土地集约化利用的原理……135
专栏 7–2　重视土地规模化利用的原理……137
专栏 7–3　重视土地资本化利用的原理……138
专栏 7–4　重视土地可持续利用的原理……140
专栏 8–1　产权制度和土地产权……151
专栏 8–2　国内外土地所有权的差异……154
专栏 8–3　国内外土地使用权的差异……156
专栏 9–1　国家性质、国家演变和国家职能……165
专栏 9–2　地租的重要性与历史演变……169
专栏 10–1　新中国土地公有制与人民群众……177
专栏 10–2　新中国土地公有制与现代国家……178

专栏 10–3 新中国土地公有制与农地占有 ……179
专栏 10–4 新会县人民公社体制中存在的人的劳动管理难题……184
专栏 10–5 公有土地的无偿无期使用及以行政分配为主造成的低效难题 ……186
专栏 10–6 公有土地的不同类型形成的土地使用权存在很大差异……188
专栏 10–7 公有土地的使用在个人权责界定、登记颁证和监管服务上面临难题 ……190
专栏 10–8 从深圳的发展看中国土地制度问题的复杂性……197
专栏 10–9 深入领会中央关于推进土地制度改革发展的精神……200
专栏 11–1 部分学者对土地所有权的基本解释 ……208
专栏 11–2 科斯理论的重要贡献与隐含缺陷 ……213
专栏 11–3 土地所有权制度分析需要关注的问题的复杂性……217
专栏 11–4 经济学上的产权与法律上的财产权在概念上存在差异……220
专栏 11–5 土地私有制中的土地所有权的类型 ……224
专栏 11–6 土地公有制的功能、合理性与隐含条件分析……227
专栏 11–7 土地私有制的功能、合理性与隐含条件分析……228
专栏 12–1 中国现行土地制度的多种安排 ……235
专栏 12–2 社会经济制度的构成和分类 ……236
专栏 12–3 美国《宅地法》的制度规定及其演变历程……237
专栏 12–4 中国的土地使用权性质及有关规定 ……244
专栏 12–5 中国的土地所有权性质及有关规定 ……247
专栏 12–6 部分国家个人特定土地所有权的责任 ……249
专栏 12–7 重视有限责任公司制度和股份公司证券化的突破……252
专栏 12–8 中国现行农村土地流转制度设计 ……258
专栏 12–9 新时代中国激发经济增长潜力的重要任务……262
专栏 14–1 土地作为生产要素的特点 ……321
专栏 14–2 土地市场的特点和新中国土地市场的建设……336
专栏 14–3 与土地利用有关的资本积累的两个条件……338
专栏 14–4 推动村镇土地利用的技术创新的途径探索……339
专栏 15–1 土地作为分配因素的特点 ……344
专栏 15–2 土地租金的内容……348
专栏 15–3 土地价格的内容……350

引　论

反思和创新土地经济学的基本理论

经济学是研究稀缺资源配置的社会科学。本书尝试从新的角度和方法分析一个国家或地区在土地制度的设计和改革中涉及的经济问题。笔者对土地制度设计背后的核心思想进行了深入探究，并在此基础上提出了一套新的理论、方法和途径，试图解决新时代中国土地制度改革面临的深层次问题和现实难题。本书以现代国家和土地公有制为背景，区别于传统的从商品土地入手和以人地关系分析为核心的生产力经济学模型，采用从人入手和以人与人的关系分析为核心的现代制度经济学和马克思主义政治经济学模型，对现实社会中的重大土地问题以及解决问题的途径进行系统研究。本书认为一个国家的可利用土地既不是纯粹的私人物品，也不是纯粹的公共物品，而是准公共物品；为了提高土地资源配置效率和实现人与人之间的利益平衡，需要在实践中引入条件将这种物品转变为私人物品或公共物品使用。本书将分析现实社会中的人与人之间在土地利用上的合理关系作为主要内容，将建构人与人之间以及个人与社会之间在土地利用上的良好秩序作为基本目标，将新中国土地公有制的核心解释为土地由劳动者所有和劳动者受益并由国家或集体进行管理调节，坚持理论联系实际，深入探究土地经济问题，试图准确提出问题，合理界定问题，客观分析问题和从根本上解决问题。

科学视角。制度设计的对象是人的行为。人的思维有自己的方法和策略，科学思维在现代社会是很重要的。在土地制度设计中讲科学很重要。科学是经过长期的努力，以系统的思想将可感知现象尽可能联系起来，通过概念化对客观的规律性进行后验重建。随着人脑中的分析和发现的方法的变化，以前曾经认为无法分析的难题现在变得容易解决。更为重要的是，有些难题的本质现在看来并不是如它们所表现的那样。美国洛克菲勒自然和医学委员会前副主席沃伦韦弗博士曾经写了一篇杰出的关于科学及其复杂性方面的文章《科学与复杂性》（*Science and Complexity*），指出科学思维发展有三个过程：一是处理简单性问题的能力，二是处理无序复杂性问题的能力，三是处理有序复杂性问题的能力。简单性问题指包括两个基本因素的问题，这两个因素在其行为中有直接的关系——有着直接联系的变数，它们的结构本质上是简单的。无序复杂性问题指包括成百上千、过万过亿乃至20亿个变数的问题，这种复杂性包括了范围极广的各式各样的运动规律，但整个系统可能拥有一种有序的、可以分析的平均特性，解决问题的方法一直到1900年以后才由物理科学家（经常是先驱者的数学家）发展出来，主要依靠强大的概率理论和统计力学的技术，比如在大型电话交换领域和金融保险领域的应用等。有序复杂性问题是不同于简单性问题和无序复杂性问题的另一种问题，其变数的数量较多但有限，这些变数之间都是相互关联的，问题是可以被理解和预测的，就如遗传和生命科学问题一样。解决这种问题的方法一直到1932年仍旧非常落后；近几十年取得重要进展，基本思路是先确定一个具体的因素和变数，然后再想方设法将这个因素或变数与其他因素或变数的紧密关系找出来。当然在这个过程中也要用到两个相互关联变数和无序复杂性问题分析方法。

历史视角。制度内容是连接过去、现在和未来的。人的发展是有历史性的，由政治革命、科学革命和产业革命驱动。在土地制度设计中看历史很重要。我们的社会正在进入一个新时代，这个时代是过去三千年未有的，现在应至少覆盖一个社会平均生死周期，未来还要面向成百上千年。千年大计是人的全面发展和更大解放。换言之，就是要从人入手，逐步创造条件实现人的生存和发展的起点公平，考虑剥离人身上的不平等负担，比如住房负担、教育和医疗负担、户籍对人的限制等，建立合理的激励机制，让每个人的辛勤付出都获得应有的回报，激发国民的创造活力，从而实现整个社会更平衡、更充分和更高质量的发展。马克思在《共产党宣言》中提出，共产主义要剥夺的不是社会的生产分配权，而是用这种分配方法来压迫别人劳动的权力，人类社会的未来是自由人的联合体。马克思还指出，共产主义社会是以每个人的全面而自由的发展为基本原则的社会形式①，对私有制要进行扬弃，重建个人所有制②。在实践中，共产主义社会的最终实现是漫长的，分为初级阶

① 《马克思恩格斯全集》第23卷，人民出版社1972年版，第649页。

② 马克思在《共产党宣言》中明确宣布，共产党奋斗的宗旨是消灭私有制，但与此同时他又提出重建个人所有制，二者之间似乎存在语义上的矛盾。杜润生找经济学家董辅礽讨并对此进行了解读，并提出了重建个人所有制的含义，称《共产党宣言》原文为德文，按德文原意“消灭”二字应翻译为扬弃，扬弃与消灭是两个不同的运动形式，扬弃有保存、中止、停止、中截，没有中文消火之义。参见《杜润生自述：中国农村重大决策变革纪实》，人民出版社2005年版。

段的社会主义和高级阶段的共产主义两种形态。社会主义是由作为人的共同体的社会参与国家或区域整体资源的配置、促进劳动人民共同发展和为劳动人民利益服务的一种政治经济思想和社会发展道路。迄今为止，社会主义从一种空想到科学，从一种思潮到实践，已经有超过500年的发展历史。

比较视角。制度内容是需要知识支撑的。人的知识可以通过国内比较、国际比较等途径积累，在土地制度设计中很重要。为了把土地制度建构好，不仅需要重视文字规定的比较，而且需要重视时空条件和隐含假设的比较，还需要重视将制度的相关内容尽可能制定完整以提供可比较的基础。最重要的是在合理比较中拓宽视野、汲取智慧和建构内在一致的逻辑框架。要联系宏观环境和宏观机制（计划经济、市场经济）、微观主体和微观机制（人民公社体制、家庭承包制）、支持系统（公共管理服务、自我服务组织）和中间连接（战略规划、经济结构、社会规范），系统完整地分析对比，扬长避短，取经借鉴。比如，变革一种已经存在的经济制度，当它还能容纳生产力发展的时候，它是不会退出历史舞台的；建立一种新的经济制度，当它赖以存在的诸多条件尚未出现时，它也不会登上历史舞台；推进社会主义不断发展，需要建立在促进经济发展基础之上，贫穷不是社会主义；等等。

问题视角。制度内容是用来解决问题的。制度要为人服务，而不是相反。在土地制度设计中，坚持问题导向很重要。用土地制度解决的问题，主要不是物的问题或者技术的问题，而是人的问题或者秩序问题，是人与人之间以及个人与社会之间的关系问题，是人的责权利安排、资源配置和利益分配等问题。土地制度是国家的基础性制度，关系重大，不能在制度设计上留隐患。在实践中，这是一个不断探究问题、界定问题、分析问题和解决问题的过程。为了把土地制度建构好，要理论联系实际，反对本本主义，解放思想、实事求是，既要反“右”，又要反“左”，重视矛盾论、斗争论和实践论，团结一致向前看。在理想的土地制度中，国家要打破财产和权力的代际传递，推进人与人之间的发展起点公平、机会公平和机制公平，促进人的生产性努力、知识增长和积累投资，抑制人的分配性努力、不劳而获和故意破坏，调控人的不努力、闲暇追求和收入差异，把激励机制搞对，逐步建立现代化社会。

整体视角。制度内容是内含整体考虑的。用制度解决问题，与用暴力、人治或强权解决问题不同，要遵循公开、理性、严谨和规范的精神思想和合理方法。在土地制度设计中关注思想方法的整体考虑很重要。由于社会问题客观上多样复杂，不同人对同一事物和具体问题的认识会存在差异，这就需要对分析和解决制度问题的思路与方法进行规范化。换言之，这种规范化内含在制度内容中，有的是公开显示的，而有的没有公开显示。比如在土地经济利益的分配上，要重视按什么样的原则和方法进行管理、调节与规范，社会主义的分配原则及方法与资本主义的分配原则及方法既有一致之处，也有很大的差异：二者都重视对生产性努力的激励并提供保护，但前者坚持参加劳动者利益优先，更加重视考虑社会平均劳动报酬水平；而后者坚持参加投资者利益优先，更加重视考虑社会平均投资回报水平。

法治视角。制度内容是需要保持基本稳定的。一个好的制度从提出观点到形成政策实施，是一个复杂的过程，不是越新越好，也不是越精简越好。在土地制度设计中，推进法治建设很重要。要增强依法执政本领，提高法治思维能力，完善“操作系统”，建构良好的微观基础、运行模式和发展道路。实行依法治理的关键是要着眼全局，立足长远，建立稳定框架，有序解决问题。要重视权责性思维，在产权界定中考虑相关责任，有权必有责，权责要相当。重视权义性思维，认真对待权利，以权利、义务为工具去审视、调整社会关系，处理社会矛盾。重视合法性思维，公权力和私权力行使都要合乎国家法律要求特别是法律文本的具体规定，执法司法要找准找对法律，即使法律没有具体规定，也要符合法律的目的、原则和精神。重视契约性思维，尊重契约，善用契约。重视程序性思维，权力行使要有程序，程序还应正当，要求公开、中立、理性、可操作、平等参与、自治、及时终结。重视规则性思维，先立规矩后办事，立好规矩再办事，尤其要重视法律的作用，重大改革有法有依，要创制出符合公开、明确、稳定、可预期、无内在矛盾、可遵循、具有同一性、不溯及既往等的良法善治的规范。

土地经济学是研究土地资源配置的社会科学。土地经济学的起点、变量和排序很重要。土地利用是有条件和有责任的。与其他学科相比，土地经济学的重要任务是面向社会应用，为解决现实社会重大土地问题提供指南，不仅要有理论性、专业性，而且要有实践性、可操作性。其在理论起点安排上应合理，避免出现逻辑混乱和系统偏离；在重要影响因素分析上应穷尽，避免出现重大遗漏；在稀缺资源配置上应排序，避免出现无效和浪费。

传统的土地经济学的某些理论是不完善的。在这些理论中，土地的性质与劳动力、资金要素在资源配置上基本一样，是一种纯粹私人物品或者纯粹公共物品，建立土地制度的目的主要是要解决物的问题，对土地利用的前提条件及其背后的人的差异重视不够。这种制度主要是一系列明文规定的内容，比如土地的所有制要么是私有制，要么是公有制等。

新土地经济学是关于国家或地区为解决人与人的土地问题而建构土地制度的理论、方法和途径的一个新的理论框架。它以现代国家和土地公有制为背景，从严格分析土地的经济物品属性入手，将土地作为一种准公共物品而不是纯粹私人物品或纯粹公共物品，将国家或地区作为组织提供公共管理和公共服务的主体，将个人及其家庭和单位作为土地资源配置的主体，深入探究土地基本制度及公共政策设计的一般经济学原理，界定现代国家土地制度设计需要解决的主要问题，分析究竟如何通过引入和完善制度解决这些问题；在此基础上，探讨关于土地制度变革与不变的理论框架以及推进土地制度改革的科学方法与合理政策。

引入新土地经济学以后，在理论思想上，土地是一种准公共物品，劳动者是土地的主人。土地的这种物品性质很独特，它与劳动力、资金要素在资源配置上既有一致之处——需要发挥市场机制的重要作用，也有不同之处——不能简单套用一般可移动物品市场模式。土地是自然资源和人的劳动积累的结合，劳动者有生死之变和转手之变，土地制度的对象是人的行为，建立制度的目的是解决人的问题，建构良好稳定的社会秩序。这种制度是一种有条件的限额交易合约，既有公开明确显示的内容，也有没有公开显示的内容。社会主义土地公有制具有历史进步性。农村土地集体所有制的成员资格不是封闭的，其本身就是开放的。

引入新土地经济学以后，在工作实践中，要全面看待土地制度的内容和形式，既有公开显示的一面，也有隐含假设的一面。其文本是有历史背景、前提条件和隐含假设的。比如，土地利用有特定的时间、空间、用途、方式和责权条件等。中华人民共和国土地公有制的核心是土地由人民群众和劳动者所有，由劳动者使用和劳动者受益，由国家或集体进行管理调节，正确处理好国家、地区、集体和个人的关系。随着时代变化和实践发展，土地制度既要有所变革，也要有所不变。未来中国土地制度改革的一个重要方向是引入土地有条件个人所有权。在中国经济改革实践中，自 20 世纪 80 年代以来，已经出现了土地有条件个人所有权的萌芽。引入土地有条件个人所有权的核心思想是：适应生产力发展水平不断提高的要求，按照微分和积分的思路推进改革，推进土地利用中人的关系的重新组合和优化配置；通过推进条件设置的规范化、标准化和法制化，解决土地资源配置的微观公平和宏观效率问题，发挥政府机制在资源配置中的合理作用；通过推进个人所有的规范化、标准化和法制化，解决土地资源配置的微观效率和合理保护问题，发挥市场机制在资源配置中的重要作用。

引入新土地经济学以后，在政策分析中，土地经济研究的变量大大拓展了，不仅受经济因素的影响，而且受非经济因素的影响，特别是受土地利用所特有的外部性因素的影响。在这些变量中，不仅有一般的投入因素（土地面积、土地成本、资金投入等）和产出因素（土地产量、土地收入等），而且有土地位置、土地本身质量、土地用途现状及管理规定等因素，还有土地利用时间、土地利用方式、国家及集体管理调节等因素，上述因素都需要考虑。

引入新土地经济学以后，在日常生活中，考察土地问题需要联系时代背景和关注社会结构情况。时代是思想之母，实践是理论之源，世界每时每刻在发生变化。土地问题的提出、理解和解决是一种社会现象。社会是由不同的人群构成的，每个人群都有它的特征，具有不同特征的人群形成相对稳定的相互关系，这就是社会结构。换言之，社会结构是建立在人的分化和差异基础上的，这种分化和差异的基础可以是财富，也可以是权力、威望，还可以是年龄、性别、种族，以及城乡不同身份等。在这些分化和差异中，最为重要的就是社会的分层结构，也就是按不同社会经济地位所划分的人群。从社会结构的角度观察土地问题，就是在观察土地问题的时候，要认识同样的一件事情、一个东西，对于社会中不同的人，它的意义可能是不一样的。社会结构是一个很重要的因素。现代社会的国家是有限政府，它所能解决的土地问题是有限的，并且需要对由它所负责解决的这些问题进行严格界定，要对由它负责解决问题的方式或程序进行合理规范。

土地经济问题与社会上每一个人有关，与国家发展和民族复兴有关。随着中国社会经济发展进入新时代，建构良好的土地制度关系重大。治国之道，首在用人。用地之道，同样首在用人。在土地制度设计和改革中，要从人入手，要有全局性、长期性、战略性、前瞻性和综合性。土地制度的建构既有重要性和紧迫性，也有复杂性和长期性。分析研究中国土地制度，解决中国土地经济问题，既要有经济方法，讲求提高社会稀缺资源配置效率；也要有政治视角，不忘消灭剥削、消灭压迫和服务劳动群众的初心，讲求土地利益分配公平合理；还要有历史维度，重视引入时空边界条件讨论重大问题和公共政策，积极有效解决工作实践中面临的现实问题。

解决中国土地经济特别是制度改革中的问题，需要推进理论创新和开拓创新。2021 年是中国共产党成立一百周年，也是党领导人民全面建成小康社会、实现第一个百年奋斗目标，向全面建设社会主义现代化强国的第二个百年奋斗目标迈进的具有里程碑意义的一年。随着国家发展进入新阶段，把经济理论和实践工作研究好、组织好、领导好和推进好，越来越富有挑战性，需要加装“智慧引擎”。正如

2021年底中央经济工作会议提出的，经济社会发展是一个系统工程，领导经济工作必须尊重客观实际和群众需求，必须有系统思维、科学谋划，必须综合考虑政治和经济、现实和历史、物质和文化、发展和民生、资源和生态、国内和国际等多方面因素。领导干部要提高领导经济工作的专业能力；要加强经济学知识、科技知识学习，特别是要悟透以人民为中心的发展思想，坚持正确的政绩观，敬畏历史、敬畏文化、敬畏生态，慎重决策、慎重用权；要加强调查研究，坚持“三严三实”，坚决防止简单化、乱作为，坚决反对不担当、不作为。

本书的内容是一项学术研究和政策研究成果，试图在面向现代化的背景中对土地制度开展深入系统研究，实行问题导向，从现代经济学特别是制度经济学的角度展开，科学合理，有所创新，解释完整，形成框架，为解决问题提供支撑和作出贡献。

第一章
问题的提出与新型理论框架的建构

对土地制度的变革和不变都很重要。中国土地资源稀缺，在经济社会从追赶型增长转向成熟稳定型发展的过程中，经济增长越来越依靠全要素生产率，而全要素生产率不是一个独立因素，它隐含在劳动、资本和土地的投入中，特别是隐含在人的投资活动中。从发展需要看，中国需要在解决土地难题上有所突破，通过深化改革创新，建立土地利用和利益分配的合理秩序，提升资源配置效率和社会福利总水平，为促进经济可持续发展提供动力和支撑。造成土地改革难题的原因是复杂的，若从根本上解决这一问题，需要推进理论、方法和政策的完善与创新。

一、一个“清华教授之问”带给我们的思考

城市住房是大宗商品。改革开放以来的很长一段时间，在中国城市购买一套商品住房很不容易，手续复杂，投入很大，时间较长，心理付出很多。对普通老百姓而言，购置这样一套住房的支出不菲，特别是当时的价格都不低，作出决策往往需要家庭成员反复权衡。但一旦这个住房购置到手，很多人发现房价不断涨，这个买卖基本上是大赚特赚了，似乎所有的付出都是值得的，唯一后悔的是当初为什么没有多买。按一般的经济学理论，投资有风险，资产使用会损耗，固定资产使用会因折旧而贬值，但城市住房很不同，长期以来其价值一直增长。为什么？

专栏 1-1　清华教授之问：城市房子是啥性质？

这是一个真实的故事。2014 年 5 月 31 日至 6 月 1 日，由国务院发展研究中心农村经济研究部、（美国）林肯土地政策研究院、北京大学－林肯研究院城市发展与土地政策研究中心主办的“土地管理制度改革的国际经验”会议在北京举行。来

自国内外30多个单位的著名专家学者参加会议。会议就“土地市场、财产权利与土地利用结构，耕地保护与自然资源管理，规划和土地用途管制在土地市场中的角色，主要国家的土地征用与管制实践，土地政策、土地优惠、财产税及市政融资，土地增值溢价捕获、财产权利及增值收益分配，市地重划的台湾经验，土地政策与住房政策”等八个议题进行了热烈研讨。

在讨论“土地政策、土地优惠、财产税及市政融资”议题时，大家对目前中国城市住房的性质及其财产税征收产生浓厚兴趣，提出了非常有意思的问题。清华大学的一位教授在发言中提出：“这个议题非常有意义，中国的土地财政需要替代，但又不可能完全替代；对与土地有关的财产开征财产税是必要的，遗产税、赠与税也从属于财产税，开征条件已逐步成熟；党的十五大就提出要开征遗产税等新税种，在实践中人们不愿交税，不愿公开财产关系，在理论上要征税也必须剥离公有制、私有制与剥削的关系；目前城市房子的性质就很特殊，如果按固定资产类商品看，在使用过程中会产生自然损耗，在价值核算上需要不断计提折旧，经过70年，这个资产实际上已经大幅贬值乃至基本没有什么价值，但实际情况相反，其市场价值不仅保值而且增值，为什么？”

这位教授对此进行了解剖分析。他深刻地指出：“这里的保值及增值实际上不是来源于房子本身，而是来源于土地的增值，在理论上这个增值应该由国家所有并进行征收调节，通过国家的合理调节造成城市房子价值的逐步递减，使其回归正常商品”，“在实践中，目前社会上对城市房子的特殊性质的理论认识还存在不足，学术界及政策制定领域对此也尚未达成一致，国家有关部门尚未对此制定和实施强有力的相关税收及调控政策，结果是迄今只要在城市购置房子的人，有意无意都获得了额外的好处”。

资料来源：作者整理。

随着改革开放的不断深入，中国社会的生产力与生产关系已经发生历史性重大变化，经济建设取得重大成就，人民生活不断改善，中国特色社会主义进入新时代。中国的土地制度为此作出了重要贡献。但在新形势下，现行土地制度也存在一系列问题，亟待改革完善。与过去相比，目前中国的市场经济体制已经建立并不断完善，一般老百姓的家庭情况已经从均贫困、低收入、无财产的社会状态转变为普遍小康、收入有提高、财产有积累、不同家庭的收入和财产差距扩大的新形态。土地是财富之母，但土地上的财富主要是人的劳动创造出来的；劳动是财富之父，劳动者是土地的主人。如何在新形势下处理好劳动与土地的关系及土地背后的人与人之间的关系，完善和创新中国土地制度，为新时代中国特色社会主义建设作出贡献，使命光荣、责任重大、任务紧迫。

二、土地制度的设计、变革与坚守意义重大

土地制度是一个国家的重要基础性制度之一。它的设计与每个人的切身利益有关，与国家的政权性质及其过去的选择、现在的问题和未来的发展有关，与农业增长、乡村建设和新型城镇化有关，与经济发展、社会秩序和政治民主有关，与人的发展、生态建设和国家安全有关，与资本主义、社会主义和共产主义有关。它的内容不是单一或简单的制度安排，而是一种制度结构。它是一个多层次的内容体系，由一系列公开发布的法律政策规定以及一些可能并没有公开发布但实际上在发生作用的内在思想和管理行为规则等组成。

（一）这个制度关系每个人的切身利益和诉求满足

土地制度设计是公共政策。每个人生产和生活需要一个地方，这个地方如何提供就与土地制度有关。同时，现实社会人与人之间的差异很大，不同的人对土地制度设计的需求各异，既有诉求一致的内容，也有诉求不一致的内容，要解决好这一矛盾，就必须讲究正确的立场、观点和方法。中华人民共和国成立以后，土地制度设计上的一个重要思想或理论设想就是土地要为所有人民群众或劳动群众所有所用所享，消除人与人之间在土地占有和使用上的剥削关系和压迫关系。这个制度思想与过去的封建社会有很大不同，与现在的资本主义社会也有很大不同。

（二）这个制度关系过去的选择、现在的问题和未来的发展

土地纠纷是历史斗争之源。土地制度设计有历史性。现在的土地与过去的土地是有所不同的，未来的土地与现在的土地和过去的土地也是有所不同的。随着时代条件和社会环境的变化，土地本身的状况、土地上的附着物以及土地上人与人的关系是不断变化的，土地问题、矛盾或纠纷也是不断变化的，土地制度也需要不断变革。在变革中，对过去的政策选择要尊重，对现在的突出问题要解决，对未来的发展需求要考虑，变革不好也是问题。

（三）这个制度关系农业增长、乡村建设和新型城镇化

土地制度是“三农”政策的重要内容，也是中国特色新型工业化与城镇化发展模式的重要支撑。在中国改革开放以前，国家的一系列史无前例的社会巨变很多始于土地改革。在中国改革开放以后，国家在土地制度上进行了一系列改革，这些改

革不仅使中国在农业发展上取得了巨大成就，也为破解工业化和城镇化面临的临界门槛问题特别是原始资本积累（基础设施建设）提供了支撑，为全面推进渐进性改革奠定了基础。如今，中国在农业现代化发展、新农村建设、乡村振兴和新型城镇化建设上遇到了一系列新情况、新矛盾和新问题，对这些问题的根本解决在一定程度上都与土地制度改革有直接或间接的关系。

（四）这个制度关系经济发展、社会秩序和政治民主

土地制度是国家治理的重要手段。土地制度的一个重要内容是界定和保护土地产权，它会影响人的勤奋努力，影响人的社会关系，影响人的政治权利。与面包等可流动性较强的普通商品不同，土地具有特殊的物品或资源属性，是一种别样的利益载体或管理工具。土地上的利益关系多样复杂，土地制度背后的关系是人与人之间的关系，建立和完善土地制度责任重大。这个制度不仅影响土地上的劳动者特别是农业劳动者的积极性及其利用土地的方式，是决定经济发展绩效的重要因素；而且影响占有并使用土地获得较大利益的人、占有并使用土地但没有获利或获利较少的人和不占有使用土地但获利的人之间的关系，是影响社会运行秩序的重要因素；还影响占有土地的人、退出土地占有的人和不占有土地的人的社会责任、财产自由和政治权利的差异等，是影响政治文明的重要因素。

（五）这个制度关系人的发展、生态建设和国家安全

土地制度的内容深刻影响资源配置。土地利用会凝结人类劳动。改变土地的自然属性，会产生土地资产和土地财产，影响人的知识增长，影响生态环境的建设保护，影响国家的长治久安。在土地制度的内容设计中，既需要考虑土地的自然资源属性，也需要考虑土地的劳动积累和长期投资属性，还需要考虑土地的法律财产属性，对土地利用引入边界条件，包括时间条件、空间条件、用途条件、方式条件、责权条件，并对边界条件能否进行调整的规则及要求作出安排等。要处理好土地和人及其劳动的关系以及土地背后的人与人的关系，合理限制个人土地财产利益的增长和对土地资源的不当利用特别是掠夺性使用，更好激励人的生产性努力，切实维护劳动者合理利益，保护生态环境，保障国家长治久安。

（六）这个制度关系资本主义、社会主义和共产主义

土地制度的内容深刻影响社会进步。土地的所有、占有、使用、资源配置、利益分配、矛盾处理关系和制度变革重要而敏感。1848 年，马克思在《共产党宣言》中提出，“资本主义必然灭亡，共产主义必然胜利；共产主义的特征并不是要废除一般的所有制，而是要废除资产阶级的所有制；但是，现代的资产阶级私有制是建立在阶级对立上面、建立在一些人对另一些人的剥削上面的产品生产和占有的最后而又完备的表现；从这个意义上说，共产党人可以把自己的理论概括为一句话：消灭私有制”。从资本主义到共产主义的发展变化，土地制度变革是重要内容。20世纪上半叶，中国共产党领导中国革命取得胜利，使中国在世界上站起来，走的是“打土豪、分田地”“农村包围城市”的路线，是与土地制度变革有关的。20世纪80年代，中国的改革开放首先在农村找到突破口，随后在城镇化过程中也有重大突破，使中国在世界上逐步富起来，也是与土地制度变革有关的。未来中国要建设社会主义现代化强国和迈向共产主义社会，同样离不开对土地制度的改革和完善。

三、中国现行的土地制度在设计上还不完善

土地制度是国家和社会用来解决人与人之间在土地利用上所面临的问题的工具。在引入土地制度解决问题的同时，随着时代变化，新问题随之产生。在实践中，由于历史原因和知识缺陷等，中国现行的土地制度在设计上还不完善，突出表现为存在人为地所困、地被人固化、人与人冲突、改革共识缺乏等多个难题，既有效率问题，也有公平问题，还有可持续发展问题，与现代经济社会快速发展需要不相适应。这不仅对经济增长有重要影响，而且对社会稳定有重要影响，还对国家长治久安和社会实现进步有重要影响。

（一）存在制度目标定位不够准确、人为地所困问题，对人的生产性努力的激励和保护不足

土地要为劳动而用。在土地制度的目标定位上，需要明确土地为劳动者创造价值服务，对人的生产性努力提供激励和保护。一方面，土地与劳动需要结合。土地上的利益不是天上掉下来的，而是人的劳动创造出来的，二者缺一不可。另一方面，与人的重要性相比，土地的重要性是第二位的。在人地关系上，是土地为人服务，而不是相反，否则人地关系就会颠倒。但在现行制度政策中，有一些目标确定是不够准确的。目前中国在土地能否使用的许可管理上不完善，以及在允许土地使用时各种土地使用权获得的成本费用差异不尽合理，制约市场机制发挥调节作用，政府机制发挥作用也不力。在实践中，由于国家土地管理制度政策不完善，个体土地使用权有序高效获得比较困难，要么绝对不允许使用，导致人与人之间无法交易；要么允许有限使用，但获得使用权的交易需要经历复杂长期的报批程序，与经济现代化发展不适应。一些有条件的地区或区域希望发展经济，但受困于土地约束，人们在经济活动中使用土地存在高交易费用，乃至根本无法进行交易，私人投资和公

共投资都比较困难。有的区域，随着农民大规模转移进城和乡村人口变化，土地利用需求已发生重大变化，有要耕者无其田，有要商者无其股，有要居者无其地。有的区域，一些土地资源在给有关城乡居民、集体和单位使用时条件设置不健全、不完善，缺乏规范化、标准化和服务化，形成私人垄断，土地使用权流转交易困难，乃至无法交易。有的区域，受土地管理制度不完善影响，政府合理征用和使用土地困难，甚至各方无法妥协，导致区域公共建设困难，基础设施建设滞后，公共物品创造不足，影响土地价值提升和经济社会整体发展。土地与劳动关联不够及结合不当，不仅影响土地资源配置效率，产生较高的交易费用，降低了产出，而且一些获得使用权的交易靠潜规则，可能扭曲社会秩序，还影响人与人之间的社会公平。

（二）存在制度内容设计碎片化、地被人固化问题，稀缺资源配置效率提升缺乏合理路径

土地资源是稀缺的。在土地制度内容设计上，需要发挥市场在土地资源配置中的决定作用，提高稀缺资源配置效率。市场的作用是通过内在联系的市场网络和价格反应来协调，它要求承认和尊重个体利益，建设全国统一、标准规范、监管严格、服务完善的土地利用权责界定及其流转交易市场体系。但现行土地制度设计是不完善的。与其他国家的土地制度不同，目前中国的土地制度是复杂多元和管理碎片化的，具有公有、二元、计划与市场并存、区域分割等特点，具体制度包括土地全民所有制和农村土地劳动群众集体所有制两种乃至多种土地公有制，有城镇土地划拨、批租、流转制度和农村土地承包经营制度等多种土地使用制度，有城镇建设用地管理制度和农村建设用地管理制度两种不同的管理制度，有土地利用规划管理制度、土地利用用途管理制度、耕地保护制度、新增建设用地计划管理制度、城乡建设用地增减挂钩制度等，迄今为止基本没有建成全国统一高效的城乡土地产权流转交易市场。在这套制度管理下，城乡土地产权缺乏可流动性。随着经济现代化的发展，不少地区城市化出现“半拉子”工程，城镇建设用地和农村建设用地都增长，农村很多村庄“空心化”，大量土地高效使用不足，土地资源利用效率很低乃至被闲置浪费。有不少土地的占有是无期的，不耕者有其田、不商者有其股、不在村者有其居、不居者有其屋，稀缺土地被低效使用，人与人之间在土地使用上进行分工合作的制度安排不完善，在土地资源优化配置的激励机制上还存在缺陷。一些群体甚至认为，土地不是拿来使用和从事生产的，而是用于保险保障以及待机谋利的。有不少土地跨期优化使用难，地权期限存在不合理限制，影响技术经济效益，长期投资收益得不到合理保证，致使长期投资不足。有不少土地存在整理使用难，地块占有存在不合理分割，地块分散零碎，影响规模经济效益，土地利用粗放浪费。有不少土地关联优化使用难，地块用途存在不合理管制，影响范围经济效益等。

（三）**存在制度考虑因素不健全、人与人冲突问题，相关利益平衡艰难，调节陷入困境**

土地利益是复杂的。在土地制度考虑因素上，土地上的住房及其他附属物等与土地本身的属性是不可能截然分开的，需要重视加强和改进国家在土地资源配置和经济利益分配中的必要调控作用，保证社会公平公正和谐。在一定的时空条件下，土地资源在客观上有稀缺性，同时土地的位置是不能移动的，土地利用具有长期性、可累积性、受相邻因素影响并影响相邻因素收益的特点，土地利用的经济价值不是独立的，只要能排他性占有土地，就有可能获得机会收益或特殊租金。特别是土地一旦被人占有并在法律上得到保护就具有排他性，从而变为人的财产，就意味着人们可能从中获得经济上的好处，而不管别人所做的隐含的或潜在的贡献。因此，在一定意义上，国家对土地占有或使用必须合理设置条件，充分考虑各种因素的作用和影响。但是，现行土地制度对这些因素的考虑是不完善的，存在很多灰色领域或制度空白，产生了“前门不开而后门开”的现象，导致了人与人的冲突。比如，在中国公共管理实践中，出现了房地属性截然分开的突出现象，即土地是属于公有的，而土地上的房屋是属于完全私有的或者个人及其家庭所有的。这与其他很多国家有很大不同。目前中国的土地管理制度，在法律上以土地公有制为核心，名义上是公有制，包括国家所有制和集体所有制，实际上由于国家和集体本身是一个中间人，而不是个人，或者与个人的关系不在同一个层次，有不少土地使用已经被私有化为财产或被私人作为获取好处的工具和资本。在思想认识上，很多人对特定土地所具有的自然资源、劳动积累、资产价值、财产属性等多种性质重视不够，对土地公有制在实践中出现的变化也重视不够，对土地上的寻租活动愿望或非生产性努力无孔不入重视不够，存在以偏概全。不仅如此，有大量土地从一开始就是按人口等无偿分配的，新获得土地者无须支付成本，导致土地分配成为免费福利，结果不要白不要、不争白不争，产生不当竞争，这就从制度上形成矛盾冲突。特别是在传统的计划经济体制下，国家或集体就像个大公司，对土地资源中的劳动积累、投资形成的价值变化、政府公共管理形成的个体财产等因素重视不足，实行“一平二调”，客观上损害了一些人和单位的合理利益，影响了人们发展生产和投资积累的积极性。随着劳动者本身的不断变化，一些有劳动贡献之人退出土地经营无法获得补偿，劳动增加值分配不了，出现劳而无获；而一些人对土地没有劳动投入，只因周边环境改善增值，出现不劳而获。同时，也有一些土地在法律上虽然不属于私产，但已经由相当的替代方式支配，谁先占有谁就从中获利，谁管控谁就从中渔利，对投机或寻租缺乏必要管控抑制，对生产性努力缺乏激励保护，也导致人与人冲突。

（四）存在制度分析框架不统一、改革共识缺乏问题，深入推进国家土地制度改革举步维艰

土地制度是综合的。在土地制度改革工作上，需要有开阔的视野、全局的视角和深入的层次，不断解决突出问题。人们在经济活动中引入制度是用于解决问题的。改革是一个制度创新的过程，但改革本身不是目的，而是手段。改革不是越多越好，也不是越新越好，而是要真正解决问题。现实社会的土地问题很多，制度改革首先需要提出问题、界定问题和分析问题，在此基础上解决问题。这就需要提高对问题的认识，需要有正确的立场和科学的方法，需要深厚的理论支撑和实践基础。特别是在现阶段，要理解中国土地制度改革面临的问题是发展问题、深层次问题和重大问题，在实践中约束条件变化，变革不可能再按帕累托最优方式推进。但目前制度改革观念还不统一，改革缺乏共识。学术界和政策制定领域在土地政策改革上的主张很多，理论依据方法主张兼容不足，忽略隐含假设条件差异，缺乏内在统一的逻辑框架，各种观点分歧很大，各讲各的问题、各说各的道理、各提各的主张，议而不决，决而不行。有一些人在理论上对土地上的利益源泉没有正确合理的认识，对土地应归谁占有、由谁获得利益没有深刻反思，将土地本身作为像面包一样的财富对待，以占有而不是劳动决定利益分配，颠倒了因果关系，导致问题无解。也有一些人把各种土地问题矛头最终指向政府，导致政府会受到不公平待遇和多重挤压、批评，产生社会舆论偏颇，以及社会信任缺失。对政府代表国家在土地管理中所实施的合理行为缺乏正确的认识以及合理保护，抑制了政府部门人员的工作积极性，导致土地管理制度设计缺陷问题无法改革，或者无论如何改革都会面临强大的社会阻力。还有一些人在经济理论或政策研究上忽视理论背后的时空条件和隐含假设，漠视社会实践发展变化，在认识上片面，在心理上不平，在分析上简单，提出的意见不尽准确。

四、现行土地经济学的理论体系存在缺陷

经济理论是用来解释经济现象并为设计经济制度和制定经济政策提供依据的。土地经济学是探究解决土地经济问题的理论。造成中国土地制度在实践中面临难题

的原因，从表面上看是现行的土地制度内容有缺陷，不适应发展需要；从深层次看则是现行的土地经济学理论不完善，主要是简单套用对一般可移动商品的经济研究模型来探讨土地问题，对土地物品背后所具有的特殊性、土地问题背后人与人之间的关系、土地制度背后隐含假设条件的影响、土地管理背后人的行为的复杂性、土地制度背后国家政权的角色等重视不够，在提出问题的思想和认识、分析问题的因素和模型、解决问题的机制和框架上有缺陷。

（一）在思想上对土地物品本身所具有的特殊性重视不够，一些分析见私不见公，财富框架简单，且见静不见动，关联考虑缺位

在现行的土地经济学中，涉及土地经济问题时一些思想认识深度不够。一是对土地物品所具有的准公共物品属性重视不够。从严格的科学意义上讲，一个国家土地的物品性质是特殊的，它既不是纯粹私人物品，也不是纯粹公共物品，而是一种准公共物品，这与面包等纯粹私人物品有所不同。但在目前很多人的分析框架中，土地就直接被当成与面包一样的私人物品进行分析，认为土地就是“面包”，将土地所有制等同于面包的所有制。一定时空条件下的某块具体土地集多重属性于一体，包括自然资源、劳动积累、固定资产、个体财产等。按照投入回报的情况，土地分为有利可图的土地和无利可图的土地两种类型。有利可图的土地具有私人物品特征，但不是纯粹私人物品，在引入合理条件下，可以等价于纯粹私人物品使用，这里的条件是非常必要且重要。但在目前很多人的分析框架中，对这个条件的设置及其内容缺乏应有的合理认识。二是对土地资源稀缺引发的竞争及其多样重视不够。如果不存在财产所有权或资本的竞争，就会有其他替代的竞争方式，比如找关系、等级、强制、排队等，形成混乱的秩序，引起租值消散。土地数量稀缺，在供给上无法进行积累，容易引发人的竞争。一方面土地有用，具有使用价值；另一方面，土地具有稀缺性，可以排他性使用或者引入价格机制配置资源，可以建立有偿使用机制。要提高土地资源配置效率，土地给谁使用需要平衡。三是对土地位置固定引发的外部性及其在规范调节上的必要性重视不够。土地位置固定，在使用上会产生外部性，容易引发分配性努力。一个人占有土地后会影响他人通过努力所获得的收益或成本，或者这个人在土地上的收益或成本会受到他人的影响并不完全由本人的努力所决定。要保证人与人之间的公平，土地的外部性需要平衡。四是对土地用途的多样性及其不同用途使用的价值差异缺乏重视。土地用途多样，在价值上存在重大差异，要强调因地制宜。土地用途多样，导致相应的经济价值差异很大，有的有利可图，有的无利可图，有的利益很大，有的基本没有利益乃至需要政策补贴。五是对土地物品管理的特殊性及其不能简单适用市场机制缺乏重视。土地物品特殊，不能简单适用市场机制，要实行分类管理。一方面，土地是准公共物品，不可以简单地作为纯粹私人物品使用；另一方面，对于一些有利可图的土地，在引入合理的规范调节机制去外部性后，可以作为私人物品使用，从而适用市场机制优化配置资源。

（二）在内容上对土地问题背后人与人之间的关系重视不够，一些分析见地不见人，人地关系颠倒，且见权不见责，产权概念简单

在现行的土地经济学中，在分析土地经济问题时考虑的因素存在不足。一是重视土地资源或土地要素，但对土地背后的人及劳动的重要性、多样性和变化性考虑不足。制度设计的对象是人的行为，人变了，时空条件变了，土地的管理应该有所变化。二是重视土地所有者和土地占有者的利益，但对土地上的劳动者的利益及努力与不努力的差异等考虑不足。土地变成人们所能消费的社会财富，需要人的劳动投入，需要人的生产性努力。同时，土地的使用是有成本费用的，并非所有的土地都是有利可图的。土地上的利益源泉是劳动，只有将这种利益还原为劳动创造，才能从根本上实现人与人之间的平衡。同时劳动的质量和方式也是重要的，集中表现为技术经济效应、规模经济效益、范围经济效益因劳动者及其劳动质量和方式而产生巨大差异。但是，很多人只重视土地所有或占有创造价值而忽视土地上的劳动创造价值，只重视劳动时间的重要性而忽视劳动的性质和质量的差异及其不同影响，只重视讲努力的价值而忽视对生产性努力和分配性努力的严格区分及差别对待、忽视对努力和不努力的尊重及包容、忽视不努力的价值及其在实践中的应用，结果导致人们只占有而不劳动的分配性努力，土地利益分配失控，公共政策失灵，人与人的利益冲突和纠纷增多：有土地责任的地方无人承担，有土地利益的地方大家混抢。三是将国家、集体与个人完全对立起来，只看到国家和集体对个人的独立性，没有看到国家和集体对个人的从属性及其背后的人与人之间的关系，对国家和集体的中间人或公共管理服务主体性质缺乏认识。四是在地权的公共管理上，只强调土地权利问题，忽视土地责任和义务问题。特别是在土地所有权管理上，只讲权利不讲责任，只强调分的意义，不强调合的意义及其形式的多样性，对权能进行简单分割。如包括土地占有权、土地使用权、土地收益权和土地处分权等，包括土地使用权、土地抵押权、土地租赁权、土地承包经营权等，一些应该集中的权能分散化，权利设置存在不科学、不规范、不完善之处，造成稀缺资源分散使用或不规范使用。五是在地权的划分和利用上，对土地使用权和土地所有权的关联分析少，对土地使用权和土地所有权的转化重视不够，见异不见同，忽视人生有限影响，且对贴现影响考虑不足，缺乏等价思维。六是对土地制度本身所存在的合约性质重视不足，对土地管理背后人的行为及其复杂性重视不够，见事不见人，且责权不平衡，因果关系缺乏，风险和不确定性控制不够。

（三）在方法上对土地制度中的隐含假设条件的影响重视不够，一些分析见显不见隐，分析方式方法有限，且标准不统一，无法比较加总

在现行的土地经济学中，在界定土地经济问题时联系的时空背景和相关条件不足。一是对隐含在土地制度设计背后的历史时空条件假设重视不够。这主要是将人的复杂行为简单化，模型太简单；考虑因素较少，缺乏前瞻性和先进性；只看到不变的内容，没有看到不变的内容与变化的内容并存。二是对隐含在土地制度设计背后的现代空间条件假设重视不够。这主要是缺乏层次结构观念，表面与内在不分，技术与制度不分；不对称主体并列，不可比内容类比。土地所有权和土地使用权都是重要的，但二者不在同一层次，土地所有权优先于土地使用权，在土地所有权不变时，土地使用权是重要的。三是对隐含在土地制度设计背后的未来变化估计条件假设重视不够。这主要是缺乏技术变迁观念，将过去、现在的技术与未来的技术等同起来。在现代社会，随着生产力水平提高，社会正在从旧往新变动，人的知识、科学技术、发展机会、要素相对稀缺性、社会结构发生变化，过去的约束条件不再有效或者弱化，一些难解问题可解。四是对隐含在土地制度设计背后的政府角色条件假设重视不够。这主要是缺乏政府代理人观念，把现实社会中权力有限、能力有限、责任很大、办事复杂的政府想象为理想的全能政府和独立政府，对制度政策由谁执行、资源如何配备、执行不了怎么办、如何追究责任等考虑不足。五是对隐含在土地制度设计背后的变化中求不变假设重视不够。这主要是缺乏制度框架理念，重视制度中需要变化或不断变化的内容，对制度中内在逻辑一致和在变化中求不变的内容重视不够，一些重大的事关全局的宏观制度设计缺乏微观现实基础，制度建构不完整、不健全、不完善，理论、政策与实践脱节，中央、地方与基层脱节，长期、中期与短期脱节。

（四）在框架上对土地制度中的国家的合理角色重视不够，一些分析见同不见异，思维深度不够，且制度定义简单，问题导向不足

在现行的土地经济学中，对引入现代国家解决土地经济问题的合理框架分析不充分。一是没有将国家放在有限政府和动态政府框架内办事作为前提进行制度设计。土地制度是复杂特殊的公共政策，国家政权的角色至关重要。现代国家不是全能政府和静态政府，而是有限政府和动态政府，只能做有限的事、重要的事，把这些事做好也是有投入、有成本、有风险的，需要对做事的责、权、利和人、财、物、技术、管理配备等进行深入考虑设计。二是没有将实行问题导向作为制度设计的原则。制度本身不是目的，而是解决问题的手段。现实社会的土地问题大多很复杂，在土地制度的内容上需要正确提出问题、准确界定问题、合理分析问题和科学解决问题，把真正解决实际问题作为核心原则。三是没有将推进建立长期稳定的基本制度框架、在制度中引入时空条件、不断拓展制度具体内容作为制度建设的重要内容。制度的性质在本质上是一种限额交易合约，制度本身的框架建构是必要且重要的，在土地制度的形式上要讲究严谨、规范、细致。如果这个基本框架和制度形式不完善，比如在制度中没有考虑时空边界条件，土地制度和政策的条款内容太简单太简化，法案式政策少而文件式政策多，制度和政策的包容性就会不足，难免陷入一统就死、一放就乱的僵局。

（五）在目标上对土地制度建设的秩序建构重视不够，一些分析见物不见利，制度设计有缺陷，且管理碎片化，很难激励相容

在现行的土地经济学中，对通过制度建设解决土地经济问题的内在机制分析不够。一是对通过制度建设解决土地问题的最终目的聚焦不够。这个最终目的不是物的增加，不是效率的提升；不是收入的增长，不是财产的积累，而是人，是正确处理人与人之间的关系，是科学建构人与人之间的合理差异，是建设形成人与人之间以及个人与社会之间在土地利用上的良好稳定的社会秩序。二是通过制度建设对解决土地问题的切入点把握不够。这个最初要点不是从地入手、局限于自然资源、忽略人的劳动影响及其差异性、基于理想设想、教条或经验的主观片面臆断，而是从人入手、不限于自然资源、重视人的劳动影响及差异性、基于实际调研、实事求是和时代需求的客观全面判断。土地问题具有资源配置和利益归属双重属性，在解决土地问题过程中，既要将这两个属性合并在一起考虑，也要将其合理分开。三是对通过制度建设解决土地问题的政策工具配套不够。这些工具的采用不是孤立的，而是根据对土地问题的界定和原因分析，既要考虑用经济手段，也要考虑用非经济手段，还要考虑经济手段和非经济手段的边界和衔接，引入时空条件，实行综合配套和有效治理。四是对通过制度建设解决土地问题的责任主体统筹不够。这个责任主体不仅是党和政府机构的责任，还是多元化多层次多类型的单位和部门的责任，属于中央的责任由中央解决，属于地方的责任由地方解决，属于部门的责任由部门解决，属于基层的责任由基层解决，属于个人的责任由个人解决。

五、关于新土地经济学的理论框架的建构

真实世界的土地问题是复杂的。新土地经济学是以现代国家和土地公有制为背景，区别于将土地视为一般纯粹私人物品进行分析的传统土地经济学，创新地将土地物品的特殊性及利用土地的人的变化作为研究起点，将土地利用的边界界定作为基本变量引入现代经济学分析，从新的视角和方法进行深入分析，以土地制度为研究对象，将土地制度作为一个国家或地区解决人与人之间在土地利用上的矛盾和冲突的限额交易合约，将新中国土地公有制的核心解释为土地由劳动者所有和劳动者受益并由国家或集体进行管理调节，建立的一个新的理论框架，试图从根本上解决新时代中国土地基本制度设计在实践中面临的深层次问题和现实难题。全书从现代经济学特别是真实世界经济学角度研究土地经济问题，提出问题、界定问题、分析问题和解决问题，研究土地在现代经济学上的特殊性、土地制度设计的内容与方法、土地利用的重要条件的界定和保护，对新中国土地公有制进行合理解释和不断完善，引入土地有条件个人所有权、提升土地资源配置效率和调节土地经济利益分配的基本经济学原理。它的主要创新是区分土地与面包在经济物品属性上的较大差异，还原土地问题背后人与人之间的矛盾，将制度作为一种限额交易合约，将制度中的国家和集体作为一个中间人，将土地权利与其前提条件和相关责任关联起来并进行组合，将公平和效率关联起来并进行合理组合，将土地、劳动者、集体和国家关联起来并进行合理组合，推动正确处理人与人之间以及个人与社会之间在土地占有和使用上的关系并在此基础上建立新的土地经济学理论。

（一）引入外部性，区别于将土地简单作为私人物品对待

外部性是对土地经济问题进行分析探究必须关注的一种性质。人们利用某一土地的经济活动是受相邻行为影响的，同时也影响相邻行为。不仅如此，人类对土地的利用不是一次性的和孤立的，而是多次的和常常多人合作的，土地及其附属设施等可以长期使用，在时间上跨越个人生死。从严格的经济学角度讲，土地是一种准公共产品，既非纯粹公共产品，也非纯粹私人产品。土地的这一性质与面包（纯粹私人物品）有较大不同。由于土地是一种准公共物品，引入国家管理或集体组织是必要的和重要的，其一个重要功能就是通过合理引入条件，去外部性，正确处理人与人之间以及个人、集体和国家之间的关系，创造市场完全竞争条件，以及将私人物品与公共物品关联起来并进行合理组合。在实践中，土地的存在及利用是有各种边界条件的，对这种边界条件的界定和保护关系重大，影响面广，超越个人，超越

当前。但是，在传统的土地经济学中，一般将土地视为纯粹私人物品进行分析，对土地的资源配置和利益分配简单，按一般商品及其产权设置管理原理进行理解和对待，忽视了土地利用的外部性，隐含了重大缺陷。本研究引入外部性，将土地的经济性质明确定性为准公共物品，在此基础上设计土地制度，将土地国家管理权引入土地管理中，对农民土地集体所有制和农村土地承包经营权进行重新解释，建立土地国家管理权、土地所有权和土地使用权三位一体的产权框架，建立新的土地经济学的理论框架。

（二）引入劳动者，创新对土地利用的产权主体的设计

劳动者是土地资源配置和利益创造的最终对象。土地上的财富是劳动者努力创造和积累出来的。换言之，在土地资源配置中，劳动者是最重要的，土地上的财富应首先属于劳动者所有，而不是其他人所有。在现代社会，劳动者也是多种多样的，包括农民、工人、知识分子、投资者、管理者、企业家等。在实践中，土地资源配置越来越倾向于个人，个人既有与劳动者相同的地方，也有与劳动者不同的地方。因此，在制度设计上，要将参加土地上的劳动或参与创造财富的农民、工人、知识分子、投资者、管理者、企业家等作为劳动者，参与土地上的利益分配；同时，要以个人是否实际参加劳动为标准，将个人及其相互关系拆分为劳动者和非劳动者、在劳动者与不在劳动者，以此为依据创新产权主体，处理人地关系背后所隐含的问题，建立个人与土地占有的新关系：合理的为劳动者占有土地并从中获取好处，不合理的为非劳动者占有土地并从中获取好处，对于不在劳动者占有土地并从中获取额外的好处，则有可能是合理的，也有可能是不合理的。合理的前提条件是这个劳动者以前参加过土地上的劳动并有长期投资。新中国土地公有制的核心就是土地由劳动者所有、劳动者使用和劳动者受益，并由国家或集体进行管理调节。但是，传统的土地经济学一般不太注重土地利用的主体资格地位界定，或者默认不同主体具有的资格地位相同。它对劳动者利益的激励和保护不足，隐含了重大缺陷。本研究重视对劳动者努力的激励和保护，将土地利用的合理主体明确为劳动者，将劳动者作为土地的主人，将个人作为土地利用的现实主体，将劳动者与个人进行严格区分，明确土地利用的主体资格和利益归属，在此基础上设计土地制度，注重合理引入和设置必要的、规范的、严格的、明确的条件，合理界定和保护不同个体在土地上所拥有的财产权利，考虑从土地利用的空间边界、时间边界、用途边界、规划边界等多个维度进行公共管理，将隐含因素显性化，将财产权利标准化，形成可交易的标准产权，为土地的科学合理利用、提高土地资源配置效率和实现人与人之间的利益平衡提供基础支撑，建立新的土地经济学。

（三）引入公平性，保护对土地进行投入积累的合理回报

公平性是土地资源配置和利益分配的基本原则。土地物品的特殊性决定了土地利用本身是存在众多的投机或寻租机会的，在土地利用上需要保证公平，从更开阔的视野、更全局的视角和更深入的层次分析问题，对土地私有制所存在的隐含缺陷、内在矛盾和突出问题有充分完整的认识。解决问题的办法是，从土地制度设计上采取措施，推动从根本上解决问题。一是建立公有制，统筹利用土地。重视用建立和完善土地公有制替代土地私有制，从根本上解决土地的私人垄断问题，让土地为社会多数人所用，破解土地利用只重局部短期利益问题，推进统筹发展，发挥规划作用，加强投资建设，为劳动所用。同时，重视发挥个人在土地中的劳动积累的重要作用，对个人在土地上进行的投入、改良、建设、管理等生产性努力提供激励，建立登记制度，合理界定和保护个人责权，尊重和保护所有投入者的权利，解决投资者欠保护问题，为发展提供动力机制。二是确立劳动标准，激励劳动者。重视经济增长是人的劳动的结果，调动人的劳动积极性，为每一份劳动投入提供报酬，激励劳动者的努力投入。作为生产资料的土地，要实行按劳配置，实行因劳而占、不劳而退，实行有偿占有和有偿退出相结合，保护投资利益。加大遗产、继承税制建设，加大对起点不平等的调节，促进机会公平。与其他收入一样，按照统一税法规定调节利益差距。解决信息不对称问题，化解交易矛盾，推进效率决定、边际均衡和创新驱动。解决市场缺乏问题，界定和管理产权，在市场中发现价值，为高效经营者提供优胜劣汰的机会。三是引入中间人，还原个人关系。重视发挥国家和集体在土地利用上具有不可或缺的重要作用，但国家和集体在本质上具有中间人性质，与个人的角色是不同的，对其工作既要赋予必要权责，也要进行必要限定，还要进行必要保护。四是健全土地分配渠道，实现营利与非营利供地兼顾。加强土地利用管控，实行土地有期使用和无期使用相组合并进行有机衔接，以及有偿使用和无偿使用相组合并有机衔接。在土地分配上，既要提供市场渠道，促进高效率生产经营者更多占有和利用土地从事生产性活动，加快经济增长，繁荣市场，降低成本，减少租值消散；也要提供划拨渠道，保证必要而合理的土地供应，支持非营利组织机构和非营利的社会事业发展，组织提供公共产品、传承服务和传递爱心等；还要建立土地使用周转调整平台和土地经济利益分配调节机制。

（四）引入效率性，深化对土地使用的人的分工和合作

效率性是土地资源配置和利益调节的重要目标。目前世界上的国家是有边界的，国家土地的范围有限，土地资源是稀缺的，特别是自然环境条件较好的土地比较稀缺。土地的稀缺性意味着土地利用是有成本的，土地的投入产出率关系重大，土地利用要按照重要性进行有效配置。由于稀缺，占有、使用土地就必然存在竞争。所以解决问题要合理引入条件，界定和保护土地责权，推进土地要素配置市场化，提高土地利用效率。这不是对公有制的简单肯定或否定，而是实行保留、修改和完善相结合，通过更好的建构或替代，解决现实重大难题，使制度具有合理性和包容性。一是从无期变有期，实行分期使用。重视土地利用的时间价值，解决地权无限责任和无期占用问题，将土地利用时间从无期改为有期以及对期限进行调整优化，实行有期利用和土地使用权按期流转，以人的有限生命周期和可劳动年数为限，合理确定不同用途、不同方式、不同责权的土地利用的时间条件，建立土地使用周转服务平台，促进土地使用的人的分工和合作，推进土地利用效率的提升。二是从无偿变有偿，实行有偿使用。重视土地利用的方式、价值，解决地权无偿分配和使用低效问题，将土地利用方式从无偿改为有偿以及对偿付进行调整优化，实行有偿使用和土地使用权按价流转。三是有条件赋权，引入正确的激励机制。重视土地利用的责权价值，解决地权责任条件缺失和社会争抢问题，将土地利用从不管责任条件的福利性分配，改为有条件赋权的效率性分配，并对地权责任及条件进行调整优化，在地权中引入合理责任及有关条件，统筹投入回报，实行竞争性配置，激励人的生产性努力，抑制分配性努力，建构良好的社会秩序。

（五）引入等价性，创建土地使用权和所有权的转化关系

等价性是解决现实社会土地制度问题的有效途径。土地所有权和土地使用权都是人为创设的重要土地权利，二者尽管在概念界定上存在很大差异，但也存在内在一致性，即在一定条件下可以相互转化或者在功能上等价。这种转化或等价在理论上意义重大，在实践中已经广泛应用。土地公有制和土地私有制以及土地的全民所有制和土地的劳动群众集体所有制之间的关系也是如此。二者尽管在概念界定上存在很大差异，但也存在内在一致性，即在一定条件下可以相互转化或者在功能上等价，这种转化或等价对于土地制度改革很重要。一是考虑人的生命是有限的，人对土地的无限追求因为生命有限而实际上可以转化为对土地的有限追求。从人入手，土地不是越多越好，而是合适就够，不同数量的土地和不同性质的土地对个人的价值在一定条件下是等价的。二是考虑时间是有价值的，人们所具有的同样数量的财富在过去、现在和未来具有不同的效用。在一般情况下，未来的财富现在使用或折为现值在数量上是变小的，变小的比率就是贴现率。土地的价值也是如此，一块土地未来可能的无限收入因为时间有价而转为一笔具体的有限收入。从现值入手，土地权利不是时间越长其实际价值就越高，而是有一个差不多确定的实际价值。特别是土地所有权尽管在土地使用年限上是无限期的，但在一定的时间和空间等条件下，其实际价值可能就是一个有限的具体数值，与特定长期性土地使用权的实际价值是一样的。换言之，不同性质的土地权利，比如特定土地所有权和长期性土地使用权对个人的实际价值在一定条件下是相等的。三是考虑土地所有权和土地使用权的主体都是人，客体都是用地权利，二者的内容有相同点，也有不同点，土地所有权和土地使用权在一定条件下是可以转化的，或者通过引入一定条件，土地所有权的功能可以用土地使用权的运用来实现，以及土地使用权的功能可以用土地所有权的运用来实现。

（六）引入条件性，推进不同个人或单位用地的有序连接

条件性是土地制度建构并保持长期稳定的关键要素。经济增长除了需要土地，还需要人力、知识和资本等。在现代社会，土地的重要性因人而异、因国情而异、因时代而异。土地制度如果设计得较好，是可以保持长期稳定的。其关键就是要在土地制度中合理引入条件，包括时间条件、空间条件、用途条件、方式条件、责权条件等。在经济落后国家和传统社会，对农民来说，土地不仅是生产资料，而且是社会保障物品。因此，在中国历次的土地制度变革中，土地分配多采取按人平分政策，这就是要把小农经济固定下来。20 世纪 50 年代，为实现生产社会化，推进集体化，因土地疏远农民，没有取得预期的增产效应。20 世纪 80 年代，国家把土地使用权下放给农民，允许农民自主经营，宣告 30 年不变，这是在小农基础上的又一次制度创新，激发了农民的生产积极性，加上国家重视发展水利事业，灌溉面积增加，使粮食生产力大幅增长，被誉为“中国奇迹”。但从总体上看，与其他国家相比，土地在经济发展中的重要性仍是偏重的。就像“房子是用来住的，不是用来炒的”①，土地是拿来利用的，不是用来炒作的，土地利用有条件性。引入条件性后，

① 2016 年 12 月中央经济工作会议提出，促进房地产市场平稳健康发展，明确要坚持“房子是用来住的、不是用来炒的”的定位，综合运用金融、土地、财税、投资、立法等手段，加快研究建立符合国情、适应市场规律的基础性制度和长效机制，既抑制房地产泡沫，又防止出现大起大落；要在宏观上管住货币，微观信贷政策要支持合理自住购房，严格限制信贷流向投资投机性购房；要落实人地挂钩政策，根据人口流动情况分配建设用地指标；要落实地方政府主体责任，房价上涨压力大的城市要合理增加土地供应，提高住宅用地比例，盘活城市闲置和低效用地；特大城市要加快疏解部分城市功能，带动周边中小城市发展；要加快住房租赁市场立法，加快机构化、规模化租赁企业发展；加强住房市场监管和整顿，规范开发、销售、中介等行为。在 2017 年党的十九大上习近平总书记再次强调，要坚持“房子是用来住的、不是用来炒的”定位，加快建立多主体供给、多渠道保障、租购并举的住房制度，让全体人民住有所居。

可以通过对这些条件进行规范化、科学化、完善化和标准化，建立不同个人或单位之间在土地利用关系上的一致性和有序连接。

（七）引入合约性，建设可拓展的包含因果关系的土地制度

合约性是土地制度建构和发挥作用的本质特征。利用土地的人是复杂变化的，引入合约性是解决相关问题的基本途径。土地制度的性质本身就是一种合约，但这种合约不是一般的自由交易合约，也不是管理交易合约，而是一种限额交易合约[①]，合约内容有思想性或隐含因果关系，在合约内容中包含条件并且条件是可以拓展的。一是建立包容性的框架，加强赋权赋责。土地利用需要平衡各参加者利益，建立一致性，统筹考虑所有关联因素，形成一个完整框架。土地权利不是单纯的权利，责任不是单纯的责任，而是权责一体，双方各取所需，交易才可进行和可持续。土地利用具有外部性，人们对土地的利用必须着眼于安全和谐，看社会成本，引限额调节，推福利分配。对土地经济利益的界定和调节，要区别于一般理论无利益调节分析的问题，必须重视对土地利用的合理利益的严格界定和对不合理利益的必要调节，为促进发展提供良好环境和可持续性。二是采用条件性的合约，承认和尊重差异。土地利用需要合理引入条件，统筹考虑内在因果关系，采取合约方式，引入条件，实现各种制度融合和连接。要区别于威权管理，适应社会多样性和个体差异客观性，尊重对方，各得其所。要对个人在土地上的权利及相关责任进行严格界定和完整设计，解决土地投机多的问题，关注两个不确定性（一个是交易行为的不确定性，另一个是交易结果的不确定性），控制制度内投机或寻租，减少制度操作实施的不确定性、风险或可能危害，保证建立制度需要解决的问题与实际解决的问题一致。三是引入限额因素，实施正确的激励机制。土地利用需要管控人的行为，引入限额，推动建立良好稳定秩序。从限额的内容看，既包括限额责任，也包括限额权利，所有参加者的责任和权利都不是无限的。要重视国家在有限政府框架内做事，为市场和社会提供空间，推进“放、管、服”改革，让政府做有限的事，政府做正确的事，政府要把事做好。

---

① 美国制度经济学家康芒斯（1962）在《制度经济学》中指出：社会关系分为三层：一是冲突，二是依赖，三是秩序；虽然社会上人与人之间利益相互冲突，但他们也相互依赖和相互维系，冲突和依赖相互制约，社会秩序赖以维持，这三大因素通过交易结合在一起；制度的单位是交易，交易不等于交换，交换是一个物理活动，交易是产权的转移，经济关系的本质可以归结为产权转移的交易，交易分为买卖的交易、管理的交易和限额的交易；制度的行为就是集体行动控制个体行动，集体行动不仅是对个体行动的控制，也是一种对个体行动的解放，还是一种对个体的意志的扩张。

第二章
现代经济学的若干基本原理

现代经济学是研究稀缺资源配置的社会科学，是关于在现代社会环境条件下国民财富的增长与分配的一些基本原理，是为经邦济世和富国裕民提供决策支持和专业服务的。现代经济学是人类智慧增长积累的结晶，是从事经济管理研究工作的知识分子的专业化劳动的成果，在内容和形式上是不断发展、不断变化的。按探讨解决的核心问题的变迁，现代经济学大体经历了古典经济学、新古典经济学、发展经济学和制度经济学四个阶段。现代经济学的理论模型丰富多样，在实践中应用具有非常重要的前提条件和隐含假设。本文梳理了与土地问题紧密相关的一些重要而基本的原理，主要涉及劳动价值论、交换价值论、结构价值论、时间价值论和制度价值论五个方面。正确理解和掌握这些原理及其背后的隐含假设条件，是对与土地有关的经济管理问题等进行科学研究的前提和基础。

一、劳动价值论：国民财富的源泉

在现代社会环境条件下，国民财富在形式上都可以用货币来衡量，用个人所能依法控制或排他性使用的贵重商品来比较，这很容易使人产生财富幻觉，制约经济增长。那么，国民财富究竟是什么？它的增长源泉是什么？这是现代经济学首先要解答的问题。促进社会财富增长并把它分配好，需要正确认识国民财富的性质，贯彻落实劳动价值论，把握私人产品和公共产品都很重要，重视人的劳动是财富创造之源泉。

（一）国民财富的性质：主要是劳动成果，私人产品和公共产品都很重要

现代经济在形式上主要是商品货币经济或交换经济，不使用交换而自给自足的经济生活基本没有或极少。在现代经济运行中，思想认识是重要变量。现代经济学的第一个阶段是古典经济学，它探讨解决的核心问题是现代社会财富的性质及其是

怎样增长起来的，或者说社会可分配资源如何被人类的经济活动所减少，重点关注在社会存在短缺的情况下，如何尽快提高生产力发展水平，更好地满足人们的社会需要。什么是国民财富（The Wealth of Nations）？这个问题看起来很简单，但不同人的答案和隐含解释是不同的。在理论上，现代社会形态主要是商业社会，现实生活中的财富多样复杂，人们从外在表现上看到的财富和从内在本质上看到的财富有所不同，直接看到的财富和间接看到的财富也有所不同。在实践中，人们对国民财富性质的认识及其经济解释有所不同，在思想观念和政策主张上就存在差异，这些差异深刻影响国家管理体制设计、经济政策的制定和完善、人与人之间的社会关系特别是人与人之间矛盾和冲突的处理等。

古典经济学的一个重要贡献就是对国民财富的性质不断进行探究，解决了国民财富是什么和不是什么的问题，明确提出了国民财富的性质主要不是货币，也不是天然物品或自然资源，而是劳动成果，包括劳动的物质产品和劳动的相关服务。历史上，重商主义者曾经认为，金银就是财富，主张一个国家应少输出货币、多吸收金银，实现贸易出超，主张实行贸易保护主义，以为这是生财之道；有的甚至提出，多发行钞票就能够增长财富。到威廉·配第，虽然他也认为金银货币是首要的财富，但是其他能满足人们需要的所有物品同样是财富。重农主义者则认为，金银只是为了交换的方便而被用作货币，在其他地方不比食物等生活必需品更有用，在他们的心目中货币是次等的财富；从弗朗斯瓦·魁奈的《经济表》看，只有从事农业的阶级提供“纯产品”，或者只有农业是“生产的”。到了亚当·斯密，虽然他仍带有某些重农主义的痕迹，但已客观地把财富定义为直接或间接地满足人们需要的物品，这些物品主要不是自然之物，而是劳动产品。法国经济学家萨伊拓展了财富的视野和概念，提出财富并不一定是“有形的物品”，同时也可以是“无形产品”，即“各种服务”，财富的性质是能满足人们的需要或者具有效用，财富是物品和服务的总和。时至今日，国际上已经普遍接受和采用了这种劳动财富的观念和概念，把人类从事的经济活动划分为第一产业、第二产业和第三产业，并进行统计汇总，了解跟踪经济动态，引领和推动了整个现代经济的不断增长。

在国民财富中，不仅私人物品是重要的，公共物品也是重要的。在现代社会，人们劳动生产的方法和技术不断改进与创新，生产的空间和范围不断拓展，人们主要不是为他自己的必需品进行生产，而是为分工和出售进行生产。生产的内容和成果既包括产品，也包括劳务，既有社会需求刚性的必需品，也有社会需求弹性很大的便利品；既有增量（主要是当年 GDP），也有存量（累积的资产或存货）。而出售或买卖是以货币和价格为媒介进行的，价格是人对生产物的价值的估量，以货币为共同的衡量单位，是一个非常重要的经济信号。它指导着大多数财富的生产、交换、分配和消费活动，国民财富的内容和形式越来越多种多样。在国民财富中，既有私人物品——由自己劳动所得和从市场交换或购买获得构成；也有公共物品——一定时空条件下可以由多人共同享有、享用的物品或服务。私人物品的使用具有排他性。穷人和富人之所以不同，主要体现在其所有的私人物品差异大。穷人所有的东西少，若仅维持他数日或数周的生活，他很少会想从这些东西积累投资以取得收入，他将慎之又慎地消费它，并且希望在用完它之前，能依靠自身的劳动取得一些东西来补充，这样他的收入几乎完全来自他的劳动。而富人所有的东西多，他就可以将其分成用于目前消费的部分和用于积累投资的部分（包括流动资本和固定资本），这样他的收入来源是多元化的并可以不断增长。对社会总体而言，私人物品和公共物品都是很重要的（见表 2–1），其中公共物品由于使用者多、具有消费中的非排他性和非竞争性而组织生产较难，相对私人物品而言，在组织发展生产上应该更加重要。但对微观的个体而言，不同人所拥有的私人物品的种类和数量差异影响很大，人们很容易忽略或不讲公共物品的重要性，而强调或只讲私人物品的重要性。

表 2–1　一个国家的国民财富的基本构成

类　型	主要特点	举　例
私人物品及服务	为私人消费、使用或控制，以提供效用，具有消费中的排他性、消费中的竞争性、消费中的独立性	比如牛奶、面包、水瓶、衣服、商品房、轿车、务工、保姆服务等
公共物品及服务	为公众消费、使用或控制，以提供效用，具有消费中的非排他性、消费中的非竞争性	比如国防、外交、法律、公路、车站、码头、公安、警察服务等
准公共物品及服务	为多个私人或部分公众消费、使用或控制，以提供效用，具有消费中的非排他性，或消费中的非竞争性，或消费中的非独立性	比如市场、公园、学校、医院、体育场、俱乐部、工会、社区服务等

资料来源：作者整理。

（二）劳动价值论：财富是人的劳动创造出来的

在现代经济运行中，了解并用好劳动是重要的。现代经济在本质上主要是生产经济或 GDP 经济，交换、分配、管理、技术等从属于生产，生产的主体是人及其有效劳动。古典经济学最重要的原理就是劳动价值论，认为国民财富的源泉就是人们的劳动，主张分工生产和自主交换，主张资本积累和扩大生产，主张劳动者有劳动的自由和不劳动的自由。在现实社会中，无论私人物品还是公共物品，也都主要是劳动的产物或劳动产品。首先，人的劳动是财富的基本源泉，没有人的劳动投入，国民财富就是无米之炊，所以调动劳动者积极性非常重要。同时，人的劳动本身是多元化、多样化、多形式的和不断发展变化的。不同的劳动产品及劳动服务所包含的劳动与劳动之间、不同劳动者所提供的劳动与劳动之间既有无差异的内容，比如马克思所抽象的社会一般劳动时间；也有差异很大的内容，比如劳动质量、劳动效率、劳动贡献和劳动报酬等。现实社会的人很复杂，有劳动的人，也有不劳动的人；有劳动的时候，也有不劳动的时候。在劳动中，社会分工越来越细，既有体力劳动，也有脑力劳动；既有简单、低质量、低标准、粗放型劳动，也有复杂、高质量、高标准、集约型劳动；既有生产性劳动，也有分配性劳动；既有有效劳动，也有无效劳动，还有破坏性劳动；既有贡献比较大的劳动，也有贡献比较小的劳动，还有无贡献的劳动。劳动既可用劳动时间来计量，也可用凝结在劳动产品中的劳动贡献或者边际生产力来计量。

现代经济运行中创造财富的重要主体是法人。相比自然人而言，法人是有明确注册登记、能承担社会责任并受法律保护的组织或单位。法人创造财富的效率大幅提升，这来源于它对有知识积累的专业化劳动、社会化劳动和创新型劳动的组织利用。法人是人的一种集合，是一种组合人的专业化劳动和社会化劳动的社会功能性组织，是一种有效率的组织。法人包括营利法人和非营利法人。法人的主体是企业，也包括事业单位，还包括社会团体、基金会、社会服务机构等，在创造财富中都是重要的。企业的赢利从何而来？一个企业投入生产过程的各种生产要素，等到转化为产品和服务，有可能卖个好价钱（相对于投入要素的成本），也有可能卖不出好价钱，甚至根本卖不出去而赔本，因此投入企业的资本增值与否或增值多少，首先取决于企业如何应对由奈特定义的市场的不确定性。这就需要决策，包括企业生产什么、生产多少、什么时间生产以及怎样实现获得赢利潜能的创新等。经营决策能力和生产组织协调能力是资源投入企业获得增值的不可或缺的两个要素，这两种能力就是企业家才能，它的应用实际上就是专业化劳动。钱本身并不能生钱，货币本身也并不是增值的源泉，而是因为银行将钱贷给了企业，靠企业在营运中实现了价值（这也可以解释为什么把贷款借给亏损企业只能提供负利率）。在这个意义上，利润的本质不是对资本所有权的回报，而是对企业家才能所有权的回报。银行贷款给企业，银行是要承担坏账风险的，因此贷款利息是对银行承担风险的回报，而这种作为风险回报的利息最终来源于企业运用资本的增值。离开了企业家才能的发挥，企业所有的其他投入品（包括劳动力、土地、资金和技术）统统谈不上增值。资本增值的真正来源是企业家才能的发挥，这种发挥是一种专业化劳动。正是基于此，我们看到，资本市场上买卖企业的背后是买卖企业的赢利能力，而归根到底是买卖企业家或专业化劳动的能力。

在现代经济增长中，强调劳动价值论，并不排除资本、土地等在经济增长中的作用或贡献，也不排除交换价值论的存在及其作用。强调劳动价值论的重要目的，是从宏观、全局、长远、综合和战略的角度思考国民财富的创造与分配问题，是为人类社会公平合理地分配社会财富、推动建立良好稳定的社会秩序提供客观依据，为现实生活中的人们从思想上正确认识人与人之间的各种利益分配差异背后的劳动根源、积极参与社会财富创造提供行动指南，是为国家从根本上解决人与人之间以及个人与社会之间在土地利用上的利益矛盾和冲突、促进人与人之间的合作分工提供科学方法。随着现代经济学分析方法的不断拓展，特别是引入边际分析和相关模型分析等方法后，人们可以在假设一些条件不变以及一些不同类型的变量之间存在关联的情况下，多角度分析考察经济增长的原因、存在的问题及解决问题的途径，探讨资本、土地、技术、管理、企业家等各种资源要素在经济增长中的贡献、作用及影响机制，以及在不同的市场环境、供求关系和交易成本费用下的经济增长效果和效率，这并不影响劳动价值论发生作用。实际上，这些资源要素以及环境条件的影响，可以归并为外因和内因，外因是人口、资源、环境和政府制度，内因是人的勤奋努力、知识增长和积累投资（概括起来就是人的劳动），内因和外因都不可或缺，外因通过内因起作用。财富增长主要不是来源于物的因素，而是来源于人的劳动。

二、交换价值论：引入交换很重要

在现代社会环境条件下，科学技术发展日新月异，人们的劳动生产率大幅提高，社会分工越来越细，人与人的合作越来越重要、复杂和困难。而人与人的合作在本质上是一种交换。为了搞好人与人的合作，就必须在抓好生产的基础上，重视引入交换，发挥好交换在优化稀缺资源配置中的重要作用，形成良好的市场机制。引入交换时，一要重视稀少的原理，二要重视替代的原理。

（一）稀少的原理：经济财货要出价去买并节约使用，价格反映了经济稀少程度

随着生产力发展水平的提高，在经济中不仅存在短缺及贫穷的问题，而且存

在过剩及浪费的问题，增长不平衡和供求多样性越来越多，现代经济学的第二个阶段也就应运而生。在这个阶段，不仅劳动投入的时间数量是重要的，而且劳动投入的方式方法是重要的；不仅活劳动的投入和增长重要，而且物化劳动的投入和增长也重要；不仅生产重要，而且消费、分配、流通和管理等也重要。社会劳动分工越来越细，与劳动有关的知识增长和方式转变以及储蓄投资对经济发展的影响越来越大，与生产发展相关的决策就变得越来越重要，包括生产什么、为谁生产、生产多少、如何生产、何时生产、谁做决策等。在这个阶段，经济学发展的最重要成果是产生和形成了新古典经济学的一整套理论，它探讨解决的核心问题是稀缺资源配置，主要是有限资源如何在不同用途上进行分配运用，即在给定生产力和资源稀缺性条件下，研究如何在市场上决定各种产品的相对比例等。

在现代经济运行中，了解并用好稀少性是重要的。经济学家通常把财货分为自由财货和经济财货，自由财货是那些数量充裕、能够满足一切需求的财物，经济财货是那些需求超过供给的财物。经济财货由于供不应求，人们要出价去买并且要节约使用。稀少性是财货（包括商品或劳务及资源等）的市场供给与需求相比较产生的一种相对变量，通过价格的高低及其变化反映出来。它产生于市场交易，提供了一种重要信号，是引导社会资源优化配置的重要依据。现代经济学主要研究经济财货的生产和分配，一个重要原因就是它具有稀少性。如果一种东西没有稀少性，就像我们日常生活中的空气一样，即使它很有使用价值，也不是经济学研究的主要对象。在现实的市场经济中，如果商品或劳务的稀少性下降，市场供过于求，其价格会下降，甚至一文不值；反之，如果商品或劳务的稀少性增加，市场供不应求，其价格会上升，甚至有价无市。所谓物以稀为贵，就是这个道理。现代经济学的第二个阶段是新古典经济学，它从关注消费者及其效用入手，分析市场的有效需求，重视消费者选择的最优化配置，探讨解决的核心问题是随着生产力发展水平的提高和供求关系的改变，如何建立合理的价格机制，采用边际替代对社会稀缺资源进行优化配置，重点关注在劳动产品或服务过剩的情况下如何配置社会稀缺资源，以提高稀缺资源配置效率。其核心原理是加强市场建设、完善市场机制、挖掘经济活动中的稀少性并以此为依据，引导稀缺资源配置，推动经济发展从低水平均衡向高水平均衡转变。

新古典经济学认为，一国的资源是一定的或稀缺的，最有效率的经济是那种能使稀缺资源得到最充分运用的经济，或能产生最大效用的经济，而要做到稀缺资源最充分运用或者能产生最大效用，要求生产者根据消费者购买或选择来做生产经营决策安排，从而保证有限的资源分配到能产生最大效用的人手中。因为商品和服务效用的大小只有消费者通过亲身感受评估才知道，并根据其评估结果和价格的比较（即“性价比”）决定愿意花多少钱购买和购买多少。同时，消费者需要什么和需要多少，也只有生产者知道，因为生产者直接或间接地与消费者交易，生产者是直接当事人，最在乎其生产的物品能否适合消费者，这决定了它的生存发展。一个国家建立市场经济体制之后，在市场中所交易的商品或服务价格的高低及其变化，会反映商品或服务的稀少性。但这二者之间也有所不同，不能简单画等号，挖掘这种稀少性需要深入细致的分析。一是生产商品或劳务所耗费的劳动（包括劳动质量和劳动数量等）影响价格。从社会平均和中长期来看，劳动用工的消耗量和复杂性是商品或劳务价格的最重要的决定因素。二是货币本身与政府干预等因素，也会影响商品或劳务的价格。三是由于人和社会的复杂性，不同收入的个体对同一物品或劳务的价值会有不同的主观评价，所看到的效用是不同的。比如，在市场上，富人对一块面包和穷人对一块面包的重要性的认识就相差很远，所愿意承担的价格也是有所不同的。在市场经济中，人们对商品或劳务的价格定位，不是越高越好，也不是越低越好，而是各取所需，实际的价格是一种综合价格、均衡价格和主客观影响相结合的价格。这也是市场经济的复杂性、特殊性和市场能促进社会稀缺资源高效配置的独特魅力所在。

在现代经济增长中，应用稀少的原理主要关注劳动产品或服务的生产供给的稀缺以及其给人带来的特殊效用、可能过剩及其给人带来的严重损失，促进人的知识增长及开发应用，促进交换或贸易的健康发展，从源头入手促进稀缺资源优化配置，把劳动生产的“最先一公里”工作搞好，积极利用市场交换或国内外贸易促进经济增长。要坚持生产具有稀少性的商品或服务，不生产没有稀少性的商品或服务；按照市场上商品或服务的稀少性的大小及其发展趋势，及时组织生产发展、配备资源要素、调整生产结构和转变生产方式。在决策上，面向世界，有竞争优势；面向未来，立“工匠精神”；面向现代化，提平台高度；等等。对土地来说，稀少的原理是影响不动产价格的一个因素，有些土地比旁边的位置更好，比如位于大城市中心区的地块；而有些土地比旁边的更肥沃，比如可以从事农业生产且能在市场上有利销售的农地。这种土地比较稀少，值得人们花钱去买或流转来利用。不仅如此，稀少的原理在土地利用的政策上也很重要，比如国家在土地利用上要设立各种边界并促进土地节约集约利用。

专栏 2-1　交换或贸易可使每个人的状况都变好

交换或贸易是缓解稀少性并创造价值的工具。西方经济学的十大原理之一就是交换或贸易能使每个人的状况都更好。如果能进行交换或贸易，人们就可以专门生产一种物品或劳务并用来交换其他物品或劳务，而不必自给自足；国家之间也能从贸易与专业化中受益，将它们生产的物品用于出口而得到一个更好的价格，从国外进口更便宜的物品而不用在国内生产。在实践中，只要买卖双方是自愿的，对双方都是有益的。因为理性人的交换是以效用极限以及边际量极限为准绳的。在社会化大生产阶段，人们在自己擅长领域生产出的商品，通常对自己已经达到了效用极限，这时候，最好的方法就是进行交换，也即贸易。当一方将自己效用为零的商品交给另一方的时候，另一方也将对自己效用为零的商品交付给这一方。此时，两方整体效用增加，生活水平都提高了。即使在手工或小作坊阶段，虽然产出的商品还没有达到效用极限，但是同样的道理，商品交换也可以使整体效用得到提高。

资料来源：曼昆著，梁小民译：《经济学原理》，机械工业出版社 2003 年版。

（二）替代的原理：商品价格提高，其消费会减少，低价替代品生产供给会增加

在现代经济运行中，了解并用好替代是重要的。在自由市场经济中，当一个商品或服务的市场价格过高或不断上涨的时候，它的市场消费就减少了，同时在市场上会出现用来替代它的类似商品或服务，特别是当市场中有两种或两种以上的商品或服务具有同样的用处或者几乎使人同样满意的时候，低价商品或服务就容易把高价商品或服务排挤出去。比如，当普通劳动用工价格过高或不断上涨，而机械化相对便宜，企业会更多地使用机械，对普通工人的需求就会下降。新古典经济学的一个重要贡献是提出和应用了边际替代的思想和方法。它表明人们的劳动所生产出来的产品或劳务不是越多越好，也不是越少越好，而是有一个均衡点（包括均衡数量和均衡价格），要以均衡点为依据进行科学决策，在不到均衡点时可增加劳动生产，在超过均衡点时要减少劳动生产，要按照边际替代的方法组织生产劳动和配置社会资源。在现代社会，推进这种边际替代意义重大，它深刻地揭示了在经济发展中引入竞争机制的重要性及提高资源配置效率的过程，它带来了经济体系及其动态演变的统一和连贯，而这是一个高效率市场经济建立并发挥作用的先决条件（见表 2-2）。

表 2–2　　经济发展中的重要替代

序号	领域类型	替代关系	主要内容
1	经营决策	产品与产品	一定时间和空间内的原料设备、劳动力、资金等是有限的，用于生产这种产品就不能用来生产另一种产品
2	要素配置	劳动和资本	一定时间和空间的生产发展能力是有限的，多利用劳动就可以少利用资本（机器机械），多利用资本（机器机械）就可以少利用劳动
3	收入分配	消费与储蓄	一定时间和空间的可分配收入是有限的，收入用作消费就不能用作储蓄，收入用作储蓄就不能用作消费
4	宏观管理	平等和效率	由于各个生产要素的稀缺程度和它们提供的经济效率（特别是劳动参与率和劳动生产率）的差异，个人收入的均等化和总体生产效率不可兼得，强化平等可能影响效率，强化效率可能影响平等

资料来源：张培刚、厉以宁:《宏观经济学和微观经济学》，人民出版社 1980 年版。

替代的背后是竞争，竞争的背后是管理体制、竞争优势、战略配套和产业集群等。首先，在开放的管理体制下才有竞争和替代。竞争实际上是一个收集知识或信息、形成意见的过程。它反映出了人们对于什么是最好的和最便宜的看法，正是由于它，人们所了解的可能性机会至少像现在了解的那么多。在这个意义上，竞争是一个涉及数据不断变化的过程。人们参与竞争所形成的价格，无论对生产者还是消费者都是一个信号，这种信号不可能通过国家或政府行为来提供。因为，从技术上看，隐藏在消费者身上的意愿和偏好在自由选择以前根本就不知道，当然也就不可计算；从制度上看，在集中管理型经济下，受切身利益制约，人们是缺乏获取信息的动力和能力的。知识体现在众多个人的头脑中，人们有关经济的知识和信息也是不完全的，很多知识和信息只有在参与竞争过程中才能形成和获得。其次，现代经济的繁荣发展需要竞争和替代。竞争和替代是一种丰沛的动能，它使企业、产业和国家的任何一个今天的优势，在未来的发展中，都有可能被超越或淘汰。美国哈佛商学院迈克尔·波特教授发表了著名的竞争理论三部曲:《竞争优势——创造和维持高绩效》《竞争战略——产业和竞争者分析技巧》和《国家竞争优势——钻石理论分析体系》，深刻地解释了在现代经济发展中企业、产业和国家的经济持续繁荣的力量和源泉（见图 2–1、图 2–2）。

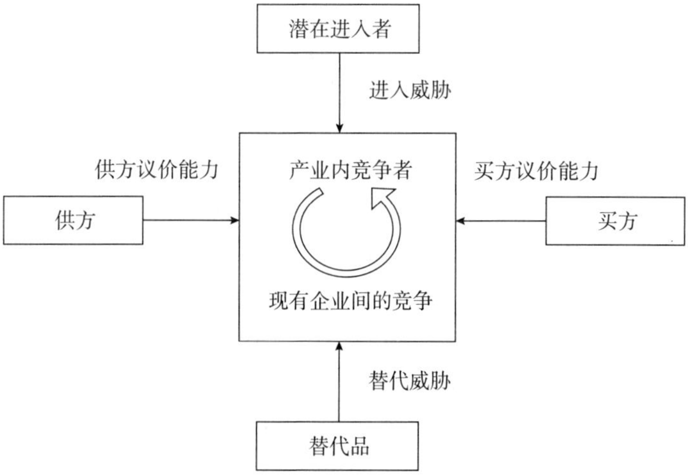

图 2-1　迈向企业竞争优势的五种竞争作用力

资料来源:〔美〕迈克尔·波特著，陈小悦译:《竞争优势——创造和维持高绩效》，华夏出版社 1997 年版。

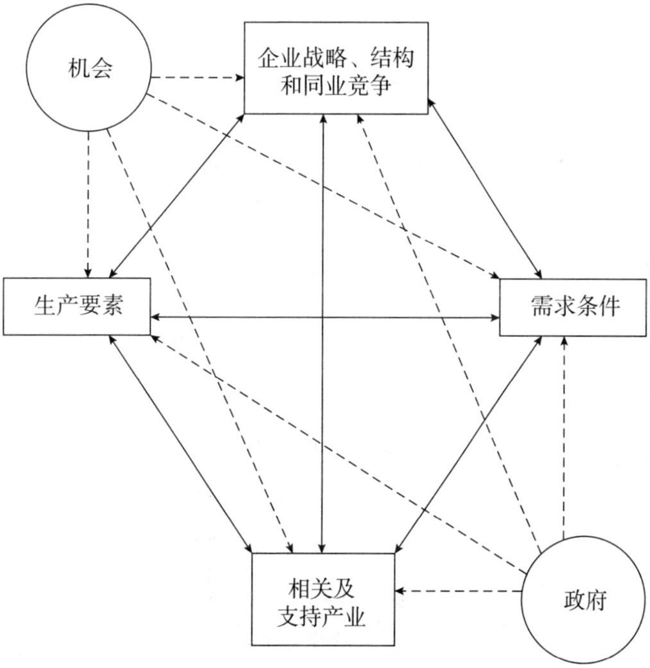

图 2-2　迈向国家竞争优势的钻石理论分析体系

资料来源:〔美〕迈克尔·波特著，李明轩、邱如美译:《国家竞争优势——钻石理论分析体系》，华夏出版社 2002 年版。

在现代经济增长中，应用替代的原理就是生产经营者要提高对市场复杂性的认识，在市场中商品或劳务的生产供应没有最好，只有更好，市场如战场，知己知彼方能百战百胜。要关注商品或服务价格的较大变化对其消费需求方和生产供给方的双重影响，既要紧盯着消费者，研究消费者对商品使用及其价格的评价和感受，也要紧盯着同行，研究同类商品或服务的生产经营者的发展现状和变革趋势，重视生产行业选择以及行业结构发展状况，重视提高企业核心竞争能力，重视提高产品生产服务效率及性价比，提升自身竞争能力，实行埋头苦干和抬头瞭望相结合。高价是一把“双刃剑”，它一方面为生产者带来现实好处，另一方面也会使生产者面临巨大风险。同时，国家在建立和保护自由竞争的秩序上责任重大。为了促进社会资源优化配置，保护劳动者合理利益，预防和化解经济危机，国家应在宏观上加强市场基础建设、公共管理和公共服务，提高市场参与者本身的竞争性和流动性，为商品或劳务生产经营者提高效率质量和推进边际替代提供良好的社会环境和公共服务，特别是提供及时准确的价格信号和各种供求主体的信息等。

三、结构价值论：结构优化很重要

一个国家的国民经济是由各种不同的经济部门、大大小小的经济区域、多样复杂的经济环节、千千万万个企事业单位以及各种不同的经济成分等组成。通常把国民经济中各种部门、区域、环节等因素的构成及其相互联系称为国民经济结构。健全、合理和协调的国民经济结构，是保证宏观经济持续健康发展和社会再生产顺利运行与不断扩大的必要条件。进行结构优化时，一要重视比例的原理，二要重视转移的原理。

（一）比例的原理：可供利用资源有限而类型多样，按比例用才有最高收益

在现代经济运行中，了解并用好比例是重要的。新古典经济学的另一个重要贡献就是它关注经济生活中的重要比例关系，试图将稀缺资源在不同部门、地区、产品、要素、个人、单位和时期之间进行优化分配或配置，推进建立良好的结构、布局或平衡关系，实现资源配置的总体效益最大化。其主要方法是计量分析法、边际分析法和数学模型法等，通过界定经济环境，规范约束条件，设定行为假设，给出政策制度安排，求解最优结果或均衡结果，进行评估比较，为微观决策和宏观政策提供服务。

比例问题在现代经济发展中很重要，无论是个体还是公众，无论是微观还是宏

观，都要求在资源利用和资源分配上关注比例关系并考虑结构优化。从个体的观点来看，经济工作不过是按比例利用并分配可供利用的资源来达到最大的经济效果。比如，一个家庭把它的收入分配到各种不同的消费品上去，使这些收入能为其带来最大的福利、健康和快乐；一个企业家把他的资金的一部分用于劳力、一部分用于地产、一部分用于广告、一部分用于其他事物上，但如果他预料他的资金的另一种分配会带来更大的利润的话，他会改变对劳力、地产、广告和其他等的分配比例。从公众的观点来看，经济问题就是利用各种不同的形式按比例来分配全部可用资源的一个选择问题。从微观的角度看，比例关系是否合理，主要是技术经济问题。从宏观的角度看，比例关系是否合理，则表现为经济结构、布局、平衡和再平衡等问题。如果重要的社会稀缺资源在相关部门之间、地区之间、单位之间和跨时期之间的分配比例不合理，就有可能导致经济增长失衡，有可能出现经济混乱、经济低效、非自愿失业、通货膨胀、经济危机和经济周期波动等问题。

在现代经济增长中，应用比例的原理，就是引入管理科学，统筹兼顾，重视在经济工作中引入计量手段，及时采集数据，建立和使用数学模型服务决策，重视比例、结构、布局和均衡效应，在资源配置中把握关键，建立优先序和有效协调机制，把重点突破和均衡发展统一起来，着力打破历史形成的旧的均衡，推动建立比例协调的新的均衡。

专栏 2-2 经济发展中数学模型的利用

数学模型是引入合理比例的工具。现代经济学的一个重要分支是科学管理理论的提出、发展和完善。自从美国泰罗掀起“科学管理革命”，管理已经成为一个重要的生产力要素。它激发了人们研究管理的热情，到现在更是到了学派林立、群雄竞争的地步，抽象了的管理理论与可操作的精确的规范条文融为一体，使科学管理成为一项重要的财富增长和投资对象。1939 年，美国曼彻斯特大学布莱克特教授领导的一个运筹学小组开创了运用数学广泛研究具有重大实际意义的问题的先河。当时主要用于军事战略战术的研究。第二次世界大战后，数学模型及其电子计算机开始成为民营企业管理的一个重要手段。这种方法需要仔细分析各种影响因素，如哪些是自变量、哪些是因变量、哪些是主要变量、哪些是次要变量，以及这些因素构成怎样的相互影响的关系及其影响进程步骤等。同时，这种方法力求利用数学模型和程序系统来表示管理的决策、计划、组织、控制等职能活动，求出最优答案，人们称此为管理科学。管理科学学者概括和总结出了有效地建立和使用数学模型的一般程序。

（1）确定和清楚地解释问题。建立模型是为了解决问题，对问题要深入分析。要确定该数学模型要解决哪些问题，其中有哪些要素，各要素都必须解释清楚。

（2）建立数学模型。一般的形式是 $E=f(x_1, y_1)$，E 代表系统的效益，f 代表函数关系，x_1 代表系统中的可控变量，y_1 代表竞争者所控制的变量。模型要求这两类变量都是可计量的，各变量之间的关系都必须是确定的。

（3）解出模型答案，求得系统的最佳效益数量值。

（4）检查模型及它的解的实际意义。

（5）制定出当变量函数发生变化时，能对方案进行调整控制的措施。

（6）将方案付诸实施。

运用数学模型和计算机进行管理和解决问题，无疑大大加强了企业管理的精确性和规范化。但是，这种运用也是有局限的。由于市场经济的竞争性和不确定性，任何复杂的模型不可能把所有变数都考虑在内，难以就各种因素相互作用的关系加以准确计算，而且对变化的环境本身有一个作出判断、采取措施的过程，当外部变化在计量模型中反映出来的时候，企业也许就错过了可能的机会或已落在形势后面。

资料来源：何正斌编著:《经济学 300 年》(第三版)，湖南科技出版社 2009 年版。

（二）转移的原理：一个国家从贫穷走向富裕，人的转移流动和知识增长很重要

在现代经济运行中，了解并用好转移是重要的。现代经济学的第三阶段是发展经济学，它的重要贡献是关注欠发达经济体中经济社会发展本身的不平衡性和不充分性，以及它与发达国家在经济结构和人的素质技能等方面存在的较大差异，注重探讨发展中国家和一个国家的欠发达地区在产业结构、城乡结构、人的文化素质和人的全面发展等方面存在的突出问题和深层次难题。在欠发达国家，市场作为方便交换或交易而存在的场所、组织或制度，是很重要的，但市场不是万能的，市场失灵问题需要解决。同时，经济发展是人的劳动、知识增长、技术进步和结构变化的综合结果，要从更宽阔的视野、更长远的眼光和更深入的层次，重视人的不同社会需求的满足和升级，重视人的精神文化、知识增长和人力资本投资，重视各种相关经济成本的影响，推动和服务人的跨行业、部门、地区、层次转移，提高劳动参与率、劳动生产率、劳动者素质技能和劳动收入，为经济增长

提供根本支撑。

在现代社会，人的转移是一个复杂的过程，是有前提条件和隐含假设的，是有好处、有风险和有代价的，既需要机会和能力，也需要动力、压力和服务。人的转移首先需要机会，特别是在非农产业和城镇就业的机会，这有赖于工业化、城镇化的发展和宏观经济的增长，如果非农产业发展滞后、经济增长不足，就缺乏转移机会，缺乏转移机会就很难转移。人的转移还需要动力和压力。在现代经济增长中，经济因素很重要，非经济因素也很重要，有的时候非经济因素的影响可能更重大、更深远。人的行为除了受物质技术条件的制约影响外，还受社会心理动机的影响，人的需求是分层次的和不断变化的。美国心理学家马斯洛指出，人的社会需求可以分为生理的需要、安全的需要、情感和归属的需要、尊重的需要、自我实现的需要五个层次；其中生理的需要和安全的需要是基本的需要，情感和归属的需要、尊重的需要和自我实现的需要是较高层次的需要。人的行为动机首先来自基本的需要，如果基本的需要得到满足，又会激起更高层次的需要，这种需要的层次是不断提升，需要的内容是不断丰富的（见表 2–3）。随着生产力发展水平的提高和社会发展的进步，社会分工越来越细。发展需要知识增长和能力提升，人的就业必须要具有可流动性，这种流动既包括水平流动（在部门、地区和相同性质的工作岗位流动，不改变个人所处的阶层和社会地位），也包括垂直流动（打破职业的世袭、固化和垄断，改变所处的阶层和社会地位，从中下层上升到较高的阶层或从中高层下降到较低的阶层）。印度经济学家阿马迪亚·森在《以自由看待发展》一书中深刻地指出，发展是拓展人们享有自由的一个过程。

在现代经济增长中，应用转移的原理，就是要从人入手，重视时代背景的不断变化，重视培育现代产业部门、新型城镇、新型乡村和现代化经济体系，创造多元化、多渠道、大容量就业和创业机会，重视人的能力和素质的提高，重视人的社会需求、成本代价的影响以及人与人之间的异质性差异（见表 2–4），重视国内外、区内外和单位内外综合比较，发挥国家和社会的作用，激发和调动人的积极性，大力促进人的转移流动和知识增长，开发人的多层次需求，积极牵线搭桥，提高效率，降低成本，分散风险，提供服务，推动社会劳动力实现从落后产业部门向现代产业部门的转移就业和人力资本投资从传统落后的自发状态向现代化发展状态转变，建立引领和帮助人们从贫穷走向富裕、从低层次需求走向全面发展及自我实现、从传统落后走向现代化发展的阶梯布局和社会支持体系。

表 2–3　　经济发展中人的不同层次的社会需求

类型	社会需求	主要内容	与政策实践的关系
第一层	生理的需要（physiological needs）	人希望有正常的呼吸、水、食物、睡眠、生理平衡、分泌、性等，这是人类维持基本生活的需要	在经济不发达的社会，必须首先研究并满足这方面的需要。因为这一需要一旦不能满足，人的生存就成了问题，也就谈不上或顾不上别的需要了
第二层	安全的需要（safety needs）	人希望有人身安全、健康保障、资源所有性、财产所有性、道德保障、工作职位保障、家庭安全等，这是人类免除威胁的需要	随着生产力发展水平提高，人们不仅要考虑当前，而且要考虑今后，如要求摆脱失业的威胁，要求在生病及年老时生活有所保障，希望免除不公正的待遇等
第三层	情感和归属的需要（belongingness and love needs）	人希望得到关心和照顾，它和人的生理特性、经历、教育、宗教等有关，这是人类在社会交往方面的感情和归属的需要	在现代社会，有人希望与同事保持良好关系，希望得到别人友爱，希望在感情上有所寄托，这种需要比前两种需要细致，需要的程度因每个人的性格、经历、受教育程度的不同而不同
第四层	尊重的需要（esteem needs）	人希望有稳定的社会地位，希望自己奋发向上，希望别人对自己的工作、人品、能力、才干等给予承认和较高的评价，希望自己在同事中间有一定的威望和声誉并发挥影响力，这是人类在社会发展方面的向往和需求	在现代社会，有人对自尊和社会尊重很重视，它要求要重视人与人之间的差异，包括异质性、主观努力差异及实际贡献差异，实行差别对待。对那些自尊自重、勤奋努力、能力较强、贡献显著的人，要进行社会承认和公开表彰，建立激励相容机制。这种公开承认、正确对待、科学评估、合理评价和建立秩序非常重要
第五层	自我实现的需要（self–actualization）	人实现个人理想、抱负，发挥个人的能力到最大程度，达到自我实现境界，这是人类在应对挑战、承担责任、作出贡献、获得胜任感和成就感方面的向往和追求	在经济社会管理中，要重视人的兴趣、偏好和情怀，充分利用和开发人的天资、能力、潜力，就像一位音乐家必须作曲、一位画家必须绘画、一位诗人必须写诗一样，人们都需要各尽其能

资料来源：〔美〕马斯洛著，许念、刘铎等译：《自我实现的人》，生活·读书·新知三联书店 1987 年版。

表 2-4　　经济发展中人的不同种类的成本代价

种类	成本代价	主要内容	与政策实践的关系
第一类	生产成本（production cost）	为从事生产活动而发生的成本，是商品或劳务生产过程中各种资源要素利用情况的货币表示。它与资源要素禀赋、技术和管理水平有关，包括基本生产成本和辅助生产成本，固定成本和变动成本，直接材料、直接人工和制造费用等	生产成本是商品或服务定价的基本依据。企业是一个把投入转化为产出的组织。为了生存和发展，企业在生产时必须有效率，必须控制生产成本，使之具有成本上的竞争力
第二类	交易成本（transaction costs）	为完成交易活动而发生的成本，是在商品或劳务交易过程的前后所付出的各种与此交易相关的成本费用。它与组织、制度和环境有关，包括搜寻与传播信息，广告，与市场有关的运输以及讨价还价，谈判、协商、决策、签约、执行、合约的监督等活动所花费的成本	现实世界是有交易成本的，企业要使用市场或价格机制，在公开市场上进行交易、开展业务，是有成本的，它会影响与哪些人交易、是否要进入公开市场交易、采取什么类型的合约以及提供哪些产品或服务等
第三类	机会成本（opportunity cost）	选择了某种东西而舍弃另一些东西的最大价值，是一种机会损失或选择成本。它是在面临多行业发展决策或有其他方案可供选择时把相同生产要素投入其他行业或方案可以获得的最高收益	机会成本为正确合理的经济选择提供了逻辑严谨、论据有力的答案。在进行经济选择决策时，力求机会成本小一些，是经济活动行为方式的最重要的准则之一
第四类	沉没成本（sunk cost）	由于过去的决策已经发生了或承诺的成本，是一种历史成本或不可控成本，是不能由现在或将来的任何决策改变的成本，包括固定资产、无形资产、递延资产以及时间、金钱、精力等。沉没成本常用来和可变成本作比较，可变成本可以被改变，而沉没成本则不能被改变	根据经济逻辑的法则，沉没成本与制定决策是不相关的。但是在人们的实际投资活动中，广泛存在着一种决策时顾及沉没成本的非理性现象：为了避免损失带来的负面情绪而沉溺于过去的付出中，选择了非理性的行为方式，这就是沉没成本效应
第五类	边际成本（marginal cost）	新增或最后增加一个产品单位的生产供应或者从市场新购或最后购买一个产品单位所需要的总成本费用的增量，是与生产发展所处阶段有关的成本，是与产品生产规模和技术创新有关的成本，是与交易范围和市场流通形式有关的成本	边际成本是产品或服务定价的重要依据。边际成本的变动规律是：先随产量增加而降低，达到一定规模后开始增加，在平均总成本与平均变动成本达到最低点时，边际成本等于平均成本

资料来源：作者整理。

四、时间价值论：时间因素很重要

一个国家的经济社会发展本身是不断变化的。这些变化有的是可预期的，有的难以预期或不可预期。在可预期的情况下，人们可以推进资源跨期优化配置。在管理运作上，不仅要利用好过去及当前的资源，还要利用好未来的可能资源，具有动态视角和长远眼光，发挥金融、资本和预期等在经济增长中的特殊作用，把时间作为一种重要资源用好。把时间用好的重要途径，一要重视预期原理的应用，二要重视资本化原理的应用。

（一）预期的原理：将来的东西会影响到现在，同时那些东西现在算计也要打折

在现代经济运行中，了解并用好时间是重要的。人的行为受时间因素的重要影响，不仅历史的东西会影响现在，而且将来的东西也会影响现在。在现代经济学中，探讨人的行为的前提基础是分析掌握经济形势，研究制定政策对策，同时要把过去、现在和未来联系起来考察，关注时间因素和人的预期的影响，探讨现实社会中的人的行为选择及其理性变化，重视对经济工作的阶段划分和对资源配置的跨期优化。首先，在现代经济运行中，时间是一种稀缺资源，对时间的优化利用和先后次序安排非常重要。当然，不同的人的时间偏好也不同，有的人认为时间就是金钱、效率就是生命，而有的人认为闲暇更重要，宁愿减少劳动而多休息，所以时间利用的具体价值因人而异。其次，人们对于未来有加以预测的倾向，这种倾向对确定商品或劳务的价格非常重要，特别是在确定地价和不动产价格等时尤其如此。一个关于资产交易的开价总是含有预期的因素，比如一笔土地资产买卖成交时，其售价不仅包含土地的现在价值，而且包括这些土地将来的估值。再次，一件东西现在的价值是比较确定的，但未来的价值是有风险或不确定的。对同一件东西，现在的价值估量高于未来的价值估量，把将来的收入折算为现在的价值，是要打折的，二者不完全等值或等价。最后，对未来发展是否保持稳定的预期非常重要。实际上，人的很多行为是跟着预期走的，一些预期决定了人们的行为，而这些预期与制度、体制、政策的安排有着密切的关系。如果制度的、体制和政策的安排使人们无法形成对未来明确的、稳定的预期，人们可能就会感觉到无所适从，其行为就会处于异常或紊乱之中。现在社会生活中很多人感到焦虑就是与这个有关。

预期是人对未来发展前景的预测。这种预测因人而异，既有客观性，也有主观性，对这种预期所产生的效应或影响，要具体问题具体分析。经济学中的预期有两种类型（见表 2–5）：一种是适应性预期，它会随经济或市场的变化而修改，其预测可能与有关的经济理论的预期不一致；另一种是理性预期，它不会随经济或市场的变化而修改，其预测结果与有关的经济理论的预期相一致。这两种预期都会对经济社会发展具有重要影响，但具体影响是不同的。在市场经济条件下，预期的改变会直接或间接地影响资产和相关商品的价格，对于市场价格波动性很大的商品，加强市场监管和公共服务，引入预期稳定是非常重要而必要的。证券交易所、商品期货交易所等的建立完善和健康发展很重要，一个重要原因是它与预期直接相关，可以对预测结果及时进行检验，如果市场运行规范合理，对于分散风险、发现价格和引导资源资产优化配置作用很大。

表 2–5　　经济发展中人的两种预期

项目	适应性预期	理性预期
基本概念	人们基于过去（历史）或现实作出的预期，它会随经济或市场的变化而修改，其预测结果可能与有关的经济理论的预期不一致	人们在预先掌握了一切信息后作出的预期，它不会随经济或市场的变化而修改，其预测结果可能与有关的经济理论的预期相一致
隐含假设	人是被动的，其所掌握的信息很有限或不尽准确，人们把每一个人的每一次预期都当成孤立的事件	人处于主动地位，人们总在不断地总结经验，吃一堑、长一智，对预测反复检验和修订，今后上当的可能性越来越小
理论意义	有很多人对未来会发生的预期是基于过去（历史）或现实，他们在估计或判断未来的经济走势时，利用过去预期与实际发生间的差距来矫正对未来的预期。例如，如果过去的通货膨胀是高的，那么人们就会预期它在将来仍然会高。在通货膨胀理论中，需求推动的通货膨胀和成本推动的通货膨胀一般被认为是短期的冲击。但是，一系列的冲击会引导人们认为通货膨胀是经济中的持久性的特征，特别是在冲击较大的时候。这样，他们就会根据将来的高通货膨胀率的预期修正他们的经济行为	有些人对未来的预期很理性。对企业来说，仅研究价格是不够的，还要研究信息，价格来自信息。微观经济学和宏观经济学之间不是简单的基础关系。政府与个人之间协调很重要，微观经济学最后不能简单归结为个人行为，宏观经济学最后也不能简单归结为政府行为，人们对市场前景的预测、对信息的掌握和理性的预期是沟通微观经济学和宏观经济学的桥梁。经济学中的次优选择是有道理的，企业和政府在现代市场经济中都不可能是单一目标，它们都面临一个选择的问题，在多目标的情况下，最优是做不到的，只能进行次优选择，或者次优不可避免
实践意义	20 世纪 80 年代，西方经历了 70 年代石油危机冲击后的一些经济危机现象。特别是英国，到了 90 年代还在寻求实现稳定的低通货膨胀率。这可以按适应性预期理论进行合理解释	国家宏观经济调节政策的效力是递减的，乃至最后可能无效。换言之，政府有政策，人们有对策。通货膨胀一旦发生，就很难被政府所制止住。政府信誉是重要的，政府最大的措施是取信于民，使人们相信政府，不采取预防性措施

资料来源：厉以宁：《经济·文化与发展》，生活·读书·新知三联书店 1996 年版。

在现代经济增长中，应用预期的原理，就是要考虑时间因素的作用，重视人的心理因素的影响，重视资产价格中的预期因素，重视经济发展中的风险或不确定性。要加强资产、产权和证券交易的市场建设、规范、监测和预警，把人们的心理预期发现好、引导好和控制好。要深化经济政策研究内容，分析和区分适应性预期和理性预期，完善重要的经济政策设计，提高公共政策设计的稳定性、连续性和动态性。提高对经济管理工作复杂性的认识，要正确提出、分析和考虑经济问题，联系过去、现在和未来，充分估计经济风险和市场不确定性，强化工作安排部署的预见性、动态性和一定的灵活性，建立和完善重大风险防范机制。“凡事预则立，不预则废”。目前中国发展正处在社会转型期，很多制度和政策的变动是自然的事情，但是在这种情况下，政策的变动和政策连续性之间如何有个大体的均衡是非常重要的。同时，由于预期影响的重要性，我们在政策制定和改变过程中，要采取积极稳妥、比较谨慎和慎重改革的态度，尽量避免频繁而大幅变动。

（二）资本化的原理：预期收入转为一个单独金额，将收入和价值联系起来

在现代经济运行中，了解并用好关联是重要的。在现代经济学中还探讨一个重要问题：如何解决经济发展过程中面临的各种瓶颈（特别是资金和技术难题），启动或加快现代经济增长。对于贫穷国家和发展中国家而言，采取什么样的方式和政策，可以实现一个国家或地区从贫穷到富裕，是非常重要而紧迫的。贫穷国家和发展中国家在经济发展上面临的普遍瓶颈是资本短缺。解决这个问题的传统方式是在收入分配中调节消费和积累的关系，通过控制消费比例和规模，形成储蓄积累，用于投资，然后不断扩大再生产和增加积累，这个过程是艰苦而缓慢的。随着现代科技和现代金融的发展，应用资本化的原理为解决这个瓶颈问题提供了一个新渠道。在美国，当我们说某块土地的价值或价格是 100 美元，这并不是说这块地每年就会给我们带来 100 美元的进款，而是说这块地的资本价值是 100 美元，每英亩土地的生产劳动能带来 4 美元、5 美元或者 6 美元的纯收入。换言之，地主将他所预期的一系列土地收入转变为一个单独的金额，这个数字就等于土地的资本价值。经济学家把那些可能源源而来的未来收入转变为一个价值基金，这个过程就叫作资本化。在现代社会，一个国家或地区将这种经济联系拓展、规范并在法律上提供保护，引入现代金融机制，人们就可以将现在没有而未来可能会有的有关收入和各种资源转移到现在使用，从而实现跨时期优化配置资源。如果用好了，它不仅可能突破短期经济发展面临的瓶颈或短板，而且可能推动经济长期稳定可持续发展。

资本是一种生产价值或生产关系，是能够带来剩余价值的生产价值，是以物为媒介的资产所有者与雇用人员之间的生产关系。按照马克思主义政治经济学理论，资本表现为一定的物，如货币、土地、厂房、机器设备等，但这些物本身不是资本，只有在特定的生产关系下，它才转变为资本。资本化的原理就是联系这些土地资源或长期投资可能的未来纯收入和代表地价或资产价格的目前资本价值中的一个环节。应用资本化的原理后，在对资源和资产的利用上，既可以按年和孤立地考虑，保证利用者源源不断地获得收入，尽管这种收入比较少，但它是一种保障；也可以跨年度和总体性考虑，将其转换为一笔价值基金或资产，用于投资效率更高的产业，尽管这种转换可能会有风险，但它会提高资源配置的灵活性和资源配置的效率，有望实现总收入增长。这样，对于这些稀缺资源和宝贵资产，可以在更长的时间、更大的空间和更深的层次上实现优化配置。特别是，随着资金短缺瓶颈的突破和科技进步的日新月异以及人的知识不断增长，人们的劳动参与率和劳动生产率会不断提高，劳动收入和家庭收入会快速增长，金融系统的信贷资金也会在经济增长中自动平衡并可能出现结余，推动实现资源资产的盘活激活、宏观经济效率的提高和社会总福利的增长。

在现代经济增长中，应用资本化的原理，就是要拓展经济发展视野，解放思想，转变观念，提高对自然资源和专用资产在经济发展中的价值的认识。自然资源和专用资产的利用价值是有限的，资源资产价格含有预期因素。要深化改革开放创新，积极推进自然资源和专用资产市场建设，为自然资源利用和专用性资产使用的发展提供政策制度保障和搭建平台，为提高社会稀缺资产资源配置效率提供公共管理服务。

专栏 2–3　经济发展中关于资本的多层次含义

资本是把时间用好并创造价值的工具。英国经济学家亚当·斯密是现代经济增长理论的前驱。他于 1776 年出版的《国民财富的性质及其增长的源泉研究》(简称《国富论》)，既是最早的经济学理论体系，也是第一个系统的经济增长理论。在亚当·斯密的理论中，资本的含义是多层次的，与现代人们一般所称的经济增长理论中的资本的含义有很大的不同。在现代经济增长理论中，资本总是意味着生产中的一种投入，是机器设备等一类的投资品。而在亚当·斯密的学说中，资本是一个很含糊的、有层次含义的概念，包含了机器等一类的“固定资本”。在分析资本对经济增长的作用时，多半把资本看成资本家对生产所作的“预付”。这种预付体现了对时间因素的关注和对时间价值的创造，最终会转化为工资，并体现为劳动者的消费品。《国富论》中关于资本的多层次含义在社会主义经济增长中具有重要意义。

资料来源：左大培、杨春学主笔:《经济增长理论模型的内生化历程》，中国经济出版社 2007 年版；〔英〕亚当·斯密:《国富论》，译林出版社 2016 年版。

五、制度价值论：社会秩序很重要

一个国家经济社会的长期健康发展需要经济有效率和社会有公平。现代经济学的第四个阶段是制度经济学。人类进入现代社会以后，要实现经邦济世和富国裕民，现实基础是有较好的经济增长，重要保障是建立良好的社会制度，最终目标是建立人与人之间以及个人与社会之间的良好稳定的社会秩序。建构良好社会秩序的重要途径，一要重视增长原理的应用，二要重视制度原理的应用。

（一）增长的原理：人的勤奋努力、知识增长和积累投资是内因，人口资源环境和政策制度是外因

在现代经济运行中，了解并用好增长是重要的。影响增长的因素，既包括经济因素，也包括非经济因素，特别是社会因素、技术创新、人的行为、资源环境、政府制度等。增长既是国家治理目标，也是个人奋斗目标，既有复杂的一面，也有简单的一面。美国经济学家罗斯托研究了一个国家在经济成长过程中所要遇到的一系列战略抉择问题，提出经济成长阶段理论，认为经济增长与经济、社会、技术等因素有关。进入现代社会后人类控制自身环境的能力增强，每个人发展的机会和持有的信念均会发生改变，通过创造和利用现代科学技术，工业化搭建了人类跨越传统和现代的桥梁，在不同的收入水平上，人类需求结构会显著变化，从而使产业出现相应变化，进而对增长的速度和阶段变化带来影响。从经济增长的角度看，一个有实用价值的经济理论应该内生人口结构变化、科学和发明等一系列非经济因素。一个经济体的产出是这个经济体的资本存量、自然资源、劳动力、社会积累的应用性知识和经济运行的社会文化环境的函数，其中经济运行的社会文化环境还可分解为重大的技术发展和革新以及企业家等因素。美国经济学家熊彼特研究了技术创新在经济发展过程中的作用，提出了现代创新理论，强调生产技术的革新和生产方法的变革在经济发展过程中至高无上的作用，认为创新是要建立一种新的生产函数，即生产要素的重新组合；企业家的职能就是实现创新，引进新组合；经济发展就是不断地实现这种新组合，这种新组合的目的是获得潜在的利润；周期性的经济波动正是起因于创新过程的非连续性和非均衡性。他以创新理论解释资本主义的本质特征，解释资本主义发生、发展和趋于灭亡的结局，从而闻名于经济学界，影响颇大。他在《经济发展理论》一书中提出创新理论以后，又相继在《经济周期》和《资本主义、社会主义和民主主义》两本书中加以运用和发挥，形成了以创新理论为基础的独特的理论体系。

在西方经济学界，美国经济学家刘易斯被认为是和熊彼特同样类型的经济学家。他不是注重于某些个别问题的分析，而是站在相当高的层次上对问题进行整体的鸟瞰式分析，在论述时又把理论、历史和统计融为一体。他的《经济增长理论》一书充分体现了这一特点。在书中，他全面分析了决定经济发展的经济因素和非经济因素，把人们通常认为互不相关的许多思想结合在一起，包括了许多很难更加完美的理论分析。刘易斯的经济增长理论的主要内容为分析研究经济发展提供了一个适当的框架。这一理论强调，经济增长是人均产出的增长，这种产出包括物品和劳务，这种人均产出不仅针对一定时间内人均产出总量，而且针对每单位时间的人均产出，这种增长取决于自然资源和人的行为；相比自然资源，人的行为在现代经济增长中是更重要的；决定经济发展的人的行为分为直接原因和间接原因，直接原因是从事经济活动的努力、知识的增长与运用以及资本积累，而决定这些直接原因的则是观念和制度。这样，刘易斯所提出的经济增长理论就在极其广泛的范围内研究了经济发展问题。在分析方法上，这一理论首先研究一致性问题，即各种因素是促进还是阻碍经济发展；然后研究演变问题，即各种因素如何变化，以及这种变化与经济发展的联系。

如果按照我们习惯的内外因分析法，刘易斯的经济增长理论的基本框架是经济增长由三个内因和两个外因决定。这三个内因分别是人的勤奋努力、人的知识增长和人的积累投资，两个外因分别是人口资源环境和政府制度，内外因都是需要的，外因通过内因起作用。经济发展是指一个国家从落后状态进入先进状态。从表现形式来看，这个过程中的主要问题是经济问题，但实际上问题涉及社会生活的各个方面，因为经济发展是一个整体，没有相应的观念和制度的根本变革，就谈不上经济发展。发展中国家与发达国家有不同的背景，因此应该走与发达国家不同的道路，更加注意国家在经济中的作用，在思想意识方面不是要发展西方式的个人主义，而是要形成由政府领导的集体行动发挥民族内聚力的作用，既要重视外贸外资在经济发展中的作用，又不能完全依赖外国，即需要自力更生。

在刘易斯的经济增长理论中，人的努力是经济增长的前提和基础。经济活动是经济增长所必需的，经济增长是人的努力的结果，最伟大的增长发生在人们看到了经济机会并愿意精神振奋地抓住这些机会的社会。现代社会各个成员在寻求并利用经济机会的程度上差别很大，主要有三个不同的原因，即相对于获得物质产品的努力而言对物质产品的评价不同、可以获得的机会不同以及制度通过消除障碍或保证个人得到其努力成果而对这种努力进行鼓励保护的程度不同。这种努力上的差异，一些是制度的缺陷，也有一些是人们现实的心理差异。在经济增长中，制度很重要，但制度也有好坏之分，好的制度促进增长，不好的制度可能限制增长。制度促进或限制经济增长取决于制度对人的生产性努力所提供的保护、为专业化所提供的机会以及所允许的经济活动的自由。在经济增长中，增长既取决于人们关于事物和生物的技术知识，也取决于人以及与其他人的关系的社会知识。经济增长是与人均资本的增加相关的，从主动的意义上讲投资是经济增长所必需的，从被动的意义上讲储蓄是经济增长所必需的。经济增长理论的中心问题是要理解一个社会从储蓄为5%变为12%的过程以及伴随这种转变而来的在态度、制度和技术方面的一切变化。在经济增长中，如果没有一个明智的政府的积极促进，任何一个国家都不可能有经济进步。政府在许多与经济增长相关的方面发挥重要作用，如维持公共服务、影响人们工作的态度、形成经济制度、影响资源的使用、影响收入分配、控制货币量、控制经济波动、确保充分就业以及影响投资水平等。政府可以进行的有用活动非常广泛，而且这一范围在不发达经济中比发达经济中还要广泛。但政府也有可能失败，这种失败既可能是由于它做错了事，也可能是由于它做得太少，还可能是由于它做得太多。由政府引起经济发展停滞或衰落的表现有不能维持秩序、掠夺公民、保护一个阶级对另一个阶级的剥削、给对外交往设置障碍、忽视公用事业、过分自由放任、过分控制、支出过多、发动代价高昂的战争等。

（二）制度的原理：国家要促进人与人的合作分工，建构良好稳定的社会秩序

在现代经济运行中，了解并用好制度是重要的。制度问题带有根本性、全局性、稳定性和长期性。邓小平有句名言："制度好可以使坏人无法任意横行，制度不好可以使好人无法充分做事，甚至会走向反面。"① 制度是由人制定的、用以规范人的行为的规则，是人们在共识的基础上制定出来的正式规则和非正式规则的总和，核心是建立合理的排他性并对这种排他性的内容和形式进行界定和保护，目的是促进人与人之间的合作分工，从根本上解决人与人之间的矛盾和冲突。因为一群人在一起生存生产生活与一个人独自生存生产生活相比，不仅能提高生产与消费的总量和效用，而且能够提高消费的人均量和效用。但人们要共同生存、分工劳动和相互交往，就会产生利益冲突。如果每个人都一味地追求个人利益最大化而罔顾对他人的影响，最终的结果就只能是鱼死网破。人们通常所讲的经济增长的原因，例如创新、规模经济、教育、人力资本等，它们本身就是经济增长，或者说是经济增长的表现。经济增长的真正原因在于排他性产权的合理设置和发展方式转变。首先，前提是资源存在稀缺。因为当资源的供应十分丰富或是非经济物品的时候，不会产生建立产权的要求，只有当资源存在稀缺时才有建立产权的要求和压力。其次，机制

① 参见邓小平"8·18讲话"，即1980年8月18日，邓小平在中共中央政治局扩大会议上做了题为《党和国家领导制度的改革》的极为重要的讲话。

是生产方式转变。共同劳动要求实行生产资料公有制，而个体劳动则要求实行生产资料私有制。随着生产力发展水平的提高，社会劳动分工越来越细化，不仅会使共同劳动的方式发生变化，而且会使个体劳动越来越可能存在并发挥重要作用，生产方式的转变最终引起生产关系的不断变化。从历史发展过程来看，首先是排他性共有产权的设置，进一步发展为排他性私有产权的设置，与生产方式的转变相结合，为现代经济的持续快速增长提供了源源不断的动力和源泉，推动并提高了稀缺资源配置效率和社会总福利水平。

与其他变量可能不同，制度是一个慢变量、人为变量和复杂变量。制度经济学解决的核心问题是如何建构社会秩序，最重要的原理就是针对人的行为建立良好稳定的合理秩序，以形成正确的激励机制，改进经济的效率和分配的公平性。制度的本质是一种限额交易合约，由一套约束人的行为的规则组成，包括明确公开的正式规则和没有明确公开或比较隐性存在的非正式规则。制度的有效实施需要强有力的组织载体。当我们试图建立一个合理而有效的经济体制时，必须解决信息的收集和处理问题。与计划经济相比，市场经济更能充分利用各种知识或信息，价格体系可以光荣地完成传递信息的重任。有效率的组织是经济增长的关键。一个有效率的经济组织在西欧的发展是西方兴起的原因之一。斯蒂格利兹指出，一个好的政府就是一种好的公共产品，政府所提供的法律秩序和社会环境，可以使每个人、每个企业受惠于其中，实现良好的分工合作，改革、开放、创新需要正确的强有力的政府。科斯指出，企业的显著特征是作为价格机制的替代物，是市场的替代，这种替代可以节约市场交易存在的费用，包括市场调查、收集信息、谈判和签约等费用，特别是组织所有发现相对价格工作的费用。企业的规模是有合理边界的。由于在企业内部组织生产也有费用，企业的规模也不是越大越好，企业倾向于扩张规模到在企业内部组织一项交易的成本等于在公开市场上完成一笔交易的成本，或者在另一个企业内部组织同样的交易所必需的成本为止。为了促进人与人的合作、交易效率的提高、社会财富的增加以及个人福利的改进，随着经济的不断发展、社会的不断变化、人们观念的转变、交易秩序的变化、意识形态的变化，制度设计的内容和形式也是不断变化的。一般而论，制度变迁的方式有自发性变迁（或诱致性变迁，即存在制度不平衡时，由制度内自发的力量来提高交易效率，达到制度平衡）和强制性变迁（即政府可以运用政治力量来进行制度变革，改变制度平衡，政府的干预可能成功也可能失败）两种类型。

在现代经济增长中，应用制度的原理，就是要提高对制度的性质、功能和内容的认识，借鉴人类社会一切文明成果，努力制定和完善科学合理的社会制度，合理引入条件，构建有坚持、有取消和有完善相结合并良好稳定的社会秩序，为经济增长提供动力和保障。首先，在人类社会中，私有财产制度和公有财产制度都是历史形成的，都是在一定的时空条件下具有合理性的重要经济制度，在我们的制度设计中都要合理参考借鉴。私有财产制度是为了保证个人不受侵犯地享受自己劳动或努力的果实而建立的重要制度。在现实社会中，由于"经济人"是客观存在的，对于为了公共利益而限制个人行动这个问题，与其把他的财产收归公有，还不如对其加以限制更容易解决问题。公有财产制度是为了避免个人凭借所有权对国家稀缺资源占而不用、掠夺性使用或者获取不劳而获的利益而建立的重要制度。判断这两种制度安排的好与坏，必须将它放在当时的经济发展阶段、交易情形以及社会状况等背景当中，分析引入这种制度安排是否真正有效地解决了问题，考察制度需求的密度、制度安排的效益与分配、交易成本费用等。其次，制度是一种公共产品。好的制度，它的建立、修改和完善需要每个人的积极参与和努力投入，需要鼓励和支持有创见的人们去进行探索、创造和规范。正如北京大学教授夏业良指出：制度从来就不是自发产生的，所有的制度产品都是直接或间接地由社会大众所创造出来的，而立法机构和政府只是制度产品的主要生产者和执行者；正是由于存在着社会大众对制度产品的不断需求，制度产品才能通过政府的实施提供给社会大众；如果一国公民绝大多数是那些已经被既定制度安排所驯服的"良民"，那么该国的制度建设水平必然落后于开放度和自由度更高的国家；制度建设需要靠大家一点一滴地推动、创新和积累，没有哪个聪明人会自发地洞察和体谅大家的需求，并且不辞劳苦、持之以恒地自觉生产和提供社会公众真正需要的制度产品；如果你能感觉某些制度存在缺陷和不足，你就有责任作为那个道破"皇帝新衣"之真相的孩子，大声疾呼，直至引起公众的广泛关注和支持。

专栏 2-4　经济发展中制度的重要力量

制度是调整人际关系并创造价值的工具。同样的资源环境，同样的人，不同的制度，解决问题的效果有可能迥异。制度有时比技术更重要。一个坏的制度会让人的好愿望四处碰壁，而好的制度可以使人的坏念头受到抑制。建立好的制度，要坚持激励相容，处理好人与人的关系。以下几个关于制度力量的经典故事深刻地揭示了这个原理。

案例一：合格率检查改变。"二战"期间，美国空军降落伞的合格率为 99.9%，这就意味着从概率上来说，每 1000 个跳伞的士兵中会有 1 个因为降落伞不合格而丧命。军方要求厂家必须让合格率达到 100%。厂家负责人说他们竭尽全力了，99.9% 已是极限，除非出现奇迹。军方就改变了检查制度，每次交货前从降落伞中随机挑出几个，让厂家负责人亲自跳伞检测。从此，奇迹出现了，降落伞的合格率达到了 100%。

案例二：付款方式改变。英国将澳大利亚变成殖民地之后，因为那儿地广人稀，尚未开发，英国政府就鼓励国民移民到澳大利亚，可是当时澳大利亚非常落后，没有人愿意去。英国政府就想出一个办法，把罪犯送到澳大利亚去。这样一方面解决了英国本土监狱人满为患的问题，另一方面也解决了澳大利亚的劳动力问题。还有一个考虑是，把坏家伙们都送走了，英国就会变得更美好。英国政府雇用私人船只运送犯人，按照装船的人数付费，多运多赚钱。很快政府发现这样做有很大的弊端，就是罪犯的死亡率非常高，平均超过了 10%，最严重的一艘船死亡率达到了 37%。政府官员绞尽脑汁想办法降低罪犯运输过程中的死亡率，包括派官员上船监督、限制装船数量等，但都无济于事。最后，他们终于找到了一劳永逸的办法：由根据上船的人数付费改为根据下船的人数付费。船东只有将人活着送达澳大利亚，才能赚到运送费用。新政策一出炉，罪犯死亡率立竿见影地降到了 1% 左右。后来船东为了提高生存率还在船上配备了医生。

案例三：分粥方法改变。七个人住在一起，每天分一大桶粥。但是，粥的总量不够所有人都吃饱。一开始，他们抓阄决定由谁来分粥，每天轮换。于是，每周下来，他们只有一天是饱的，就是自己分粥的那一天。后来他们开始推选出一个口口声声道德高尚的人来分粥。但这个人大权独揽后，没有制约，也就会产生腐败。大家开始挖空心思去讨好他，并互相勾结，搞得整个小团体乌烟瘴气。然后大家开始组成三人的分粥委员会及四人的监督委员会，互相攻击扯皮下来，吃到嘴里的粥全是凉的。最后想出来一个方法：轮流分粥，但分粥的人要等其他人都挑完后拿剩下的最后一碗。为了不让自己吃到最少的，每个分粥人都尽量分得平均。大家快快乐乐，和和气气，日子越过越好。

案例四：地狱与天堂的差异。有一位行善的基督教徒去世后向上帝提出一个要求：上帝领他去参观地狱和天堂，看看究竟有什么区别。到了地狱，他看到一张巨大的餐桌，摆满丰盛的佳肴。心想：地狱生活不错嘛。过了一会儿，用餐的时间到了，只见一群骨瘦如柴、奄奄一息的人围坐在香气四溢的肉锅前，每个人都拼命争抢，只因手持的汤勺把儿太长，尽管他们争着抢着往自己嘴里送肉，可就是吃不到，又馋又急又饿。上帝说，这就是地狱。他们走进另一个房间，这里跟地狱一般无二，同样飘溢着肉汤的香气，同样是特别长的汤勺。但是，这里的人个个红光满面，精神焕发。原来他们个个手持长勺把肉汤喂进对方嘴里，人与人之间致力于互助共赢。上帝说，这就是天堂。

资料来源：作者根据有关网络资料整理。

专栏 2-5　经济制度的结构和多维性

瑞典经济学家林德伯格认为经济制度呈结构状态，经济制度的功能是经济制度如何运行、经济制度运行的方式是什么以及为谁的利益服务。也就是说，人们以什么方法解决生产什么、生产多少、如何生产以及如何分配这几个基本经济问题，由此形成了人们的经济制度差异。影响经济制度变化发展的因素有内生和外生两类，内生的因素有生产技术水平、市场类型、企业规模等，外生的因素有新技术进步、思想和政治的发展以及自然环境等。他对经济制度的定义是：一种经济制度就是用来就某一地区内的生产、投入和消费作决定并完成这些决定的一整套机制和组织机构。经济制度具有多维性，具体包括以下方面。

（1）决策的结构。由谁来作出消费选择、生产和投资决定。若由个人、家庭和私人企业公司作出，是分散化决策结构。若由中央权力统一作出，则为集中化决策结构。

（2）资源的配置机制。经济中的可支配资源有限，需要有效地分配到各种不同用途，以便生产出更多的满足社会需要的产品或劳务。简单地说，就是可用资源是根据市场来配置，还是根据中央行政命令来配置。

（3）财产所有权的归属。如归私人所有，是个人所有制。如归集体所有，则为集体所有制。

（4）商品分配的机制。如靠均衡价格机制分配，是价格分配机制。如靠上级配给，是集中行政分配机制。

（5）调动积极性的刺激制度。有靠物质利益等经济办法刺激的制度，也有靠行政性强制命令刺激的制度。

（6）人与人之间的关系方面的制度。有竞争的人与人关系的制度，也有非竞争的合作关系制度。

（7）不同决策单位（企业公司）之间关系的制度。有竞争的制度，也有垄断制度。

（8）对外关系上的制度。有开放性制度，也有闭关自守的制度。

资料来源：厉以宁：《非均衡的中国经济》，经济日报出版社 2009 年版。

第三章
土地在现代经济学上的特殊性

在传统的马克思主义经济学中，土地的性质主要是一种生产资料。但从现实来看，土地的性质则有多面性，可作为资源、资产、财产、利益使用，并不能简单地当作生产资料。在现代经济学中，土地不仅是一个特殊的物品或资源，而且是一个别样的载体或工具。严格而论，土地的经济物品属性很特殊，既不是纯粹的私人物品，也不是纯粹的公共物品，而是一种准公共物品，不能简单地当作私人物品或公共物品进行经济分析，并以此设计土地管理制度和制定土地经济政策。在实践中，需要科学合理地引入条件，将土地从准公共物品转换为私人物品或公共物品使用，以促进土地资源配置效率的提升和土地经济利益分配的公平。土地的科学管理和经济利用非常重要，它既关系人们的生存、生产、生活等基本活动，也关系人们的赚钱、做事、服务、管理等发展活动，还与技术因素、经济因素、政治因素、社会因素、文化因素、生态因素等都有关联。分析探讨土地问题，特别是土地制度和政策问题，必须考虑较多的隐含假设和前提条件，是比较特殊而复杂的。

一、土地物品和土地问题的特殊性

准确地认识土地的物品性质意义重大。土地的物品性质很独特，不仅具有准公共物品属性，而且具有自然资源和劳动积累相结合的性质，还具有区域差异大、外部性强的非均质特点。首先，一个国家是有边界的，可利用的土地总体稀缺，人们可以利用的土地是一种稀缺资源。其次，在国家内部是存在个体差异的，不同的人可以利用的土地的稀缺程度差异很大，有的人可利用的土地多，有的人可利用的土地少。最后，土地利用的条件设置和边界确定至关重要，它影响土地的稀缺性。对某一个具体的微观主体而言，土地利用是有条件和有边界的。一块好的土地在正常情况下已被人占有或使用，若要取得或改变土地使用权利，是要花费成本代价的。

土地与其他物品或资源相比，既有相同的一面，即可以作为生产资料或生产要素，具有生产或使用价值，为其占有者或使用者带来利益，这决定了在土地利用上要重视经济利益因素的作用，加强土地市场建设，积极发挥市场在土地资源配置中的决定作用；也有不同的一面，即包括在物品所有权关系变化时具有不可移动性，在物品使用上具有外部性，在物品消费上具有非独立性等，这决定了在土地利用上要重视隐性因素的作用，合理引入条件进行管理和控制，更好地发挥政府在土地资源配置和利益平衡调节中的重要作用。

（一）土地是一种准公共物品，既与纯粹私人物品不同，也与纯粹公共物品不同

土地作为一种经济物品是特殊的。在现代经济学中，经济物品被划分为纯粹私人物品、纯粹公共物品和准公共物品三种类型。每个人都需要这些物品，但它们的消费特点差异很大，在管理利用中有不同要求，不能简单套用。比如，对纯粹私人物品的生产或供应而言，在管理利用上实行市场经济体制是非常有效的；而对纯粹公共物品的生产或供应而言，在管理利用上实行市场经济体制是无效的。从严格的科学意义上讲，土地是一种准公共物品，或者是介于纯粹公共物品和纯粹私人物品之间的一种物品。因为土地是有国别和地区边界的，这决定了它不是纯粹公共物品。因为土地是长期存在和受相邻行为影响以及影响相邻行为的，这决定了它不是纯粹私人物品。在实践中，土地不仅是客观存在的物品，而且是因人而异的集合体。

土地不是纯粹的私人物品。现代经济学中的纯粹私人物品的特点要求有消费上的竞争性、排他性和独立性三个方面（见表 3–1）。土地的性质不能同时满足纯粹私人物品的这三个要求，特别是不满足第三个要求。人们在某一土地的使用上是存在外部性的，受相邻行为的影响，也影响相邻行为。同时，人类对土地的利用不是一次性的和孤立的，土地及其上面附属建设的基础设施等可以长期使用，有累积性，在时间上跨越个人生死。

表 3–1　　纯粹私人物品的特点要求

特点定义	详细解释：三个特点同时满足	典型举例
消费上的竞争性	消费时有竞争性，甲在消费的同时不能被乙消费	面包、衣服、汽车
消费上的排他性	消费时有排除的可能性，要排除某人对物品的消费是可能的，以致只有那些按价付款的人得到物品	
消费上的独立性	消费时有独立性，如甲对物品的消费不能影响其他人的福利，或者相反	

资料来源：〔美〕劳埃德·雷诺兹：《微观经济学——分析和政策》，商务印书馆 1982 年版。

土地也不是纯粹的公共物品。现代经济学中的纯粹公共物品的特点要求有消费上的非竞争性和消费上的非排他性两个方面（见表 3–2）。土地的性质不能同时满足纯粹公共物品的这两个要求。在现实社会中，土地是有特定边界的，国别和地区边界不同，政治和法律以及由此决定的土地权利也就不同。在一个国家范围内，对个人及其单位和家庭而言，土地是分区、分类、分单位、按规划、有条件进行利用的，一般有明确的边界管控，具体权责因人而异、因条件而异，没有纯粹的土地公共物品。

表 3–2　　纯粹公共物品的特点要求

特点定义	详细解释：两个特点同时满足	典型举例
消费上的非竞争性	消费时无竞争性，甲消费的东西不减少或干扰乙对同一物品的消费	国防、法律、空气
消费上的非排他性	消费时无排除的可能性，要排除某人对物品的消费是不可能的，以致没有人会按价付款	

资料来源：〔美〕劳埃德·雷诺兹：《微观经济学——分析和政策》，商务印书馆 1982 年版。

土地是一种典型的准公共物品。土地的性质介于纯粹公共物品和纯粹私人物品之间，具有准公共物品的典型性质（见表 3–3）。对这种物品的管理利用是复杂而困难的，很容易引起矛盾和冲突乃至斗争。解决问题的方法就是：国家在土地的利用中合理引入条件，明确划分边界，把它转换为私人物品或者公共物品使用。比如，作为公共物品使用的土地有保护地和公用地，作为私人物品使用的土地有私有地和私用地。土地利用的边界很多，包括时空边界、用途边界、方式边界和产权边界等。土地利用的条件也很多，有的是公开显示的，有的没有公开显示。这些边界条件的确定和保护非常重要、影响深远。实际上，我们在现实社会生活中所观察到的具体土地，就是有边界管控、有条件使用的。由于这些边界条件的存在，使现实社会中的土地属性比较复杂，具有法律的、自然的、经济的和社会的综合特点。

表 3–3　　准公共物品的基本特点

特点定义	详细解释：介于纯粹私人物品和纯粹公共物品之间	典型举例
非纯粹私人物品	私人物品的三个特点中至少有一个不能满足	收费高速公路，收费公园
非纯粹公共物品	公共物品的两个特点中至少有一个不能满足	

资料来源：〔美〕劳埃德·雷诺兹：《微观经济学——分析和政策》，商务印书馆 1982 年版。

土地的现实使用是转化使用。在社会现实中，土地使用是有前提条件或隐含假设的。通过引入这些前提条件或隐含假设，对土地所具有的准公共物品性质进行拆分并建立有机连接，实际上是将准公共物品转化成了私人物品或公共物品使用。这种转化的首要主体是国家，转化的目的是促进土地资源的经济利用和保护劳动者及投资者的合理利益，科学建构人与人之间在土地利用上的平等关系、合理差异和良好秩序，转化的方式是依法合理设置边界条件并规范调节。其具体转换途径有两种（见表 3–4）：一种是从准公共物品转化为私人物品使用，发展土地私人投资，把有限土地资源利用好；另一种是从准公共物品转化为公共物品使用，发展区域公共投资，把有限土地资源利用好。

表 3–4　　　　土地作为经济物品转换使用的两种类型及特点

基本类型	基本特点	典型举例
从准公共物品转为私人物品使用	国家或集体依法合理设置边界条件并规范调节，特定土地由私人占有使用，发展土地私人投资。这些土地具有消费上的竞争性、消费上的排他性、消费上的独立性	私用地
从准公共物品转为公共物品使用	国家或集体依法合理设置边界条件并规范调节，特定土地由公共占有使用，发展区域公共投资。这些土地具有消费上的非竞争性、消费上的非排他性	公用地

资料来源：作者整理。

（二）土地的构成具有复杂性，是地理位置和土壤及附属物的结合，是自然物品和劳动积累的结合，是客观存在和主观感受的结合

土地作为一种经济物品是复杂的。土地本身在构成上不是单一的或简单的，既有地理位置的因素，也有土壤及附属物的因素；既有自然物品的因素，也有劳动积累的因素；既有客观存在的因素，也有主观感受的因素。在实践中，与一般的私人物品的使用有所不同，土地使用涉及的主体较多，利益关系复杂，价值具有多样性，不可简单片面地认识或对待，需要通过合理设置或规定有关条件，实行个人的归个人、他人的归他人，以及私人的归私人、公共的归公共，自然的归自然、人为的归人为等。在现实的土地使用中，不仅需要考虑到土地是地理位置和土壤及附属物的结合，重视这两种因素存在的很大差异并在管理上设置必要的调控条件；而且需要考虑到土地是自然物品和劳动积累的结合，重视这两种因素的作用都很重要并在管理上设置必要的保护条件；还要考虑土地是客观存在和主观感受的结合，重视这两种因素对土地分配、使用和利益调节的深入影响。

土地是地理位置和土壤及附属物两个因素的结合，这两个因素存在很大差异。地理位置是不动或不变的，在物理上表现为位置或空间，又称田底权因素，有天然垄断性或空间唯一性。地理位置的因素在宏观管理、开展统一登记、推进数据整合、实现稳定连续、建设信息平台上特别有价值，在公共管理上要讲宪法、物权法，在资源配置上要对私人可能具有的垄断权进行严格限制。土壤及附属物是可动的或可变的，在物理上表现为水土或混凝土、道路等，又称田面权因素，不一定有垄断性，在空间上或可移动。土壤及附属物的因素在发展生产经营、进行投资创业、开展资产评估上特别有价值，在公共管理上要讲民法通则、合同法，在资源配置上要对私人长期投资的收益提供必要保护。

土地是自然物品和劳动积累两个因素的结合，这两个因素的作用都很重要。自然物品是自然生态环境形成的东西，也是自然界的一部分，包括地理位置、土壤结构以及相关的光线、热量、水源、气流、动植物等，在资源配置上要推进土地的保护性开发利用。劳动积累是人的劳动形成的或沉淀下来的东西，包括土壤改良、水利建设、道路设施、房屋与建筑物、管理边界等，在资源配置上要激励人们在土地上的劳动投入和长期投资。

土地是客观存在和主观感受两种因素的结合，这两个因素的影响都需要考虑。一方面，土地是一种客观存在的有形之物。在现实社会中，土地是看得见、摸得着的，它立得住、移不走，有形有体，类型多样。它是非常重要的物质基础、经济资源、生产要素、固定资产和社会财产等。不同的土地差异也很大，有的经济价值高，有的经济价值低。这个特点决定了土地在现代经济建设、金融发展、分配调节和社会管理中具有重要的价值。另一方面，土地也是一种因人而异的集合体。在现实社会中，土地是具有不同属性的集合体，由土壤、区位、地下、地表和地上部分等组成，不同的人对土地的主观感知和价值评估存在很大差异。比如，有人看重的是土地的土壤环境和农业生产价值，有人看重的是土地的地理位置和区位价值，有人看重的是土地的地下资源和矿产价值，有人看重的是土地的地表水源和水利价值，有人看重的是土地的地上生物和生态价值等。由于这些特点，在一定的时空条件下，土地供应是稀缺的，同时这种稀缺性也是相对的，还可能发生变化。换言之，一个国家和地区的土地的稀缺性和利用价值，因制度而异，因人而异，因条件而异。

（三）土地的利用有资源、财产和资产三个层次，土地问题分析的出发点和落脚点不是地而是人

土地的经济物品属性很独特，决定了现实中的土地利用问题多样复杂，因人而异，所以分析问题的合理视角、方法和框架至关重要。土地问题分析的出发点和落脚点不是地而是人。如果只见地不见人，很多问题往往说不清楚，或者根本就无解。在实践中，按照在土地上的人为参与的程度的不同，土地利用可以分为自然资源及生产要素、个人财产及公共财产、固定资产及长期投资三个层次问题（见表3–5）。有的土地，目前仍是自然资源，主要由国家进行宏观管理控制和保护性开发；而有的土地，目前已投入了大量的人的劳动积累（包括活劳动和物化劳动）并在土地中形成新的生产力或使用价值，而且国家已建立了专门的土地利用权责界定管理系统和法律制度体系。这些土地由个人或单位依法有条件自由使用，从而也新增了私人财产或公共财产属性。一些由国家授权符合条件的个人或单位按规定使用的土地，目前已投入了大量的人的劳动积累（包括活劳动和物化劳动）并在土地中形成新的生产力或使用价值，是具有固定资产或长期投资属性的。

表 3–5　土地利用的三个层次及特点

土地利用层次	针对性	基本特点	典型举例
土地资源（自然资源 / 生产要素）	自然土地，即作为自然生态的综合体。这种土地以土地区位、土地结构和土地面积为代表，具有固定性或不变性，难以再生、增长，它决定土地的原始生产力	它的隐含假设是土地利用要讲求自然的特殊性和生态的保护。它关注土地的供求和可持续利用、区位经济、集约经济、规模经济等。人们在土地上进行有目的的经济活动，就开始了对土地自然生态综合体的利用。它包括土地的地理位置、地域面积、水资源、土壤形态、气候类型、生态环境等因素	未利用地，保护地，已利用地，相关的自然生态环境等
土地财产（个人财产 / 公共财产）	社会土地，即作为自然生态与社会人文的综合体。这种土地是在自然土地基础上，以土地的国家管理权、土地的所有权和土地的使用权以及土地的承包经营权为代表，具有稳定性，也有可变性，可以有条件积累。它决定土地的资源配置和利益分配	它的隐含假设是土地利用要讲求社会的公平性和人文的价值。它关注人的社会构成、人与人之间在土地利用上的关系、人们利用土地的责任和权利安排等。人们在土地及其附属物上建立了责权边界并受到国家法律保护，就形成了有排他性的土地使用控制权。这种排他性是有价值的，它包括土地上的政治权利、社会关系、法律政策、交易许可、博弈机制等因素	可利用地的个人产权，包括土地使用权、土地承包经营权等
土地资产（固定资产 / 长期资产）	经济土地，即作为自然生态、社会人文和经济发展的综合体。这种土地是在自然土地和社会土地基础上，以土地类型和附属资产为代表，是非固定性与固定性相结合，具有一定的可变性，可以再生、不断积累。它决定土地的新增生产力、投入价值、投资价值和交易价值	它的隐含假设是土地利用要讲求经济的效率性和发展的资产。它关注人们利用土地的投入回报、效果效率和利益分配等。人们在土地上投入了劳动积累（含活劳动和物化劳动），投入回报不限于当期或不止一期，就形成了固定资产或长期资产。它包括土地上的投入产出、成本收益、土壤改良、水利建设、道路建设、电力建设、住房建设、工业化、信息化、城市化、市场化、公共管理和公共服务等因素	已利用地的长期投资，包括现代农业、工业、服务业和城镇用地等

资料来源：周诚:《土地经济学原理》，商务印书馆 2003 年版。

第一层次：从自然资源及生产要素意义看的土地利用。随着人们在土地上开展经济活动，这里的土地就具有了使用价值和价值，这样的土地也是特殊的。它是一种客观存在的物质，是自然生态综合体，有自然资源和生态环境属性，在正常情况下不能用人的努力按照工业化的方式生产并积累起来使用。这种资源在供应上有稀缺性，可以有不同的用途，有的可利用价值高，有的可利用价值不高，有的可持续利用，有的难以可持续利用。一个国家可利用价值高且能可持续利用的土地供应不足，就产生了人和地之间的矛盾与冲突，决定了国家在土地资源的总体利用和有效保护上要进行管理与规范。

第二层次：从个人财产及公共财产意义看的土地利用。随着人们在土地及其附属物上建立了人的责权边界，这样的土地就形成了有价值的排他性的土地使用控制权并受到国家法律保护，这样的土地就成为人的财产。一个国家在土地上建立法律规范，使土地在一定时间、空间和条件下只为某些个人及其家庭和单位所用并受到法律保护，在使用上享有受保护的排他性，这就产生了人与人之间的横向矛盾和冲突，决定了国家要对土地使用权利的许可范围、责任界定和市场交易进行管理和规范。

第三层次：从固定资产及长期投资意义看的土地利用。随着人们在土地上投入了劳动积累（包括活劳动和物化劳动）并在土地中形成新的生产力或使用价值，以及国家对土地使用的责权建立法律规范，相关投入回报不限于当期、当地或不止一期，这样的土地就产生和形成了固定资产或长期资产。作为固定资产的土地与流动资产不同，与其他类型的固定资产也有所不同。一个国家在土地上投入的人的劳动积累，能产生跨期或跨地回报，为人带来利益，使土地具有经济发展上的重要价值，这就产生了人与人之间的纵向矛盾和冲突，决定了国家要对土地使用好处的统筹核算、收益分配，以及经济调节进行管理和规范。

专栏 3-1　土地固定资产关系重大

固定资产是一种劳动资料，它在社会生活中非常重要、不可或缺。一个社会要进行生产活动，必须具备三个条件：人的有目的的活动即劳动、劳动对象和劳动资料。其中，劳动资料的状况和构成决定了生产发展的水平与效率。

在社会生产过程中，一部分劳动资料直接加入劳动过程，如机器设备、专用工具、役畜（像耕牛、马等）等，劳动者利用它们把自己的劳动传递到劳动对象上去，产制出预定的产品。马克思形象地将这些劳动资料称为劳动者的“活的器官”。

另一部分劳动资料，则不直接加入劳动过程，如土地、厂房、建筑物、运河、道路等，它们虽不充当劳动的传导体，却是劳动离不开的物质条件，没有它们，生产就不能正常进行或不能完全进行。以上劳动资料都具有实物形态，根据它们的存在形式和用途，大致上可以分为以下四类。

1. 机器设备（包括运输工具）。

2. 专用工具。

3. 房屋、建筑物。

4. 土地。土地在管理上都是带着价格入账的。土地之所以构成劳动资料，是因为一方面它是房屋、建筑物的一个组成要素，另一方面它又是农业生产的最基本的物质条件。

以上四类劳动资料便是有形固定资产的组成要素。除了有形资产外，还有一类无形固定资产。它们主要是科学技术方面的劳动产品，如专利权、商标权、版权、商品名称权、特许经营权等。它们的特点是不具有实物形态，通常存在于知识、智能、理论体系或信誉形态中，在很大程度上制约企业物质产品的生产能力和产品质量，影响着企业的经济效益。

需要指出的是，一个物品称为固定资产，通常不是由它的自然属性决定的，而是由它在生产和再生产中所发挥的职能以及由此产生的价值和使用价值流通的特点决定。比如机器、设备、厂房、牲畜等，只有当这些产品从生产企业生产出来，又作为生产资料进入下一个生产过程中，才能成为固定资产。一台机器，作为机器制造厂主的产品或商品，属于他的流动资产；如果卖到使用它的企业手里，则成为固定资产。牲畜作为育肥商品，是流动资产；作为役畜，则是固定资产。同时，固定资产并不是固定在一个地方不能移动，比如船舶、汽车等，并不能因为它们具有可动性而否认它们是固定资产。

与流动资产不同，固定资产不是以物质形式加入新产品的形成过程，而只是以价值形式转移到加工的产品中去。固定资产的价值形式是固定资金。固定资产的价值实际上是双重存在，即一部分仍然附着在它的自然机体上，另一部分脱离了这个机体，形成了折旧基金。随着使用时间的推移，以实物形式存在的那部分价值越来越少，折旧基金不断地积累，一直到固定资产的物理性能全部耗尽，它的价值也就全部转化为货币，完成一次固定资金的循环。固定资金的这种独特的周转方式使它与其他生产要素区别开来。

中国使用的固定资产概念与马克思的有关论述基本上一致，但也有不同。马克思指出，“固定资本和流动资本不是按物理属性划分的，不是按物品耐磨程度划分的，而是它们在生产过程执行的职能以及由此产生的价值和使用价值流通的特点所决定的”。这一点是一致的。马克思还说，“固定资本和流动资本是生产资本的两种形态，货币资本和商品资本是没有固定资本和流动资本的区分”，“固定资本和流动资本的对立，只适用于生产资本的要素”。比如，一所房子，用作劳动场所，是固定资本；用作住宅，就不是资本。中国把生产性的固定资产和非生产性的固定资产都称为固定资产。这一点是不同的。但这一点并不妨碍固定资产和固定资产投资概念的科学性和明确性。

固定资产投资关系重大。固定资产投资是建造和购置固定资产而投资的行为。中国的固定资产投资由基本建设投资、更新改造投资和其他固定资产投资三部分组成。用于各方面的投资资金，主要渠道是财政、银行、自筹和利用外资。固定资产投资的特点，一是资金占用多，回收时间长；二是投资过程的管理比较复杂；三是投资形成的产品一般具有固定性；四是投资具有单件性。固定资产投资是社会进步的重要表现，具有经济职能和社会职能。固定资产投资作为积累的重要组成部分，直接为社会再生产提供条件。投资的增长，生产的扩大，导致消费的增长。投资对于管理国家、巩固国防也是一个重要保证。

资料来源：王加春：《固定资产投资》，中国金融出版社、改革出版社 1993 年版；刘礼欣：《固定资产投资的理论与实践》，中国财政经济出版社 1987 年版。

（四）土地问题是资源配置问题和利益调节问题的结合，土地管理的目标是为劳动者创造价值服务

土地问题的实质是人的问题。土地是长期存在的，是客观存在的物质资源及其相关环境。土地之所以成为问题，是使用土地的人及其社会需求和社会关系发生变化，包括人与地之间的总量矛盾变化和人与人之间的具体矛盾变化等。因此，土地问题的背后是人的问题，可分为人的用地问题、用地的人与人之间的问题、用地的人和没有用地的人之间的问题，这些问题既受自然条件的影响，也受法律政策的影响，还受个人行为和单位行为的影响，是资源配置问题和利益调节问题的结合。由于一个国家、地区和单位的土地资源相对于人的需要是稀缺的，就要提高个人及其家庭和单位对土地资源进行配置的效率，这就产生和形成了土地资源配置效率问题。同时，由于一个国家、地区和单位的土地资源相对于不同的人的需要是存在差异的，所以要处理好一个人在对土地资源进行配置过程中与其他人的关系，这就产

生和形成了土地利益调节问题。土地管理的一个重要目标就是要为劳动者创造价值服务，统筹解决好土地资源配置效率问题和土地利益调节问题。

土地资源配置问题在土地问题中具有基础性。它关注的重点是效率，关系土地上的财富（“蛋糕”）的生产、大小和发展潜力。土地资源配置出现问题，主要表现是对土地利用的统一管理和规划保护不够，重要土地使用权被私人垄断或缺乏流动性，可用土地利用存在闲置、浪费、低效，低效率土地使用者过多、过长时间占用土地，高效率土地使用者获取土地使用权困难、复杂、量少，土地利用总体产出率不高等。解决土地的资源配置问题，需要政府和市场相结合，发挥国家管理和支配的作用，明确国家利益，搞好宏观配置；要发挥土地所有者管理和支配的作用，重视长期投资和固定资产建设；要发挥使用者管理和支配的作用，重视发展分工经济（劳动的分工与深化，需要交易和制度安排）、组织经济（增加积极性，减少环节和降低成本）、技术经济（扩大流动性，生产函数移动）、规模经济（实行横向分工组合，生产函数利用）、范围经济（推进纵向一体化，生产函数组合）。要统筹应用政府行为、市场机制和社会监督，明确边界、权责统一，建立机制。

土地利益调节问题在土地问题中具有关键性。它关注的重点是公平，关系土地上的财富（“蛋糕”）的分配、均衡和可持续性。土地利益调节出现问题，主要表现是对土地上的利益创造的思想认识不合理，没有参与利益创造的人不当得利，参与利益创造的人获益不足、没有获益以及获益不公平，对人的生产性努力的激励不足，对人的分配性努力的抑制不足，对人的破坏性努力的打击不足，对人的不努力的调节不足。土地是财富之母，劳动是财富之父，土地与劳动需要结合，人与人需要合作。土地的利益归属需要实行谁创造、谁享有。这些利益是劳动者创造的，也要归劳动者所有。凡是参与劳动者，都应该享有。要实行投入回报关联，推进人与人平衡。正确认识和处理国家、集体与个人的关系，国家独立于人也从属于人，集体独立于人也从属于人。合理引入条件，将权利与责任分开，改进权利与责任结合方式，推进责任落实到人、利益归属到人，明确边界、权责统一。

二、土地产权和土地利用的特殊性

土地的产权是一种有条件的财产权利或相对产权，它与可以移动或者一次性消费的物品的产权性质是不同的。土地利用的一个特殊性是：它在正常使用情况下，不仅一般不贬值，或者很少乃至不发生自然损耗及折旧，而且会随着人类劳动的不断投入而保值及增值。土地产权和土地利用的特殊性决定了不能将土地等同于一般的资源、商品和资产。

（一）土地产权不是绝对产权而是相对产权，对土地产权背后的边界条件需要界定登记

土地产权与其他可以移动或者一次性消费的物品的产权是不同的。产权的本质是一种排他性，是一种个人可依法独占使用或消费而不允许他人进行干涉的财产支配权利，是一种人与人之间的关系。产权的界定在市场经济中非常重要，但产权的界定并不是免费的和简单的，它有成本或代价以致可能在经济上是不合算的，有复杂性或困难性以致可能在实践中无法合理操作。对于可以移动或一次性消费的物品而言，物品的产权可以随着物品的移动或一次性消费而发生变化，因而不需要专门进行界定就具备很好的排他性，可以在市场上进行交易，可以独占性和竞争性地使用或消费而免受他人的干涉。但土地是不可移动的，也不是一次性消费的。在土地的使用或消费上要建立排他性，必须引入条件并进行严格界定和详细登记。换言之，土地产权不是绝对产权，而是相对产权，是一种有条件的财产权利，至少是与国家或地区土地登记制度和实际土地登记情况有关的权利。在引入土地产权制度过程中，对土地产权背后的边界条件需要明确界定并登记。

专栏 3-2　土地的登记很重要——以澳大利亚为例

澳大利亚是最古老的大陆之一，面积 768.23 万平方公里，人口约 2000 万，最早的居民是土著人，现代人口中 94% 为欧洲人的后裔。国内有 6 个州，国外还有 7 个海外区域。昆士兰州位于澳大利亚东北部，面积 177.72 万平方公里，人口 234 万以上。在澳大利亚的联邦政府、州政府、地方政府中，土地登记的权力在州政府，土地规划的权力在地方政府。土地所有权形式主要有自由保有（私有）土地和州政府所有土地。

澳大利亚早期的土地登记制度以英国封建制度为基础，土地权利没有记录，土地交易按照习惯法的方式进行，通过现场察看、当地老百姓见证来证明权利已经转让和最终权利的归属。这种制度实际上是一种契约登记制度，它使用了 30 年左右。1858 年，澳大利亚南澳大利亚州首任土地登记官托伦斯首创了一种新的土地登记制度，即托伦斯土地登记制度。

托伦斯土地登记制度在国际上被公认为最优效率的登记制度，目前已为澳大利亚、新西兰、加拿大、马来西亚、新加坡等 50 多个国家所采用。在托伦斯土地登记制度中，采取登记生效主义，即在完备的法律制度下，土地权利的取得取决于登记，而不是取决于签订契约；其目的在于提供安全、正确的权利记录；政府并不强制当事人申请登记，而是由当事人自己决定，但对于已经登记的房地产权利，则今后的转移和变更未经登记不发生效力。

1861 年，昆士兰州通过财产法首次引进托伦斯制度，取代了从英国沿袭而来的传统转让制度。1863 年，澳大利亚在全国推广这种制度。经过 140 多年的发展，昆士兰州的土地初始登记早已完成，现在所进行的都是变更登记。目前昆士兰州土地登记制度有 10 个特点：一是统一的土地登记机关；二是单一的土地产权登记；三是完备的土地产权法律体系；四是绝对的土地产权登记公信力；五是完善的土地产权登记错误赔偿制度；六是简明的土地产权登记收费标准；七是公开的土地登记查询制度；八是安全的土地产权登记资料保存制度；九是成熟的地籍产业化；十是高效便捷的土地产权登记系统。

资料来源：高延利、樊志全、朱留华主编：《澳大利亚土地登记——国土资源部赴澳大利亚昆士兰州考察报告》，中国大地出版社 2007 年版。

（二）土地利用的客体是有边界的特定物，土地与土地之间不完全具有可比性

土地利用的客体是现实社会中的物品。现实社会是具体的，这个物品是有具体边界的，包括自然形成的边界和人为划分的边界。同时，这个物品是特定的和具有异质性的，不同的土地之间不完全具有可比性，特别是对不同位置、不同用途、不同环境的土地的经济价值不能简单进行类比或相加。换言之，对土地的经济分析不能简化为只看面积大小和产权关系，而忽略其他众多的自然因素、技术因素、社会因素、人的劳动因素等的重要影响，必须要有更长远的角度、更开阔的视野和更深入的层次才能作出准确合理的判断。

（三）土地利用的主体是人特别是劳动者，激励土地上的劳动者的积极性重要且必要

土地利用的主体是现实社会中的人。现实社会是具体的，这个人是有生死的，是有寿命的，有各种各样的差异，包括：有在劳动年龄阶段的人和不在劳动年龄阶段的人，有愿意劳动的人和不愿意劳动的人，有真想利用土地创造新价值的人和不想真正利用土地创造新价值、只想利用土地投机或牟利的人等。这个人可能是自然人特别是劳动者个人，也可能是有组织的人。但实际利用土地并创造社会财富的人是劳动者，它是有条件的个人以及这些个人的某种组合，包括劳动者集体、劳动者个人、劳动者国家和劳动者法人等（见表 3–6）。在这些主体中，随着社会生产力发展，劳动者个人和劳动者法人越来越重要。

表 3-6　　土地利用中的劳动者的不同形式

劳动者形式	特点
劳动者个人	有条件的个人，投入个人劳动，节约组织费用。它的特点是可以独立自主、责权一致、责权利关系明确
劳动者集体	有条件的个人的组合，投入分工劳动，节约交易费用，主要是家庭、家族、宗族、部落，以及土地合作组织、集体组织等
劳动者合约	有条件的个人的组合，投入协议劳动，节约交易费用，主要是合作经济组织、土地专业机构和土地专业市场等
劳动者国家	有条件的个人的组合，投入组合劳动，节约交易费用，主要是各级政府，包括中央政府、地方政府等
劳动者法人	有条件的个人的组合，投入协同劳动，节约交易费用，主要是企业

资料来源：〔美〕劳埃德·雷诺兹：《微观经济学——分析和政策》，商务印书馆 1982 年版。

专栏 3-3　土地利用的独特主体：企业法人

企业是现代经济的重要细胞，是现代管理的重要载体，是现代组织的一种形式。它既不同于劳动者个人，也不同于自然人，还不同于国家和集体等。

企业是什么？它与个人、家庭、国家相比有哪些不同？在现代经济学中，企业是劳动分工的一种载体，是劳动与资本的一种协作，是处理风险和不确定性获得利润的一种过程，是知识在社会中的一种运用，是一种关系交易或复杂合同，是一只看得见的手。企业是由个人组成的，但它又不同于个人，是管理和协调参与者活动的持续经营组织。企业是劳动分工的产物，同时又促进了劳动分工的进一步发展。广义的劳动分工是在复杂经济中个人和机构的活动与角色的专业化。随着企业的出现和发挥作用，劳动分工也随之分为在企业内的劳动分工和在企业间的劳动分工，二者具有不同的意义。在标准微观经济学中，企业与家庭各自从事不同的活动：企业是经济中的基本生产单位，企业向家庭和其他企业购买劳动服务和原材料等投入品，把这些投入品转化为商品和劳务，出售给家庭和企业，它追求最大化利润即最大化其收入和支出间的差；而家庭是消费单位，它追求最大化效用。企业是市场经济主体，它不具有强制力或权威性，要在竞争中求生存和发展，有生有死，运行效率提高，这与国家有所不同。

为什么有企业？哪些因素决定企业的规模和范围？决定企业规模和范围的因

素有：市场交易成本和组织管理成本的比较，垂直一体化、可剥削性租金和竞争性合同订立的过程，合同关系的治理，产业的组织，有限理性、激励和行政特征的约束，谈判成本、影响成本和经济活动的组织，多产品关系、知识可转移性和动态因素的处理等。科斯认为，企业是对市场（价格机制）的一种替代，企业的一个主要特征是实行计划协调，它与市场（价格机制）截然不同。在企业内部，管理控制权取代了市场（价格机制）。企业的范围是有合理边界的。企业的出现减少了市场交换交易成本，但产生了内部组织管理成本，这两种成本的构成及其变化决定了企业的合理边界。企业将不断扩大规模，直到通过市场交换进行边际交易的成本低于在层级结构内进行交易的成本。当企业主—协调者的权力对价格机制的取代比有关各方通过谈判达成一系列交换更经济时，有关经济交易将在企业内组织而不是在市场上。

企业的所有权关系究竟是什么？雇佣关系如何建构？企业对工人如何管理和激励？所有权关系和雇佣关系是企业内的两个重要关系。企业作为一种经济组织，是通过合作专业化提高劳动生产率，在理论上要解决两个重要问题，一个是解释在什么条件下专业化和合作生产的收益应该在组织内部实现或者通过市场获得，另一个是解释这种组织的结构。一般认为，企业的特征是具有通过命令、威权或约束行动解决问题的权力，这是一般市场所不具备的。但这是错觉，因为企业并不拥有所有的投入品，它没有发号施令的权力，没有权威，没有约束行动，这和两个人之间的一般市场合同完全一样，如果你没有履行协议，我只能通过终止未来业务关系或通过法庭来惩罚你，这就是一个雇主所能做的全部事情。实际上，企业的雇主和其雇员间的关系与他和客户之间的关系的区别，在于投入品的团队使用和某一方在与其他投入品的合同安排中所处的中心地位。换言之，这是一种团队生产过程中的中心合约，而不是某种上级指导和约束力。企业作为经济组织有两个任务，即测度投入品的生产率和测度报酬（包含衡量和分配）。它只要能根据劳动生产率支付报酬，就能更好地利用其比较优势。如果报酬是随机的，与生产活动没有关系，组织就不会为生产活动提供任何激励。如果报酬与劳动生产率负相关，组织就会解体。随着现代社会的发展，出现过多种多样的企业，包括利润分享型企业、社会主义企业、公司、互助和非营利企业、合伙制、工会等。团队精神和忠诚是重要的，企业拥有的投入品类型也是重要的。在本质上，企业就是一个最适合组织团队生产过程的经济组织，一个收集、整理和出售投入品信息的专业市场制度，或者用于团队生产的联合投入品之间的一类特殊合同，合同条款构成了企业的基础。在这个组织制度中，中央方与所有联合投入品订立一系列双边合同，而不是所有联合投入品所有者之间相互订立多边合同。企业发挥作用的关键是雇佣关系、人的因素和内部组织。在资本主义经济中，最重要的交换是可竞争性的。雇佣劳动力和资本间的关系是一项可竞争的交换，因为虽然工人的工作时间可以在合同中最终予以规定，但是实际完成的工作数量和质量一般无法通过合同规定。在资本主义企业中，拥有决策权的人处于劳动力市场的短缺方并拥有对雇员的权力，一个可竞争的交换体系的竞争性均衡可以把权力配置给非出清市场的短缺方，会对其他方面皆相同的工人实行种族、性别和其他形式的劳动力市场歧视。奥立弗·威廉姆森、迈克尔·沃奇特、杰弗里·哈里斯的研究认为，理解企业的雇佣关系要深入对专用性交换的分析，市场合同被内部组织取代，通常形式的不可分割性既不是其必要条件也不是其充分条件，不可分割性只能解释小型团体组织，内部劳动力市场取代现货交易的主要原因是少数人之间的交易关系。本特·霍姆斯特罗姆、保罗·米尔格罗姆的研究认为，多维度任务在企业界非常普遍，最有激励的合同可以不管所测度到的绩效而只付固定工资，无法测度的绩效特征是生产性资产的价值在时间上如何变化，决定企业活动是否应该允许的因素不仅仅是“外部活动”特征，对一项任务的激励可以以两种方式提供，或者以奖励任务本身，或者通过消除或降低竞争任务上的激励来降低一项任务的边际成本。哈维·雷本斯顿恩的研究指出，对企业内劳动生产率的分析要深入看不见的手中的囚徒两难，把劳动生产率视为囚徒两难问题是有用的，习惯是这一问题的解决反感，努力习惯通常是非最优的，从一个非最优解转为另一个解需要有“冲击”；在这一框架中看不见的手并不产生于帕累托最优结果，它与任何数量的非最优努力习惯一致。乔治·阿克洛夫的研究认为，劳动力合同在一定程度上具有作为部分程度的礼物交换的性质，工作努力规范是产出的一个主要决定因素，工资在一定程度上是由工人的努力规范决定并影响工人的努力程度，工人的努力同样在一定程度上是由这些规范决定，交换条款和规范间的关系把礼物交换与纯粹的市场交换区别开来。

企业的所有、控制和融资如何运行？企业的融资和控制权重要。亨利·曼恩（Henry Manne）的研究认为，公司控制权可能构成了一项有价值的资产，这一资产的存在与规模经济或垄断利润等因素无关。社会上存在一个活跃的公司控制权市场，较低的股价便于接管高薪管理职位的活动，许多企业合并活动可能是这一特殊市场成功运行的结果。企业的控股权被认为撤换管理层会使企业有更大获利能力的外部投资者买走，导致企业被接管的可能会使管理层小心谨慎，即使实际发生接管的概率很低。长期来讲，经理的报酬和他们对股东财富的贡献直接相关，因此他们有最大化企业价值（或企业未来现金流的贴现值）的完善激励。尤金·法马（Eugene Fama）的研究认为，不应该把资本所有权和企业所有权混淆，在企业中每种要素都是由某个人所有的，每种要素都有自利动机，企业只是生产要素间的一个“合同集”；从“合同集”的角度看，所有权和控制权的分离可以解释为一种有效率的经济组织形式，企业受到其他企业的竞争约束，这一竞争促进了有效率的监督；同时，企业中的参与者尤其是它的经理，面临着企业内部和企业外部有买卖其服务的市场的约束和机会；约束彻底解决与股权和控制权的分离联系在一起的潜在激励问题的条件有三个。尤金·法马（Eugene Fama）和迈克尔·詹森（Michael Jensen）的研究认为，不同的组织形式是由它们在净现金流量上的剩余索取权的特征区分的，对剩余索取权的不同限制意味着有不同的最优投资决策原则，比如受限制最少的是大公司中的普通股，在经理和剩余索取者之间存在代理问题，而业主制、合伙制企业和有限责任公司的剩余索取权一般集中在组织的重要决策者手中。哈罗德·德目塞茨（Harold Demsetz）认为，企业的所有权结构是最大化过程或竞争选择的内生结果，在最大化过程中，所需要做的并不仅仅是解决偷懒问题，把监督成本和其他生产成本等同看待是极为重要的，对各种成本优势和劣势的相互平衡从而产生了均衡企业组织，由于监督成本无法转嫁，在选择组织结构时，企业或它的所有者必须注意这一选择是如何影响监督成本的和高监督成本的组织结构是否减少其他成本，以使更高的监督成本物有所值。路易斯·普特曼（Louis Putterman）的研究认为，决策是一项必不可少的投入品，因为生产是实时进行的，有关事件无法在订立初始生产协议时被预测到；在大部分工商企业中，决策权由同时既承担财务风险又提供资金的人持有，这些权力的持有者被称为企业所有者；所有权指的是对一项资产由一个经济主体有权运用的一个权力束，主要包括使用权、对资产生产出来的产品的权力和让渡或处置资产以及这些使用权和收益权的权利，持有剩余索取权和让渡权使企业所有者同时成为风险承担者和控制者；所有权安排的不同演变要满足生产部门对资金、风险承担和决策服务的需求，同时反映投入品提供的风险偏好和解决在平衡这些需求以及偏好过程中出现的代理问题的需要。

资料来源：路易斯·普特曼，兰德尔·克洛茨纳编，孙经纬译:《企业的经济性质》，上海财经大学出版社 2000 年版。

（四）土地利用的关键是投入专业化劳动，深化人与人之间的劳动合作分工重要且必要

土地利用的关键是要投入劳动，包括新的活劳动和积累的物化劳动，形成劳动成果和劳动积累以及固定资产。在现代社会，这种劳动越来越是一种专业化劳动，包括建设和运营重要基础设施，组织科学研究试验，制造和使用机器、化肥和农药，培育和推广良种，开展先进实用技术推广，改进生产流通方式方法，配套和完善社会公共服务等。由于专业化劳动有更高的效率，也有相关的隐含假设条件，有更大的风险，需要激励、约束和协调，相应的土地制度也就应运而生。为了激励人们投入专业化劳动并充分发挥其作用，在土地制度设计上就必须坚持一些重要而必要的原则，包括资源分配原则和利益调节原则，深化人与人之间在土地上的劳动合作分工。法人是专业化劳动的核心载体，这就需要特别重视发挥法人在土地利用中的作用。一是要坚持各尽所能，主要途径是协调人与人的客观差异。二是要坚持按劳分配，主要途径是让劳动者成为土地主人 。三是要坚持创造机会，主要途径是深化人与人的劳动合作。四是要提高质量，主要途径是扩大人与人的劳动分工。

专栏 3–4　土地利用的独特领域：现代农业

现代农业发展以土地利用为基础，但重要内容是农业生产率的增长，特别是劳动生产率的增长和土地生产率的增长，而不仅仅是土地利用率的增长。第二次世界大战以来的头 30 年中，以美国和日本为典型代表的发达国家与发展中国家在农业生产率方面的差距急剧扩大。对这种急剧扩大的差距，传统经济发展理论（包括古典的背景、增长阶段理论、二元经济模型、依附的观点和微观的观点）中和传统农业发展理论（资源开发模型、肥力保持模型、区位模型、扩散模型和高收益投入模型）都很难解释，而技术创新和制度变革理论（在各种可供选择的技术发展道路中，推进诱导的技术创新和诱导的制度创新，形成诱导创新的一种更完善的模型）可以提供很好的理论解释。

美国和日本的农业增长道路的特点是在资源约束下推动科学技术变革，包括开发、推广、应用机械技术和生物技术进步的成果，不断推进沿着长期生产函数的要素替代，运用科学的力量促进农业进步。这些经验还被应用到菲律宾、朝鲜等其他国家以及中国台湾等地区，带来农业科学技术的国际转移，清除对土地基础设施进行有效资源配置的障碍，引导土地基础设施投资，消除土地资源约束的影响。

现代农业发展中的增长和公平很重要。要正确处理农业发展过程中技术变革和

收入分配的关系，积极发展更富有生产力的农业技术，促进公平的增长和增长的分享。世界农业发展是不均衡的，发达国家存在农业保护主义，欠发达国家存在工业发展政策的扭曲和对商品市场的干预，这些政策的后果严重。要推进农业转变和经济增长，就要改进欠发达国家农业增长的条件，完善促进农业转变的技术和制度，建立和完善诱导农业创新和发展的政策。

资料来源：〔日〕速水佑次郎、〔美〕弗农拉坦著，郭熙保、张进铭等译：《农业发展的国际分析》（补充修订版），中国社会科学出版社2000年版。

三、土地市场和市场机制的特殊性

市场和市场机制的建设对经济发展是重要的。土地市场和市场机制建设概莫能外，但土地市场的内容形式、供求关系及交易机制是比较特殊的。这个市场的交易对象具有异质性，既与一般的商品市场及其交易机制有所不同，也与一般的劳动市场及其交易机制有所不同，还与一般的资本品市场及其交易机制有所不同。这个市场的特点是参加交易的东西不动，而人是动的；或者参加交易的东西不动，参加交易的人也不动，而参加交易的东西的使用权及收益权等流转。这个市场的供求关系主要是对使用土地的排他性权利的有条件转移与获得，市场结构主要是不完全竞争市场，市场建设运行离不开国家的深入参与。

（一）土地市场不同于一般商品市场，土地本身不能移动，而真正移动的是人及人在土地利用上的权利

在一般商品市场中，作为交易的商品是可以移动的。这种移动是重要的，通过这种移动，它使商品的消费具有独立性，也使商品成为纯粹私人物品。在正常情况下，一旦商品的市场交易完成，商品会发生从供给者到需求者的移动，从而消除商品的使用价值实现受地理位置的约束或影响，同时产生商品进入市场、保管在市场和离开市场的完整物流活动。但在土地市场中，土地本身不能移动，土地的使用价值实现会受地理位置的约束或影响，土地的使用或消费缺乏独立性。同时，在土地市场中，真正移动的是人及人在土地利用上的权利，土地市场实际上是土地使用权利及其相关责任流转或交易的市场，这个市场的组织管理成本、信息成本、契约成本等很高，而物流活动的成本是很低的乃至基本没有。

（二）土地市场不同于劳动要素市场，土地可以长期利用，土地利用的产出受不可控的自然因素等影响大

在劳动要素市场中，作为交易的劳动要素是依附于人的。这种依附于人是重要的，因为人是有生命或生死周期的，同时一个人的可劳动阶段和时间是有限的，加上各种社会因素的影响，人的劳动要素是稀缺的，劳动要素的市场供求关系总体偏紧，劳动要素的利用可能因为个人的生死或变化而改变，市场交易的差异性和主观性较强。在劳动要素市场上，要对他人雇用和自我雇用进行严格区分。市场交易合约因人而异，劳动要素交易合约比较复杂，既有公开显性的内容，也有隐含假设内容。在正常情况下，即使劳动要素交易合约已经形成，劳动要素供给仍然具有不确定性，所以建立合理的激励约束机制，调动劳动者的积极性、主动性和创造性仍是非常重要的。而在土地市场中，土地是无生命或生死周期的，可以长期利用，土地的利用不因个人的生死或变化为转移，市场交易的客观性较强。但土地利用的产出受不可控的自然因素等影响大，一旦发生自然灾害等，市场机制很容易失灵。

（三）土地市场不同于资本要素市场，土地利用调整变化难，土地利用的投入回报和利益分配是多样而复杂的

在资本要素市场中，作为交易的资金可以快速变化。这种快速变化是重要的，通过这种快速变化，它能提高要素流动性，更好地捕捉投资机会，同时防范和减少风险，提高投资回报率。而在土地市场中，受自然生态环境条件和国家法律政策的影响，土地利用条件和投入配套多，土地利用调整变化难，土地利用的投入回报和利益分配是多样而复杂的，有的投资回报率高，有的投资回报率低，有的不可能取得经济上的合理投资回报。

（四）市场在土地资源配置中发挥决定性作用是有条件的，离不开国家发挥作用，离不开组织创新，离不开技术进步

在现代经济学中，市场是一个协调者，在资源所有权的分配、个人偏好的体系和为基数确定的生产可能性等既定条件下，市场就可以算出各种产品需要生产多少和消费多少，人们将在哪里工作和按什么工资水平支付。同时，市场也是利益冲突的调解者，它在个人和集团的利益冲突中促使它们妥协，以成全事业。市场发挥作用是由价格的功能和竞争机制来完成的，如果竞争机制不充分或者价格的功能不完善，市场所发挥的作用就是有限的。发挥市场在土地资源配置中的决定性作用，需要搞好土地市场和市场机制建设，这对于促进土地资源合理利用、提高土地资源配置效率和解决人与人之间在土地利用上的矛盾意义重大。但土地市场作为一种商品市场或要素市场，市场机制发挥作用是有隐含假设条件的，比如土地使用权的取得和退出的竞争机制要充分、土地使用权的价格的功能要完善和价格的信号要准确等，包括国家必须发挥重要作用、组织载体创新、促使技术进步等。

四、土地租金和利益调节的特殊性

土地租金是一个重要的经济学范畴。它从属于土地收入，但又不同于一般收入，本质上是人类劳动的一种成果。但它在形成机制和表现形式上具有特殊性。好像土地财富是可以从天上掉下来的，好像土地收入是可以不劳而获的。由于各种自然的或非自然的原因，在土地的利用上很容易产生土地租金，包括绝对地租、相对地租、级差地租等。这使人与人之间在土地利用过程中很容易产生矛盾、冲突乃至斗争，深刻影响土地资源的配置和人的福利及人与人之间的关系。土地租金产生和存在的特殊性，决定了国家在土地的利益调节上具有不可或缺的重要责任。

（一）土地租金在形式上好像从天上掉下来的，但在本质上来源于人类劳动

土地租金既是一个历史现象，也是一种现实行为，还是一种理论界定。在社会现实中，不管人们是否承认，土地租金好像免费福利，对人的行为有深刻影响。但实际上，人的劳动是创造土地租金的源泉。如果没有人的劳动，土地上就不会有较好的收入，特别是不会有超额的收入，也就不会产生土地租金或者产生不了多少土地租金。对于那些自然条件较好的农业用地，在没有人的劳动的情况下，可能有一些自然产品，但这些自然产品是很有限的，它也不是货币收入。随着生产力水平的提高和社会分工的发展，产生了土地所有权和土地使用权的分离以及土地使用权的分化重组，土地租金应运而生。这些土地租金在本质上是一种转移性收入，是过去曾经占有和使用土地的人对土地进行长期投资或改良而不能在当年收回的一种延期的投入回报，以及现在处于该块土地周边的人开展基础设施建设和组织提供公共服务等而不能在当地收回的一种相关的投入回报，仍然是人类劳动的成果。但从形式上看，这些土地租金就好像从天上掉下来的，好像不劳而获的，因为一些在当年或当地没有投入劳动或投入劳动较少的人员获得了土地租金。显然，尽管土地租金本质上是人类劳动的一种延期的或相关的成果，但如果分析角度和方法不科学、不全面，是有可能得出错误观点或判断的。

（二）土地租金可基于人为占有因素产生，同样的投入在不同的占有关系中回报不同

土地被人为占有就有可能产生土地租金。这主要是在土地可由人依法占有或依法所有的情况下，同一土地的占有和使用之间发生变化，从相互结合走向相互分离。在一定时间内，将会存在有人实际使用土地而不依法占有或所有土地，或者依法占有或使用土地但不实际利用土地的情况，那么实际使用土地而不依法占有或所有土地的人向依法占有或使用土地但不实际利用土地的人进行必要的资金支付，就是一种土地租金。因为如果土地实际使用者是自己依法占有或所有土地，那么这项资金就不用付出了，相当于超额收益归自己；如果不是自己依法占有或所有土地，那么就必须进行相关付出，相当于差额收益归社会。当然，在土地使用关系变化中，导致这种土地占而不用的情形是多种多样的，既有主动的不用，比如出租土地，也有被动的不用，比如人口死亡等。

（三）土地租金可基于地理位置因素产生，同样的投入在不同的地理位置回报不同

土地地理位置相邻有可能产生土地租金。这主要是同类土地的使用者和使用者之间位置相近，在投入回报上存在相关影响。在一定时间内，将会存在有人无劳动投入有产出，或有劳动投入无产出，或劳动投入产出不对等的情况。同样的投入在不同的地理位置产出不同，那些无劳动投入有产出以及劳动投入产出超过平均水平的，就获得了超额收益，这种超额收益是一种土地租金。由于土地地理位置的不可移动性，这种地租的产生和形成是不以人的意志为转移的，对这种地租的影响需要有客观而全面的认识。

（四）土地租金可基于投入积累因素产生，同样的土地在不同的发展方式下产出不同

土地长期使用和建设投资有可能产生土地租金。这主要是同一土地的使用者和使用者之间的投入方式存在差异，从简单粗放使用走向长期建设投资，在不同的发展时期内土地的质量和产出性能是不同的，同样的土地投入所得产出不同。土地长期建设投资者可以获得超额收益，这种超额收益是一种土地租金。由于土地在使用过程中会从生地变为熟地，以及土地建设投资的人为可变性，这种地租的产生和形成既有客观性，也有主观性，需要因势利导。

（五）土地租金可基于市场供求因素产生，同样的土地在不同的市场环境产出不同

土地利用供求关系变化有可能产生土地租金。这主要是同一土地的使用者和使用者之间的市场环境存在差异，市场供求因素影响资源要素价格变化，同样土地投入所得产出不同，在土地使用权供不应求或供求趋紧的市场环境下的土地提供者可以获得超额收益，这种超额收益是一种土地租金。由于现代社会是开放社会，现代经济发展是复杂多变的，有些市场供求因素是可以预测的，但有些市场供求因素很难预测乃至不可预测，这种地租的产生和形成也是既有客观性，也有主观性，需要因势利导。

（六）土地租金可基于政策管制因素产生，同样的土地由于政策差异产出不同

土地利用政策管制有可能产生土地租金。这主要是同一土地的使用者和使用者之间的土地利用政策存在差异，政策管制因素影响市场预期和资源要素价格变化，同样的土地投入所得产出不同。在土地利用政策管制较严较多的情况下的土地提供者可以获得超额收益，这种超额收益是一种土地租金。土地利用政策的管制与调整与前面提到的几种因素有关系，包括土地使用关系的变化、土地地理位置相邻影响、土地长期使用和建设投资、土地市场供求因素的变化等，在正常情况下是可以预测的，但由于土地上的投资和经营比较复杂，加上投资者和经营者本身差异很大，这种地租的产生有主观性，也有客观性，需要正确对待。

（七）土地租金可基于产权界定因素产生，同样的土地由于权属差异产出不同

土地产权明确界定有可能产生土地租金。这主要是同一土地的使用者和使用者之间的产权存在差异，产权界定因素影响市场预期和资源要素价格变化，同样的土地投入所得产出不同。在土地使用权界定明确清晰情况下的土地提供者可以获得超额收益，这种超额收益是一种土地租金。土地产权界定因素与土地利用政策的管制和调整有关，与现代科技发展特别是信息技术革命成果的推广普及也有关，在正常情况下是可以预测的；但由于土地上的投资和经营比较复杂，加上投资者和经营者本身差异很大，这种地租的产生既有主观性，也有客观性，需要正确对待。

五、土地经济和变量考虑的特殊性

土地经济作为一种专业经济或资源经济，在投入回报上，不仅受经济因素的影响，而且受非经济因素的影响。从变量考虑来看，现代经济学的主要变量是投入因素（解释变量）和产出因素（被解释变量）。在土地经济中，除了考虑投入因素（土地面积、土地成本、资金投入、劳动投入等）和产出因素（土地产量、土地收入、土地价格等），还要考虑土地位置、土地质量、土地用途、土地利用时间、土地利用方式、土地利用外部性和土地利用国家或地区管理等自然因素和社会因素。这些因素在某种程度上或某种条件下都可能是重要的变量，对土地经济活动的影响是不可或缺的，需要进行界定和统筹兼顾。

（一）关注土地位置因素，应对土地所处的区域有所考虑并进行相关界定

土地上的投入回报与土地位置因素有关。土地位置因素是自然因素，具有在空间上的唯一性或天然的垄断性，不以人的意志为转移。它本身是长期不变的一种参数。由于土地所处的地理位置不同，在土地上进行同样的经济投入，所取得的经济回报可能差异悬殊，主要原因是交通成本、自然条件和商业环境等有所不同。在土地经济分析和管理政策设计中，土地位置因素是重要变量，必须关注并对土地所处的区域进行界定。

（二）关注土地质量因素，应对土地本身的质量有所考虑并进行相关界定

土地上的投入回报与土地质量因素有关。土地质量因素既是自然因素，也是有可能经过努力而变化的可变因素。它是一种状态变量。作为自然因素，土地质量因素中有些与土地位置因素有关，比如土地所处地理位置的周边光、热、水、气、土壤结构和地形地貌等，是长期不变的或经过努力也很难改变的。作为可变因素，土地质量是可以通过发展水利、改良土壤、兴修道路等而改善的。由于土地质量因素的不同，在土地上进行同样的经济投入，所取得的经济回报可能差异悬殊。在土地经济分析和管理政策设计中，土地质量因素是重要变量，必须关注并对土地本身的质量进行界定。

（三）关注土地用途因素，应对土地本身的用途有所考虑并进行相关界定

土地上的投入回报与土地用途因素有关。土地用途因素尽管是人为因素，但受到自然因素的制约和影响。它是一种控制变量。在土地中，不同的用途对土地的自然条件要求存在差异，不同用途的土地在供需矛盾和经济效益上也存在差异。最稀缺的是种植农作物的耕地，特别是水田和水浇地等，它受到自然条件的约束和运输条件的限制，对于解决人民群众的吃饭问题意义重大，必须进行保护并规范利用。其他农业用地的土地供应也是有限的，比如林果地和牧草地等。那些用于工商业、房地产和城镇基础设施建设的土地，在供应上也具有稀缺性，它既受自然条件的限制，也受到人口条件、技术条件和法律条件等的限制。在土地经济分析和管理政策设计中，土地用途因素是重要变量，必须关注并对其进行界定。

（四）关注土地利用时间因素，应对土地利用时间有所考虑并进行相关界定

土地上的投入回报与土地利用时间因素有关。土地利用时间尽管是人为因素，但受到社会因素的制约和影响。它是一种控制变量。在土地利用中，不同的利用时间对人的经济条件要求存在差异，不同利用时间的土地在投入方式和资产积累上也存在差异。如果土地利用的时间比较短，比如5年以内，它对土地上的经济投入要求较低，人们的土地利用方式就会很受限或者比较简单，一般不太可能进行较大或较长的固定资产投资建设，多数人可能的选择是低投入低回报方式。如果土地利用的时间足够长，比如30年以上，它对土地上的经济投入要求较高，人们的土地利用方式也会增多或改进，比如可以从低投入低回报的利用转变为高投入高回报的利用，人们可以在土地上进行长期投资，特别是建设固定资产，将投资成本在这个较长时间内进行分摊，通过提高土地利用效率和土地产出水平顺利收回新增投资成本，解决在土地利用时间较短情况下无法进行较大或较长投资建设的问题等。

（五）关注土地利用方式因素，应对土地利用方式有所考虑并进行相关界定

土地上的投入回报与土地利用方式因素有关。土地利用方式尽管也是人为因素，但也受社会因素的制约和影响。它也是一种控制变量。在土地利用中，不同的利用方式对人的经济条件要求存在差异，不同利用方式的土地在投入方式和可持续发展上存在差异。如果土地利用的方式是简单的、粗放的和分散的，它对土地上的经济投入要求较低，土地上的产出一般也会较低，在土地资源具有稀缺性的情况下，它会产生或加剧人与人之间在土地利用上的矛盾或冲突。反之，如果土地利用的方式是优化的、规模化的和集约的，它对土地上的投入要求较高，土地上的产出一般也会较高，在土地资源具有稀缺性的情况下，它会减少或消除人与人之间在土地利用上的矛盾或冲突。此外，如果土地利用的方式是重视生态环保和比较科学合理的，土地利用将是长期可持续的，在土地资源具有稀缺性的情况下，它会减少或消除人与人之间在土地利用上的矛盾或冲突。反之，如果土地利用的方式是不重视生态环保和不科学不合理的，土地利用价值将有可能很快降低乃至基本丧失可利用价值，在土地资源具有稀缺性的情况下，它会产生或加剧人与人之间在土地利用上的矛盾或冲突。

（六）关注土地利用外部性因素，应对土地利用的利益关联有所考虑并进行相关界定

土地上的投入回报与土地利用外部性因素有关。土地利用外部性因素既是自然因素，也是社会因素，还具有可变性。它是一种控制变量。在土地利用中，一块有具体边界条件（这些条件包括时间边界条件、空间边界条件和用途边界条件等）的土地及固定设施，对它的开发利用不仅可能会影响到周边的人或单位的利益，比如打破生活的宁静、增加污染源和社区安全负担等，而且可能会受到周边的人或单位的社会活动的深刻影响，比如在政府牵头的大规模基础设施建设和改进社会管理服务中出现房地产市场价格持续上涨等。这种影响是不以人的意志为转移的，有可能是有利的影响，也有可能是不利的影响。这种影响就是外部性因素，它会导致有不劳而获的利益产生或者有劳而无获的情况出现。在现代国家，政府会对土地利用外部性因素进行一定的管理调节，但由于不同土地的外部性因素复杂多样，一般会调节一部分、保留一部分，结果导致土地上的投入回报总存在投机或寻租空间。

（七）关注土地利用国家或地区管理因素，应对土地利用的限额机制有所考虑并进行相关界定

土地上的投入回报与土地利用国家或地区管理因素有关。由于国家或地区管理因素的影响，个人对土地的权利不可能是完全的。国家或地区管理因素是一种限额机制或比较规范的社会因素，但也受到人为可变因素的重要影响。它是一种政策变量。在土地利用中，国家或地区管理因素是由法律和政治决定的，它一方面超越了个人或单位的权利范围，可以在一定条件下规范个人和单位的行为，对不同个人和单位的利益进行调节；另一方面也从属于个人或单位的合理权利，是一种中介性质的组织机构或社会公共利益的组织载体，代表了多数个人或单位的权利或利益，与个人或单位之间不是简单的竞争或替代关系。由国家或地区公共管理服务获得的土地利益，不是像个人或单位一样自己使用或消费，而是要依法依规转移或分配给符合条件的个人或单位使用或消费。在土地利用中，这种由国家或地区负责并组织实施的转移或分配，不仅是重要的，而且是必要的，还是需要明确边界和改进方法的。

第四章
土地制度设计的观念、定义和方法

发展出题目，改革做文章，制度立秩序。引入土地制度的目的是解决人与人之间的土地问题，即人与人之间以及个人与社会之间在土地分配、土地利用和土地管理等方面的问题。土地问题随时代而变化，各个时代有各个时代的土地问题。在土地制度设计上，要建立良好稳定的社会秩序，面向实际需求，实行问题导向，统筹区内、区外和国际，联系过去、现在和未来，坚持有保留、有取消和有改革相结合，引入合理的条件，确定相关内容，建立合适的激励机制。

一、关于土地制度设计的基本观念

土地制度是一种社会历史现象和人类发展工具。它不是自然界的产物和自然技术现象，而是人类行为的产物和人类智慧的成果，特别是人们在开展集体行动过程中所逐步建立和形成的一套规则，是人们在分析总结人的各种行为及其必然结果基础上建构的有效规则，是人们在特定时间、空间和社会环境下所使用的有关规则。完整的土地制度是一种制度结构，是一套有内在逻辑的行为规则。这种制度建立的基本目的是要从人的行为入手，对于人的可能行为进行规范和引导，在人的行为目标设定和各种可能行为选择之间“修路架桥”，从根本上解决人与人之间的矛盾和冲突，实行以法治国，建构良好稳定的社会秩序。

（一）土地制度是现代社会解决人与人之间土地利用问题的一种方式

土地是人类生存生产生活之本，是社会物质财富创造之基。土地利用的主体是人。现实社会中的人是有生死、有智慧、有心理、有组织的（见表 4-1）。土地制度是一个国家或地区对人与人之间在特定土地利用上的行为所实行的一系列规范，包括法律规章、政策规定和相关的约定等。这些规范不是自然而然形成的，而是社会历史形成的，是人类在解决与土地相关的矛盾和问题的过程中逐步发展出来的，是一种和平解决土地利用问题的方式。

表 4–1　　作为土地利用主体的人的特点

人的特点	具体内容	制度影响
人是有生死的	一个人的寿命特别是可投入劳动的时间是有限的。人一生当中劳动生产与消费的时间不一致。人要到十几岁以后才能参加劳动生产，60 多岁后就要退休，可劳动时间和实际参加劳动时间只有生命周期的一半左右，而消费时间是一辈子。不仅从生命周期的角度看每个人的生产和消费的时间不一致，而且人在劳动生产的过程当中也存在一定的风险，比如发生意外事故或者失业等，无法取得必要收入	人的寿命及可劳动时间影响土地制度设计
人是有智慧的	一个人的力量是有限的，人与人合作就会解决个人无法解决的问题。人与人的合作方式是多样的。与一个人独自生产相比，人与人在一起劳动生产经常会出现“1 加 1 大于 2”的情况，这就是规模经济的效果。从生存和生活角度看，人与人也需要联合在一起提高共同的福利，防范可能的风险。人与人之间的共同生产劳动一旦形成专业分工，效率会大幅提高。但人与人之间交往和合作也会产生各种各样的问题，比如协调的问题、偷懒和“搭便车”的问题、掠夺和迫害的问题等，这些问题会影响人的努力。为了解决这些问题，一种途径是引入意识形态（ideology），利用文化道德规范约束人的行为；另一种途径是引入正式的组织制度，主要是发展有效率的组织，建立良好稳定的社会制度，对人的行为进行规范	人的努力与否以及努力的不同性质（生产性、分配性、破坏性等）影响土地制度设计
人的心理多元复杂	人与人之间的差异很大。随着条件的改善，人不断向越来越高级的层次发展，人的动机永无休止。人们可以生活在动机等级的不同层次上，也就是说，他们可以过一种高水平的生活，比如考虑诗歌写作和数学的性质等；也可以过一种低水平的生活，比如在贫民区幸存者的水平上聊以度日。人类总是抱怨，人们有可能发低级牢骚，也有可能发高级牢骚，还可能发超级牢骚。一个文明的和明智的管理机构要深刻地理解这一切，条件的改善会提高人们发牢骚的层次，而别指望条件改善会使一切牢骚消失	人努力后的发展变化影响土地制度设计
人是社会组织存在物	我们现在所处的社会是一个有组织的现代政治社会，现实的人是这个社会运行的前提，所以必须从现实的人出发去分析、观察人的行为，设计组织和制度。西欧社会现代经济增长的秘密就是建立了有效率的经济组织。中国的土地利用也需要重视有效率的组织建设问题。法人、个人、家庭、企业、非企业单位、政府等都是现代社会组织发展的元素	人的组织、政治和社会因素等影响土地制度设计

资料来源：作者整理。

人类进入现代社会后，由于良好土地资源的稀缺和生产力发展水平的快速提高，人与人之间在土地利用上发生的问题越来越多，导致社会矛盾和冲突，曾经诱发了很多的政治运动、武装斗争和社会革命。但用政治运动、武装斗争和社会革命解决问题，往往代价很大、成本很高，还不一定真正合理有效地解决问题，其结果有一定的破坏性和副作用。

土地制度是理性的人们在试图用和平方式协调解决人与人之间的土地利用问题的过程中逐步发展出来的一种方式，是人类知识增长和智慧发展的重要成果。作为人为制定并形成的一套关于处理人与人之间的土地利用问题的规则体系，土地制度的引入、建立、修改和完善反映了人类的知识增长和智慧发展以及解决问题的能力和水平的提升，本身也是人类智慧发展的重要内容，在实践中也必将促进人类智慧的进一步发展。

正如塞缪尔·亨廷顿指出的，制度是一套稳定、受到尊重、有明确价值观、有可重复性的行为模式，其最重要的功能是推动集体行动。如果没有一套相对稳定的明确规则，人类每进行一次新的互动都将不得不坐下来重新谈判（或进行斗争），必然深刻影响经济发展和社会稳定。这种规则往往由文化决定，不同的社会和不同的时代对应不同的规则，但创建和遵守规则的能力已经深深地烙印在人类的思维里。人类遵循规则的自然倾向及赋予制度的惯性，正是人类的社会合作水平远高于其他任何动物的原因。

（二）好的土地制度要为人们在土地利用上所做的生产性努力提供激励

土地制度的建立对解决人与人之间的土地利用矛盾或冲突是有利的。但由于多方面原因，一个具体的土地制度的作用是相对的，最重要的是建立合适的激励机制。人们建立制度是为了满足某种特定情况的需求，但随着情况发生变化，制度往往无法适应。认知问题是一大原因，人们一旦对世界发展形成思维模式，即使在现实中遇到矛盾证据，也会固执己见。另一个原因是集团利益，随着制度的建立，从中获利的内部人士受维护自身利益的驱使，不愿改变现状，对改革充满抵触。

现代社会是高效率社会，经济增长总体较快，社会财富总体规模不断扩大，而不同国家和个人之间的财富增长和分配差异很大。产生这种差异的一个重要原因就是制度因素，特别是土地制度设计的好与坏。人类的社会财富不是从天上掉下来的，也不是从土地上自然而然生长出来的，而是人们的辛勤劳动创造出来的。社会财富的创造，不仅需要人们有为经济增长而作出努力的愿望，还需要社会制度为这种努力提供保护和机会。如果制度能如人意，那么努力的意愿便会得到鼓励而日趋激烈，从而增加劳动投入和促进经济增长。反之，制度也将随之改变。制度是促进经济增长还是限制经济增长，要看它对人们的努力是否加以保护，要看它为专业化的发展提供多少机会和允许有多大的活动自由。除非努力的成果确实属于他们自己，或者属于他们承认有权占有的人，否则，人们是不会努力的。土地是现代政党和现代国家制定政策的重要对象，由于土地在现代经济学上具有特殊性，土地制度设计的好与坏在一定程度上深刻影响了人们在经济发展中是否愿意努力，以及这种努力的性质、努力的类型和努力的效果。

判断土地制度设计好与坏的一个重要标准是：这个制度能否建立对人们在土地上进行生产性劳动或专业化劳动的激励相容机制，激发人的生产性努力，抑制人的分配性努力，调节人的不努力，打击人的坏努力，从而为人们充分合理利用土地、创造社会财富并从中分享属于自己的劳动成果提供保护和机会。劳动是人的努力。现实中人的努力多种多样，可能是生产性努力，也可能是分配性努力，还可能是不努力以及破坏性努力（见表 4–2）。好的制度设计需要对人的努力进行深入细分并差别对待：一是要有鼓励人的生产性努力的内容和方法；二是要有抑制人的分配性努力的内容和方法；三是要有调节人的不努力的内容和方法；四是要有控制人的破坏性努力的内容和方法。生产是土地与劳动的结合。随着社会分工的不断细化，生产的范围也不断拓展，它既包括生产性劳动，也包括专业化劳动。美国经济学家克拉克认为，生产既是各种要素联合起来的过程，也是一种社会关系；这种社会关系具有历史属性，研究经济要有整体和动态的视角，要重视人口增长、新技术的引进、商业组织的变革、资本积累和消费者偏好的变化等五个方面的动态变化。

表 4–2　　现代社会的人的分化及其主要类型

序号	人的类型	人的特点	与政策实践关系
1	受雇人	一般宁愿受指挥，较少有野心，追求按期完成任务，喜欢偷懒和逃避责任	在管理上实行严格监管，搞好指挥控制
2	经济人	一般服从指挥，接受管理，追求按劳动及投入获取最大的工资、奖金收入	在管理上采取经济激励，用好奖惩措施
3	社会人	不仅追求较高的经济收入，而且还有社会需求，希望得到友谊、安定、归属感和尊重	在管理上满足社会需要，处理好人际关系
4	管理人	不仅是作业者，而且是决策者	在管理上恰当分权
5	自我实现的人	生理和安全需要、情感和归属需要、尊重需要等都已得到满足，追求自我实现需要	在管理上创新组织体系，营造好创业环境

资料来源：芮明杰主编：《管理学：现代的观点》，世纪出版集团 1999 年版。

（三）人们对土地利用的需求及其带来的问题是多样复杂的和不断变化的

现代社会人们对土地利用的需求不同于传统社会。在现代社会，科学技术日新月异，生产力发展水平不断提高，社会主体不断分化，个人的能力增强和需求多样，人们对环境气候和生态宜居更加关注，特定土地的供求情况更具有弹性（见表

4–3）。相比以前的社会，人类认识世界和改造世界的能力不断增强，人们制造和使用机器的水平不断提高，工业化、信息化、城市化和农业现代化不断发展，经济增长和社会发展本身对土地的直接依赖性下降，市场和国家在资源配置和利益调节中的作用越来越大。这一方面为土地制度设计提供了更大空间，另一方面也为土地制度设计提出了更高要求。

表 4–3 土地利用的时代变化及对土地制度设计的影响

变化领域	变化内容	变化影响
生产力发展水平不断提高	随着时代的发展，传统社会迈向现代化社会，城市化率提高，农业人口向城镇和非农产业转移，现代科学技术日新月异，交通、水利、通信、能源等基础设施不断建设和完善，互联网、信息化、数字化等新技术革命不断推进，社会公共服务不断完善，人的知识加快增长并在经济发展中发挥越来越重要的作用，社会财富增长很快，国民储蓄积累增多。经济体制从命令型经济和自由交易经济到混合经济，市场机制和政府机制均发挥了重要作用，个人的积极性、主动性和创造性也发挥了作用。目前中国经济总量已经跃居世界第二，工业化、信息化、城市化和农业现代化发展水平大幅提升，经济布局、产业结构和城乡关系已发生重要变化。特别是进入 21 世纪以来，中国的工业化、城市化进程加速推进，2000 年城市化率突破 30%，2010 年城市化率接近 50%，2019 年城市化率首次超过 60%	国家能力显著增强，劳动分工不断深化细化，从综合劳动走向专业化劳动，个人对土地的依赖度下降，一些过去想不到、不敢想、不能做的事有可能做到了
社会主体不断分化	随着时代的发展，社会主体不断分化，社会组织不断发展，社会构成不断变化。家庭结构由大变小，内部经济关系出现变化，个人婚姻恋爱自由，家庭经济收支增多。但个人的归个人、家庭的归家庭也增多，家庭收支水平、教育参与、消费需求差异扩大。不同地区、部门、个人及其家庭和单位的发展在客观上存在差异，有的差异还比较悬殊，整个社会结构出现分层分化，社会的心理结构和文化结构发生变化。土地利用的主体多种多样，包括个人、家庭、企业单位、事业单位、农村集体经济组织、农民专业合作社、各级政府等。土地利用的模式不断发生变化，从自给自足用地到商品生产用地，从为生存而要地到为交易而要地，市场上已经出现了多种多样的土地行为	土地制度的对象设计要充分考虑各种社会主体的多元化、多样性、不断变化性，重视求同存异、合理分类、精准界定、统筹兼顾
个人的能力增强和需求多样	随着时代的发展，个人独立组织开展经济活动并承担责任的能力增强。在现代社会，个人普遍具有私有财产，普遍掌握越来越多的科学知识，更加独立自主。人的发展多种多样，比如按就业状态和发展层次可分为受雇人、经济人、社会人、管理人、自我实现的人等。不同类型的人，特点不同，差异很大，在管理上要求因人而异。随着个人掌控财产能力的增强以及科学知识的增长，属于个人的发展机会更多，可选择的范围更大内容更多，消费需求也随之转型升级，社会行为多样而复杂，人与人之间的需求差异扩大。目前个人在土地利用上的目的需求差异明显，有的为生存，有的为生产，有的为生活，有的为做事，有的为赚钱，有的为荣耀等；个人在土地利用上的支付能力差异也很大，有的根本没有，有的很弱，有的很强	土地制度的内容设计要更多地从国家、集体、家庭等深入个人，完整、准确、清晰、合理地界定个人的责任、权利、利益是重要而必要的

续表

变化领域	变化内容	变化影响
对环境气候和生态宜居的关注	随着时代的发展，人口与资源、环境不尽协调，人们对环境质量、气候变化和生态宜居日益关注。人类在经历了几千年古代文明后进入现代文明。现代文明的重要特征是工业化、城市化和现代化快速发展。很多国家和地区面临复杂而急迫的环境问题和生态问题，如人口快速增长、不适宜的开垦、过度放牧、过度捕捞、过度开发水电、缺乏保护的开矿，以及滥砍伐森林、水土流失、自然性生产潜力下降、山区环境恶化等。加强水源地保护、加强土壤污染防治、满足人民日益增长的生态环境需要、推进经济社会可持续发展的社会要求越来越强，从事农、林、牧、副、渔的生产性空间在显著减少，人们对土地的使用不得不采取重要而必要的控制措施	一些在以前能使用的土地现在不能使用了，一些已经过度开发的土地现在需要修复，今后人们使用土地的方式、要求和成本会发生变化
特定土地的供求情况具有弹性	随着时代的发展，土地利用会从无条件变为有条件。土地的自然供给是固定的或无弹性的，但特定土地的市场供给是可变的或有弹性的，其稀缺性是相对的，具体因人、因时、因位置、因用途、因管理等而异，主要机制就是国家在土地利用中引入各种条件进行管控。随着生产力发展水平的提高和经济体制改革的深化，土地的需求和供应都出现了一定的弹性，在土地资源配置上出现了供求结构性矛盾，土地使用权的流转流动日益频繁，土地的商品化经营已经是客观存在的事实。一方面，有些地方的土地使用很紧张，存在产业发展和经济建设找不到地的情况，表现为土地供不应求；另一方面，有些地方的土地使用很浪费，存在土地无代价、无限制使用的情况，表现为土地供过于求	土地本身的概念、属性及其在经济生活中的重要性发生变化，具有资源、资产、财产、要素、利益等多种属性

资料来源：作者整理。

土地制度的设计要为满足人们对土地利用的合理需求提供渠道。人们对土地利用的需求是多样复杂的和不断变化的，在土地制度设计的目标选择上要有所聚焦，也要有前瞻性和包容性。土地制度设计的最重要的主体是现代国家。国家要在有限政府框架内解决好问题，要对需要由政府负责解决的问题进行深入研究并加以界定，合理引入条件，按问题的重要性和政府解决问题的能力进行排序，从解决突出问题入手，逐步系统地解决问题，建立有效解决问题的机制。

由于作为土地利用主体的人本身就是不断变化的，一个具体的土地制度在设计上要合理引入时空条件，对社会变化和时代变化有所反映。要重视社会稀缺资源配置主体和经济增长方式的重要变化，促使由过去的以国家直接配置资源为主，以劳动者个人直接配置资源为次，以劳动者集体、劳动者单位、劳动者家庭直接配置资源为辅，逐步转变为国家制定规则宏观调控间接配置，以劳动者个人直接配置资源为主，劳动者集体、劳动者单位和劳动者家庭参与管理协调。要把提高生产率作为农地利用标准。传统农业经济增长的源泉是土地的扩张和劳动供给的增加，而现代农业增长的源泉则是农业生产率的提高，包括全要素生产率、劳动生产率和土地生产率等。全要素生产率是农业总产出对全部要素投入的比例，是一个综合指标。农业劳动生产率的增长主要靠拖拉机、收割机等农业机械投入的增加。土地生产率的提高则主要来自化肥、农药、新作物品种等生物化学制品投入的增加。从先行国家农业发展的历史经验来看，由于资源禀赋不同和发展阶段不同，农业生产率提高的途径差异很大，如美国地广人稀，农业生产率提高主要靠农业机械化，而日本人多地少，农业生产率提高主要靠研发生物技术和化学技术等。

（四）社会对土地利用的组织方式、管理方式和服务方式需要不断创新

在现代社会，人们在土地利用上会发生土地所有权和土地使用权的正常分离，以及土地使用权的分化重组。为了保证这种正常分离和分化重组合理有序，需要对土地利用的主体及其组织方式、管理方式、服务方式进行创新。在实践中，实际利用土地并创造社会财富的主体是劳动者，属于特定的人，主要是有条件的个人及其组合，具体表现为自然人、家庭、企业单位、事业单位、机关单位、合作组织、专业机构等多种形式。

土地利用的组织方式需要创新。土地利用的组织是重要的。早期的组织方式主要解决个人如何利用土地的问题。现代的组织方式需要统筹解决个人如何利用土地和利用土地的人如何分工合作的问题。这些问题包括：如何洞察与土地利用有关的人的特点；如何将利用土地的个人组织起来，引入有效率的经济组织；如何改进人与人之间的关系，建立良好稳定的社会秩序；等等。在组织方式创新的重点上：一要重视土地的特点及如何利用。土地的一些物理属性和地理位置是长期不变的，但土地上的基础设施和周边环境是不断变化的。二要重视利用土地的人及其组织的特点。比如一个人的寿命特别是可投入劳动的时间是有限的，人与人之间的合作方式是多样的，人的心理动机会随着条件的改善不断向更高的层次发展等，所以必须从现实的人出发设计组织和制度。三要重视利用土地的劳动及其分化。土地利用上的劳动合作分工很重要，要正确处理土地所有者和土地使用者之间的关系以及土地使用者与土地使用者之间的关系。四要重视国家和集体的重要性与局限性。国家和集体在土地利用中是重要的，但也是有特殊性和局限性的。

土地利用的管理方式需要创新。土地利用的管理是重要的。早期的管理方式主要解决资源分配问题。现代的管理方式需要统筹解决资源分配和利益调节问题。这些问题包括：产权界定费用过高或者很难界定乃至无法界定的问题，先进生产力要素进入障碍或相关投入投资不足等问题；稀缺土地资源的占而不用、掠夺使用和不劳而获等问题；提高土地资源配置效率和人的社会福利水平的兼顾协调等问题。在管理方式创新的重点上，一要重视人的勤奋努力，激励生产性努力。二要重视人的知识增长，激励人才。三要重视人的储蓄积累，激励长期投资。四要重视人与人之间的客观差异，优化利用途径。

土地利用的服务方式需要创新。土地利用的服务是重要的。早期的服务方式主要解决人的基本需求问题。现代的服务方式需要统筹解决人的基本需求和发展需求问题。这些问题包括：提供基本服务，建设基础设施，积累管理数据，改进科技手段，建立平台渠道等。在服务方式创新的重点上，一要重视引入时空条件，改进公共服务；二要重视建立基础数据，实行微分、积分；三要重视运用科技手段，提高工作效率；四要重视推动组织创新，建设有效载体。

专栏 4-1　现实社会的人的五大层面特点

人类社会是由现实的人构成的。马克思把与社会和自然界发生密切关系的人确定为现实的人，并确定现实的人是人类社会生活的前提，自然也是政治生活的前提。现实的人这个基本概念包括以下五个层面。

第一，现实的人是生产的人。个人必须从事物质生产、交换等实践活动并在此基础上形成一定的生产关系、社会关系，以及与之相关的上层建筑。这一特点强调，对人的分析必须从现实的物质生产活动等出发，不能像唯心主义政治学说那样把人视为抽象存在。

第二，现实的人是社会的人。个人在社会中进行自己的活动，同时社会也给他各种激励、限制和制约。马克思有句经典论述："人的本质不是单个的人所固有的抽象物，在其现实性上，它是一切社会关系的总和。"马克思对人的研究不是孤立地片面地进行，而是将人置于一定的历史条件、社会关系之中。这一特点强调，对人的分析必须要把人放在一定的群体中进行，不能像卢梭等资产阶级思想家那样抽象推论"自然状态"存在（在这种情况下人是孤独的，不需要结成社会）。

第三，现实的人是能动的人。世界和自然界是能够被人认识和改造的，人能够能动地改造世界，能够不断征服自然和改造自然界为自我服务。这是马克思辩证唯物主义对费尔巴哈的旧的唯物主义的扬弃。这一特点强调，对人的分析必须看到人的生命的根本意义是物质生产活动，是有客观、有事物、有主观、有感性、有现实的活动，而不是单纯的自然有机体或肉体组织的新陈代谢活动，也不是神灵学说所崇尚的灵魂生活。

第四，现实的人是发展的人。个人不是一成不变的，而是处在发展过程中。人的能力、人的意识、人的性格、人的本质、人的理想、人的观念等均处于推陈出新的持续运动之中，人在改造和利用自然的同时，也在进行自我的变迁，进而有获取幸福的可能性。这一特点强调，对人的分析必须把人视为发展着的存在，而不像中世纪神学把人视为由上帝创造并且限定的一成不变的存在，也不像资产阶级启蒙思想家把人视为概念化的抽象存在。

第五，现实的人是经验的人。个人的存在是现实的经验过程，经验的过程可以被经验的确定，而不是靠主观的猜测和臆断。马克思、恩格斯指出："我们开始要谈的前提并不是任意想出的，它们不是教条，而是一些只有在想象中才能加以抛开的现实的前提。这是一些现实的个人，是他们的活动和他们的物质生活条件，包括他们得到的现成的和由他们自己的活动所创造出来的物质生活条件。因此，这些前提可以用纯粹经验的方法来确定。"

资料来源：杨家兴："马克思主义人学视阈下的幸福观"，《理论界》2011 年第 9 期；王沪宁主编，林尚立、孙关宏副主编：《政治的逻辑——马克思主义政治学原理》，上海人民出版社 2004 年版；《马克思和恩格斯选集》（第 1 卷），人民出版社 1995 年版。

（五）土地制度的建构重要并且在设计上要有公正性、未来性和效率性

土地利用的制度建构是重要的。土地制度是维护社会稳定、发挥技术潜力和促进经济增长的基础保障。建立制度的核心是解决人与人之间的问题，协调人与人之间的关系，引入框架和秩序。在现实社会中，人与人的差异很大，个人本身也是变化的。当经济持续发展、社会不断变化、人本身的构成出现转变时，制度的内容也会不断变化。相比现代科技进步和专业化劳动对经济增长的贡献，土地作为一种资源要素对经济增长的重要程度处于下降趋势。要适应时代变化需要，通过合理引入条件，建立、健全和完善引导、规范和调节人们利用土地的行为规范，不断完善土地管理制度，使土地因素在现代经济增长中有一个科学定性和定位，发挥合理有限的作用，正确地发挥作用和科学地发挥作用。

土地制度的设计要有公正性。在制度中，要科学合理界定每个参加者的责任和权利，正确处理人们行为中的矛盾和冲突。制度设计的对象是人的行为，土地制度的设计要规范人的行为框架，最终形成良好稳定的社会秩序。而人的行为是有最终目的的，也是有现实起点的。一个人从现实起点到最终目的的各种投入、过程和方法等构成了他的行为。在制度设计上，要为有条件的劳动者个人及其法定组织在

土地资源配置上更多地发挥作用创造条件，建立土地上的利益主要归创造利益的劳动者所享有的良好机制，实现激励相容。一要促进人与人之间在土地利用上地位平等、合作分工、各尽所能、各取所需、差异合理、共同发展，保证社会公平。二要激励人的勤奋劳动，激励人的知识增长，激励人的积累投资，以增进人们的劳动成果、劳动积累以及固定资产。三要管好土地，保护耕地，搞活市场，化解冲突，形成有效解决人与人之间土地问题的良好机制。正如 20 世纪 80 年代中国农村改革政策核心人物杜润生指出，中国的未来要有一个更加公正的发展方式，要有一个更加透明的民主政府，这需要用制度创新来推动、解决和保障（杜润生，2005）。

土地制度的设计要有未来性。在制度中，要防范和化解人与人之间关系的不确定性，提高人与人之间关系的可持续性。一是土地制度要在变化中有所坚持，要有不变的内容。要考虑个人、家庭、法人和政府等背后的劳动者因素，这个因素有共性，即把激励人的生产性努力作为土地制度设计的重要基础。要坚持实行耕者有其田，不耕者不能有田或退其田。坚持实行商者有其股，不商者不能有股或退其股。坚持实行劳者有其得，不劳者不能有得或退其得。二是土地制度要在变化中有所取消，要有变化的内容。要考虑个人、家庭、法人和政府等的差异因素和变化因素，把合理引入条件作为土地制度设计的必要内容。现代社会的变化趋势是从稀缺到过剩，社会公共品增加，个人财富增长，个人自由度大幅提高，经济社会发展阶段发生变化；大趋势是信息社会、各国经济的相互依存、分散化和多样化，确定长期战略（从工业社会到信息社会，从强迫性的技术到高技术和深厚感情，从国家经济到世界经济，从短期到长期，从集中到分散，从机构帮助到自助，从代议制民主到参与式，从等级制结构到网络结构，从北到南，从非此即彼到多种选择），从总有—公有到个有、从劳动者集体所有到劳动者个人所有、从公有到有条件私有在经济上已经有可能。要取消无条件、免费或无偿的有——不耕者有其田、不商者有其股、不劳者有其得。要取消无条件、免费或无偿的退——耕者不耕无偿退、商者不商无偿退、劳者不劳无所得。三是土地制度要在变化中有所修改，要有变化的内容。要统筹考虑个人、家庭、法人和政府等的共性因素、差异因素和变化因素，把在社会条件和时代条件有所变化的情况下对土地分配和土地利用的方式和内容进行调整与完善作为土地制度设计的重要内容。重点调整和完善从免费有到有偿有的方式和内容，推进从有偿占有到更合理占有，对需要规范的内容、有偿的标准及程序进行修改，以及调整和完善从免费退到有偿退的方式和内容，推进从有偿退出到更合理退出，对需要规范的内容、有偿的标准及程序进行修改。

土地制度的设计要有效率性。在制度中，要提高协调人与人的行为的工作效率，降低协调人与人的行为的工作成本。良好的土地制度的建构和运行是一个复杂的公共过程，它的核心是协调人与人的行为、求同存异和解决问题。这个过程不仅有成本费用，而且有风险及不确定性。统一性是效率的基础，要通过转变观念、深化改革，建立基础整合的土地制度，扩大制度的覆盖面，建立和形成具有统一性和规范性的有效标准，支撑制度组织运行效率的提升。一要建立合理框架；二要实行有限目标；三要有序解决问题；四要改进制度形式。

专栏 4-2　土地制度的变迁有“买出”型与“买入”型两种路径

土地制度的长期建构要考虑制度变迁的影响并选择合理路径。制度变迁很重要，也很复杂。由法律或具有法律效力的行政规章所规定的法定权利实质上界定了当事人不能做什么或能够做什么以及如何做的行为边界，从而包含了一个当事人或其他当事人受益或受损的权利分配，也就是具有外部性。但如果这种权利分配是建立在自愿谈判基础上的，那么产权就不仅界定了人们如何受益或受损，而且隐含着谁必须向谁补偿，以修正人们所采取的行动的原则，这种外部性就没有了。

外部性的内部化是一个产权变迁的过程。计划经济体制以一种“命令—服从”的强制方式界定了每个经济当事人的损益边界，这是一种特定的产权安排。由于不允许当事人之间的自愿谈判和交易，这种体制使这一产权安排下的损益效应变成一种“外部性”，即一部分人有“计划权利”，而另一部分人有“计划义务”。实行市场化制度改革以后，允许经济当事人之间进行平等自愿谈判，将产权的界定和配置从“命令—服从”原则转变为自由交易原则，就是一种消除了上述外部性及经济扭曲的产权变迁。市场化实际上意味着内部化。按照科斯定理，只要允许合法权利的交易或允许当事人之间的自愿谈判，并且只要这种交易或谈判能够成功，不管权利初始界定在哪一方，这种初始界定的权利所导致的外部性总能被当事人考虑在其决策和计算之内，即实现内部化。

但制度变迁是需要投入或者需要“买”的。一方面，产权的界定过程本身是有成本费用的，有些产权很难清楚界定，或者界定工作在经济上不合算，乃至根本就无法界定。现代企业产生的一个重要根源就是产权界定或交易费用过高。另一方面，产权的界定会深刻影响经济当事人的利益。由于产权的变迁通常要发生财富的转移和分配，特别是当一方由于产权初始界定的原因必须向另一方“赎同”义务才能消除外部性的时候，科斯定理就可能需要一个补偿性财富变迁的假定加以支持。

以产权变迁为核心的制度变迁的具体路径有两种方式。一种是“买出”型变迁，即受损方向权利拥有者买回权利（或赎回义务）。这种变迁会发生朝向权利拥有者的财富转移。另一种是“买入”型变迁，即原权利的拥有者现在必须追加支付去“买入”原受损方或义务承担方的“同意”（即走向自由交易），通常需要由国家（第三方）废除原有产权制度的“集体行动”来实现。这种变迁会发生朝向义务承担方的财富转移。这两种制度变迁的结果在科斯定理的保证下是完全等价的，但产权变迁中包含的财富转移的方向却相反。科斯定理并没有考虑一种权利安排向另一种权利安排的变迁，它只是在另一种假设可供选择的制度安排下也能达到相同结果的条件及可能性。

在实践中，一项产权制度的建立和保护是有成本费用和技术条件的，要发生大规模的“买出”型制度变迁是相当困难的，多数情况是选择“买入”型制度变迁，或者发生从“买出”型安排到“买入”型安排的变迁。美国奴隶制的废止就是典型案例。尽管早期有个别奴隶“赎回”现象发生，这是“买出”型制度变迁，但是，最终奴隶制被法律禁止了，这是“买入”型制度变迁，产权的这一变迁引起了朝向奴隶一方的财富再分配。因为在法律允许奴隶制存在的社会里，法律将奴隶的合法权利界定给了奴隶主，奴隶的劳动果实与其自身一样完全合法地归奴隶主所有。奴隶一方必然产生劳动供给严重不足的问题，奴隶逃跑事件的发生概率一定很高，因而用于保护奴隶制度的成本也一定很高，而奴隶主不仅要承担大量的费用去监督和考核奴隶的劳动，还要求助于国家机器防止奴隶逃跑，保护奴隶制度的成本是由国家承担的，这项产权制度的保护成本相对于私人收益是过于昂贵的，所以最终国家就会废止这个制度。

资料来源：张军：《制度、组织与中国的经济改革》，上海财经大学出版社 2004 年版；〔美〕罗纳德·哈里·科斯著，盛洪、陈郁译：《企业、市场与法律》，格致出版社、上海三联书店、上海人民出版社 2009 年版。

二、关于土地制度设计的基本定义

土地制度是国家和地区为了满足人们对土地利用的正常需求，在一定的约束条件下，用于解决人与人之间关于土地利用问题的一种手段或工具。一个国家建立土地制度的基本目的是协调人与人之间对土地利用的行为，理性解决人与人之间的矛盾或冲突，促进土地资源的合理利用和优化配置，最终建构人们对土地利用的良好稳定的社会秩序。土地制度是思想、内容和形式的结合，在形式上是与土地利用有关的规则，在本质上是对人的用地行为的规范，基本性质是一种限额交易合约。土地制度有土地国家管理权制度、土地所有权制度、土地使用权制度、土地税费制度和耕地保护制度等。能否运用制度化的手段或工具，从根本上解决人与人之间的土地问题，合理有效化解人与人之间的矛盾或冲突，建立和形成良好稳定的社会秩序，是发达国家区别于发展中国家的一个重要标志。

（一）土地制度的概念界定

1. 土地制度在形式上是与土地利用有关的规则

土地制度是与土地利用有关的一套规定或约定。这里的土地主要是已利用土地，也包括原始土地或未利用土地。但无论是已利用土地还是原始土地或未利用土地，都是已经具有权属边界的土地，由所在区域的国家或地区依法具有管理权，由符合一定条件的人依法依规依约具有特定的使用权、所有权以及相关的收益权和处分权等并承担相关的责任和义务。与土地利用有关，主要是指参与土地利用的有关社会活动，包括从市场流转土地、申请使用土地、征收或征用土地、出让或划拨土地、土地使用、退出土地使用、土地监督管理和土地利益分配调节等。土地制度主要是由国家或地区制定的一套法律政策规定，也可能是由时代条件和地域文化因素决定、没有明文规定但有事实上的约束力、在所有参与土地利用有关的人员之间共同遵循的一套社会行为约定。

2. 土地制度在本质上是对人的用地行为的规范

土地制度的制定和实施是现代社会文明发展的成果。土地制度的对象是个人及其单位或家庭对土地利用的行为。这些行为一方面是有自由的，由个人及其单位或家庭根据自身的意愿和能力自主决定；另一方面也不是完全自由的，而是有前提条件的，必须遵守一定的社会规则或者满足一定的约束条件。由于土地的稀缺性和生产力发展水平的提高，不同个人及其单位或家庭对土地利用的条件、诉求、方式和效果等存在差异，在用地行为上会产生矛盾或冲突，需要进行协调，土地制度在本质上就是协调的工具。土地制度的设计和改革并非易事。因为土地的事情不仅是土地管理部门的事情，而且是整个国家的事情，是整个社会的事情，涉及老百姓，涉及企业，涉及整个市场，也涉及整个社会。

3. 土地制度在内容上要能合理有效解决人们的土地问题

土地制度的内容是为解决人与人之间的土地问题服务的。它要在人与人之间的用地矛盾不断增多、存在各种不确定因素和不确定性事件的情况下，积极发挥法律政策在国家治理中的基础和保障作用，积极发挥良好社会预期作为经济社会健康发展中的基石作用，为人们有序使用土地以及有序退出土地使用注入确定性，增强人的行为的可预见性和可预防性，减少人的行为的被动性、随机性和投机寻租，促进人与人之间在土地利用上的责权利的平衡，提高土地资源配置效率，增进社会公平正义。良好而稳定的预期会激励人们有动力、有耐心去从事劳动、创业、创新和长期投资活动，悲观而不确定的预期会导致市场主体行为的短期化，形成资源错配。

4. 土地制度在范围上既有正式的制度也有非正式的制度

土地制度的表现形态是不断发展变化的。首先，土地制度是规范的。土地制度是一种社会规则，要求所有参加土地制度的人员提高认识、共同遵守并严格执行。除非由时代条件和地域文化因素决定、没有明文规定但有事实上的约束力、在所有参与土地利用的人员之间共同遵循的社会约定，一般的土地制度从制定到实施需要经过严格的法定程序，在制度的形式和内容上也有严格的标准及要求。其次，土地制度是不断拓展的。按照制度构成表现的具体形态，土地制度可以分为正式的制度和非正式的制度（见表 4–4）。早期的土地制度受时代条件和地域文化因素影响，构成相对简单，在形态上有很多非正式的内容和形式。随着时代条件的变化和地域文化因素影响的减弱，土地制度的构成会越来越多和越来越细，在形态上会更多地采用正式的制度。在人类经济活动的范围和空间不断拓展的情况下，尽管“君子协议”并不是完全不能实现交易，但心照不宣、口说无凭，远不如将各自所应负担的责任和应享有的权利明确写下来并得到司法机构的保障更为安全可靠。

表 4–4　　土地制度的两种形态及其比较

	制度的特点	制度的有效性和经济性
正式的制度	主要是一些成文的并由社会权力机构实施的规则，比如成文的法律、政府法令、企业规章、商业合同等。它是制度的主要组成部分	相比非正式的规则，成文的并得到社会权力机构实施的正式的规则更有效，在现代社会具有明显的优越性。它能为人的行为提供更为确定的预期结果，从而减少人与人在相互交易行为中的不确定性并因此减少大家（不是个别当事人）的交易成本。但是，采用正式规则不是免费的，它需要投入稀缺资源、文化知识和时间等
非正式的制度	主要是一些不成文的社会约定或“君子协议”，包括管理传统、地方习俗、商业惯例、道德伦理、意识形态等，可以统称为文化的、有约束力的东西。它也是制度的组成部分	非正式的规则在特定环境下是有效的。一个不重视正式规则而主要靠习俗、传统、人与人之间的非正式约束所制约的社会，并不一定就是混乱无序的。在许多情况下，非正式的规则往往比正式的规则更加根深蒂固、更难改变，它是成百上千年历史文化的沉积，已经潜移默化在人们的一言一行与思维方式中。按照这些非正式规则运行，有时还会比实施正式制度更加经济和节省运作成本

资料来源：作者整理。

（二）土地制度的一般性质

1. 土地制度的目标定位：建构良好的社会秩序

土地制度的设计主体是国家或地区，它依法代表该国或地区的人民，制定和形成对每个人有约束力的规则。这些规则用来协调人的行为，解决人与人之间的矛盾。解决问题的方式是对该国或地区的个人及其单位或家庭在土地利用上的行为进行规范化、标准化和程序化，合理引入条件，建立激励机制，建立解决问题的良好机制。在实践中，土地是按地块来使用和管理的，地块设计是人为的，地块的使用和管理制度也是人为的。人与地相比，人更重要。因为地是死的，人是活的。这些规则之所以在经济运行中起作用，是因为它可以在人们的相互交往中形成稳固的预期。使用这种方式解决问题是现代文明发展的方向，它体现了一种讲求理性、平等协商、承认差异、尊重差异、和平解决问题的思想，核心是人们按照制度规则自主解决问题。与之相应的是用武力、权力、地位解决问题。如果制度设计得好，随着时代变迁、国家变革和社会变化，尽管利用土地的人及其具体行为会不断变化，有关问题会越来越多而复杂，但由制度建设和实施所确立的社会秩序可能是长久不变的。

2. 土地制度的基本性质：一种限额交易合约

土地制度的基本性质是一种限额交易合约。制度的基础是土地利用责权交易，交易的性质属于限额的交易。在这种交易中，一方为参加者，即与土地利用有关的个人及其单位或家庭；另一方为有关政府，即国家或地区的代表。从制度经济学来看，人与人之间的关系是一种交易，这种交易有三种类型，分别是买卖的交易、管理的交易和限额的交易[①]。正如康芒斯（1962）、威廉姆斯（2007）曾经指出的，制度的基础是交易，人们建立经济（组织）制度的目的绝不单纯是解决某种技术上的问题，如规模经济、范围经济以及其他物理的或技术方面的问题，而往往是为了协调交易双方的矛盾，以避免实际的或可能发生的各种冲突；在于利用专门设计的治理结构增进交易的可持续性，使签约的双方不致因孤立无援而只得听任这种关系因签约的重压而破裂。按照交易合约来理解，土地制度在整体上就是一个对土地使用责权交易进行规范和管理的合约，土地制度的性质主要是针对限额的交易建立的规则。这种限额，既包括权利限额，即个人在特定土地使用上所具有的权利是限额的；

① 在买卖的交易中，一方为买的人，另一方为卖的人，双方为平等或自由关系；在管理的交易中，一方为上级主体，另一方为下级主体，双方为管理关系；在限额的交易中，一方为完整或独立主体，另一方为从属或部分主体，双方为限定关系。

也包括责任限额，即个人在特定土地使用上所承担的责任是限额的。这种限额的内容由国家或地区的法律和政策规定，或者由使用土地的相关者依法协商确定并受到国家或地区的法律和政策的有效保护。国家或地区的有关政府机构是土地制度执行和实施的重要主体，特别是相关法律和政策及约定在得不到贯彻执行时是维持秩序的纠偏主体。

3. 土地制度的主要内容：一套针对人的行为规则

土地制度的主要内容是一套针对人的行为规则，由假设条件和行为规则构成，这些条件和规则的背后有价值观因素和因果关系。对土地制度的设计考虑要完整，主要内容要内在逻辑一致，否则会以偏概全。土地制度的具体规定是有某种因果关系的。这种因果关系就是制度思想，它是一种道理或逻辑。建立土地制度要解决社会现实问题，但什么是问题，如何提出问题、界定问题、分析问题和解决问题，就需要理论框架，需要结合实际，需要掌握方法。土地制度的重要功能是协调行动和影响预期，这需要有长期稳定的基本框架。如果制度框架本身不断变化，就会误导人们的行为。土地制度设计的前提是要承认和尊重人与人的平等和自由，促进人与人的合作，促进人们更好地利用土地，促进土地上的劳动投入及投资，以创造价值和财富，提高土地资源配置效率，提高社会福利总水平。合理的制度设计要对个人土地占有权利的有无、相关的责任和条件以及对土地上的利益分享的多少提供完美的解释。作为国家或地区对与土地利用有关的人进行管理服务的一种社会工具，土地制度的内容设计与时代背景、政权性质、问题导向、经济规律、技术变迁和人的发展等都有关联，合理的制度变迁是一个不断增加条件及相关内容的过程。如果制度设计不合理，引入制度实际解决的问题与制度设计目标可能会南辕北辙。

4. 土地制度的具体内容：有动态综合复杂性

土地制度的具体内容是动态、综合而复杂的，具有时代特点、法治特点和结构特点，由公开显示的内容和没有公开显示、隐含假设的内容组成。现实中的土地制度的内容是一个整体，不仅有大的原则，而且有具体的小的规定，制度的功能是由这些大的原则和具体的小的规定共同决定的。同时，土地制度是显性内容和隐含内容的结合、直接内容和间接内容的结合、稳定内容和变化内容的结合，制度细节决定制度成败。随着经济社会的不断发展，一些带有隐含假设条件的制度内容会不断变化，特别是有关正式规则的各种隐含假设条件和有关非正式规则的内容将不断显性化是一个必然趋势，各种具体的管理规则会越来越多而复杂。但这些制度在变化之中也会有所不变，通过这种不变和变化的有机组合，形成人与人之间的良好社会秩序。做好土地制度改革工作是重要的，它既要考虑制度设计和改革的“最后一公里”，也要考虑制度设计和改革的“最先一公里”。

（三）土地制度的特殊性质

1. 土地制度设计不是独立存在的，而是与自然框架、经济框架和法律框架相关的

土地制度设计具有非独立性。人们对土地制度的设计发生在一个与自然资源、人口构成和政治法律有关的三重框架之内。一是土地的自然因素及生物框架，包括人类所处的自然环境、人们劳动所必需的各种资源、人们生活所必需的场所和原料及生物因素。这些物质和生物因素既可能对人有利，也可能对人有害。它提供土地利用的自然约束和现实基础。二是人的发展因素及经济框架，包括人的素质和能力，价格制度、价值、成本、收入和利润等对投资和生产条件的影响，人们对建立投入产出关系以使个人或团体收益最大化的兴趣，产品和材料的运输，销售和消费者决策等。它提供土地利用的参与主体和经济可能性。三是党政的因素和法律框架，包括政党和国家性质，文化观念，风俗习惯或普遍热衷的信仰，社会结构，集体的活动力量对个人、家庭成员、组织和团体及社会的影响，宪法和法律的规定等。它影响人们的决策范围和公共政策，提供土地利用的制度可容性。

（1）土地制度设计与自然资源保护规制框架相关。在土地制度设计中，必须考虑土地本身在自然物资和生物框架因素方面所具有的特性，进行制度衔接或关联。一是土地的不动性；二是土地的耐久性；三是土地的异质性。土地与土地之间不完全可比，不同土地在肥沃程度和位置优劣方面有很大的差异，土地的肥沃程度对农地利用特别重要，土地的位置优劣对市地利用特别重要。四是土地的依附性。土地不仅包括地面或土壤，而且包括依附于地面或土壤的东西，包括自然长成的树、草或木等，人工造成的房屋以及其他建筑物，以及有关的水面、矿物、气候和环境等附属物，这些附属物重要而不可分离。金德群（1991）曾把土地所具有的这些自然特点概括和拓展为“三不”（不移性、不增性、不灭性）和“三有”（博大的承受性、广泛的使用性、持续的生产性）。在此基础上，为更加准确，需要再加上“三联”（附属生物关联、附属设施关联、附属环境关联）（见表4-5）。

（2）土地制度设计与社会经济发展政策框架相关。在土地制度设计中，必须考虑人及其社会经济特点，进行制度衔接或关联（见表4-6）。土地利用的主体是人。土地长久存在，而人是不断变化的，所以在制度设计上就必须对这种变化进行深入考虑，在实践中要不断完善和有所创新。土地利用的主体随生产力发展水平提高日

益多元化、个人化、复杂化。这里的人既包括个人（自然人），也包括由个人代表的家庭（如农户）和由个人所代表的单位（法人）。早期土地利用的主体主要是国家、集体或单位，随着生产力发展水平的提高，社会分工越来越专业化和社会化，土地利用的主体不断分工分化。现代社会土地利用的主体既有国家、集体或单位，也有个人及其家庭和单位，在组织形式上日益专业化、多元化、多样化，由个人独立承担责任和对土地资源进行优化配置的能力越来越强，个人作为土地利用主体的角色越来越重，土地利用主体的数量规模大幅增长，而不同类型土地利用主体之间的差异性需求越来越大，相互之间的资源配置矛盾和经济利益关系越来越复杂化。为了满足现代社会这种快速发展的要求，土地制度设计需要与之相适应。

（3）土地制度设计与政治法律构成演变框架相关。在土地制度设计中，必须考虑国家或地区的党政和法律因素，进行制度衔接或关联。人们对土地的利用权来之不易，有的来自革命战争，有的来自商品贸易，有的来自继承赠与等。由于土地位置的固定性、好的土地资源的有限性和个人生命的有限性等，人们对土地的利用是存在外部性的，受相邻行为的影响，也影响相邻行为。从世界历史看，土地制度变革是很多政党和国家以地谋公平、以地谋发展、以地谋政权的重要工具或手段。

表 4–5　　　　土地的自然属性

自然特点	具体定义	详细解释
“三不”	土地有不移性	土地的位置是不能移动的，不能像面包和货币等能任意转移
	土地有不增性	土地的面积有一个限额，特别是适合开发的好地是稀缺的
	土地有不灭性	土地作为一个三维空间，物质是毁灭不了的
“三有”	土地有博大的承受性	土地是万物的载体
	土地有广泛的使用性	土地可以有不同用途和多功能使用
	土地有持续的生产性	土地是能够积累财富的，土地和阳光、空气、水、人等的有机结合能生育万物
“三联”	土地有附属生物关联	土地有一些附属的树木、花草、动物、微生物等，这些生物很重要而不可分离
	土地有附属设施关联	土地有一些附属的道路、饮水、房屋、建筑物等，这些设施很重要而不可分离
	土地有附属环境关联	土地有一些附属的水面、矿物、气候等，这些环境很重要而不可分离

资料来源：金德群：《中国国民党土地政策研究》（1905—1949），海洋出版社 1991 年版。

表 4–6　　土地的社会属性

社会特点	具体定义	详细解释
排他性	一种只赋予某人而排斥他人使用的性质	由于一个国家或地区的土地特别是好地是有限的，一些土地可能被某个人或集团所占有并受到法律保护，这个人或集团就能排他性地乃至独占地支配它，包括享有排他性开发、利用、租赁、抵押、买卖、世袭、赠与等权利
权力性	一种政治和社会权力	伟大的政治和社会权力是与土地相联系的，比如在美国革命以前的那些年代，在大多数的殖民地，只有地主才有投票权；在英国等国家，地主是有某些政治特权以及社会地位的；在俄国，1917 年的革命口号“一切土地归农民”具有很大的号召力，赢得了大多数人民对更换政府的支持
财产性	一种置产、保值、逐利的对象	当土地被某人或集团所占有并受法律保护时，土地就逐渐成为人们置产、保值、逐利的重要对象，具有财产性质，地权可以保值增值和在市场上交易变现。在允许土地私有的社会，不少人一有机会就广置田园及附属的地产和房产，“作为恒产”，不断扩张其土地面积，增值其财富，乃至大肆进行土地投机，待价而沽，坐享其成
积累性	一种储蓄银行	很多人对于土地是恋恋不舍的。不像股票或债券，土地是看得见、摸得着的东西，人们投资到土地上有着安全感。法国农民曾经紧紧依附在他们的土地上。在美国，不动产除了一些比较少数的家庭所持有的大地产外，其余的都归千百万中产人家所持有

资料来源：金德群:《中国国民党土地政策研究》(1905—1949)，海洋出版社 1991 年版。

2. 土地制度是国家解决土地资源配置问题和利益分配问题的基本工具

土地制度是用于解决土地利用问题的。在人们对土地的利用过程中，存在两大基本问题：一个是公平问题，另一个是效率问题。这两大问题在实践中都可进一步细分为土地资源配置问题和土地利益调节问题、土地利用的内部性问题和外部性问题以及土地作为农业生产要素的问题和土地作为非农业生产生活载体的问题等。

（1）土地制度设计要解决土地利用中的资源配置效率问题。土地利用工作是有层次的，土地资源配置效率问题也有层次，大体上可分为六层。第一层次的问题是划分和确定土地的国别与边界。这就导致不同的国家或地区土地有丰有缺，相对稀缺性不同。第二层次的问题是划分和确定土地的不用与利用。有的土地是不用的，要对被动不用和主动不用进行区分。有的土地是可用的，要对不可用土地和可利用土地进行区分。有的土地是利用的，要对已利用土地和未利用土地进行区分。第三层次的问题是划分和确定土地由谁利用。比如个人、单位、家庭等。第四层次的问题是划分和确定土地如何利用。包括划分用途、划分城乡、划分区域、划分保护程度等。第五层次的问题是划分和确定未利用土地的利用规划。第六层次的问题是划分和确定已利用土地的土地利益。

（2）土地制度设计要解决土地利用中的利益分配公平问题。根据土地利用工作的性质和内容，可将土地利益分配问题大体上分为五个层次。第一层次的问题是划分和确定土地利益中的不劳而获与有劳而获。第二层次的问题是划分和确定土地利益中的多劳多得与少劳少得。第三层次的问题是划分和确定土地利益中的有所分享与有所分担份额。第四层次的问题是划分和确定土地利益中的国家、集体与个人份额。第五层次的问题是划分和确定土地利益中的过去、现在与未来份额。

3. 土地制度的制定实施不是简单和抽象的，而是复杂和具体的

土地制度的形成有很强的公共性。土地制度是一种公共政策，它涉及面广，关系长远，影响重大。其制定过程一般较为复杂，有专业性和技术性，需要考虑的因素多。从决定因素看，不仅有经济因素，而且有非经济因素，包括政治因素、社会因素、生态因素等。不仅有土地的因素，而且有非土地的因素，包括人的素质、能力和精神因素，生产力发展水平，生产关系情况，社会发展阶段，技术进步因素等。不仅有历史的因素，而且有现在的因素，还有未来的因素等。不仅有诱致性因素，而且有强制性因素。

（1）土地制度设计要重视个人和单位以地谋生存、生产、生活的差异。不同的个人和单位对土地利用的目的存在差异，问题性质会有所不同。将土地用于谋生存属于政治领域关注的问题，将土地用于谋生产属于经济领域关注的问题，将土地用于谋生活属于社会领域关注的问题。这些因素都需要考虑并统筹兼顾。

（2）土地制度设计要重视地区和部门以地谋发展、壮大、积累的差异。不同的地区和部门对土地利用的方式存在差异，问题性质会有所不同。将土地用于谋发展具有基础性和全面性，属于土地利用第一层次要考虑的内容。将土地用于谋壮大需要建立在发展基础上，属于土地利用第二层次要考虑的内容。将土地用于谋积累，更是要以发展和壮大为基础，属于土地利用第三层次要考虑的内容。这些因素都需要考虑并统筹兼顾。

（3）土地制度设计要重视政党和国家以地谋公平、合理、政权的差异。不同的政党和国家对土地利用的政策主张存在差异，问题性质会有所不同。将土地用于谋公平，着眼点是土地分配和利用中存在不平等问题。将土地用于谋合理，着眼点是土地分配和利用中存在方式方法不合理等问题。将土地用于谋政权，着眼点是土地分配和利用中存在人为干预和政治腐败等问题。这些因素都需要考虑并统筹兼顾。

4. 土地制度需要解决的问题会不断变化并在具体内容上越来越复杂

土地制度需要不断完善。好的制度在包含的道理或逻辑上可能是非常简单的，而在制度外在的具体规定上可能是非常复杂的。随着时代变迁和社会变化，要考虑稀缺资源配置主体和配置方式的变化，由过去的以国家直接配置为主，以劳动者集体、劳动者单位、劳动者家庭直接配置为辅，以劳动者个人直接配置为次，转为国家制定规则宏观间接配置，劳动者集体、劳动者单位和劳动者家庭参与管理协调配置，以劳动者个人直接配置为主，所以在土地制度设计上需要进行相应的完善和创新，土地制度在形式上会越来越复杂。

（1）土地制度设计要为新人新要素的进入并合理发挥作用提供渠道。随着生产力发展水平提高，市场机制发生重要作用，土地资源配置主体不断变化，个人能力越来越强。为了激励个人创新创业的积极性，需要从制度设计上建立开放性，在制度中合理引入条件并建立相关的制度安排，为新人新要素的进入并合理发挥作用提供必要而可能的渠道。

（2）土地制度设计要为老人老办法的退出并获取合理利益提供规范。随着土地资源配置主体和配置方式的变化，土地经济利益关系不断变化，需要从制度设计上建立连续性，在制度中合理引入条件并建立相关的制度安排，在激励新人新要素发挥作用的同时，尊重老人诉求关切，对老人的合理利益和不合理利益进行区分，注重保护老人的合理利益，建立必要规范，在老人老办法和新人新机制之间建立良好衔接。

（四）土地制度的内容分类

1. 土地制度的内容包括公开显示的内容和没有显示、隐含假设的内容

现实社会中的土地制度的内容组成因人而异。在实践中，从下往上看的制度和从上往下看的制度是有所不同的。因为制度主要是用文字表述的，这些文字表述有特定的背景条件，不可能充分穷尽，而且每个人对文字表达的风格偏好和理解方式客观上存在差异，特别是每个人对特定文字的理解会自动套用各自所处的生活环境和阅读理解习惯，结果是不同的人对即使相同的文字所表达的内容也会有不同的理解。这也是一些制度制定和颁布后，尽管在形式和内容上比较规范，但在贯彻实施过程中存在很大问题的重要原因。

（1）从下往上看的土地制度。土地制度是由公开显示的内容和没有公开显示、隐含假设的内容组成的，是正式、有形的制度和非正式、无形的制度的结合。凡是能构成实质性影响的规定或约定都是制度，因而是重要而有效的。一般而言，从下

往上看的制度内容是老百姓看到的制度。这些制度的内容为规范人的行为服务，一般比较具体、完整和有针对性，有关内容需要尽可能公开显示，尽可能减少没有公开显示而隐含假设的内容。

（2）从上往下看的土地制度。土地制度是指导思想、基本原则、目标任务和政策规定的结合，由有一定规范、标准和格式的文字表述组成。有些文字是不重要和不必要的，并非所有的文字就是制度。一般而言，从上往下看的制度内容是主要领导或主管领导看到的制度。这些制度的内容主要为管理决策判断服务，有可能就是简单的几句话，有可能非常概括、抽象和有思想性，有可能属于隐含假设而没有在规定文本中公开显示等。

2. 土地制度的内容可分为顶层设计、法律政策和管理规定三个层次

现实社会中的土地制度的内容组成是分层级的。在实践中，可以将土地制度的内容按照制度层级分为顶层设计、法律政策和管理规定三个层次。这三个层次的内容都非常重要，但是其侧重点、有效性和重要性是不同的。相比较而言，顶层设计侧重于思想和原则，是管总体的，宏观管理人士更加重视；法律政策侧重于规范和框架，是管部门和地区的，专业人士更加重视；管理规定侧重于操作和管控，是管个人及其单位和家庭的，基层人员更加重视。

（1）属于顶层设计的土地制度。主要是政党和国家对人们利用土地所制定的最有原则性和最重要的思想与规范。它是第一层次的土地制度，也是宏观层次的土地制度，主要体现在执政党价值观和国家宪法等规定中。

（2）属于法律政策的土地制度。主要是各部门和各地方对人们利用土地所制定的法律规定和政策规定，是在顶层设计的土地制度基础上制定的。它是第二层次的土地制度，也是中观层次的土地制度，主要体现在各有关法律和政策文件中。

（3）属于管理规定的土地制度。主要是各有关基层单位对人们利用土地所制定和执行的管理性和操作性的内容，是在顶层设计的土地制度和法律政策的土地制度基础上制定的。它是第三层次的土地制度，也是微观层次的土地制度。

专栏 4–3　中国土地制度的特点：公共政策

中国的土地制度是一种公共政策。公共政策具有 9 个特征：一是政治性。公共政策的制定是政党和政府（政治组织）的政治行为，集中体现了统治阶级的利益需要，是源于政治动机的组织产物，带有鲜明的政治倾向性。二是价值选择性。政策制定必然涉及价值判断，当然，政策制定者的价值观绝非简单的概念，而是受多种

因素的影响，可以把这些主观和客观的影响因素统称为价值观体系，包括政治价值观、组织价值观、个人价值观、公众价值观和意识形态价值观等。三是层次性。不同性质和类型的政策有其相应的层次要求，有高层次的政策，也有低层次的政策，简单实行“一刀切”的政策往往是要碰壁的。四是阶段性。公共政策有一个发生和发展的变化过程，从广义的角度看，政策过程可以分为政策制定阶段和后政策制定阶段（执行和反馈阶段），两个阶段内容差异很大。五是功能多样性。社会是复杂的，事物是变化的，任何一项政策都不可能尽善尽美、万无一失，制定政策需要考虑多个政策的有机组合。六是合法性。公共政策要具有合法性，就必须有一个合法化的过程，包括政治系统的合法化和公共政策的合法化。七是权威性。公共政策制定要以合法性为基础，对公众有约束力。八是普遍性。公共政策在其所框定的范围内具有广泛的适应性，具有普遍的约束力。九是稳定性。公共政策必须保持一定的稳定性，“朝令夕改”、变化无常、大起大落的政策是不得人心的，当然强调政策的稳定性也不是要否定政策的变动性，保持这种稳定性的最根本的途径就是政策的法律化或政策立法。

按照不同的分类标准和管理要求，可以把公共政策分为多种类型，要深入把握关键，提高政策设计的针对性和有效性。一是分为元政策、基本政策和具体政策。二是分为战略型政策和战术型政策。三是分为单目标政策和多目标政策。四是分为程序型政策和非程序型政策。五是分为激进型政策和保守型政策。六是分为初始政策和反馈政策。七是分为实质性的政策（如劳工、福利等）、制度性的政策（如立法、司法、行政等）和时间性的政策（如新政时期、“二战”后等）。八是分为实质型政策和程序型政策。九是分为分配型政策和管制型政策。十是分为自我管制型政策和再分配型政策。十一是分为物质性政策和符合性（象征性）政策。十二是分为集体利益型政策和个人利益型政策（公共物品性的政策和私人物品性政策）。十三是分为规章型政策、分配型政策、再分配型政策、资本型政策和伦理型政策。

公共政策具有四种作用：一是导向功能。公共政策作为规范社会行为的社会准则，对公共行为具有重要的引导作用，这种引导既包括观念引导也包括行为引导，既包括直接引导也包括间接引导，这种导向功能的结果既有正向功能也有负向功能。二是管制功能。公共政策要发挥对目标群体的约束和管制功能，通过积极性管制（正激励）和消极性管制（负激励）达到这一目标。三是调控功能。政府通过运用政策手段对社会生活中出现的利益冲突进行调解和控制，在调控中不仅需要指明人们应该做什么和不该做什么，而且应该指明先做什么和后做什么，并以此调控社会群体和个人的行为倾向。四是分配功能。社会资源是有限的，而人的利益需要是不同的，要正确处理公平和效率的关系。

资料来源：谢明:《政策透视——政策分析的理论与实践》，中国人民大学出版社2004年版。

3. 土地制度的内容可分为管理制度、产权制度和服务制度三个方面

现实社会中的土地制度的内容组成是分领域的。在实践中，可以将土地制度的内容按照制度领域分为规范国家管理关系的制度、规范个体责权关系的制度和规范公共服务关系的制度。

（1）规范国家管理的土地制度。主要为国家土地管理制度、土地资源配置制度、土地利益调节制度等。主要内容是规范人们对土地利用的条件、分类、分级、分区标准，土地利用总体规划，土地利益分配关系及公共管理等。

（2）规范个体责权的土地制度。主要为土地所有权制度、土地使用权制度、土地税费制度、耕地保护制度等。主要内容是规范人们对土地利用的权责界定和保护，土地使用权的流转，土地资产财产的积累、分配、流转制度等。

（3）规范公共服务的土地制度。主要为土地资源调查统计制度、土地信息服务制度、国土整治规划、土地投入制度、农业服务制度等。主要内容是规范人们对土地利用的社会统筹及公共服务等。

4. 探讨现实土地制度问题需要联系制度设计背后的有关隐含假设条件

现实社会中的土地制度是思想、内容和形式的结合。土地制度的制定和变迁并非一个单纯的经济问题，而是在特定社会环境下政治、经济、社会、人文、历史、地理、技术、组织、管理等各种因素共同作用的结果。在制度分析研究视野上，要站高望远，脚踏实地，顶层思维，尊重过去，立足现在，面向未来；在引用基本原理上把握稀缺资源配置和劳动创造价值；在政策措施设计上讲规范，强调合理引入边界条件；在政策实施上讲究操作简单，重视各地区各部门各单位个人对号入座；在政策衔接上讲究激励相容，遵循前后、左右、上下、里外逻辑一致。

（1）适应特定时空条件的土地制度。联系历史方位，包括特定时间、空间范围、国别、地区、社会发展阶段等，在土地利用背景上有隐含假设的制度内容。

（2）适应特定用途条件的土地制度。联系自然条件，包括人口、资源、环境、土地用途等，在土地利用内容上有隐含假设的制度内容。

（3）适应特定技术条件的土地制度。联系生产力条件，包括知识因素、技术因素等，在土地利用方式上有隐含假设的制度内容。

（4）适应特定责权条件的土地制度。联系生产关系条件，包括责任权利、政治偏好、文化传统、意识形态因素、利益因素、成本因素、外在压力等，在土地管理政策上有隐含假设的制度内容。

三、关于土地制度设计的基本方法

土地制度是国家或地区用于解决人与人之间关于土地利用问题的工具。由于多方面因素的影响，土地制度设计是一种社会博弈，引入制度的实际效果与理想目标间可能存在差异，在制度实施中需要变革和完善。在土地制度设计的方法上，要讲求思想、条件、内容和激励四个元素的统一，明确界定建立土地制度的目的，提升认识和解决土地问题的维度，建立土地制度的内容体系，保证土地制度基本框架的完整性、长期性和稳定性，并考虑形势变化需求，合理引入和不断健全制度条件，按照内在逻辑一致和实现激励相容的要求，不断完善土地制度的有关内容，保证土地制度具体内容的开放性、包容性和变化性。

（一）明确界定建立土地制度的目的

建立土地制度要解决问题，对问题进行界定、选择和排序，推进从根本上解决问题，建立规范化、标准化、程序化解决问题的有效机制。在实践中，这些问题可以分为国家重大土地问题和社会现实土地问题。国家重大土地问题是跨区域、跨部门、跨单位、跨时期的土地问题，涉及土地资源保护、土地开发利用、土地资源配置和土地利益调节等领域，关系社会公平、经济效率和可持续发展；其解决需要由国家牵头负责。社会现实问题是老百姓最关心的土地问题，是在一定具体区域、具体部门、具体单位、具体时期的具体问题，关系社会稳定和经济发展以及生态环境安全；其解决可以由地区、部门、单位等具体负责，在必要时也可以由国家牵头，有关地区、部门、单位等参与，协同解决。这两种问题都需要解决，都有一定共性，但解决问题的思路、方法、紧迫性和具体制度化内容是不同的，需要进行严格界定并在此基础上讨论问题，围绕问题的解决，明确建立土地制度的目的，合理引入制度条件，建立和完善有关的土地制度。

（二）提升认识和解决土地问题的维度

土地问题多种多样，既是复杂的，也是简单的，关键看如何提出问题、分析问题、界定问题和解决问题，这需要有思想的高度和认识的维度。有些土地问题从提出的角度看就不科学，也就不可能进行深入讨论，或者问题是无解的。有些土地问题尽管表面上很复杂，但如果提出问题的角度是科学的，分析问题是合理的，界定问题是准确的，实际上也是简单的，经过层层分析和归类化解，最终也是可以有效解决的。换言之，这与认识问题的维度有关。认识问题的维度，从 0 维（一个点）开始，可以是一维（一条线）、二维（一个面）、三维（立体）、四维（跨时期的立体）、五维（潜意识的跨时期的立体）等，乃至无穷大。由于认识问题的维度不同，人们对问题的感知、认知和解决的自由度就不同。特别是，用高维度的视角解决低维度的问题，再难的问题也不是问题；而如果用低维度的方式去打高维度的战争，那是必死无疑。现实世界的土地问题本身就是多维度的，解决这些问题的重要思路，就是拓展认识问题的维度，提高解决问题的维度。

（三）建立长期稳定的土地制度基本框架

作为解决土地问题的工具，土地制度框架要有完整性，能保持长期稳定。在制度设计上，它要为建立良好稳定的社会秩序服务，考虑与自然、经济和法律相关的各种因素，以解决人们在土地利用中存在的公平和效率两大基本问题。在顶层设计上，要保护土地资源，合理利用土地，促进用地公平，提高用地效率。在法律政策上，要建立国家土地管理制度、土地所有权制度、土地使用权制度、土地税费制度、耕地保护制度、土地资源调查和信息服务制度等。在管理规定上，各地、各部门和各单位要结合实际，贯彻落实宪法法律，制定人民群众参与土地利用必须遵守的各项有关规则、规定或约定。

（四）考虑形势变化需求，不断健全制度条件

作为解决社会现实土地问题的工具，土地制度内容要有动态性，能不断完善。在制度设计上，它是一种限额交易合约，在实践中是一个有条件的国家或地区公共管理服务合约。从土地制度制定实施开始，要内含因果关系，设立制度行为条件（原因），明确制度行为规范（结果），确保所有因果关系要保持激励相容或内在逻辑一致。在土地制度演变中，要合理引入制度条件，不断健全、深化和细化条件的内容，比如国内外环境、生产力发展水平、社会主体组织分化、个人的发展与需求、对气候变化和生态宜居的关注等，建构有思想性、制度框架稳定、能不断拓展制度条件和相关制度内容、保持激励相容的土地制度内容体系。

专栏 4-4　中国农村土地制度改革的新进展

中国农村土地制度的改革，是一个十分复杂、见仁见智的难题。从制度构成看，改革的具体内容有五类：一是土地管理制度，即土地保护约束制度、土地评价估算制度、土地档案制度等；二是土地产权制度，即规范产权主体、明确产权实现、统一产权法律形式等；三是土地流转制度，即土地流转程序、具体办法、交接手续、是否有偿、是否作为规模经营来源等；四是土地投入制度，即国家财政投资基数，省市县农业发展基金投入，乡村二、三产业投入，农户建立投肥、投工、地力抵押制度；五是农业服务制度，即农业植保、供种、耕种、栽培和机电灌溉，村级服务，县乡技术和管理综合协调等。

2012年党的十八大以后，党中央和国务院加大了农村土地制度改革的步伐，做出了一系列重要部署。主要创新是正式提出了农村土地“三权分置”的概念，推动落实农村土地集体所有权、稳定农户承包权、放活土地经营权，深化农村集体产权制度改革，加快构建新型农业经营体系，引导农村土地经营权有序流转，发展农业适度规模经营，开展集体资产股份权能改革试点，开展农村土地征收、集体经营性建设用地入市、宅基地制度改革试点，开展农村承包土地的经营权和农民住房财产权抵押贷款试点，完善农村土地所有权、承包权、经营权分置办法，健全农业支持保护制度，健全城乡发展一体化体制机制，加强和创新农村社会治理等。这些改革推进层次更高，中央首次明确改革底线，是在“全面推进依法治国”的背景下展开，更加强调“法治土改”。

从改革的主要内容看，既涉及土地权利制度改革，也涉及土地管理制度改革，可以概括为“三块地”“一块产”“一个权”“一个征”，即如何完善农村土地承包经营制度，如何改革集体经营性建设用地使用制度，如何改革农村宅基地制度，如何推进农村集体资产股份合作改革，农民集体土地所有权制度该何去何从，如何改革土地征收制度等。

资料来源：宋志红：《中国农村土地制度改革研究——思路、难点与制度建设》，中国人民大学出版社2017年版；费仕良：“农村土地制度改革的实践和思考”，《中国土地科学二十年——庆祝中国土地学会成立二十周年论文集》，2000年；董建国：“农村土地制度改革的实践和思考——以重庆为例”，《中国党政干部论坛》，2012年第12期。

第五章
土地利用的时空条件的界定与保护

土地利用的时空条件影响土地利用的经济价值和技术水平。时间规定和空间位置是重要的战略资源。在实践中，土地是按照时间和空间进行切分和组合，形成有时间边界和地理边界的土地责权，在此基础上对其进行利用。对这种时空边界的界定和保护，既是一种约束条件，也是一种重要变量，对土地利用的经济价值和技术水平以及社会关系具有重要影响。在时空边界的界定和保护上，其影响因素是多方面的，包括政治因素、经济因素、技术因素、知识因素、生态因素等，需要随着社会经济发展的变化进行调整和完善。

一、土地利用的时空条件是变量

土地利用的时间条件和空间条件是重要变量。在土地利用过程中，人和土地都是不断变化的，这对土地制度设计产生重要影响。对时间的界定，关系土地利用的短期性、中期性和长期性。对空间的界定，关系土地利用的位置经济、规模经济和范围经济以及产权经济。美国物理学家爱因斯坦曾指出，时间和空间是物质固有的存在形式，时间是物质运动的延续性、间断性和顺序性，其特点是一维性，即不可逆性；空间是物质的广延性和伸张性，是一切物质系统中各个要素共存和相互作用的标志；时间和空间与运动着的物质不可分离。

（一）土地利用的时间条件很重要

土地上的劳动积累随时间的不同会有所不同，时间条件影响土地利用的物质基础。土地是由地球陆地部分一定高度和深度的岩石、矿藏、土壤、水文、大气和植被等要素构成的自然综合体（即陆地及其自然附属物），并综合了人类劳动的自然历史经济综合体。在土地利用中，一部分与土地物理性质有关，另一部分与土地所凝结的人类劳动有关。随着时间条件的不同，不仅土地的自然综合体会发生变化，而且在土地上所凝结的人类劳动（包括有关附属生物、设施和环境等）也会发生变化，土地会从未利用地变为已利用地，从生地变为熟地，从没有或很少附属物变为有附属设施配套，它们是土地利用的重要起点和物质基础。

土地上的投资方式随时间的不同会存在差异，时间条件影响土地利用的投资选择（见表 5–1）。经济发展是有周期的，不同时间在土地上进行投资的可能性和经济回报是不同的。经济学家按照经济发展的性质（分为古典周期和增长周期）以及时间长短区分了不同的周期，每一种周期都以最早发现它的经济学家的名字命名，包括基钦周期（3 年左右）、朱格拉周期（9 年左右）、库兹涅茨周期（20 年左右）、康德拉惕夫周期（50 年左右）等（见表 5–2）。投资是经济的重要组成部分，甚至还是经济增长的重要原因。相较于传统农业时代，在工业化时代和后工业化时代，个人投资能力增强，人与人之间的差异不断扩大，人们对土地的依赖性和管理方式、投资利用方式会存在很大差异。土地利用计划就是对未来一定时期内土地资源的开发、利用、整治、保护进行综合平衡，作出统筹安排。广义的土地利用计划包括土地利用总体规划和土地利用年度计划。狭义的土地利用计划只包括土地利用年度计划。随着时间条件的不同，在土地上能否进行固定资产投资或长期投资、各种投资的内容组合、对投资回收期的管理等的选择是不同的，它们影响土地利用的发展方向、商业潜力和技术应用。

表 5–1　　　　时间因素的确定在土地经济学中的重要意义

时间期限	土地经济学意义
非常短	土地的供给不能调整
短期	土地的供给可以调整但产能不变
长期	土地的供给和产能均可以改变但技术不变
非常长	土地的技术及消费者收入和偏好都可能发生改变

注：马歇尔认识到：作为一般规律，时间期限越短，需求对价值的影响越大，原因在于消除生产成本的影响比消除需求变化的影响所需的时间要长；而在长期，生产成本是价值和价格最重要的决定因素；在不同的时间段内，供求均衡起作用的机制是不同的。

资料来源：吴振宇：《经济思想中的动态观念：从剩余到均衡》，中国发展出版社 2017 年版。

土地上的人际关系随时间的不同会有变化，时间条件影响土地利用的矛盾化解。人是不断发展变化而且是有寿命的，一个人的一生时间有限，劳动年龄时间更短，但可劳动领域和范围很大，所以要在土地上投入生产劳动并产生劳动产品需要人的努力。这种努力主要不是分配性努力，而是生产性努力。如果没有人的生产性努力，社会财富不会自然而然产生。不同时代的人与人之间差异很大，一个人在不同的年龄段和工作时间也会发生变化，这会导致人与人之间的关系有所变化，从而产生新的矛盾或问题。随着时间条件的不同，在土地上要制度化解决问题的手段或方法是不同的，它们影响土地利用的组织选择、管理体制和社会服务。

表 5–2　　与土地利用有关的各种投资周期的类型及其特点

投资周期	周期的划分及特点
古典周期	按投资增长的阶段及波动幅度划分的一种投资周期，包括繁荣、衰退、萧条和附属四个阶段。判断周期的主要标志是投资额的增减，从开始正增长到转为负增长的时期为一个周期
增长周期	按投资增长的阶段及波动幅度划分的另一种投资周期，包括扩张和收缩两个阶段，不出现经济的负增长。判断周期的主要标志是投资增长速度由提高转为降低，从开始提高转为降低的时间为一个周期
基钦周期	按投资波动变化所经历的时间长短划分的一种短周期或小周期，平均长度为 3 年。1923 年美国经济学家基钦根据美国和英国的详细资料研究提出，经济周期有大小两种。一个大周期包含两三个小周期，大周期为小周期的综合。小周期平均长度为 42 个月，大周期为小周期的综合，一个大周期包含两三个小周期。因此，平均 3 年左右的周期被称为基钦周期
朱格拉周期	按投资波动变化所经历的时间长短划分的一种中周期，平均长度为 9 ~ 10 年。1862 年法国经济学家朱格拉提出，由繁荣、危机、清算三个阶段反复形成周期
库兹涅茨周期	按投资波动变化所经历的时间长短划分的一种中长周期，平均长度为 15 ~ 25 年。1930 年美国经济学家西蒙·库兹涅茨通过对 19 世纪到第二次世界大战以前的美国经济发展的研究，发现该段时间美国交替出现的“朱格拉萧条”特别严重。他在《生产和价格的长期运动》一书中提出：由于美国人口特别是移民的波动和居民财产构建，建筑业中存在兴旺和衰落的周期性波动现象，带来许多生产部门经济增长率的周期性波动，也称为“建筑周期”
康德拉惕夫周期	按投资波动变化所经历的时间长短划分的一种长周期，平均长度为 50 年。1925 年苏联经济学家康德拉惕夫根据美国、英国、法国 100 多年的批发物价指数、利率、工资等变动，认为有一种更长经济循环
熊彼特周期	按投资波动变化所经历的时间长短划分的一种长周期、中周期和短周期，分别为 48 ~ 60 年、9 ~ 10 年、40 个月。1936 年美籍奥地利经济学家熊彼特以他的“创新理论”为基础，综合前人研究成果，认为每个长周期包括 6 个中周期，每个中周期包括 3 个短周期

资料来源：张中华、谢进城：《投资学》，中国统计出版社 2001 年版；〔美〕阿瑟·刘易斯著，梁小民译：《增长与波动》，华夏出版社 1987 年版。

（二）土地利用的空间条件很重要

土地上的商业价值随地理位置的不同存在差异，空间条件影响土地利用的发展规划（见表5–3）。土地具有不移性，在不同的地理位置或空间场所，有不同的自然、经济、社会条件，在商业发展上相应地具有不同的成本费用和经济效益，会形成不同的区位优势或区位劣势。这对任何经济部门和单位来说，都是极其重要的。土地的地理区位和空间结构在一定程度上决定着经济发展方式及资源配置效率。当前地理区位和空间结构不合理已经成为影响科学发展的重大结构性矛盾和问题的时候，必须转变发展方式和调整空间结构，制定和实施发展规划。组织制定土地利用的发展规划，既要重视土地利用的时间条件，也要重视土地利用的空间条件，因地制宜，合理明确不同区域的功能定位和发展方向。

土地上的经营规模随地域面积的不同存在差异，空间条件影响土地利用的规模选择。人们在土地上从事经营活动需要占用一定的土地面积，对这种地域面积的分配、规范和管理非常重要。如果经营主体可使用土地面积比较大，那么它就可以从事较大规模的经营活动，通过固定资产投资或长期投资，特别是更多地使用机器设备等，提高科技应用水平和经济效率，降低单位成本，实现规模经济效益。反之，如果经营主体可使用土地面积很小，那么它扩大经营规模就会遇到困难，乃至无法扩大经营规模，很难获得规模经济效益。

土地上的产业布局随地块关系的不同存在差异，空间条件影响土地利用的产业选择。不同的产业发展对土地的地块构成和相关的自然环境条件有不同的要求。比如，农业布局需要有合适的土壤、地势、日照、温度、水分、气候等因素，工业布局需要有合适的原料产地和相关的运输状况、销售市场等，交通布局需要有合适的地势、河流、港湾等，城镇布局需要有商业区、工业区、居住区、服务区、生态区等不同的功能分区并有机组合。

土地上的投入成本收益随土地附属物的不同存在差异，空间条件影响土地利用的利益调节。土地具有“三联性”，这是土地属于准公共物品的重要原因。在土地上，人们生存生产生活在一起，形成公共领域，为处理好个人与公共关系，就会有社区、组织和契约等形式，对人与人的责权进行合理界定并提供保护，以建立良好的社会秩序，发挥聚集效应，实现安居乐业。社会是人类以家庭或单位组织的集合体，以空间条件为依据，建立社区组织是很重要的，比如农村社区具有保护集体安全、组织邻里互助帮忙、经营好农业创造剩余、自治管理参与国事等多项职能。

表 5-3　　　　空间因素的确定在经济学中的重要意义

空间因素	土地经济学意义
地理位置	土地的地理位置与土地的分区利用有关，决定位置经济是否发挥作用。所谓位置经济，是指一个经济主体，随着所处地理位置不同，同样的经济投入所获得的经济回报不同，受自然环境条件、交通运输费用、人口聚集程度、分享公共基础设施建设好处和承担公共管理服务成本等影响不同，好的地理位置的总投入回报率可能显著高于差的地理位置的总投入回报率。这在商业、农业以及工矿业中表现十分明显
地域面积	土地的地域面积与土地的经营规模和科技应用有关，决定规模经济是否发挥作用。所谓规模经济，是指一个经济主体，随着所经营规模不同，同样单位的经济投入所获得的经济回报不同，主要是所投入使用的劳动资料（包括公共设施、房屋建筑、机器设备及相关科技）不同，生产发展方式和组织管理模式不同，规模较大的经营者的总投入回报率可能显著高于规模较小的经营者的总投入回报率。这在农业和工业等发展中十分明显
地块关系	土地的地块关系与土地的产业选择和功能组团有关，决定范围经济是否发挥作用。所谓范围经济，指一个经济主体，随着所经营范围不同，同样单位的经济投入所获得的回报不同，主要是在扩大经营范围时可进入新市场、利用新技术、实现废物利用、分享新利润等；而有关产品购销、研发、财会、公关等部门仍会统一运作，这会节约成本费用，同时生产两种产品的费用低于分别生产每种产品所需成本的总和。范围拓展的经营者的总投入回报率可能显著高于范围狭窄的经营者的总投入回报率，这在农业、工商业和服务业等发展中都十分明显
土地附属物	土地的附属物与土地使用的外部性有关，决定产权经济是否发挥作用。所谓产权经济，指一个经济主体，随着所赋予制度责权不同，同样的时间消耗所付出的努力和所产生的劳动成果不同，主要是产权的制度设计需要讲究责权平衡和激励兼容，有投入才有回报，投入多回报多、投入少回报少、无投入无回报。好的制度应对人的勤奋努力劳动加以保护，为专业化的发展提供足够的机会和提供较多的活动自由，从而激励人的努力和促进经济增长；不好的制度则会抑制人的努力和阻碍经济增长。除非在制度设计上明确人的努力的成果确实属于他们自己或属于他们承认有权占有的人，否则，人们是不会努力的，也不会产生劳动成果的。这在农业、工商业和服务业经济中都十分明显

资料来源：作者整理。

二、土地利用的时间条件的界定

在土地利用中，由于土地在现代经济学上的特殊性，如果国家或地区所管辖的土地可以合法地赋权给个人排他性使用，那么需要对个人利用土地的时间条件进行明确和规范。如果不明确，那就意味着个人对土地利用权利是无限期的，这是很多土地使用矛盾或纠纷产生的重要根源。如果明确，在制度设计上，还需要国家或地区对土地利用的时间条件的内容进行详细规范。所谓土地利用的时间条件的内容，主要是个人对土地利用的赋权时间，具体指被赋予土地利用权利的人，在可利用某一具体土地上的时间的长短及起止时间。这里的人既可以是自然人及其家庭，也可以是法人，还可以是非法人单位；但它们都以个人为代表并依法依规依约承担责任和行使权利。这里的赋权方式，可以是依照国家法律，也可以是依照政府政策规定，还可以是依照有关合同约定，以及依据国家法律、政府政策规定和有关合同约定并用等。由于土地资源的稀缺性、土地本身的不灭性和个人生命的有限性，以及随着工业化、城镇化和农业现代化的发展，由国家或地区牵头负责，对个人可排他性利用土地的时间条件进行明确、规范和保护，是提高土地资源配置效率的需要，也是平衡人与人土地利益分配关系的需要。

（一）土地利用的无限期和有限期

土地利用的时间条件首先要明确区分无限期和有限期，在此基础上设置土地使用权利及相关条件（包括责任和义务）。所谓无限期，是个人对土地利用的时间条件是无限期的，也是最长的。所谓有限期，是个人对土地利用的时间条件是有明确限制的，是有限的。在土地利用中，如果个人对土地利用的权利设为无限期，那么这种权利就带有所有权性质，是一种绝对权利。一般而论，土地所有权是无限期的，比如土地公有制和土地私有制的土地利用是无限期的；而土地使用权是有限期的，比如土地承包经营制的土地利用是有限期的。

由于土地在现代经济学上的特殊性，在制度设计上，将个人对土地利用的时间条件忽略不计或者隐含设置为无限期，是很多土地使用矛盾或纠纷产生的重要根源。因为一个国家或地区的土地资源是稀缺的，土地利用的主体是人，而人的生命是有限的，将具有稀缺性和不灭性的土地赋权给个人无限期排他性使用，会加剧土地使用分配矛盾，形成不在劳动的人员控制土地利用以及土地财产权利的代际传递，损害社会公平和公正，影响社会稳定；同时由于不同的人在土地利用的能力、责任和动机上差别很大，会限制土地使用权利的合理流转，影响土地资源配置效率的提高。从历史上看，土地利用的时间条件从无限期到有限期是一个必然趋势，在理论上很重要和必要，在实践中也有可能性和可操作性。

（二）土地利用的时间范围的确定

土地利用的时间条件，既要考虑时间长短，也要考虑起止时间。从时间长短来看，个人土地利用赋权的时间既不是越长越好，也不是越短越好。在实践中，设置太长期的土地权利是有问题的，设置太短期的土地权利也可能有问题。因为太短期的土地权利是碎片化的，难以激励长期投资者，而土地的利用需要长期投资，比如建设基础设施和有关固定资产，投资回收期长，投入回报风险大，没有一定的时间无法投融资或者分散风险。从起止时间来看，不同社会和不同时代的土地利用方式差异很大——有效规划、建设、运营和管护土地上的基础设施和有关固定资产等，需要在土地利用时间设置上进行统筹协调。

土地利用的时间长短的条件设置与多方面因素有关。一是个人劳动时间因素，一般不应超过 70 年。因为人的寿命是有限的，而劳动年龄时间更短。二是人的能力及责任因素。劳动者个人和劳动者法人的能力及责任是不同的。相比自然人、普通劳动者个人及其家庭，可以赋予有强大经济实力并能承担经济责任的现代公司法人相对更长时间。三是土地用途因素。生态变化很慢，农业变化慢，工业变化快，商业和服务业变化很快。四是土地上的固定资产投资类型和投资回收期因素。土地上的固定资产投资很重要，它的投资数量较大，投资回收期长，如果时间设置短了，其基本投入无法取得合理回报，将限制投资发展。

土地利用的起止时间的条件设置也与多方面因素有关。一是社会经济发展阶段的历史因素。二是固定资产建设和更新的周期因素。三是土地利用的分类和分区的类型因素。四是土地制度本身的设计和变革的工作因素。五是国家税收及费用的调控因素。

（三）土地利用的时间范围的标准化

土地利用的时间条件的设置需要不断完善，推进规范化和标准化。基本原因是现代社会经济发展变化很快，人们对土地利用问题的认知和解决问题的能力也不断发展变化。一是要有序统一土地利用的起止时间，促进规模经济的发展。如开展基础设施建设和更新。二是要逐步延长土地利用的限制最高年限，提高资源配置的流动性。三是要逐步规范土地利用的各种时间长度，提高资源配置的协同性。比如普通住宅 70 年，工业、教科文卫用地 50 年，商业住宅 40 年，农业用地 30 年、10 年、5 年、1 年等（见表 5–4、表 5–5）。

表 5–4　　改革开放后中国各类城市用地使用权出让的最高年限

类型	时间段	最高年限	备注
居住用地	1990 年 5 月 19 日以后	70 年	国务院令第 55 号
工业用地	1990 年 5 月 19 日以后	50 年	国务院令第 55 号
教科文卫体育用地	1990 年 5 月 19 日以后	50 年	国务院令第 55 号
商旅娱乐用地	1990 年 5 月 19 日以后	40 年	国务院令第 55 号
综合或其他用地	1990 年 5 月 19 日以后	50 年	国务院令第 55 号

资料来源：《中华人民共和国城镇国有土地使用权出让和转让暂行条例》，1990 年 5 月 19 日。

表 5–5　　改革开放后中国农村集体土地家庭承包经营时间的政策规定

类型	签约时间段	最高年限	备注
耕地	第一轮家庭承包经营（1978 年后，1983 年前）	15 年	1984 年中央 1 号文件
	第二轮家庭承包经营（1993 年后，1998 年前）	30 年	2002 年《农村土地承包法》
	第三轮家庭承包经营（2023 年后，2028 年前）	30 年	党的十九大报告，2017 年 10 月 31 日《土地承包法修正案草案》
草地	2003 年以后，统一规定	30 ~ 50 年	2002 年农村土地承包法
林地	2003 年以后，统一规定	30 ~ 70 年	2002 年农村土地承包法
特殊林木的林地	2003 年以后，统一规定	30 ~ 70 年及以上	2002 年农村土地承包法，经国务院林业行政主管部门批准可以延长

资料来源：《中华人民共和国农村土地承包法》，2012 年；陈锡文："中国农村改革历程四件大事——确立农村基本经营制度"，《农村工作通讯》，2017 年第 13 期。

三、土地利用的时间条件的保护

（一）在土地利用时间上从隐含假设到公开显示

在现代社会，个人对土地利用的时间条件要明确并公开显示，这是对土地使用者的一种保护。现代社会的土地使用者并不一定是土地所有者，土地使用者和土地所有者之间的分离与合作是正常现象和普遍现象。在实践中，过去的很多土地管理政策和土地使用合同在土地利用时间条件上没有进行明确规定或约定，通过联系所在区域、时代背景和社会环境等，实际上是有隐含假设的具体条件的。但由于这些条件没有公开显示，当其发生变化时，人们还是按旧制进行处理，或者人们会按自己的理解对其进行解读，导致各说各的理、谁也不服谁，导致人与人之间在制度设计上存在矛盾或冲突。随着社会发展、时代变迁和人的改变，这类矛盾或纠纷目前已经越来越多。

（二）区分土地使用时间的不可变和可变化

在现代社会，明确个人对土地使用的时间条件是否可变化，是对土地使用者的一种保护。现代社会的土地使用者是不断变化的，这在客观上造成土地利用时间的变化。同时，不同的土地使用者对土地利用的时间条件的需求是不同的。在实践中，现代社会土地使用者的变化有很多不同类型，既有人的生死带来的自然变化，也有人们对经济利益的追求带来的主动变化，还有基础设施建设占地等带来的被动变化等。这些变化会影响人们在土地利用上的长期投资和人与人之间的土地利益平衡关系。如果土地使用的时间条件不可变化，特别是时间很短或缺乏弹性，那么土地的经济价值就会降低。如果土地使用的时间条件可以改变，特别是时间可以延长或有一定弹性，那么土地的经济价值就会提高。对土地使用的时间条件明确是否可变化，可以从源头上提高对人的行为主动变化的可预期性，决定土地上的劳动投入积累、固定资产投资和经济发展方式，调节人与人之间的利益平衡关系，促进建立良好稳定的社会秩序。

（三）对土地使用时间变化分类并约定清算

在现代社会，国家或地区的土地是分时段、分区域、分用途、分主体利用并进行组合的，明确个人对土地使用的时间条件可变时的具体流程及清算办法，对土地使用者很重要。现代社会的土地资源（特别是好地）是稀缺的，需要合理配置并流转使用，需要在土地上进行长期投资、建设固定资产或进行土地改良等。为了提高土地资源的利用效率，如果土地使用的时间条件可变化，在提高土地的经济价值的同时，也会产生一系列新的问题，需要对土地使用的时间条件进行合理分类并约定清算流程、清算内容和可能的续用优先权等，建构对劳动者的生产性、专业化努力的保护，控制制度内投机寻租，从源头上解决人与人之间在土地利用上的矛盾或冲突，促进建立良好稳定的社会秩序。

四、土地利用的空间条件的界定

在土地利用中，由于土地在现代经济学上的特殊性，如果国家或地区所管辖的土地可以合法地赋权给个人及其家庭或单位排他性使用，那么需要对个人及其家庭或单位利用土地的空间条件进行明确和规范。如果不明确，那就意味着个人对土地利用的空间是无边界的或无排他性的或禁止性的，这是很多土地使用矛盾或纠纷产生的重要根源。如果明确，在制度设计上，还需要国家或地区对土地利用的空间条件的内容进行详细规范。所谓土地利用的空间条件的内容，主要是指被赋予土地利用权利的人，可利用土地的地理位置、空间范围和面积大小等。由于土地资源的稀缺性、土地本身的不灭性和个人生命的有限性，以及随着工业化、城镇化和现代化的发展，可由国家或地区牵头负责，对个人及其家庭或单位可排他性使用土地的空间条件进行明确、规范和保护。这是提高土地资源配置效率的需要，也是平衡人与人土地利益分配关系的需要。

（一）土地利用的无边界与有边界

土地利用的空间条件首先要明确区分无边界和有边界，在此基础上设置土地使用权利及相关条件（包括责任和义务）。所谓无边界，是个人对土地利用的空间条件是不明确的，是公共的或无限的，或者是禁止性的，或者是无排他性的。所谓有边界，是个人对土地利用的空间条件是有明确限制的，是私人的或有限的，是有排他性的。一般而言，在公共用地中个人对土地的使用是无边界的或者没有排他性的，在私人用地中个人对土地的使用是有边界的或有排他性的。在土地利用中，如果个人对土地利用的空间的权利是不明确的，那么这种权利就带有公共性或从属性。

专栏 5-1　新加坡土地权属法中的土地空间界定

新加坡是位于马来半岛南端的一个岛国，人多地少，经济发达，在独立以前是英国统治的马来西亚共和国的属地。1965 年，新加坡正式宣告独立，国土面积 620 平方公里，人口 250 多万（1985 年）。在土地制度设计上，新加坡遵循英国范式，法律规定：在国土中，除私人开发、利用并按批准手续拥有土地保有权外，其他土地一律归政府所有，任何个人或集体不得擅自占用。新加坡独立以前，国有土地约占国土总面积的 60%，私人保有和公用的土地约占国土总面积的 40%。独立以后，国家为经济建设需要，不断向私人征用土地，到 20 世纪 80 年代末征用土地已达国土总面积的 20% 左右，导致全国私人占用的土地面积已从独立前的 40% 下降到 20% 左右，国有土地面积占国土总面积的比例上升到约 80%。国家规定，私人保有的土地可以买卖，但必须报经国家土地管理部门审查，不涉及有关问题的，即可办理登记、发证手续。新加坡有关土地的政策、法规由律政部负责制定，在上报国会之前，交内阁讨论。新加坡先后制定了二十多种与土地有关的法规，主要有界标法、特别物产法、产业转让法、滩涂法、土地征用法、土地契约登记法、土地改良法、土地局授权法、土地税收征收法、规划法、地价租赁金法、国有土地法、土地侵权法等。

新加坡的土地权属法是一部重要的基础管理法，该法从 1959 年开始制定，先后经过 1960 年、1970 年和 1985 年三次修订。在土地权属法（1985 年修订）中，前言第 3 条第 4 款，对土地的概念特别是土地的空间条件进行了明确界定，即："土地"指地球任何宗地的表面和其地下埋藏物，以及诸如地表上空的空气这类所有人必须使用或享有的物质的综合体，包括一切地产和土地权益、地面生长物及地上建筑物；除非条款中有相反规定，所有权包括对空气、阳光、水、支持物的自然权利，以及对于土地毗连的公路的通行权；“已登记的土地”指依据本法规定购买并经过了土地登记注册的土地；“权益”是关于土地的权益，指一切法律认可的土地权益，包括地产。第三部分“登记”第22条中规定：所有的权属证书应具有法定的格式，它所指的土地边界应由所附的地籍图显示出来。第九部分“地役权和收益权”第87条第6款规定：“宗地”指每一块地，它们构成房产的一部分，并由主任测量师进行地籍编号；“房产”指根据规划法将土地分割为4宗或4宗以上的宗地，它们受公共地役权的影响，包括提供通水、电、汽、雨水、污水的地役权。它们作为交叉地役权，可由文书形成，并由这些宗地享用。

资料来源：陈业主编，陈寿山副主编：《新加坡土地管理制度考察》，地震出版社1992年版。

（二）土地利用的区域范围的划分

土地利用的空间条件还要明确区分行政区域和地理区域，不同行政区域和地理区域的土地所承担的责任、所享有的赋权和利益平衡、管理体制不同。一般而言，按照行政管理的不同，可以将国家或区域所管辖的土地划分为7个管理级别，包括国家（中央政府管理）、省（省区市管理）、地（地州市管理）、县（县市管理）、乡（乡镇及街道管理）、村（行政村、社区居委会管理）、户（个人及家庭和单位管理）等。按照地理位置的不同，可以将国家或区域所管辖的土地划分为独立地块形成宗地并明确每宗地的东、南、西、北四至方位。

专栏5-2　中国城镇国有土地使用权出让和转让中的土地空间界定

1990年5月19日由中华人民共和国国务院令第55号发布、自发布之日起施行的《中华人民共和国城镇国有土地使用权出让和转让暂行条例》，是一个具有开创性的重要土地制度，对中国城市建设和经济发展产生了深刻而长远的影响。这个条例的制度规定至今仍在有效实施。

在这个条例中，对可参与土地使用权出让和转让的土地的概念，特别是土地的空间条件进行了界定。这里的土地是城镇国有土地，指市、县城、建制镇、工矿区范围内的属于全民所有的土地，国家按照所有权和使用权分离的原则，实行城镇国有土地使用权出让、转让制度，但地下资源、埋藏物和市政公用设施除外。土地使用权出让、转让、出租、抵押、终止及有关的地上建筑物，其他附着物的登记，由政府土地主管部门、房产管理部门依照法律和国务院的有关规定办理，登记文件可以公开查阅。土地使用权出让的地块、用途、年限和其他条件，由市、县人民政府土地管理部门会同城市规划和建设管理部门、房产管理部门共同制定方案，按照国务院规定的批准权限报经批准后，由土地管理部门实施。土地使用权出让合同应当按照平等、自愿、有偿的原则，由市、县人民政府土地管理部门与土地使用者签订。

在土地出让合同中，一般采取类似于标准合同的格式，从深圳、福州、厦门、上海等地实践来看，合同主要内容包括：所出让土地的位置（坐落）、界限（四至范围）、面积及地形图等土地自然状况，出让的形式和出让金的数额、支付方式和支付期限，土地使用期限即出让期限和土地使用权受让人应具备的资格，建设规划设计条件（有时也称使用条件，包括土地的规划用途、开发面积的下限、建筑容积率、密度、净空限制、环境保护、园林绿化、卫生防疫、交通、消防等要求，市政公用设施现状和建设计划或建设要求，建筑物出售及管理的有关规定等），有关出让、转让方面的具体规定和办法，定金及违约责任等。

资料来源：南路明、肖志岳：《中华人民共和国地产法律制度——土地制度改革及土地使用权出让转让》，中国法制出版社1991年版。

（三）土地利用的城乡范围的划分

土地利用的空间条件还要明确区分城市区域和乡村区域及生态区域等，城乡土地的自然条件、产业选择、发展权利、生态要求和利用方式、管理方式是不同的。在实践中，要通过制定国土空间开发规划等综合规划方案，引入土地分割和分区规划，将可开发土地划分为地域、地块和街区，便于土地开发、流转、街道管理和环境保护，明确区域划分、分区程序、契约式分区和附条件分区、强制性拨备和鼓励性分区、土地分割控制等，推进城乡功能分区和共同发展。在土地分割管理中，要妥善设计地域、地块和街区，进出通道以及内部街道、排水系统、供水和排污设施等，以及新建学校和公园的土地，缴纳地方自治费用分摊。在土地利用规划中，要明确不可开发土地范围，禁止在泄洪平原或者存在自然危险的区域从事开发活动。不断优化土地分割和分区规划管理，按规划单元进行开发活动，严格贯彻落实有关用途、密度、循环、空地和设计要求，以及非居住用地的混合用途等。

专栏5-3　中华人民共和国第一个国土空间开发规划

国土空间是宝贵资源，是我们赖以生存和发展的家园。改革开放以来，随着中国经济持续较快增长，工业化城镇化加快推进，国土空间发生了巨大变化。这种变化有力地支撑了经济发展和社会进步，但也存在一些必须高度重视的问题，如耕地减少过多过快、资源开发强度过大、环境问题凸显、生态系统功能退化等。因此，必须统筹谋划未来国土空间开发的战略格局，形成科学的国土空间开发导向。2007年7月，国务院印发《国务院关于编制全国主体功能区规划的意见》，正式启动全国主体功能区规划编制工作。2010年12月，国务院印发了《全国主体功能区规划——构建高效、协调、可持续的国土空间开发格局》。这是中国第一个国土空间开发规划，是战略性、基础性、约束性的规划。

根据这一规划，按开发方式，将国土空间划分为优化开发区域、重点开发区域、限制开发区域和禁止开发区域；按照开发内容，将国土空间分为城市化地区、农业地区和生态地区三类；按主体功能，分为城市化地区提供工业品和服务产品、农业地区提供农业产品、生态地区提供生态产品；按开发层级，分为国家和省级两个层面；按时代特征，确立了未来国土空间开发的一些新的理念，主要有：根据自然条件适宜性开发的理念、区分主体功能的理念、根据资源环境承载能力开发的理念、控制开发强度的理念、调整空间结构的理念、提供生态产品的理念。

根据这一规划，明确了未来国土空间开发的五大原则：优化结构、保护自然、集约开发、协调开发、陆海统筹；到2020年，在全国陆地国土空间以及内水和领海（不包括港澳台地区）范围内，未来国土空间开发的主要目标和战略格局主要包括三个方面：一是构建“两横三纵”（以陆桥通道、沿长江通道为两条横轴，以沿海、京哈京广、包昆通道为三条纵轴）为主体的城市化战略格局；二是构建“七区二十三带”（东北平原农产品主产区，建设优质水稻、专用玉米、大豆和畜产品产业带；黄淮海平原农产品主产区，建设优质专用小麦、优质棉花、专用玉米、大豆和畜产品产业带；长江流域农产品主产区，建设优质水稻、优质专用小麦、优质棉花、油菜、畜产品和水产品产业带；汾渭平原农产品主产区，建设优质专用小麦和专用玉米产业带；河套灌区农产品主产区，建设优质专用小麦产业带；华南农产品主产区，建设优质水稻、甘蔗和水产品产业带；甘肃新疆农产品主产区，建设优质专用小麦和优质棉花产业带）为主体的农业战略格局；三是构建“两屏三带”（青藏高原生态屏障、黄土高原—川滇生态屏障、东北森林带、北方防沙带和南方丘陵山地带以及大江大河重要水系）为主体的生态安全战略格局。

资料来源：《国务院关于印发全国主体功能区规划的通知》，2010年12月21日。

五、土地利用的空间条件的保护

（一）在土地利用空间上从隐含假设到公开显示

在现代社会，个人对土地利用的空间条件要明确并公开显示，这是对土地使用者的一种保护。现代社会的土地使用者并不一定是土地所有者，土地使用者和土地所有者之间的分离与合作是正常现象和普遍现象。在实践中，过去的很多土地管理政策和土地使用合同在土地利用空间条件上没有进行明确规定或约定，通过联系所在区域、时代背景和社会环境等，实际上是有隐含假设的具体条件的。但由于这些条件没有公开显示，当其发生变化时，人们还是按旧制进行处理，或者人们会自己理解对其进行解读，导致各说各的理、谁也不服谁，导致人与人之间在制度设计上存在矛盾或冲突。随着社会发展、时代变迁和人的改变，这类矛盾或纠纷目前已经越来越多。

专栏 5–4　土地利用的多种类型空间细分

土地的概念是丰富而复杂的。作为一种自然资源，土地在空间利用上可以细分为地下部分、地面部分、水及与水连接的土地、地面以上的部分等多种类型。

1. 地下部分，如石油、天然气、矿物、岩石、盐等。
2. 地面部分：

- 位置用地
  - 城镇利用
    - 工业用
    - 商业用
    - 住宅用
    - 休憩用
  - 建筑利用、非城镇利用
- 农业用地
  - 旱地
    - 可灌溉地
    - 不可灌溉地
      - 林地
      - 牧地
      - 旱作地
      - 沙漠及荒地
  - 湿地
    - 自然土地
      - 森林和草原地
      - 沼生水稻、饲草、小红莓地
    - 已耕种的沼泽地
      - 农地
      - 园地
      - 林地

交通和运输用地

休憩用地 { 自然公园 / 树林和水流 / 高速公路 }

3. 水及与水连接的土地：{ 海岸地 / 水下地 / 河岸地 / 灌溉用水 / 航行用水 }

4. 地面以上部分：为飞机和无线电使用

资料来源：〔美〕伊利 · 莫尔豪斯：《土地经济学原理》，纽约麦克比伦公司，1924 年 3 月。

（二）区分土地使用空间不可变和可变化

在现代社会，明确个人对土地使用的空间条件是否可变化，是对土地使用者的一种保护。现代社会的土地使用者是不断变化的，不同的土地使用者对土地利用的空间条件的需求有所不同。在实践中，现代社会土地使用者的变化有很多不同类型，既有人的生死带来的自然变化，也有人们对经济利益的追求带来的主动变化，还有基础设施建设占地等带来的被动变化等，这些变化会影响人们在土地利用上的长期投资和人与人之间的土地利益平衡关系。如果土地利用的空间条件不可变，特别是对耕地、小块土地和偏远地区土地而言，那么土地的经济价值就会降低。如果土地利用的空间条件可变，那么土地的经济价值就有可能会提高。明确土地利用的空间条件是否可变化，可以从源头上提高对人的行为主动变化的可预期性，决定土地上的劳动投入积累、固定资产投资和经济发展方式，调节人与人之间的利益平衡关系，促进建立良好稳定的社会秩序。

（三）对土地使用空间变化分类并约定补偿或奖励

在现代社会，国家或地区的土地是分地块、分时间、分用途、分主体利用并进行组合的，明确个人对土地使用的空间条件可变时的具体流程及清算办法，对土地使用者很重要。现代社会的土地资源（特别是好地）是稀缺的，需要合理配置并流转使用，需要在土地上进行长期投资、建设固定资产或进行土地改良等。如果土地利用的空间条件可变化，在提高土地的经济价值的同时，也会产生一系列新的问题，需要对土地利用的空间条件进行合理分类并约定必要的补偿或奖励，以及清算流程、清算内容和可能的续用优先权等，建构对劳动者的生产性、专业化努力的保护，控制制度内投机寻租，从源头上解决人与人之间在土地利用上的矛盾或冲突，促进建立良好稳定的社会秩序。在这方面，做得比较好的是我国台湾地区。

台湾地区于1970年出台了《农村社区土地重划条例》及其《农村社区土地重划条例施行细则》，明确农村社区土地的空间边界变化的条件、程序和管理办法，规范了农村社区用地重划工作秩序。1980年和1982年先后出台了《农地重划条例》和《农地重划实施细则》，明确农业生产发展土地的空间边界变化的条件、程序和管理办法，规范农地重划工作秩序。在实践过程中，根据形势变化需要，有关机构对这些文件进行了相关修订。

第六章

土地利用的用途条件的界定与保护

土地的稀缺性决定了土地利用需要专业化发展。它的一个重要途径就是对土地本身的用途进行明确分类，实行分类利用和用途管制。土地利用的用途条件影响土地利用的性质、责任、投入和效益。各国一般将土地分为农用地、建设用地、未利用地、城市土地、农村土地等进行使用和管理。随着工业化、城镇化和现代化的发展，规范土地利用的用途条件，是提高土地资源配置效率的重要途径，也是保护农用地资源尤其是耕地资源和调节土地利益分配关系的需要。

一、土地利用的用途条件是变量

（一）土地的分类利用非常重要

土地的利用需要分类并对用途进行界定，最基本的原因是土地具有稀缺性。特别是农用地资源——耕地资源稀缺，对土地如何利用关系重大。土地具有承载功能、生产功能、资源功能等。马克思曾指出：土地即“一切生产和一切存在的源泉”。威廉·配第也曾说过：“劳动是财富之父，土地是财富之母。”但一个国家或地区所拥有或可管控的土地供应基本固定，可利用土地是稀缺的，特别是具有较好自然资源禀赋的好地更加稀缺。与此同时，不同行业、不同产业的用地还存在竞争或矛盾。工业上，来自土地的大量建筑材料、矿产资源和动力资源（石油、煤炭、水力、天然气、地热），包括蕴藏资源数量、丰度及其位置和利用效果，决定了工业、建筑业和交通运输业的发展水平。农业上，土地不仅是劳动对象，而且土地本身又是不可代替的劳动资料。由国家或地区对土地进行分类利用，是人类对土地及相关问题的认识提高和对解决问题的方法改进的重要成果，它可以推进专业化发展，提高土地利用水平，解决人与人之间的用地矛盾。

（二）不同用途的土地价值不同

在现实社会中，个人对土地的使用是有前提条件或隐含假设的。土地用途是最重要的前提条件或隐含假设之一，土地的经济价值与其用途条件高度相关。现代社会大多数国家或地区都对土地实行分类利用和用途管制，人们只能在国家或地区所制定的土地利用规划和相关用途管理规则的范围内对土地进行开发利用，除非土地利用规划或相关用途管理规则改变以及按规定要求申请用地获得批准，人们不能擅自改变土地用途，或者需要为改变土地用途付出代价或承担责任。由于土地用途条件（包括实际用途和规定用途）不同，在同样时间、同样区域、同样面积的土地上，土地利用的经济价值或市场价格可能差异悬殊。由于土地用途条件因素的影响，对土地的经济分析需要小心谨慎，需要有合理框架，需要考虑土地利用背后的宏观格局和公共利益。换言之，不同用途的土地是不能简单比较的，如果要进行比较，需要合理引入条件。特别是，对土地的经济分析不能简化为只考虑土地面积，以及土地产权和土地位置等因素，并在此基础上进行片面评价。

（三）土地的用途界定具有复杂性

在现实社会中，土地的用途条件由国家或地区依法依规确定。人们对土地的可利用类型及用途条件进行明确规定不是个人行为，而是集体行为，特别是公共管理行为。在实践中，这种用途确定或规定主要体现在各种土地利用规划和相关的用途管理规则（如国家耕地保护制度、基本农田保护制度等）中，它受各方面因素影响和制约，具有技术性强、责任重大、利益攸关、关系全局、影响长远的特点，因时、因人、因地而异，做好有关组织、管理和服务工作具有特殊性和复杂性，需要统筹考虑前提条件、隐含假设和操作要求等。

二、土地利用的主要用途的划分

对土地的用途进行分类是重要的，也是复杂的，还是动态的。土地分类使人们能够更好地利用土地资源。这不仅是一种长远需要，而且是一种现实需要。但分类本身不是目的而是手段，分类工作有好有坏。对土地进行良好分类有三个要求：一是类别明晰，便于识别和测量；二是要成为有助于达成分类目标的手段；三是分类必须有经济的意义。对土地按一定的标准及方法进行分类，要深入把握每一类土地的特点，促进土地科学、合理、经济和可持续利用。对土地进行分类的最重要的标准有两个：一个是土地利用现状及其用途，按此可以将土地分为农用地、建设用地和未利用地，一般由国家或地区的国土和统计部门等确定；另一个是土地分布位置及其用途，按此可以将土地分为城市土地和农村土地以及城市郊区土地，一般由国家或地区规划部门等确定。这两个分类标准之间存在一定交叉，比如按土地利用现状及用途对土地进行分类，既要考虑土地利用现实情况，也要考虑土地利用过去情况和管控调整因素等，而按照土地分布位置及用途对土地进行分类，既要考虑土地利用未来发展，也要考虑土地利用现状等。

（一）**土地用途为农用地**

农用地是指在一个国家或地区所管辖的土地中，直接用于农业生产的土地，包括耕地、园地、林地、牧草地及其他农用地。农用地的范围一般由国家或地区的国土、统计部门等明确登记，并依法依规进行保护和管理。在中国，按照原国土资源部（现为自然资源部）2001 年发布的《全国土地分类》，将土地利用现状分为 3 个一级类以及 15 个二级类、71 个三级类。其中，农用地属于一级类，下分 5 个二级类、27 个三级类。

在实践中，将土地用途划定为农用地，主要的考虑因素如下：一是土地利用现状及历史情况；二是土地的自然条件要能适合农业生产发展需要；三是土地的地理位置分布要处于城市发展规划区域之外；四是土地利用需求及其变化趋势。

（二）**土地用途为建设用地**

建设用地是指在一个国家或地区所管辖的土地中，用于建造建筑物、构筑物的土地，包括商业、工矿、仓储、公用设施、住宅、交通、水利设施、特殊用地等。建设用地的范围一般由国家或地区的国土、统计等部门明确登记，并依法依规进行监督和管理。在中国，按照原国土资源部 2001 年发布的《全国土地分类》，建设用地属于一级类，下分 8 个二级类、32 个三级类。

在实践中，将土地用途划定为建设用地，主要的考虑因素如下：一是土地的自然条件和土地利用现状；二是土地的地理位置分布；三是人口集中、经济发展和社会发展情况等。

（三）**土地用途为未利用地**

未利用地是指在一个国家或地区所管辖的土地中，除农用地和建设用地以外的土地，包括荒草地、盐碱地、沼泽地、沙地、裸土地、裸岩石砾地、其他未利用土地，以及河流水面、湖泊水面、苇地、滩涂、冰川及永久积雪等。未利用地的范围一般由国家或地区的国土、统计等部门明确登记，并依法依规进行保护和管理。在中国，按照原国土资源部 2001 年发布的《全国土地分类》，未利用地属于一级类，下分 2 个二级类、12 个三级类。

在实践中，将土地用途划定为未利用地，主要的考虑因素如下：一是土地的自然条件和土地利用现状；二是土地的地理位置分布；三是人居环境、经济发展和社会发展情况等。

（四）土地用途为耕地

耕地是指在一个国家或地区所管辖的土地中，用于种植农作物的土地，包括熟地，新开发、复垦、整理地，休闲地（含轮歇地、轮作地）；以种植农作物为主，间有零星果树、桑树及其他树木的土地；平均每年能保证收获一季的已垦滩涂或海涂。耕地中包括南方宽（1 米）、北方宽（2 米）的固定的沟、渠、路和地坎（埂），临时种植药材、草皮、花卉、苗木等的耕地，以及其他临时改变用途的耕地。耕地的范围一般由国家或地区的国土、统计等部门明确登记，并依法依规进行严格保护和监督管理。在中国，按照原国土资源部 2001 年发布的《全国土地分类》，耕地属于二级类，其上级类是农用地（一级类），下分 5 个三级类，分别是灌溉水田、望天田、水浇地、旱地、菜地。

耕地在土地管理中最具有特殊性。在实践中，将土地用途划定为耕地，主要的考虑因素如下：一是土地的自然条件和土地利用现状；二是土地的地理位置分布；三是人口规模、经济发展阶段和社会发展情况等。

（五）土地用途为城市土地

城市土地是指在一个国家或地区所管辖的土地中，土地位置处于城市化发展区域或人口密度高于特定标准区域的土地，包括现有城区的土地和未来拟发展新城区的土地。这些土地主要用于建造建筑物，主要为二三产业发展、城镇生活和相关事业提供支撑与服务，包括商业用地、工业用地、城镇住宅用地、城镇公益用地等。城市土地的范围一般由国家或地区的有关规划（包括主体功能区规划、土地利用总体规划、城镇发展规划等）明确划定，并依法依规进行监督和管理。在中国，按照原建设部（现为住房和城乡建设部）1990 年发布的《城市用地分类与规划建设用地标准》，将城市用地分为 10 个大类、46 个中类、73 个小类。这 10 个大类包括居住用地、公共设施用地、工业用地、仓储用地、对外交通用地、市政公共设施用地、绿地用地、特殊用地、水域和其他用地等。

城市化地区是以提供工业品和服务产品为主体功能的地区，也提供农产品和生态产品。在实践中，将土地用途划定为城市土地，要考虑宏观因素和微观因素两个方面并进行统筹。宏观因素主要是人地关系、国民经济发展阶段、工业化和城市化发展情况及对土地使用的需要、人口向非农转移和向城镇集中、土地资源总禀赋、经济社会发展趋势、人口分布等。微观因素主要是土地的地理位置分布、土地的自然条件、土地利用现状、土地管理制度等。这种土地对土地区位分布的要求更高，对土壤质地和肥力的要求较简单，可容纳的生产投入量非常高，投入使用后的效益巨大。城市土地本身价值和其上面的建筑物价值具有不可分性。

（六）土地用途为农村土地

农村土地是指在一个国家或地区所管辖的土地中，土地位置处于城市化发展区域以外或者人口密度低于特定标准区域的土地，包括农用地、乡村建设用地以及生态用地等。这些土地主要用于农业及其他的用途，主要为农业生产发展、乡村生活、相关事业和其他利用提供支撑和服务，包括耕地、园地、林地、牧草地、农民宅基地、农村经营性建设用地、农村公益用地、其他用地等。农村土地的范围一般由国家或地区的有关规划和法规政策（包括主体功能区规划、土地利用总体规划、城镇发展规划、乡村建设规划、土地管理法、基本农田保护条例等）明确划定，并依法依规进行保护和管理。

农村地区包括农产品主产区和重点生态功能区以及其他管辖地区。农产品主产区是以提供农产品为主体功能的地区，也提供生态产品、服务产品和部分工业品。重点生态功能区是以提供生态功能为主体功能的地区，也提供一定的农产品、服务产品和工业品。在实践中，将土地用途划定为农村土地，要考虑宏观因素和微观因素两个方面并进行统筹。宏观因素主要是国家或地区人地关系、人口生计、经济发展、社会文化、生态环境、国际发展等情况，以及其对农业、农村的多功能需要、土地资源总禀赋、有关法律政策和管理制度、人口分布等。微观因素主要是土地利用的现状和历史情况、土地的自然环境条件、土地的地理位置分布、土地的所有权和使用权单位等。农业是国家的基本产业，而农地是农业发展的根本。在中国等很多国家和地区，人多地少，可用于农业发展的土地对光照、热量、水分、气候等条件要求很高，这种土地资源是很稀缺的，而且农地一旦转用就很难恢复，影响农民就业，影响社会安定，影响生态环境。这决定了对农地资源利用要进行严格保护。

三、土地利用的主要用途的变化

土地利用是一个历史的和动态的过程。随着人类经济活动的不断发展，土地利用的用途也是不断变化的，变化的方式也是多样的。土地按地貌特征可以划分为山地、高原、丘陵、盆地、平原，按土壤质地可以划分为黏土、壤土、沙土等。从土地利用的实际用途的变化来看，主要类型有将农用地转为建设用地、将建设用地复垦、将耕地退耕还草还林还湖以及将未利用地开发利用等。

（一）将农用地转为建设用地

一个国家或地区早期的土地利用主要是农用地，而建设用地相对较少。将农用地转为建设用地，是工业化、城市化和农业现代化的必要条件，也是现代社会经济增长的重要内容。工业化、城市化和农业现代化是一个经济结构调整、发展方式转变和资源配置效率提高的过程，与之相关联的是土地利用率、劳动生产率和储蓄投资率的提高。将农用地转为建设用地的方式：一是城乡结构调整，主要是划为城镇土地的区域增加，划为农村土地的区域减少。二是城乡内部调整，包括在城镇地区要推动土地利用分区、调整和优化，推进农业转移人口市民化，促进经济结构调整和发展方式转变；在农村地区要推动土地利用分区、调整和优化，推进农业经营专业化发展，加强新型社区建设和农业农村基础设施建设。

（二）将建设用地复垦为耕地

一个国家或地区的耕地资源是重要的、特殊的和稀缺的。随着工业化、城市化和农业现代化的发展，人类的生存和发展方式会发生变化，人口会发生城乡流动和地区流动，人们的储蓄投资能力会提高。在一些特定的城乡区域，特别是常住人口转移离开、以前为耕地或周边为耕地以及农业发展条件较好的农村区域，将建设用地复垦为耕地，不仅在技术上是可能的，而且在经济和社会发展上也是重要的和必要的。将建设用地复垦为耕地，既是保障城市粮食安全的重要内容，也是促进农业农村发展的重要内容，还是经济结构调整和发展方式转变的重要内容。在实践中，这种复垦是有前提条件的，即常住人口转移和具备经济实力等；也是有隐含假设的，包括政府能力强、开展社区重划和土地整理等。

（三）将耕地退耕还草还林还湖

一个国家或地区的生态用地是不断变化的，且显得越来越重要。随着工业化、城市化和农业现代化的发展，在一些特定的农村地区，人口资源环境会发生改变，耕地生产力下降或不再适合种植农作物，以及在经济结构调整和发展方式转变过程中，由于农业生产率的大幅提升和粮食及主要农产品生产供应出现过剩，人们开始考虑对生态环境建设的需要，包括涵养水源、调节气候、保持水土等，将耕地退耕还草还林还湖是重要的举措。在实践中，这种放弃耕种和将土地用于发展草原、森林和湖泊是有条件的，即农业出现过剩；也是有隐含假设的，包括实行以工补农、以城带乡，以及对放弃耕种者进行经济补偿和就业安置等。

（四）对未利用地的开发利用

一个国家或地区的未利用地一般是难以利用或严格管控的。随着工业化、城市化和农业现代化的发展，人类对土地开发利用的能力不断增强，特别是随着科技进步和长期投资，难以利用的未利用地是可被开发利用的。随着经济社会条件的变化，在符合法律政策规定的条件、许可程序和管理赋权情况下，严格管控的未利用地也是可被开发利用的。在实践中，对未利用地的开发利用是有条件的，即制度许可、管理赋权、分类划区、投资科技等；也是有隐含假设的，包括保护土地、提高效率、实行开荒与保护相结合等。

四、土地利用的用途条件的界定

对土地利用的用途条件的界定，是由国家或地区主管部门牵头，对由个人或单位所使用或控制的土地，在土地利用的用途范围及相关管理控制上，依法依规进行明确登记和规定，并组织开展有关的公共宣传、公共管理和公共服务，促进土地利用科学合理、结构优化、集约节约和可持续发展。目前中国法律明确规定国家实行土地用途管理制度，国家编制土地利用总体规划，规定土地用途。

（一）对土地利用的现状类型的登记

土地利用的现状类型是土地利用的用途条件的首要内容。在这项用途条件的界定上，主要是考虑土地利用现实状况，要求实事求是，明确登记农用地、建设用地和未利用地等一级类，以及耕地、园地、林地、牧草地、其他农用地、居民点及工矿用地、交通运输用地、水利设施用地等二级类，有的还要登记水田、水浇地、旱地、果园、茶园、其他园地、有林地、灌木林地、其他林地、天然牧草地、人工牧草地、农村道路、坑塘水面、沟渠、设施农用地、田坎、批发零售用地、住宿餐饮用地、商务金融用地、其他商服用地、工业用地、采矿用地、仓储用地、城镇住宅用地、农村宅基地等三级类。其主要内容为对土地利用现状进行实地调查核验，有历史记录的还要进行比对及分析，开展土地利用现状类型情况登记。有必要的，比如与历史记录不一致的，还要进行详细说明或标注（见表 6-1）。

表 6-1　　中国土地状况（2017 年）

项目	面积（万平方公里）
一、农用地	644.86
耕地	134.90
园地	14.20
林地	252.80

续表

项目	面积（万平方公里）
牧草地	219.30
其他农用地	23.60
二、建设用地	39.57
居民点及工矿用地	32.10
交通运输用地	3.80
水利设施用地	3.60
三、国土（陆地）	960.00

注：农用地和建设用地数据来源于自然资源部，国土面积来源于世界银行。
资料来源：《中国统计年鉴 2018》，中国统计出版社 2018 年版。

（二）对土地利用的用途范围的规定

土地利用的用途范围是土地利用的用途条件的核心内容。在这项用途条件的界定上，主要是考虑未来发展规划，要求重视全国主体功能区的划分（见表 6–2），重视农业和农村的多功能，推进分类管理控制，包括对农用地利用实行保护（限制转变用途，除非符合特定条件），特别是对耕地利用实行严格保护，对建设用地利用实行总量控制（可转变用途，要优化结构和转变方式）等。其主要内容是进行用途许可登记。主要原因是农业离不开土地。在农业生产中，粮食属于土地密集型作物，对耕地具有依赖性。改革开放以来，由于耕地非农用途随工业化、城市化逐年增加，耕地荒漠化尚未得到遏止，全国耕地总量减少，因此必须严格保护耕地，保证 6 亿吨左右的粮食生产能力。同时，农业是一项风险产业，既要承担自然灾害风险，比如歉年不得温饱，又要承担市场风险，比如丰年谷贱伤农。为此，世界发达国家都对农业实行财政补助并建立农业风险基金，都对农业用地进行一定保护。

表 6–2　　全国主体功能区的划分

	Ⅰ. 优化开发区	Ⅱ. 重点开发区	Ⅲ. 限制开发区	Ⅳ. 禁止开发区
1. 概念	按照开发方式对国土空间进行划分的一种主体功能区，即优化进行工业化城镇化开发的城市化地区	按照开发方式对国土空间进行划分的一种主体功能区，即重点进行工业化城镇化开发的城市化地区	按照开发方式对国土空间进行划分的一种主体功能区。其有两类，即限制进行大规模工业化城镇化开发的农产品地区和生态功能区	按照开发方式对国土空间进行划分的一种主体功能区，即禁止进行工业化城镇化开发的重点生态功能区

续表

	Ⅰ．优化开发区	Ⅱ．重点开发区	Ⅲ．限制开发区	Ⅳ．禁止开发区
2. 主要特点	经济比较发达、人口比较密集、开发强度较高、资源环境问题更加突出，应该优化进行工业城镇化开发的城市化地区。与重点开发区的开发内容相同，但开发强度和开发方式不同	有一定经济基础，资源环境承载力较强，发展潜力较大，人口集聚，经济发展的条件较好，应该重点进行工业化城镇化开发的城市化地区。与优化开发区的开发内容相同，但开发强度和开发方式不同	农产品主产区：耕地较多，农业发展条件较好，尽管也适合工业化城镇化开发，但从保障国家农产品安全以及中华民族永续发展的需要出发，必须把增强农业综合开发能力作为发展的首要任务，从而应限制进行大规模工业化城镇化开发的地区； 重点生态功能区：生态系统脆弱或生态功能重要，资源环境承载能力较低，不具备大规模工业化城镇化开发的条件，必须把增强生态产品生产能力作为首要任务，限制进行大规模高强度工业化城镇化开发的地区	依法设立的各级各类自然文化资源保护区域，以及其他禁止进行工业化城镇化开发、需要特殊保护的生态功能区
3. 功能定位及布局	提升国家竞争力的重要区域，带动全国经济社会发展的龙头，全国重要的创新区域，在更高层次上参与国际分工及有全球影响力的经济区，全国重要的人口和经济密集区。全国有环渤海地区等 3 个区域	支撑全国经济增长的重要增长极，落实区域发展总体战略、促进区域协调发展的重要支撑点，全国重要的人口和经济密集区。全国有冀中南地区等 18 个区域	国家层面农产品主产区：保障农产品供给安全的重要区域，农村居民安居乐业的美好家园，社会主义新农村建设的示范区。全国有东北平原主产区等“7 区 12 带”； 国家重点生态功能区：保障国家生态安全的重要区域，人与自然和谐相处的示范区。全国有 25 个地区，总面积 386 万平方公里，占陆地国土面积的 40.2%。2008 年区域总人口约 1.1 亿人，占全国总人口的比例为 8.5%	中国保护自然文化资源的重要区域，珍稀动植物基因资源保护地。全国共 1443 处，总面积 120 万平方公里，占陆地国土面积的 12.5%

注：这里的开发，特指大规模高强度的工业化城镇化开发；限制开发，特指限制大规模高强度的工业化城镇化开发，并不是限制所有的开发活动。按照开发内容，可以把中国的国土空间分为城市化地区、农产品主产区和重点生态功能区。对农产品主产区，要限制大规模高强度的工业化城镇化开发，但仍要鼓励农业开发；对重点生态功能区，要限制大规模高强度的工业化城镇化开发，但仍允许一定程度的能源和矿产资源开发；将一些区域确定为限制开发区域，并不是限制发展，而是为了更好地保护这类区域的农业生产力和生态产品生产力，实现科学发展。

资料来源：国家发展和改革委员会：《全国及各地主体功能区规划》，人民出版社 2015 年版。

（三）对土地利用的用途调整的规定

土地利用的用途范围调整规定是土地利用的用途条件的重要内容。在这项用途条件的界定上，主要是考虑未来工作规范，要求具体明确，提高可操作性及其公开性、公平性、公正性和效率性，组织开展有关的公共宣传、公共管理和公共服务。其主要内容是对土地用途允许转变的具体内容、操作方式、前提条件和隐含假设进行明确规定，比如转变方向、申请资格、工作流程、报批要求、审批部门、办理时限、有关费用、有关补偿、政策法律依据、责任追究等，有必要的要进行完整而详细的登记。如果引入交易费用经济学进行分析，土地用途不允许转变意味着交易成本无限大；土地用途允许交易意味着交易成本能够降低，在经济上可以接受；如果有关方对土地利用的用途调整的规定比较科学合理，交易成本可以大幅降低，这对参与土地用途改变的各方都有好处，对国家或地区经济社会发展是有利的。

五、土地利用的用途条件的保护

对土地利用的用途条件的保护，是在土地利用的用途条件的界定和组织、管理、协调、服务工作中，各有关主体要从源头入手，提高对实行土地分类利用和用途管制制度的认识，提高有关管理制度设计水平，组织开展好用途条件界定工作，协调解决土地分类利用和开展用途管理中面临的各种重大问题和具体问题。土地分类利用和用途管制是国际上广泛采用的土地管理制度，是国家或地区为保证土地资源的合理利用和经济、社会与环境的协调发展，通过编制土地利用总体规划、划定土地用途区、确定土地使用限制条件等，使土地的所有者、使用者必须严格按照国家或地区所确定的用途利用土地的一项强制性管理制度。实行这项制度后，使用土地的个人或单位必须严格按照土地利用总体规划使用土地。

（一）在土地利用用途上从隐含假设到公开显示

在现代社会，明确个人或单位对土地利用的用途条件要公开显示，这是对土地使用者的一种保护。现代社会的土地使用者并不一定是土地所有者，土地使用者和土地所有者之间的分离与合作是正常现象和普遍现象。在实践中，过去很多土地管理政策和土地使用合同在土地利用用途条件上没有进行明确规定或约定，通过联系所在区域、时代背景和社会环境等，实际上是有隐含假设的具体条件的。但由于这些条件没有公开显示，当其发生变化时，人们还是按旧制进行处理，或者人们会按自己的理解对其进行解读，导致各说各的理、谁也不服谁，导致人与人之间在制度设计上存在矛盾或冲突。随着社会发展、时代变迁和人的改变，这类矛盾或纠纷已经越来越多。

（二）区分土地使用用途不可变和可变化

在现代社会，明确个人或单位对土地使用的用途条件是否可变化，是对土地使用者的一种保护。现代社会的土地使用者是不断变化的，这在客观上会造成土地使用用途的变化。同时，不同的土地使用者对土地利用的用途条件的需求是不同的。在实践中，现代社会土地使用者的变化有很多类型，既有人的生死带来的自然变化，也有人们对经济利益的追求带来的主动变化，还有基础设施建设占地等带来的被动变化等。这些变化会影响人们在土地利用上的长期投资和人与人之间的土地利益平衡关系。如果土地使用的用途条件不可变化，特别是时间很短或缺乏弹性，那么土地的经济价值就会降低。如果土地使用的用途条件可以改变，特别是时间可以延长或有一定弹性，那么土地的经济价值就会提高。对土地使用的用途条件明确是否可变化，可以从源头上提高对人的行为主动变化的可预期性。它决定土地上的劳动投入积累、固定资产投资和经济发展方式，调节人与人之间的利益平衡关系，促进建立良好稳定的社会秩序。

（三）对土地使用用途变化分类并约定补偿或奖励

在现代社会，国家或地区的土地是分用途、分时段、分区域、分主体等利用并进行组合的，明确个人对土地使用的用途条件可变时的具体变化流程及清算办法，对土地使用者很重要。现代社会的土地资源（特别是好地）是稀缺的，需要合理配置并流转使用，需要在土地上进行长期投资、建设固定资产或进行土地改良等。为了提高土地资源的利用效率，如果土地使用的用途条件可变化，在提高土地的经济价值的同时，也会产生一系列新的问题，需要对土地使用的用途条件变化进行合理分类并约定清算流程、清算内容和可能的续用优先权等，建构对劳动者的生产性、专业化努力的保护，控制制度内投机寻租，从源头上解决人与人之间在土地利用上的矛盾或冲突，促进建立良好稳定的社会秩序。

第七章
土地利用的方式条件的界定与保护

土地的特殊性决定了土地利用需要实行指令与市场相结合、有偿与无偿相结合、个体与组织相结合、分散与集中相结合、开发与保护相结合等。良好的土地利用方式是通过良好的制度设计、规划引领和方式管控来实现的。土地利用的方式条件影响土地利用的深度。随着工业化、城镇化和现代化的发展，土地的利用方式越来越成为一个重要的问题。对土地的利用方式进行规范，是保障经济社会发展用地需求、提高土地资源配置效率、维护个人或单位土地利用公平性、解决人与人之间在土地利用上的矛盾或冲突的重要手段。

一、土地利用的方式条件是变量

在现代社会，同样时间同样空间同样用途的土地，由于土地利用的方式不同，对个人或单位所产生的价值或效用有可能相差悬殊。这些利用方式的选择，既要遵循基本经济学原理，包括投入产出原理、技术经济原理、规模经济原理、范围经济原理、生态经济原理、制度经济原理等，考虑全局和长远，重视资源配置优化，也要立足现实社会环境条件，包括人口资源环境、政府组织制度、经济社会发展阶段，以及人的素质、能力和观念等，考虑现实可能性边界，重视参加者利益平衡，深入分析研究，统筹考虑确定，积极稳妥调整。

（一）土地利用的方式选择非常重要

土地利用方式关系重大。首先，土地利用方式对土地资源的配置有重要影响。如果土地利用是指令性的，土地使用者的资格会被严格封闭，对土地资源优化配置不利。如果土地利用是市场机制的，土地使用者的资格将被开放，将拓展土地资源优化配置范围。如果土地是无偿利用的，那么这种土地的需求可能无限大，而土地的供给途径可能会很少乃至没有，解决土地供求矛盾主要靠等级、政治或武力等非经济手段。如果土地是有偿利用的，那么这种土地的需求会下降，而土地的供给会上升，解决土地供求矛盾可以利用经济手段特别是引入市场机制。如果土地利用是自然随机的，那么在土地上创造财富的能力和效率会有限。如果土地利用是资本化的，那么在土地上创造财富的能力和效率可能大幅提高。其次，土地利用方式对与土地有关的利益分配有重要影响。如果土地利用主体是个人或自然人，可以调动人的积极性、主动性和创造性，但随着个人的死亡或变化，可能会引起土地利益重新分配问题。如果土地利用主体是法人组织，也可以调动人的积极性、主动性或创造性，但随着个人的死亡或变化，不一定产生土地利益分配问题，应依法有序解决问题。最后，土地利用方式对经济社会可持续发展和生态环境可持续发展有重要影响。中国人多地少，农用地特别是优质耕地少，如果土地利用是简单粗放以及不可持续发展的，就难以保障经济社会发展和生态环境建设需求。如果土地利用是节约集约及绿色发展的，则有可能为之提供长久保障并为生态环境建设提供空间。

（二）不同利用方式的土地价值不同

土地的经济价值与土地利用的方式条件是高度相关的。土地的经济价值是由土地的自然条件、地理位置、有关投资和管理服务等共同决定的，其中的有关投资和管理服务关系重大，特别是受有关固定资产投资的方式、类型和规模影响很大，受土地使用者的类型、知识水平、组织形态和发展方式影响很大。如果土地是有偿使用的，特别是通过公开市场实行“招拍挂”获得的，那么会产生经济效率选择机制，对使用土地的个人或单位产生很大的经济压力或发展动力。他们会通过在土地上进行固定资产投资以及改善有关的管理服务来提高土地的经济价值。如果土地是无偿使用的，那么土地的经济价值可能就会大打折扣。如果土地是由自然人或住户简单、分散、粗放、小块、不重保护利用的，那么土地利用的技术经济、规模经济、范围经济和生态经济效应将很难提高，土地的经济价值不会很大。如果土地是由单位或法人进行组织化、集约化、规模化、资本化和可持续利用的，那么土地的经济价值大幅提高是可能的。

（三）土地利用方式的界定有复杂性

在现实社会中，土地利用的方式条件是比较复杂的。在这些方式条件中，既有国家或地区依法依规确定的内容，也有土地所有权人、使用权人或有关的土地管理者协商确定的内容；既有属于对个人或单位利用土地的前提条件的内容，也有属于对个人或单位利用土地的隐含假设的内容。人们对土地利用的方式及相关要求进行明确规定，不完全是个人行为，而是集体行为，包括公共管理行为、社会自律行为、人与人之间的相互协商行为等。

二、土地利用方式的基本划分

在现代社会，土地利用的方式是多种多样的。从现代经济学的角度进行分析，主要考察的是：相对土地利用的无偿利用、指令安排、个人住户利用、分散粗放利用、小块经营利用、自然随机利用和不重保护利用，引入土地利用的有偿利用、市场机制、法人化利用、集约化利用、规模化利用、资本化利用和可持续利用。

（一）无偿利用与有偿利用

土地的无偿利用是指个人或单位在获得土地利用许可时不需要提前支付土地费用，以及在利用土地过程中不需要承担土地费用。土地的有偿使用是个人或单位在获得土地利用许可时需要提前支付土地费用，以及在利用土地过程中需要承担土地费用。由于土地资源的稀缺性和土地利用的历史性，土地的取得和利用是有成本费用的，需要有人为此买单并协调解决人与人在土地利用上的矛盾或冲突。因此，土地的有偿使用是一般的、正常的和必要的，而土地的无偿利用是特殊的、异常的和偶然的。在一定程度上，土地的无偿利用并不是没有土地费用发生，而是有个人或单位为此进行了转移支付，需要深入分析条件。在现实社会中，要重视推进土地的有偿利用，但土地的无偿利用和有偿利用都是存在的，需要进行区别对待，合理引入条件和建立有机连接。

（二）指令安排与市场机制

土地利用的指令安排是指个人或单位利用土地是由计划安排部署或按照行政上级的指令要求组织开展的。在这种方式中，土地的取得是按照行政等级安排确定的，一般不需付费，对土地使用者的资格有严格要求，要讲究成员身份、劳动能力、服从精神，土地使用者具有较强的外在压力，在发展中会严格遵守上级意愿或符合公共利益要求，但不一定有内在发展活力或自身动力，土地利用效率和效果受指令者的深刻影响。土地利用的市场机制是指个人或单位利用土地是由市场竞争取得或按照自身发展需要结合有关约束条件组织开展的。在这种方式中，土地的取得是按照市场机制选择确定的，一般需要付费，对土地使用者的资格是开放和竞争的，要讲究经济实力、经营能力、效率和诚信，土地使用者具有较强的内在动力或发展活力，在发展中土地利用效率和效果有可能大幅提高，但不一定严格遵守政府部门意愿或符合公共利益要求，有可能产生负外部性。在现实社会中，要重视土地的市场机制利用，但土地的指令安排利用和市场机制利用都是存在的，需要进行区别对待，合理引入条件和建立有机连接。

（三）个人住户利用与法人化利用

土地的个人住户利用是指土地由属于自然形态的个人或住户使用。在这种方式中，对个人住户的土地使用许可管理比较复杂，难以依法调整用地资格和进行综合开发，主要是将土地用于传统农业经营，以及在土地上建设简易的生产生活设施，特别是隔离带、院落等，与传统的农业社会及经济欠发达阶段相对应。土地的法人化利用是指土地由属于法人性质的个人或单位使用。在这种方式中，对法人的土地使用许可管理相对简单，可以依法调整用地资格和进行综合开发，主要是将土地用于现代农业经营，建设现代化大城市、城市带、城镇群等，在土地上建设复杂多样的各种设施，包括交通、水利、电力、能源、房地产等，与现代的工业化、城市化社会及经济比较发达阶段相对应。由于现代经济增长主要靠工业化、城镇化、现代化以及服务业增长，土地的个人住户利用难以满足社会需求，土地的法人组织利用需求会不断增长。在现实社会中，要重视推进土地的法人化利用，但土地的个人住户利用和法人组织利用都是存在的。这也是区分经济发展方式和阶段的重要标志，需要进行区别对待，合理引入条件和建立有机连接。

（四）分散粗放利用与集约化利用

土地的分散粗放利用是指个人或单位对土地的利用比较分散和粗放，实行广种薄收，在同一块土地上投入不多或投资强度不大，土地利用粗放，导致单位面积的土地投资及产出很低。土地的集约化利用是指个人或单位在同一块土地上投入较多和不断进行投入，对土地的利用比较集中频繁，土地利用集约高效，导致单位面积的土地投入及产出大幅提高。随着现代经济的发展、社会可用土地资源特别是位置质量比较好的土地越来越稀缺，以及人们的投资建设能力越来越强，促进土地的集约化利用，替代土地的分散粗放利用，提高土地利用率和土地生产力，越来越重要和必要。在现实社会中，要重视推进土地的集约化利用，但土地的分散粗放利用与集约化利用都是存在的，也是相对的，既要实行区别对待，又要合理引入条件，建立有机连接。

专栏 7-1 重视土地集约化利用的原理

实行土地集约经营是提高土地利用效益的基本途径之一。其主要特点是在同一位置的土地上投入相对较多的物化劳动和活劳动等，以提高单位土地的收益。但在同一位置的土地上投入与收益的关系比较复杂，在收益的增长和投入的增长之间并不是简单的线性关系，而是分阶段变化的，具体为先增后减、中间有拐点。在一定的自然、技术、管理条件下，在一定位置一定面积的土地上不断追加物化劳动和活劳动的投入量等，土地收益（包括边际产量、平均产量和总产量等）不可避免地会经历由增加、不变到降低的变动过程，这就是“土地收益变动规律”。18 世纪法国重农学派后期代表人物杜尔阁对于这一变化进行了系统描述。到 1815 年，英国学者伊·维斯特在总结前人描述的基础上正式提出了“土地收益递减率”。这一规律也可通过“经典生产函数”来表达。其生产发展分为三个阶段：第一个阶段是边际产量高于平均产量阶段，此时平均产量、总产量一直增加；第二阶段是边际产量低于平均产量阶段直到边际产量降到零，此时平均产量开始下降，总产量增加一直到最大；第三阶段开始于边际产量为负值，此时除了平均产量下降外，总产量也开始下降。

在实践中，要科学推进土地集约化利用，主要是积极增加土地上的投入投资或者调整优化投入方式并尽可能使土地利用处于报酬递增阶段。一是正确认识对土地的投入。一方面，在土地上没有投入就没有产出，积极增加投入是重要的；另一方面，土地的投入产出有特殊性，在土地投入方式上也要有所讲究，把握好土地投资的适合度。也就是说，既要考虑投入有不同阶段——由于土地报酬递减规律的存在，某项投入有一个最佳点，在达到最佳点之前投入是有效益的，在达到最佳点之后效益会下降乃至无效；也要考虑投入有多种类型——不仅有流动资金及活劳动投入，也有固定资金及物化劳动投入，还有科学技术的投入、经验知识的累积、劳动方法的改进等。在土地投资中，不仅存在集约边际，即纵向加深投资集约度的界限，也存在粗放边际，即横向扩展经营范围的界限，这两个边际界限都需要引起重视。二是正确把握农用土地的集约度，考虑社会对农产品的需求程度、农业技术发展和投入的能力、土地本身的自然条件和交通条件，农业经营的具体目标和边际报酬等于零的投入点位置等。三是正确选择非农用地的集约度，考虑调控人口密度、投资强度、容积率等。

资料来源：周诚：《土地经济学原理》，商务印书馆 2003 年版；毕宝德主编：《土地经济学》（第 6 版），中国人民大学出版社 2011 年版。

（五）小块经营利用与规模化利用

土地的小块经营利用是指个人或单位对土地利用的地块规模比较小，在同一位置的土地上难以扩大经营面积，难以使用机械化手段或者进行重要投资，难以获得规模经济效益。土地的规模化利用是指个人或单位对土地利用的地块规模比较大，在同一位置的土地上能有较大经营面积或可以扩大经营面积，能使用机械化手段或者进行重要投资，能产生规模经济效益。随着现代经济的发展、社会可用土地资源越来越稀缺以及人们的投资建设能力越来越强，促进土地的规模化利用，替代土地的小块利用，提高土地生产力，越来越重要和必要。在现实社会中，要重视推进土地规模化利用，但土地的小块经营利用与规模化利用都是存在的，也是相对的，既要进行区别对待，又要合理引入条件，建立有机连接。

专栏 7-2　重视土地规模化利用的原理

实行土地规模经营是提高土地利用效益的重要途径之一。其主要特点是在一定位置土地的周边扩大经营面积，较大的规模会使土地、机器和其他设备、劳动力、管理、科技等一切经济资源得到较为充分合理的利用，以提高单位土地的收益。但在一定位置的土地上扩大经营规模与增加收益的关系比较复杂，在收益的增长和规模的扩大之间并不是简单的线性关系，而是分阶段变化的，具体为先增后减、中间有拐点。在一定的自然、技术、管理条件下，在一定位置的土地周边不断扩大经营面积等，土地收益（包括边际产量、平均产量和总产量等）不可避免地会经历由增加、不变到降低的变动过程，这就是“土地规模收益变动规律”。因此，过小或过大的规模都会形成规模负效益。土地规模经济的一般来源有企业内部和外部两个方面，分别称为内部规模经济（因企业经营实体规模扩大而在企业内部产生的效益，它来源于生产要素的不可分性）和外部规模经济（因整个行业的规模扩大和产量增加使行业内单个生产经营单位得到的效益，它来源于有关成本支出的减少）。作为企业组织的规模经济概念，并不一定都与空间的集中相联系。促进城市形成的，是将生产经营活动集中在某一个地点所得到的空间意义上的规模经济，这就是积聚经济，它是分析城市土地规模的重要依据。与积聚经济相对的积聚不经济，主要原因是包括时间成本、拥挤成本在内的交通成本、运输成本的增加和大气污染、噪声危害、环境恶化等。

在实践中，要科学推进土地规模利用，主要是积极扩大土地利用经营规模或者调整优化经营规模并尽可能使土地利用处于报酬递增阶段。土地利用的规模经济问题，不仅存在于微观的企业层次，还与大片土地的综合开发、城市用地规模等区域性问题相关。土地利用规模扩大带来的经济利益，并不一定是利润的增加，还可能是企业的劳动生产率、土地生产率的提高，以及宏观经济效益和社会效益的提高。

土地利用规模扩大带来的经济利益并不一定属于某一个特定的企业，可能属于一个产业或者一个地区的全部企业，甚至属于一个地区的全体居民。影响土地规模经营的因素是多种多样的。土地利用规模在农业中通常是农业经营规模的标志。从农业经营规模看，主要有生产工具、土地、人地比例、集约经营程度、农业经营者的能力、社会条件、经济制度、农业经营单位的外部条件、国家的政策等。农业生产力的提高，大体上经历人畜力和机械化两个阶段，相应地具有不同的农业经营规模。一般而言，实行较大规模经营是有条件的，主要是劳地比例的降低、农业机械化水平的提高、农业经营者素质的提高、农业社会化服务的加强等。从城市土地经营规模来看，市地规模寓于城市规模之中，城市规模由于内部（企业规模扩大、集群发展、基础设施、公用事业和第三产业发展等）和外部（周边竞争等）两方面的动力是不断扩大的。影响城市规模的因素主要有区域因素和城市职能、地理位置、城市基础设施等，既存在效益问题，也存在成本问题。

资料来源：周诚:《土地经济学原理》，商务印书馆 2003 年版；毕宝德主编:《土地经济学》（第 6 版），中国人民大学出版社 2011 年版。

（六）自然随机利用与资本化利用

土地的自然随机利用是指个人或单位利用土地的目的是获得自然产品或劳动产品，主要依靠人的劳动及劳动积累，土地开发利用的过程比较自然或原始，缺乏长期规划或长期投资，在土地上进行基础设施建设以及组织提供的社会服务比较少。土地资本化利用是指个人或单位利用土地的目的是获得经营利润或土地增值，能综合使用各种生产要素资源，包括人的劳动及劳动积累、现代化机器设备和现代科学技术、市场机制和金融工具特别是债券股票融资等，土地开发利用的过程比较现代化，具有长期规划或长期投资，在土地上进行基础设施建设以及组织提供的社会服务比较多。随着现代经济的发展，促进土地的资本化利用，替代土地的自然随机利用，提高土地资源配置水平，越来越重要和必要。在现实社会中，要重视推进土地的资本化利用，但土地的自然随机利用与资本化利用都是存在的，既要进行区别对待，又要合理引入条件，建立有机连接。

专栏 7–3　重视土地资本化利用的原理

土地资本化利用是现代社会发展方式。其主要特点是在土地利用中引入规划、投资、产权、交易、市场、金融等，实行跨时期优化配置资源，以提高单位土地的价值。所谓资本化，是把资产凭其收益转换成资产的现期市场交换价值的过程。基本原理是将土地利用的过去、现在和未来联系起来，将在土地上的重要投资按照其预期收益转换为资产现值，用于抵押、投资、融资和生产经营活动等，更好地配置社会资源要素，通过创造资产和分享劳动参与率提高、劳动生产率提高和土地资源配置效率提高的成果，实现保值增值和资金周转。对土地引入资本化利用后，土地可以成为融资工具，实现跨时期优化配置资源，在解决个人或单位储蓄积累不足、欠发达经济体资金稀缺问题和促进现代经济增长中作出特殊贡献。房地产界和银行界流传的关于美国老太太与中国老太太买房的故事深刻地说明了这个道理：一个中国老太太 60 岁时终于挣够了钱买了一套房子，而一个美国老太太 60 岁时终于还清了购房的贷款，而她已经在这房子里面住了 30 年了，因为她通过银行贷款以及考虑劳动收入的增长、房价的上涨和物价的上涨等，可以提前 30 年买上房子并从资产运作中分享好处。

在实践中，要科学推进土地资本化利用。一要搞好土地利用规划，增强土地利用规划管理基础，完善土地利用规划管理体系，健全土地利用规划管理决策制度，发挥土地利用规划在调整优化空间格局和推进跨时期优化配置资源中的重要作用。二要促进土地长期投资，支持个人或单位在土地上建设符合土地利用规划的设施及资产。三要改革完善土地制度，实行土地用途管制，完善、创新土地财产制度和资产流转制度，深入界定和保护土地产权，健全土地产权流转交易市场体系，发挥市场在土地资源配置中的重要作用，政府更好地发挥作用。四要改革完善财税制度和金融制度，为土地的资本化利用提供良好条件和营造良好环境。

资料来源：葛伟："马克思土地资本化理论的现代分析"，《南京社会科学》，2007 年第 3 期；毕宝德主编：《土地经济学》（第 6 版），中国人民大学出版社 2011 年版。

（七）不重视保护利用与可持续利用

土地的不重视保护利用是指个人或单位在土地利用过程中对生态环境建设重视不够，缺乏有关的约束性标准和要求，没有进行环境影响评价，组织开展的有关保护和监管工作不完善。土地的可持续利用是指个人或单位在土地利用过程中对生态环境建设比较重视，建立了约束性标准和要求，引入了环境影响评价，组织开展的有关保护和监管工作比较完善。随着现代经济的发展，促进土地的可持续利用，加强生态环境建设保护，提高土地资源配置水平，越来越重要和必要。在现实社会中，要重视推进土地的可持续利用，但土地的不重视保护利用与可持续利用都是存在的，也是相对的，既要进行区别对待，又要合理引入条件，建立有机连接。

专栏 7-4　重视土地可持续利用的原理

土地可持续利用来源于人们对生态环境问题的关注和可持续发展理念的发展。可持续发展是当今国际社会普遍关注的热点问题。它萌芽于20世纪50～60年代工业发展对环境造成的不良影响，迫使人们反思单纯追求经济增长的消极作用，主要标志是1962年美国生物学家卡逊出版的科普著作《寂静的春天》，描述了农药无节制使用带来的环境污染现象，引起西方社会的强烈反响；形成于20世纪70年代，主要标志是1971年罗马俱乐部《增长的极限》的出版和1972年6月联合国斯德哥尔摩人类环境会议；发展和完善于20世纪80年代以后，主要标志是1987年世界环境与发展委员会向联合国提出报告《我们共同的未来》，对可持续发展的内涵作了界定并进行了详细的理论阐述，提出可持续发展是既满足当代人的需求，又不对后代人满足自身需求的能力构成危害的发展。1992年，联合国召开了由各国政府首脑参加的环境与发展大会，签署了具有划时代意义的《21世纪议程行动计划》，提出了通过政府行为来实现可持续发展的战略思想。可持续发展的理论依据是资源稀缺论，包括绝对稀缺论（以马尔萨斯的《人口原理》和《政治经济学原理》为代表）、相对稀缺论（以李嘉图的观点为代表）、静态经济理论（以约翰·穆勒德的《政策经济原理》为代表）、自然和谐论（以乔治·马什的《人与自然》为代表），以及效率利用论（新古典经济学的理论）、极限增长论（罗马俱乐部的理论）、能力建设论、绿色发展论等。

土地可持续利用是解决人地矛盾和土地可持续利用问题及挑战的重要手段。人地矛盾产生于人地关系，包括人口与全部土地的关系和人口与耕地的关系两种。人地关系是不断变化的，由于人口的不断增长，土地承载力有限，土地特别是耕地资源不足，人类大规模开发利用土地引发了人与人之间在土地利用上的冲突。中国人多地少，水资源时空分布不均，人均可耕地、优质耕地少，在经济社会发展中，北方地区和沿海城市受到水土资源的严重制约，森林资源缺口大，矿产资源保障率低，工业生产污染负荷增加，农业生态环境有所恶化，这些现实的问题必须要重视解决。在土地资源利用上，必须讲求可持续发展，既要满足当代人对土地的要求，也要保障今后长远发展对土地的需要。土地利用的可持续性包括自然可持续性、经济可持续性和社会可持续性，既要把保护耕地作为战略重点，也要重视非农用地的可持续发展，综合考虑各地土地利用在数量上的均衡性、在质量上的级差性、在时间上的长期性和在空间上的全局性等。土地可持续利用的基本目标有四个：一是土地资源配置与土地资源的总量稀缺性高度一致，有限的土地资源必须优先分配到包括经济效益、社会效益和生态效益都较高的项目上并有合理的分配比例；二是土地资源的质量组合与土地资源禀赋相适应，优质的土地资源要安排到资源品质要求最高的生产项目上；三是土地资源的时间安排与土地资源供给的时序性相协调，土地资源的开发利用要考虑延续性和避免集中过度消耗导致资源断档；四是土地资源配置应当考虑各地差异和特点，以便激发各地发展活力，建立有序的区域配置机制和区际资源流动规则。

1993年联合国粮农组织发表《可持续土地利用管理的评价大纲》，提出土地可持续利用方式的五个标准：一是土地利用有利于保护和提高土地的生产性能或生态功能；二是土地利用有利于降低土地资源利用带来可能的风险使土地的产出稳定；三是保护土地资源的数量和质量；四是土地利用在经济上必须是合理可行的；五是土地利用应该是能被社会所接受。结合中国的现实情况，在土地可持续利用上，要在充分尊重中国土地资源基本条件的基础上优化配置土地资源，改革不合理的土地利用方式，增强土地的可更新能力和使用效率，以促进整个社会经济的持续、稳定、协调发展。具体目标有五个：一是保有一定数量的耕地，确保食物安全；二是提高土地资源的生产能力；三是保障工业化和城市化所必需的各项用地需要；四是保护和改善生态环境；五是建立良好的土地利用结构和布局等。

资料来源：毕宝德主编：《土地经济学》（第6版），中国人民大学出版社2011年版；吴次芳、宋戈编著：《土地利用学》，科学出版社2009年版。

三、土地利用方式的重要变化

在现代社会，土地利用的方式是不断变化的。在这些变化中，既有宏观的变化，也有微观的变化；既有资格的变化，也有内容的变化；既有管理的变化，也有服务的变化；既有横向的变化，也有纵向的变化；既有平面的变化，也有立体的变化，还有贯穿的变化等。从土地利用方式的人为变化来看，主要类型有从无偿利用到有偿利用、从指令安排到市场机制、从团队组织利用到个体主导利用、从个人住户利用到法人组织利用、从分散小块利用到集约规模利用、从自然随机利用到资本化利用、从不重视保护利用到可持续利用等。

（一）从无偿利用到有偿利用

一个国家或地区的土地利用方式与发展阶段有关。原始社会的土地利用是无偿的。阶级社会出现后，随着一些土地被个人或单位排他性占有，以及在土地上建设基础设施等，土地的有偿利用出现并不断发展。在中国市场化改革和对外开放以前，土地利用的主体方式是无偿利用，有偿利用很少或占比不大。在中国市场化改革和对外开放以后，土地的有偿利用不断增大，但无偿利用仍然存在。随着中国改革开放的不断深化，土地利用方式不断发生转变，有偿利用的范围和程度会大幅提高乃至基本普及，无偿利用的范围和程度会大幅缩小乃至基本消失。这种转变是重要和必要的。因为国家或地区所管辖的土地资源是有限而稀缺的，土地的取得、管理和利用等在客观上是有成本费用的，这些成本费用需要进行合理补偿并建立良好的组织管理运行机制，才能在经济上实现可持续发展。

（二）从指令安排到市场机制

一个国家或地区的土地利用方式与经济体制有关。在计划经济体制下，土地利用的主体方式就是指令安排，市场机制很少或基本不存在。在市场经济体制下，土地利用的主体方式是市场机制，但也会存在指令安排。随着经济管理体制从计划经济体制转向市场经济体制，土地利用方式会发生转变，主要内容就是从指令安排转变为市场机制。这种转变是全面、深刻而复杂的，它要求重视土地利用主体的资格、能力和责任，推进土地利用的总体规划、宏观管理与个体计划、微观管理的分离与衔接，建立和完善土地利用的开发控制、经营管理、经济核算、成本监审、财税管理、租税管理、投资融资、生态环境管理等制度。

（三）从团队组织利用到个体主导利用

一个国家或地区的土地利用方式与社会发展有关。在生产力发展水平低的传统社会及经济欠发达的社会，缺乏土地利用的机器设备或先进技术以及资本积累，土地利用的方式以团队组织利用为主，个人主导利用很少或占比不大。在生产力发展水平比较高的现代社会及经济比较发达的社会，由个体主导利用土地的方式会不断增长并占比越来越大。随着生产力发展水平的提高，对土地进行利用的机器设备不断发展、先进技术不断研发并推广，由团队组织生产发展的方式会发生分化重组，大量社会人口会从农业向非农产业和城镇转移，同时个体从事土地开发利用的经济实力和承担社会责任的能力不断增强。相对于团队组织利用土地，由个人主导利用土地，可能形成更好的激励机制或激励效果更好。

（四）从个人住户利用到法人组织利用

一个国家或地区的土地利用方式与社会转型有关。向现代化转型以前的社会，社会主体是以自然形态为主的个人或住户，人们在开发利用土地资源和从事生产经营服务活动方面的独立性、自主性、自由性等是不足的乃至具有依附性，土地基本上是由个人住户利用。向现代化转型以后的社会，社会主体是以法人形态为主的个体，包括个人或单位，他们在开发利用土地资源和从事生产经营服务活动方面会不断发生变化。在土地利用的方式上，以法人组织利用土地的方式会不断增长或扩大。法人与自然人的重要区别是要满足一定的经济条件，依法登记注册，在法律面前一律平等，具有独立的民事行为能力和民事责任能力，在土地利用上可以赋权也可以收权，在组织管理服务上规范有序等。推进土地的法人组织利用在现代社会是非常重要和必要的。与由个人或住户利用土地相比，由法人组织利用土地可以为推进土地资源配置调整优化创造环境条件，更好地实现专业化分工和社会化组合。

（五）从分散小块利用到集约规模利用

一个国家或地区的土地利用方式与技术进步有关。土地的利用既受自然资源禀赋条件影响，也受人为技术条件影响。在自然资源禀赋条件中，有一些条件是不能改变或很难改变的，有一些条件是可以改变的，但需要专业人才、资本和技术等现代化条件来保障和支撑。在土地自然资源禀赋条件比较差、土地使用者主要从事传统农业、缺乏现代技术及资本积累的情况下，土地利用基本上是分散小块的，土地的生产力比较低。在土地资源禀赋条件相对较好、土地使用者主要从事非农产业及现代农业、具有现代技术及资本积累的情况下，一些土地利用会改变分散小块的方式，向土地集约规模利用转变，在同一位置的土地上不断增加投入或扩大面积，实现土地资源配置调整优化和生产力提升。当然，这种土地利用方式的转变，有积极主动的，也有消极被动的，需要管理激励和市场压力。

（六）从自然随机利用到资本化利用

一个国家或地区的土地利用方式与市场建设有关。土地的利用受发展规划、长期投资和市场交易的重要影响，其利用方式影响经济增长。在缺乏发展规划、长期投资和市场交易的情况下，土地的资产价值是有限的或很难开发，土地以自然随机利用为多，资本化利用很少乃至基本不存在，土地利用在调控或影响经济增长中的作用是有限的。在引入发展规划、长期投资和市场交易的情况下，土地的资产价值可以得到较好开发并充分显现，土地的自然随机利用会发生重要分化，一些土地的资本化利用将得到发展并带来土地本身的资产价值提升，土地利用在调控或影响经济增长中的作用将大幅提升。

（七）从不重视保护利用到可持续利用

一个国家或地区的土地利用方式与管理制度有关。土地的利用具有长期性，一个国家或地区的可用土地资源是稀缺的，健康的土地创造健康的社区，反过来也促进可持续的土地利用。在国家或地方政府对土地缺乏管理或规范的情况下，个人或单位对土地的利用大多为了追求经济利益，有可能不重视或忽视对土地的合理保护，这从长期来看会降低土地的生产力。在国家对土地的管理或规范比较严格而科学的情况下，特别是对土地利用引入规划许可和环境评价的情况下，个人或单位会重视对土地的合理保护从而实现可持续利用，这从长期来看会提升土地的生产力。

四、土地利用的方式条件的界定

土地利用方式选择的重要特征是联系过去、立足现在和指向未来。在现代社会，土地利用的方式包括指令安排与市场机制、有偿利用与无偿利用、个体利用与组织利用、分散利用与集中利用、开发性利用与保护性利用等。土地利用的方式不仅受经济、科技和环保因素的影响，而且受政治和文化因素的深刻影响。它涉及土地的国家管理权的构成、土地所有权的形式、土地使用权的安排、租地使用权及费用控制的安排，涉及自然资源的管理、土地责权分配、经济机会分配和社会服务分配的合理性，涉及人口政策和社会结构，涉及农作方式、土地改良、灌溉系统和排水系统建设等。

（一）对土地利用的对象资格的规定

土地利用的对象资格是土地利用的方式条件的首要内容。在这项方式条件的界定上，要考虑一个国家或地区所管辖的土地是否开放给个人或单位利用，包括由个人利用、家庭利用、法人利用，劳动者个人利用、劳动者集体利用，实行有偿利用、无偿利用，指令安排、市场机制，划拨利用、竞争利用等。这项方式条件有可能是政治条件或法律条件，也可能是经济条件或社会条件，还可能是自然条件或生态条件。要区分自然人和法人、经营性用地和非经营性用地、农用地和建设用地等。随着经济社会的发展，对法人、经营性用地、建设用地实行有偿使用，不断扩大比重；对自然人、非经营性用地、农用地实行有偿使用和无偿使用相结合。有偿使用的，要合理弥补基本成本费用；无偿使用的范围和比重要进行控制。相比较而言，农用地的开放对象主要是有劳动能力的农业劳动者或家庭住户，而建设用地的开放对象主要是有投资能力的产业经营者及法人。在一些地区，受人口资源环境和土地利用空间的限制，对城镇住房实行限购，对“两高一资”（指高耗能、高污染和资源性）、产能过剩和重复建设项目用地进行限制，也属于对土地利用的对象资格的规定。

（二）对土地利用的费用承担的规定

土地利用的费用承担是土地利用的方式条件的核心内容。在这项方式条件的界定上，主要考虑的是一个国家或地区所管辖的土地在开放给个人或单位利用时的费用条件要求，包括缴纳土地承包经营费、土地出让金、土地租金、土地使用费、土地增值税等。这项方式条件实际上是一项经济条件，它要求土地使用者具有一定的经济实力或经济发展能力，要进行分类管理，实行有保有放，讲求公开透明，体现公平公正。如果土地是用于基本生存、生产、生活的，对土地费用承担要求相对较低，很难乃至不能放任市场机制进行资源配置。如果土地是用于发展或增值的，对土地费用承担要求提高，要通过引入市场机制进行资源配置。

（三）对土地利用的投入要求的规定

土地利用的投入要求是土地利用的方式条件的重要内容。在这项方式条件的界定上，主要考虑的是一个国家或地区所管辖的土地在开放给个人或单位利用时的投资及效率标准要求，包括一定的企业注册资本，投资强度（固定资产总投资），单位面积已利用土地全社会固定资产投资，土地利用率，用地面积规模，用地容积率，单位面积土地上的劳动力、资金、技术和物质投入，人均用地（耕地、建设用地、交通用地）面积，农用地复种指数等。中国土地资源相对不足，质量总体不高，地区分布不平衡的问题十分突出。多年来，中国经济高速增长总体上表现为投资拉动、规模扩张、资源消耗的粗放型增长，是在低工资、低地价、低附加值、低环境门槛基础上的增长。从土地利用情况来看，粗放和浪费的问题还比较突出，低效利用现象还比较严重，存量建设用地盘活利用的潜力还很大。全国工业用地利用效率总体偏低，特别是一些加工制造型的工业区和研发科技园区，建造密度低，单层厂房比例大，用地容积率一般只有 0.3 ~ 0.6；农村土地利用率下降，农村人口减少，但村庄用地不降反增，“空心村”和城乡“双重占地”问题突出，尤其是一些城镇建设外延扩张，粗放利用土地资源的问题没有得到有效控制。

（四）对土地利用的产出要求的规定

土地利用的产出要求是土地利用的方式条件的重要内容。在这项方式条件的界定上，主要考虑的是一个国家或地区所管辖的土地在开放给个人或单位利用时的产出成果及效率标准要求，包括一定的土地产出率，单位面积粮食产量（“以亩产论英雄”），单位面积农用地农林牧渔业总产值，单位面积建设用地二三产业增加值，万元 GDP 用地，万元 GDP 需建设用地，城镇人均用地，村庄人均用地，各类建设用地标准等条件要求，以及乡村振兴，农村土地整理，从耕地细碎到成方成块，提高耕地质量和土地基础设施建设水平，村庄整治，美丽乡村建设等，城市“三旧”（旧城、“城中村”、棚户区）改造，城市国有土地二次开发，工矿区改造等。

（五）对土地利用的管理服务的规定

土地利用的管理服务是土地利用的方式条件的必要内容。在这项方式条件的界定上，主要考虑的是一个国家或地区所管辖的土地在开放给个人或单位利用时的公共管理和公共服务标准要求，包括遵守全国主体功能区规划，土地利用总体规划，土地利用年度计划，加强基本农田保护、日常监督管理，控制土地承载力，实行水土资源匹配，建立可持续发展规划，开展生态环境影响评价等。要推进提高全社会节约集约用地的意识，引入科技创新，加强制度建设，将过去、现在和未来联系起来，将城乡结合起来，建设全国土地调查、土地监测、地籍信息管理系统，“以图管地”，发展建设用地“批、供、用、补、查”等综合监管平台，实行“天上看、网上管、地上查”动态监管，实行投资项目管理和公开市场“招拍挂”，推进健康的土地利用，创造健康的社区，搭建互动交流平台等。

五、土地利用的方式条件的保护

对土地利用的方式条件的保护，是在土地利用的方式条件的界定和组织、管理、协调、服务工作中，各有关主体要从源头入手，做好工作，协调解决土地利用方式转变和优化中面临的各种问题，促进提高土地资源配置效率，推进建立良好社会秩序。

（一）在土地利用方式上从隐含假设到公开显示

在现代社会，明确个人或单位对土地利用的方式条件要公开显示，这是对土地使用者的一种保护。现代社会的土地使用者并不一定是土地所有者，土地使用者和土地所有者之间的分离与合作是正常现象和普遍现象。在实践中，过去很多土地管理政策和土地使用合同在土地利用方式条件上没有进行明确规定或约定，通过联系所在区域、时代背景和社会环境等，实际上是有隐含假设的具体条件的。但由于这些条件没有公开显示，当其发生变化时，人们还是按旧制进行处理，或者人们会按自己的理解对其进行解读，导致各说各的理、谁也不服谁，导致人与人之间在制度设计上就存在矛盾或冲突。随着社会发展、时代变迁和人的改变，这类矛盾或纠纷目前已经越来越多。

（二）区分土地使用方式不可变和可变化

在现代社会，明确个人或单位对土地使用的方式条件是否可变化，是对土地使用者的一种保护。现代社会的土地使用者是不断变化的，这会造成土地利用方式的变化。同时，不同的土地使用者对土地利用的方式条件的需求是不同的。在实践中，土地使用者的变化有很多类型，既有人的生死带来的自然变化，也有人们对经济利益的追求带来的主动变化，还有基础设施建设占地等带来的被动变化等，这些变化会影响人们在土地利用上的长期投资和人与人之间的土地利益平衡关系。如果土地使用的方式条件不变，特别是时间很短或缺乏弹性，那么土地的经济价值将会降低。如果土地使用的方式条件可以改变，特别是时间可以延长或有一定弹性，那么土地的经济价值将会提高。对土地使用的方式条件明确是否可变，可以从源头上提高对人的行为主动变化的可预期性，决定土地上的劳动投入积累、固定资产投资和经济发展方式，调节人与人之间的利益平衡关系，促进建立良好稳定的社会秩序。

（三）对土地使用方式变化分类并约定补偿或奖励

在现代社会，国家或地区的土地是分时段、分区域、分用途、分主体等利用并进行组合的，明确个人对土地使用的方式条件可变时的具体流程及清算办法，对土地使用者很重要。现代社会的土地资源（特别是好地）是稀缺的，需要合理配置并流转使用，需要在土地上进行长期投资，建设固定资产或进行土地改良等。为了提高土地资源的利用效率，如果土地使用的方式条件可变化，在提高土地的经济价值的同时，也会产生一系列新的问题，需要对土地使用的方式条件进行合理分类并约定清算流程、清算内容和可能的续用优先权等，建构对劳动者的生产性、专业化努力的保护，控制制度内投机寻租，从源头上解决人与人之间在土地利用上的矛盾或冲突，促进建立良好稳定的社会秩序。

第八章
土地利用的责权条件的界定与保护

土地利用的责权条件的设置影响土地利用的利益。随着工业化、城镇化和现代化的发展，对土地利用的主体及其责任、权利和利益进行规范，是提高土地资源配置效率的重要途径，也是调节土地利益分配关系的需要。土地利用的责权界定和保护，主要内容是解决由谁来利用土地以及这个人有什么资格条件、需要承担什么责任和可以获得什么样的利益。现实社会存在多种多样的土地权利及其隐含责任。在实践中，主要由土地国家管理制、土地所有制和土地使用制等进行规范和调节。

一、土地利用的责权条件是变量

土地利用的主体是人。这里的人，既有自然人，也有法人，还有非法人组织。不同的人是存在很大差异的。比如有的人积极进取，而有的人消极被动；有的人比较务实，而有的人投机性很重等。在土地利用中，这个人既要有相关的责任，也要有相关的权利，对这个人的责任和权利进行合理界定并提供保护是重要和必要的。

（一）土地利用者是有责任的

由于土地资源的稀缺性和难以再生以及土地位置的不可移动性，一个人利用土地就可能排除或影响其他人对土地的利用，形成人与人之间的矛盾或冲突。为了解决这种矛盾或冲突，平衡人与人之间的关系，就需要土地利用者承担相应的责任。这些责任既有显性的，比如土地利用者要有偿获得土地使用权，每年按规定缴纳土地利用税费等；也有隐含的，比如土地利用者严格遵守国家土地管理政策法规，保护土地及其周边生态环境，节约用地和集约用地等；还有禁止性的，比如某些特定原因或条件，在一定时间、空间和范围内不允许个人或单位对某些土地进行利用。

（二）土地利用者的权利是有条件的

一方面，由于土地是准公共物品，不是纯粹私人物品，土地利用者在土地利用上没有绝对的权利，只有相对的权利，土地利用者的权利在性质上是一种有条件的权利。另一方面，由于土地利用的时空条件、用途条件、方式条件、管理制度等的不同，土地利用者的权利是不同的，人们对土地利用者的权利进行评价、配置和交易，必须考虑相关条件，建构良好框架并在此基础上进行分析界定。

（三）土地是经济发展的基础，经济发展需要自由和权利

在土地利用上，重要任务就是推进有条件的赋权，为符合条件的人提供自由和权利。20世纪70年代末，作为中国农村改革的象征，安徽省滁县地区（现为滁州市）凤阳县梨园公社小岗生产队18户村民带头搞农村集体土地包干到户经营，实行“交够国家的，留足集体的，剩下的就是自己的”，改革成效显著，推动了全国农村家庭承包经营制的建立。这个事件的重要意义在于它为更多农民带来了自由和权利，为更多农民致富创造了条件。

（四）土地的经济作用是有限的，经济发展也需要分担责任

在土地利用上，重要途径就是建立良好的产权制度，合理引入条件，推进责权的对等平衡，提高土地利用的公正性、未来性和效率性。世界上没有绝对的自由，也没有绝对的权利。在实践中，自由是重要的，也是有条件的，还是有责任的；权利是重要的，也是有条件的，还是有责任的。产权是一个法律概念，是财产权利的简称，是一种排他性的控制权利。在现实社会中，财产的重要意义不在于它是有使用价值的东西，而在于有人享有对那件东西的排他性的控制权利。作为一种具有排他性的权利，产权是有前提条件和隐含责任的。国家建立土地产权制度的目的是规范和调节人与人之间的排他性关系，明确个人和单位在财产的占有、使用、收益和处分等控制上的责任、权利和义务，促进不同个体之间的责权对等和利益平衡，协调和解决人与人之间的矛盾和冲突，建立和形成可预期的人的行为框架，调动各参加者的生产积极性，推进提高社会稀缺资源配置效率，推动建立良好稳定的社会秩序。

（五）建立土地产权制度有重要性和必要性，但也有成本费用和复杂性

在现代社会，由国家建立土地产权制度是重要和必要的。但这个过程不是免费的而是有成本费用的，不是简单的而是比较复杂的，不是一定就能搞好并有效发挥作用的。现代社会中具有使用价值的东西多样复杂，不同的东西，由国家建立产权制度的重要性、必要性和可能性差异很大。在实践中，有些东西不需要国家建立专门的产权制度，比如对于面包或糖果等流动性很强的资产，谁拥有或占有谁就具有控制权，这些东西的产权关系是自然而简单的。有些东西国家很难建立专门的产权制度或者由国家建立产权制度是无效或低效的，比如对于依附于个人的人力资本，谁在职在岗在劳动谁就有，而不在职不在岗不在劳动就没有。人在职在岗在劳动但劳动的积极性、劳动贡献和劳动成果是有很大差异的，这些东西的价值实现需要依靠组织制度、激励制度等而不是产权制度。有些东西则需要由国家建立专门的产权制度进行管理和调节，比如对于土地及其附属物的利用，谁要能排他性使用，必然影响其他人的利益并受其他人行为的影响，这种排他性的权利主要是人为设定的，弹性很大且很容易变化，不仅影响土地资源配置效率和土地上的社会财富的增长，还会影响人与人之间的关系乃至使其产生矛盾和冲突甚至引起战争。在土地利用上，不同时间、不同空间、不同用途、不用利用方式、不同使用主体的土地利用的经济价值相差很大，在土地产权界定和保护上的要求也是不同的。有些土地产权需要国家明确而清晰地界定，而有些土地产权国家很难明确而清晰地界定，或者国家进行土地产权界定是无效或低效或者在经济上是不合算的，解决有关的问题需要通过组织创新和激励创新等其他方式替代。

二、土地权利的构成及其责任的隐含性

土地权利是一种简称，是人对土地利用所具有的排他性的一种控制权利。土地权利的内容是社会历史形成的，并随着时空的变化不断深化和完善。同时，在土地权利的背后，也隐含了社会责任，使个人或单位对土地利用所具有的排他性不是绝对的或无约束条件的，而是相对的或有约束条件的，导致这种权利不是绝对权利，而是相对权利。土地权利及其隐含责任一旦由法律及政策予以确认并提供保护，就形成了产权。这种产权制度设计是否良好，将深刻影响人与人之间的关系及社会秩序。按照土地的权利的性质及其与隐含责任的关系，可以将土地的权利分为土地国家管理权、土地的所有权和土地的使用权三种基本类型。其中，土地的国家管理权是宏观权利，主要由政府代表国家依法行使，土地的所有权和土地的使用权都是微观权利，主要由享有权利资格的有关个人或单位依法行使。土地的国家管理权是一级权利，土地的所有权是二级权利，土地的使用权是三级权利。

专栏 8-1　产权制度和土地产权

产权制度是国家对有价值的特定东西的财产权利及其相关责任的设置、构成和社会关系进行规范的法律和政策规定。国家建立产权制度，不是为了简单地明晰或分割权利，以提高经济效率，而是为了从根本上解决人与人之间的社会问题，正确处理人与人之间的责任、权利和利益的关系，激励人的生产性努力、抑制人的分配性努力、制止人的破坏性努力、调节人的不努力，维护社会公平正义，推进建立良好稳定的社会秩序。

产权这个概念重要而特殊。产权主要是经济学家使用的概念，与法律上的财产权相关或近似，但也存在差异。产权最早由科斯提出。产权的概念既反映了一种排他性的控制权利以及剩余索取权利，也暗含了一定的前提条件或某种社会责任，是一种责权关系的组合；可以是民事主体享有的权利，也可以是非民事主体享有的权利；可以是物权，也可以是事权，还可以是其他权利。在具体内容上，产权受国家或地区的法律及政策所规范并提供保护，是由某人（包括个人和单位）对某一特定财产（包括有形物品、无形物品等）的占有、退出、获取、使用、不使用、处分和利益分配等进行控制的权利的规范及其所承担责任的规定的组合。而法律上的财产权属于物权，是相对于人身权利而言的民事权利，是由民事主体所依法享有的权利，不包括非民事主体享有的权利。

土地产权是特殊而复杂的。土地产权是一种有条件的财产权利或相对产权。土地是一种准公共物品，对土地产权分析要合理引入前提条件，深入细分层次和类型。土地的国家管理权、土地的所有权和土地的使用权都是土地产权，但三者的性质和内容是不同的。此外，土地的地上权、永佃权、地役权、相邻权、抵押权、典权、租赁权等也是土地产权。

在宏观上，土地产权包括土地的国家管理权。土地具有国土属性，国家（由政府依法代表）有权对其所管辖土地的利用及其利益关系进行管理、控制和调节。也就是说，在土地产权上国家有份，这种权利以土地的国家管理权来体现，它是一级权利或顶层权利。

在微观上，土地的产权包括土地所有权和土地使用权。土地产权是在一定时空范围内，由符合法律及政策规定条件的个人或单位，对国家或地区所管辖的土地，在土地利用上所具有的，受法律及政策保障的排他性的控制权利。这种权利由个人或单位所享有，不是绝对产权，而是相对产权，它是二级权利、三级权利或有条件的权利。

在性质上，土地产权不是一种绝对产权，而是一种相对产权。所谓绝对产权，是一种可完全排他性使用、可无限期使用的无约束条件的财产权利，主要适用于纯粹私人物品或动产。所谓相对产权，是一种不能完全排他性使用或不可无限期使用的有约束条件的财产权利，主要针对纯粹私人物品或动产以外的其他物品。

资料来源：作者综合整理。

（一）土地的国家管理权及责任

土地的国家管理权是土地产权中的一级权利，由现代国家的政府依法依规代表社会公众在土地利用方面进行公共管理和公共服务所享有的权利规范和相关责任约定。这种权利是对现代国家及其代理人在管理土地利用方面所拥有的权利及隐含条件和相关责任的一种规范化、标准化和专门化。它是一组法定权利及隐含责任，具有强制性。在现代社会，这种权利由政府代表国家依法享有，可以分为中央政府土地管理权和地方政府土地管理权。

1. 权利内容

这是一种由国家机构及其代理人在宏观上按照土地的区域、用途、占用、权利主体等进行登记、管理、监督和调控的权利。土地的国家管理权的设置决定土地利用的总体水平、土地资源的保护和社会秩序的建构。这种权利是一种宏观权利或政治经济权利，由国家通过立法或法律授权土地管理部门，为了合理配置土地资源、提高土地利用效益、调节土地利益分配、保障土地的可持续利用等，对土地利用进行宏观控制和公共管理。这种权利包括依法依规组织开展全国土地调查登记及管理监督和土地利用规划，指导和规范县市政府城镇土地出让行为，指导和规范集体经济组织农村土地占有、使用、收益和处分行为，指导和规范土地使用者的用地行为，组织实施与土地有关的税收、租金和费用管理等。具体权利有土地利用规划，土地征税，土地复垦，土地荒芜收费，耕地特殊保护，土地调查、监察、审批、核准、登记等。

2. 隐含责任

这种权利是有前提条件和隐含责任的。也就是说，这种由国家机构及其代理人在土地利用上所具有的权利，不是无条件的和无限制的，而是有条件和有限制的，在行使过程中是有社会责任约束的。比如，其前提条件和隐含责任有：这些国家机构及其代理人具有合法性，实行依法治国并依法依规行使权利，能够代表土地所在国家、地区或社会的公共利益，采取公开、公平、公正的方式，进行公共管理和提供公共服务，包括参与组织、管理和干预经济，推进建立有效市场解决市场失灵问题（见表 8-1），建立有效政府解决政府失灵问题，建立有效社会解决社会失灵问题等。

表 8-1　　土地自由市场失灵的可能表现与国家介入的可能角色

	自由市场失灵的可能表现	国家介入的可能角色
1	竞争失效：相关产品之间有差别，存在不同程度的不可替代性；有的有规模经济，但交通费用较高，存在交易成本过高、阻碍交易的问题	建立多元化多层次多类型市场，加强质量技术标准建设，反垄断，反不正当竞争，政策改革
2	外溢性问题：有额外收益、额外成本、成本收益不对称等问题	可交易许可证，矫正税，对额外收益课税，对额外损失补贴，内部化
3	公共产品问题：有免费搭便车、市场有效供给不足等问题	以税收或土地融资，由政府牵头组织提供，或由政府扶持私人提供
4	市场的不完全：消费不确定性大，新产业风险高，基建投资大、收益期长、盈利小乃至可能亏损等	公共支出，基础建设，产业政策
5	偏好不合理：有人低估教育培训，不愿付出；有人高估劣质品，或有临时性阶段性消费需求、过度投入等	公共支出，文化建设，引导预期
6	信息的不完全：有关信息分散、复杂，加工和处理成本高等	公共支出，公共服务，搭建平台
7	失业、通胀及经济失衡：经济波动，技术进步排挤单位用人，通货膨胀，有关产能严重过剩等	公共支出，规划引领，实施战略，宏观调控，市场监管，改革开放
8	收入公平分配问题：由于家庭环境、遗产继承、性别等因素，人们进入竞争的条件、实力和能力不同，社会分配结果差异悬殊等	发展社会福利，所得课税，收入调节，扶贫济困，制度建设

资料来源：樊勇明、杜莉编著：《公共经济学》，复旦大学出版社 2001 年版；〔英〕加雷斯 · D. 迈尔斯（Gareth D.Myles）著，匡小平译：《公共经济学》，中国人民大学出版社 2001 年版。

（二）土地的所有权及责任

土地的所有权是土地产权中的二级权利，是在国家管理权下由土地所有者享有的土地利用及利益分配的控制权利规范和相关责任约定。土地的所有权的设置影响土地利用的效率、公平和土地资源的保护。这种权利是在土地的国家管理权之下的一组对土地进行利用的权利，包括按国家法律、政策规定条件和责任占有、使用土地、不使用土地、获得土地利用收益、处分土地等。它是一组规定权利及隐含责任，具有规范性。

1. 权利内容

这是一种由土地所有权人对土地及其附属物进行依法依规占有、使用、收益和处分，并排除他人干涉的权利。这种权利是一种微观权利或民事权利，是无期的或在形式上没有时间限制的，是比较完整的或可以有效分解并得到金融机构认可和法律保障的。其主要特点有完整性、排他性、无期性、归一性和社会性。

在现实社会中，由于国别政治和法律制度规定的差异，土地的所有权有不同的类型和内容。在欧美公共政策中，一般将土地所有权分为私有、公有和共有三类。而在中国目前的公共政策中，将土地所有权分为国家所有（全民所有）和集体所有（劳动群众集体所有）两类，在形式上是没有私人土地所有权的。

2. 隐含责任

这种权利是有前提条件和隐含责任的。土地所有权人在国家法律和有关政策规定内享受权利，这种权利不是无条件和无限制的，而是有条件和有限制的。这种权利源于土地的国家管理权人权益的限制，是受土地用途限制的，在行使过程中是受社会责任约束的。比如，其前提条件和隐含责任有：及时足额缴纳有关税费，服从政府依法管理、监督和调控，依法依规行使权利，同时不得借口行使土地的所有权而任意处置土地和侵犯他人的合法权益。

专栏 8-2　国内外土地所有权的差异

欧美公共政策一般将土地所有权分为私有、公有和共有三类。这三类权利的划分不是绝对的，也不是静态的，构成私有权的内容会因公共政策的改变而改变。在美国土地制度中，城市用地多数是私有的，但为了公共利益的需要，私有土地受到越来越多的社会政策的影响，城市的公有土地面积也越来越大。农业用地的私有制是普遍的，因为自有自耕一般产生最好的社会效果和经济效果。农地的租佃制也是重要的，它是一种向自有制过渡的手段。1924 年，美国联邦政府拥有 3.77 亿英亩土地（阿拉斯加除外），主要是未利用土地、国有林场、国有公园、纪念性用地、水利设施用地等，占美国国土面积的 19%；如果加上阿拉斯加的土地、陆军用地和政府为印第安人托管的保留地等，由联邦政府控制的土地为 8.7 亿英亩，占美国国土面积的 38%；其余 62% 的土地为私人所有。

中国目前的公共政策将土地所有权分为国家所有（全民所有）和集体所有（劳动群众集体所有）两类。1982 年版《中华人民共和国宪法》第九条规定：矿藏、水流、森林、山岭、草原、荒地、滩涂等自然资源，都属于国家所有，即全民所有；

由法律规定属于集体所有的森林和山岭、草原、荒地、滩涂除外。第十条规定：城市的土地属于国家所有；农村和城市郊区的土地，除由法律规定属于国家所有的以外，属于集体所有；宅基地和自留地、自留山，也属于集体所有；国家为了公共利益的需要，可以依照法律规定对土地实行征收或者征用并给予补偿；任何组织或者个人不得侵占、买卖或者以其他形式非法转让土地。

资料来源：〔美〕伊利、莫尔豪斯著，滕维藻译：《土地经济学原理》，商务印书馆1982年版。

（三）土地的使用权及责任

土地的使用权是土地产权中的三级权利，是土地所有权下由土地使用者所享有的土地利用及利益分配的权利规范和相关责任约定。当土地所有者是国家或集体时，在一定条件下，特定土地的使用权也有可能相当于土地产权中的二级权利。土地的使用权的设置影响土地利用的效率、公平和土地资源的保护。这种权利是在土地所有权之下对土地进行利用的权利，包括按国家法律、政策规定以及土地所有者约定条件和责任占有、使用土地、获得土地利用收益、处分土地等。它是一种约定权利及隐含责任的权利，在实践中是多种多样的。获得土地的使用权的主要途径有革命、改革、交易三种基本类型。土地使用权的退出方式有自动退出、被动退出和主动退出三种类型。

1. 权利内容

这是一种土地使用权人对土地及其附属物依法依规依合约享有使用的一种物权性质的权利，权利人对归其使用的土地享有占有、使用、收益和处分之权，并享有排除他人（包括土地所有权人）非法干涉的权利。这种权利是一种微观权利或民事权利，源于土地国家管理权人的许可和土地所有权人的授权，一般是有期的或在形式上有时间限制的，是可以交易的。但其条件约束也比较多，除国家法律政策外，还有其他条件约束，具有相对独立性、相对稳定性、独特性和权利主体双重性。当使用权人使用的土地受到侵害时，其有权要求停止损害，恢复原状。当某种损害尚未发生但有发生的危险时，使用权人可以请求消除危险。当因侵权行为造成经济损失的，使用权人有权要求赔偿损失，侵权行为人应承担相应的民事责任。

在现实社会中，土地的使用权有狭义和广义之分。狭义的土地使用权是指在土地所有权之内依法对土地及其附属物的实际利用权，与土地占有权、收益权和处分权是并列关系。广义的土地使用权是指在特定时间内独立于土地所有权权能之外，对土地占有权、狭义的土地使用权、部分收益权和不完全处分权的集合①。在中国，土地使用权有多种类型，包括城镇有偿出让土地使用权（又分为拍卖出让土地使用权、招标出让土地使用权、协议出让土地使用权）、行政划拨土地使用权、有偿转让土地使用权、农村集体土地承包经营权等。目前中国的城镇拍卖出让土地使用权是一种广义的土地使用权。

2. 隐含责任

这种权利是有前提条件和隐含责任的。土地使用权人在国家法律和有关政策规定内享受权利，这种权利不是无条件和无限制的，而是有条件和有限制的。这种权利源于土地国家管理权人权益和土地所有权人权益的限制，是受土地用途的限制的，是有期的或在形式上有时间限制的，在行使过程中是受社会责任约束的。比如，其前提条件和隐含责任有：及时足额缴纳有关费税，服从政府依法管理、监督和调控，依法依规行使权利，同时不得借口行使土地的使用权而任意处置土地和侵犯他人的合法权益。

专栏 8-3　国内外土地使用权的差异

欧美公共政策一般不专门分析土地使用权，相关的内容由合同法等进行规范管理和由土地所有权人和土地使用权人依法依规进行约定。

中国目前的政策重视对土地使用权的专门分析，将土地使用权分为城镇建设土地使用权和农村集体土地使用权，并制定专门的法规和政策进行规范、管理和保护。其中，城镇建设土地使用权包括划拨土地使用权、协议出让土地使用权和公开市场拍卖土地使用权等。农村集体土地使用权包括农村土地承包经营权、农村集体建设用地使用权、农村居民宅基地使用权等。1982 年版《中华人民共和国宪法》第十条规定：任何组织或者个人不得侵占、买卖或者以其他形式非法转让土地；土地的使用权可以依照法律的规定转让。

资料来源：董藩、徐青、刘德英、秦凤伟主编：《土地经济学》，北京师范大学出版社 2010 年版。

---

① 这种权利类似公司财产权，它是由法律直接规定，独立存在的权利，不是从其他权利中分离出来的。公司财产权是公司依法所享有的，由股东投资形成的公司资本在生产经营活动中积累的全部财产。公司独立支配其民事权利，包括物权、债权、股权、知识产权等各种财产权利和利益。这种权利与股东的财产是有区别的，虽然公司的财产最初是由股东投资形成，但股东一旦履行投资义务，将其财产投资于公司，该财产就与股东的个人财产相分离，而成为公司的财产，股东不得对投入公司的财产主张财产权。参考李超玲："公司法人特征与公司治理困境解决机制研究"，中南大学，2008 年。

（四）土地的其他权利及责任

土地的其他权利包括地上权、永佃权、地役权、相邻权、抵押权、典权、租赁权等。这些是由土地的所有权和土地的使用权衍生出来的权利，多属于土地产权中的三级权利或四级权利，多属于他物权，也是有前提条件和隐含责任的。

地上权是用地人以支付租金等为代价，在他人所有的土地上营造建筑物、工作物及种植林木的权利。其前提条件和隐含责任是依照法律或协议设定，需要明确登记，不经登记不生效力。

永佃权是佃农以支付租金等为代价，在他人所有的土地上按租佃契约交纳地租，可以无限期地耕作所租土地并世代相承的权利。其前提条件和隐含责任是土地耕作权或放牧权与所有权的分离，依照法律或协议设定，一般称之为田面权。地主之所有权与之相对应，称之为田底权。

地役权是用地人在他人所有的土地上，依土地所有权人设定或按照合同约定，利用他人所有的土地及其不动产为自己提供便利的权利。其前提条件和隐含责任是当事人之间应当采取书面形式订立地役权合同，当事人要求登记的，可以向登记机构申请地役权登记；未经登记，不得对抗善意第三人。

相邻权是在相互毗邻的不动产的所有人或者使用人之间，以土地地理位置相邻或空间使用相关等为前提条件，任何一方为了合理行使其所有权或使用权，要求其他相邻方提供便利或接受一定限制的权利。其前提条件和隐含责任是相邻不动产的所有人或使用人在行使自己的所有权或使用权时，应当以不损害其他相邻人的合法权益为原则。比如天然流水，相邻各方都有权使用，不得擅自堵塞或排放。

抵押权是资金借出人以借出资金等为代价，从资金借入人在土地上的有关抵押资产的出售所得现金中获得偿还的权利。其前提条件和隐含责任是双方依照法律或协议办事并登记，抵押权必须有效存在，债务人履行期限届满，债权人未受清偿，债务未受清偿不是由于债权人造成的，等等。

典权是典权人以支付典价等为代价，占有、使用、收益他人不动产的一种权利。占有他人不动产而享有使用收益权利的一方为典权人（承典人），收取典价而将自己的不动产交典权人占有、使用、收益的一方为出典人；作为典权客体的不动产，称为典物；典价为典权人为对他人不动产占有、使用、收益而付出的价款。其前提条件和隐含责任是双方依照法律或协议办事并登记。

租赁权是承租人以支付租金等为代价，在出租人的不动产交付后，对不动产所享有的必要的占有、使用和收益权利的总称。其前提条件和隐含责任是双方依照法律或协议办事并登记，须在合理范围内行使，承租人不能随意让与租赁权，如不依约定或不依租赁物性质而定的方法行使租赁权造成租赁物损坏、灭失的，出租人有权请求赔偿损失或恢复原状。

三、土地的所有权与使用权的关联和转化

在土地权利中，土地的所有权和土地的使用权至关重要，二者既具有一致的属性，又有明显的不同，它们在一定条件下可以进行转化。这种转化对于推进土地资源优化配置、让市场在资源配置中起决定性作用和协调平衡人与人之间的用地利益关系具有重要意义。在和平时期，推进这种转化的基本工具是对土地的所有权和土地的使用权的内容进行关联并准确完整解释，合理引入条件并对这些条件进行规范化、标准化和信息化，建构有条件的权利体系。其重要途径是不断完善和创新土地的国家管理权，让政府更好地发挥作用。

（一）土地使用权与土地所有权的相同点

1. 都是有价值的用地权

土地使用权与土地所有权的主体都是人，客体都是特定的土地，权利的性质都属于微观权利和民事权利，权利的价值都是权利人可以对特定的土地进行占有、开发和利用并从中获得一定好处或利益。

2. 都有排他性和独立性

对于某一块土地，在同一个时间内，无论是土地使用权还是土地所有权，在权利的主体上是不可兼容和不可重叠的。也就是说不能有两个以上的主体同时享有同一项权利，该项权利的主体在行使权利时，他人不得予以侵犯或妨碍。从法学的意义讲，排他性就意味着这种权利是一项独立的权利。这种排他性和独立性受法律保护并且权利人需要承担一定的成本或代价。

3. 都是责权的内在统一体

土地使用权与土地所有权的内容都是有限权利。这种权利是一种责权组合，有关权利的获得和行使是有前提条件和隐含责任的，其内容、形式和变化都受到国家法律政策的规范、管理和调节，都受土地国家管理权的约束。

（二）土地使用权与土地所有权的不同点

1. 时间限制不同

土地使用权一般是有期限的，而土地所有权是无期限的。

2. 权利等级不同

土地使用权一般是土地产权中的三级权利，是从土地所有权中分离出来的，在权利的内容构成上是不完整的，其约束条件及隐含责任多而复杂；而土地所有权是土地产权中的二级权利，在权利的内容构成上是比较完整的，其约束条件及隐含责任相对少。

3. 可交易性不同

土地使用权的权利内容相对少而简单，权利变化的社会影响较小，在市场上交易相对容易，交易成本和费用相对较低；而土地所有权的权利内容比较多而复杂，权利变化的社会影响较大，在市场上交易程序较多，交易成本和费用相对较大，有的不可交易。

（三）土地使用权与土地所有权的关联和转化

1. 土地所有权可以在一定条件下微分为土地使用权

土地所有权是土地产权中的二级权利，可以通过合理引入条件进行有机分解，转化为土地使用权的组合。最普遍的是由土地所有者对土地资源进行详细调查和分析研究，制定土地利用规划、规范和标准，依法依规进行土地登记，实行分期利用和社会化利用，按时间条件以及缴费条件进行微分，将某一块土地的所有权转化为由多个时间段相连、多个主体依次使用的土地的使用权的组合。

2. 土地使用权可以在一定条件下积分为土地所有权

土地使用权一般是土地产权中的三级权利，可以通过合理引入条件进行有机组合，转化为土地所有权或具有土地所有权的基本功能。比较有意义的是由土地使用者出资和签约，以支付资金等为代价，按时间条件以及签署承诺、遵规守法条件等进行积分，延长土地使用时间至无期限，增加或丰富土地权利内容或权能，使其权利的性质和功能相当于土地所有权。在实践中，这个转化过程是比较复杂的，需要对土地使用权的内容和形式进行规范，需要对土地所有权的内容和形式进行完善和创新，需要推进国家土地制度改革和相关的配套制度改革。

3. 土地国家管理权可以为土地权利转换提供重要支撑

土地国家管理权是土地产权中的一级权利，不仅对土地所有权的内容和形式设定有影响，而且对土地使用权的内容和形式设定有影响，还对土地所有权和土地使用权之间的关系有影响。最重要的是从公共宣传上统一思想、提高认识，明确土地产权是土地权利及其隐含责任的内在统一体，从公共管理上聚焦秩序、以人为中心，围绕建立良好稳定的制度框架，将土地所有权和土地使用权的内容放在一个完整统一的制度框架内讨论问题，从公共服务上牵线搭桥、加强保障，不断完善和创新解决人与人之间土地矛盾或纠纷的体制机制。

四、土地利用的责权条件的界定

对土地利用的责权条件的界定关系重大，涉及政治、经济、社会、法律、生态等多方面因素。作为一种稀缺资源，土地应为劳动者创造价值提供服务，不应成为不劳而获的工具。在实践中，要围绕推进建立良好稳定的社会秩序，在指导思想和工作安排上坚持基本原则，扎实深入做好有关工作，积极稳妥解决有关矛盾或冲突，促进土地资源优化配置和效率提升，促进人与人之间在土地利用上协调关系和平衡利益。

（一）坚持劳动者主权，实行劳者有其权和不劳者无其权

在处理劳动者占用土地与不劳动者及退出劳动者占用土地的矛盾或冲突时，要坚持劳动者主权，明确劳动者是土地的主人，实行劳动者有其权和不劳动者及退出劳动者无其权。土地是财富之母，劳动是财富之父，土地本身并不是可以消费的财富，只有劳动与土地结合才能创造出可以消费的财富，为人类提供福利。与不劳动者及退出劳动者相比，劳动者具有使用土地的控制权利，同时也具有向退出或转让土地使用权的人按劳动积累等依法依规进行公平合理补偿的义务。

（二）坚持耕者配田，实行耕者有其田和不耕者退其田

在处理农业劳动者占用土地和不劳动者、退出劳动者占用土地的矛盾或冲突时，要坚持为农业劳动者分配农用土地资源，实行耕者有其田和不耕者及退耕者退其田。农业是国民经济的基础，农用土地特别是耕地资源是农业发展之基础。农业劳动者所需要利用的土地主要是自然条件比较好的田地，即满足一定光热水气条件、适合植物生长发育的可耕地，相比于其地理位置而言，其土壤的构成及周边生态环境更为重要。与不劳动者及退出劳动者相比，农业劳动者具有使用农用土地的控制权利，同时也具有向退出或转让农用土地使用权的人按劳动积累等依法依规进行公平合理补偿的义务。

（三）坚持商者有地，实行商者有其股和不商者转其股

在处理二三产业劳动者占用土地和不在二三产业劳动者占用土地的矛盾或冲突时，要坚持为二三产业劳动者提供土地产权，实行商者有其股和不商者转其股。二三产业是国民经济的支柱产业，空间或位置是二三产业发展用地之必需。与不在特定空间或位置从事二三产业发展的劳动者相比，在特定空间或位置从事二三产业

发展的劳动者具有使用在特定空间或位置土地的控制权利，同时也具有向退出或转让特定空间或位置土地使用权的人按劳动积累等依法依规进行公平合理补偿的义务。

（四）坚持居者保障，实行居者有其屋和不居者缴其费

在处理城乡居民家庭生活占用土地和城乡居民家庭生活变化占用土地的矛盾或冲突时，要坚持为城乡居民家庭生活占用土地提供保障，实行居者有其屋和不居者及退出居住者缴其费。居住用地具有基础性和特殊性。不管是在乡村，还是在城镇，人的生活居住是需要土地的。与不在特定空间或位置生活居住的人相比，在特定空间或位置生活居住的人，具有在特定空间或位置使用土地的控制权利，同时也具有向退出或转让特定空间或位置土地使用权的人按劳动积累等依法依规进行公平合理补偿的义务。

（五）坚持责权对等，实行用者有其责和不用者无其责

在处理有一些人能够在一定时间内对某一块土地进行合法、有效、排他性使用与其他人在该时间内对这块土地不能使用的矛盾或冲突时，要坚持土地使用的责权对等，凡是依法依规正常获得土地使用权的人，在享有排他性的控制权利的同时，都有向退出或转移土地使用权的人按劳动积累等依法依规进行公平合理补偿的义务，实行用者有其责和不用者无其责。

五、土地利用的责权条件的保护

对土地利用的责权条件的保护，是在土地利用的责权条件的界定及组织、管理、协调、服务工作中，各有关主体要从源头入手，做好工作，协调解决土地利用责权界定工作中面临的各种问题，推进建立人与人之间在土地利用上的良好的社会秩序。

（一）在土地利用责权上从隐含假设到公开显示

在现代社会，个人或单位对土地利用的责权条件要明确并公开显示，这是对土地使用者的一种保护。现代社会的土地使用者并不一定是土地所有者，土地使用者和土地所有者之间的分离与合作是正常现象和普遍现象。在实践中，过去很多土地管理政策和土地使用合同在土地利用责权条件上没有进行明确规定或约定，通过联系所在区域、时代背景和社会环境等，实际上是有隐含假设的具体条件的。但由于这些条件没有公开显示，当其发生变化时，人们还是按旧制进行处理，或者会按自己的理解进行解读，导致各说各的理、谁也不服谁，导致人与人之间在制度设计上就存在矛盾或冲突。随着社会发展、时代变迁和人的改变，这类矛盾或纠纷目前已经越来越多。

（二）区分土地使用责权不可变和可变化

在现代社会，要明确个人或单位对土地使用的责权条件是否可变化，是对土地使用者的另一种保护。现代社会的土地使用者是不断变化的，这在客观上会造成土地利用方式的变化。同时，不同的土地使用者对土地利用的责权条件的需求是不同的。在实践中，土地使用者的变化有很多类型，既有人的生死带来的自然变化，也有人们对经济利益的追求带来的主动变化，还有基础设施建设占地带来的被动变化等，这些变化会影响人们在土地利用上的长期投资和人与人之间的土地利益平衡关系。如果土地使用的责权条件不可变化，特别是时间很短或缺乏弹性，那么土地的经济价值将会降低。如果土地使用的责权条件可以改变，特别是时间可以延长或有一定弹性，那么土地的经济价值将会提高。明确土地使用的责权条件是否可变化，可以从源头上提高对人的行为主动变化的可预期性，从而决定土地上的劳动投入积累、固定资产投资和经济发展方式，调节人与人之间的利益平衡关系，促进建立良好稳定的社会秩序。

（三）对土地使用责权变化分类并约定补偿或奖励

在现代社会，国家或地区的土地是分时段、分区域、分用途、分责权利用并进行组合的，明确个人对土地使用的责权条件可变时的具体流程及清算办法，对土地使用者很重要。现代社会的土地资源（特别是好地）是稀缺的，需要合理配置并流转使用，需要在土地上进行长期投资，建设固定资产或进行土地改良等。为了提高土地资源的利用效率，如果土地使用的责权条件可变化，在提高土地的经济价值的同时，也会产生一系列新的问题，需要对土地使用的责权条件变化进行合理分类并约定清算流程、清算内容和可能的续用优先权等，建构对劳动者的生产性、专业化努力的保护，控制制度内投机寻租，从源头上解决人与人之间在土地利用上的矛盾或冲突，促进建立良好稳定的社会秩序。

第九章
土地利用的边界条件的调整与管理

土地利用的边界条件影响土地利用的秩序。在现代社会，土地利用是有边界的。这些边界中，既有自然的、物理的、客观的边界，也有人为的、管理的、主观的边界，包括自然地理边界、时间限制边界、空间限制边界、用途限制边界、方式限制边界和产权限制边界等。在土地制度设计上，一个国家既需要立足当前和实际，对土地利用设置合理有效的边界，也需要着眼长远和全局，考虑引入条件，在条件具备的情况下，对这些边界特别是人为的、管理的和主观的边界进行调整。对边界进行调整要合理规范，引入顶层思维，注重顶层设计，建立组织服务，健全报批登记，完善管理监督，加强统筹协调。

一、土地利用的边界条件调整的原因

人类对土地的利用是一个社会的、历史的和动态的过程。在土地利用的边界条件的调整上，既有主动的调整，也有被动的调整；既有对个人有利的调整，也有对个人不利的调整。这种调整的原因是多方面的。如果对土地利用的边界条件设置不当，就需要对其调整。比如为了某些个人或私人利益而设置条件，而不是为了公共或社会利益而设置条件，可能会对一部分人是有利的，但对大部分人是不利的，从而产生人与人之间以及个人与社会之间的利益矛盾或冲突，既会影响土地资源配置效率，尤其是宏观或总体的土地利用率和土地资源配置效率，也会对政治经济发展、社会和谐稳定和生态环境产生不利影响。但这种边界调整也是复杂而敏感的。

（一）土地利用的重要主体的变化

土地利用的主体是人。在实践中，人是各种各样的，既有个体的人，包括劳动者个人、自然人、法人代表等，也有人的集合，包括劳动者集体、家庭或住户、企业单位、事业单位、行政单位等。决定土地利用的边界条件的重要主体，主要是国家及地区的政府、土地的所有者、土地的使用者、劳动者个人和劳动者集体。

1. 劳动者个人的变化

劳动者个人是个体的人，是在土地上劳动的人，有可能是土地所有者，也可能是土地使用者。在土地利用中，劳动者个人是必然变化的。因为人会发生自然死亡、劳动能力及条件变化、社会流动以及主动交易等，从而带来土地利用的变化。在现实社会中，劳动者个人的变化可能导致土地利用的边界条件调整。

2. 劳动者集体的变化

劳动者集体是人的特定集合，是在土地上组织提供劳动的人，有可能是土地所有者，也可能是土地使用者。在土地利用中，劳动者集体是不断变化的。劳动者集体由人组成，而人会发生人员生死、进出以及整体撤并、调整等变化，从而带来土地利用的变化。在现实社会中，劳动者集体的变化可能导致土地利用的边界条件调整。

3. 土地所有者的变化

土地所有者是土地利用的微观主体，在法律上对土地利用具有排他性的控制权。在土地利用中，土地的所有者是必然变化的。土地所有者有可能是个体的人，也有可能是人的集合，而人是会发生自然死亡或社会流动以及主动交易等变化的，从而带来土地利用的排他性的控制权及责任的变化。在现实社会中，土地所有者的变化可能导致土地利用的边界条件调整。

4. 土地使用者的变化

土地使用者是土地利用的直接主体，在实践中直接占有、开发、利用及经营土地。在土地利用中，土地的使用者是经常变化的。土地使用者有可能是个体的人，也有可能是人的集合，而人是会发生自然死亡或者社会流动以及主动交易等变化的，从而带来土地使用的实际状态及其投入产出的变化。在现实社会中，土地使用者的变化可能导致土地利用的边界条件调整。

5. 国家及地区政府的变化

国家及地区政府是土地利用的宏观主体，是人的特定集合。在土地利用中，国家的性质和职能是变化的。国家由国土、人民（民族）、文化和政府四个要素组成，制度建构和政府工作影响重大。作为现代社会最重要的权力主体，国家是保障公民各种权利、形成多主体治理体系的核心。从国家有效运作的基础条件看，现代国家制度（the state）包括法治国家（rule of law state）、财政国家（fiscal state）、福利国家（welfare state）、监管国家（regulatory state）四个基本维度，其中法治国家是最基本的维度。从政府工作的手段看，政府可以利用其信息节点（node）、法定权威（authority）、公共财政（treasure）和组织体系（organization）这四种工具有效履行职责①。国家的法治、财政、福利和监管以及政府工作的变化，将会影响和推动土地的边界条件进行一定的调整。在现实社会中，国家及地区政府客观上是不断变化的，特别是中国正在推进国家治理体系和治理能力现代化，这会导致对土地利用的边界条件进行优化调整。

专栏 9-1　国家性质、国家演变和国家职能

现代社会有两种性质的国家定义。一种定义是在马克思的政治经济学中，国家是一种阶级统治的工具，国家是从社会分化出来的管理机构，国家属性决定政治形式。马克思主义认为，国家不是从来就有的，也不是永世长存的，只是人类社会组织的一种特殊形式。另一种定义是在现代制度经济学中，国家是一种在有限政府框架内组织提供公共管理和公共服务的社会主体或社会合约（限额交易合约），包括发展国防、外交、教育和法律，维护正常的社会秩序，解决经济不稳定、竞争缺乏、外部性、信息和知识不足等市场失灵问题，纠正政府的浪费、激励不当、对公共项目的反应难以预料、不完全信息等政府失灵问题。德国经济学家弗里德里希·李斯特指出，国家是处于个人与整个人类之间的中介体，一个国家有其独特的传统、文化、法律、疆土，离开了这样的国家，个人将很难生存；个人主要依靠国家并在国家范围内获得文化、生产力、安全和繁荣；个人的勤奋与简约、创造与进取，如果没有内政上的自由、适当的公共制度与法律、国家行政和对外政策，没有国家的团结和权力这些方面的支持，就绝不会有任何重大的成就。

民族和主权是现代国家的标志。现代国家的出现是社会现代化发展的结果。由于国家不可能是完全孤立的，其命运总要与其他国家的命运相关，因而所有国家都寻求两个永恒的目标：一是人身和军事安全；二是物质和经济繁荣。因此，国家规模指涉的是什么样的政治单位最适合、最实用的问题。对此，过去的 3000 年里，西方世界已经尝试解决这一问题。按照时间顺序，它们分别是城邦国家、帝国和民族国家，而民族国家就是现代意义上的国家。主权是民族国家的核心标志，没有主

① 国务院发展研究中心课题组："现代国家治理的系统分析框架"，《国家治理体系和治理能力研究总报告》，2018 年 9 月。

权就没有民族国家。民族国家起源于西欧中世纪后期，兴盛于18～19世纪，并由西向东推进，在20世纪扩展到全球，由此构成世界体系的主体要素。民族国家的产生，一方面标明分散的世界联为一个整体，从而有了统治边界明晰化的国家主权及其作为主权代表的中央权威，有了国家与国家之间的关系；另一方面标明分散的社会联为一个整体，国家统治日益深入地渗透到主权国家领域内，每个人都为国家机器所控驭。正如英国社会学家吉登斯所言，只有民族国家的国家机器才能成功地实现垄断暴力工具的要求，也只有在民族国家中，国家机器的行政控制范围才能与这种需求所需的领土边界直接对应起来。

民主和法治是现代国家的要求。现代国家建构体现着现代化发展的政治方面。英国的洛克在历史上率先提出了现代民主—国家的建构理念。在此之前，英国的霍布斯曾提出“自然状态”和国家起源说，指出国家是人们为了遵守“自然法”而订立契约所形成的，是一部人造的机器人。他反对君权神授，主张君主专制，把罗马教皇比作魔王，把僧侣比作群鬼，但主张利用“国教”来管束人民，维护“秩序”。与霍布斯不同，在洛克看来，在国家之前的自然状态是“完美无缺的自由状态”，生命、自由、财产是自然法为人类所规定的基本权利，不可让与，也不可剥夺。为了更好地保护人身和财产权利，人们订立契约，将一部分权利转让给所指定的人，并按照一致同意的规则行使权力，由此形成国家。为此，他否认主权在君，提出议会主权论，即国家的最高统治权应该由人民委托的代表行使。同时，与霍布斯关于主权者不受制约的观点不同，洛克将国家与政府区别开来，认为人们建立政府是为了更好地保护人权，政府也要受到制约，如果政府不能实现保护个人权利的目的，人们有权改变它。为了制约权力，他提出了应该根据分权原则配置权力。同时，政府要以正式公布和经常有效的法律，而不是临时的命令和变化无常的决定进行统治，实行法治原则。议会主权、权力分立和法治政府可以说是洛克对现代制度国家的重要贡献。正是基于此，洛克强烈反对主权在君的专制制度，认为专制制度导致君主只是用心血来潮或毫无拘束的个人意志进行统治，容易产生“暴政”，“暴政”比自然状态还坏。因为在自然状态下，人们还享有运用自己的权利保护自己的生命和财产的自由，而在“暴政”下，人们不仅会受到君主的侵害，而且会失去以前的自由。

现代国家的职能是不断扩大的。自20世纪30年代的大萧条以来，特别是“二战”以后，国家机构的膨胀和职能的扩大，已经成为全球范围内政治生活的一种普遍趋势。这些变化从政治领域扩大到政治、经济领域，再扩大到政治、经济和文化领域。早在200多年前，亚当·斯密在其《国富论》中明确的国家或政府的职能主要是政治职能，即保护社会免受其他社会的暴力行为和侵害，保护社会成员免遭其他成员的侵害和压迫并主持严格的正义，建立并维护某些公共设施和公共工程，核心是局限于维持秩序和正义的有限的保护性功能。后来，学者们在此基础上对国家的职能有所扩大，国家不仅具有政治职能，还有为社会成员提供各种福利的职能，在保障教育、公共卫生、住房等方面可以有积极的作用。这就涉及政治和经济两个领域。马克思就曾经指出，任何国家都有两种基本职能，一种是政治统治职能，另一种是社会公共职能。随着现代社会的发展，一些学者提出进一步拓展国家职能，认为当前已进入一个国家全面干预时代，国家渗透到政治、经济和文化三大领域中，不受国家影响和控制的领域是不存在的。米利本德等认为，当代资本主义国家在维护资本的统治方面具有三种基本职能：第一，国家具有广义上的经济职能；第二，国家在政治上具有维持秩序和法律的镇压职能；第三，国家具有思想文化上的职能。英国学者约翰斯顿则进一步把现代国家的职能总结归纳为六种：①国家是履行警察职能的保护者；②国家是处理冲突和纠纷的仲裁者；③国家是通过意识形态促进社会一致的聚合力量；④国家是社会经济基础设施的提供者；⑤国家是经济文化教育的投资者；⑥国家是存在自身利益的官僚机构。

资料来源：王沪宁主编，林尚立、孙关宏副主编：《政治的逻辑——马克思主义政治学原理》，上海人民出版社2004年版；王列："关于现代国家职能的理论探讨"，《经济社会体制比较》，1994年3月；国务院发展研究中心课题组："现代国家治理的系统分析框架"，《国家治理体系和治理能力研究总报告》，2018年9月。

（二）土地利用的分工合作的深化

随着生产力发展水平的提高和社会管理制度的变化，土地利用的方式越来越现代化，对调整和创新人与人之间在土地利用上的关系提出了新要求（见表9-1）。一方面，一些个人的能力有不断增强的趋势，主要表现是在土地利用中使用机器、知识增长、积累增加等，导致人的劳动生产率大幅提升；另一方面，一些现代组织有不断发展的趋势，主要表现是在土地利用中进行长期投资、巨额投资、综合投资等，导致社会的物质财富迅速增长。在现实社会中，无论是个人的能力增强，还是现代组织的不断发展，都会带来土地利用的分工与合作的深化，都可能导致土地利用的边界条件调整。

表 9–1　　土地利用的各种主体及特点比较

	土地利用主体	特点
1	自然人（个人）	人的个体，主要是有劳动能力的劳动者个人，在劳动年龄内和有劳动技能、劳动条件、劳动机会、劳动积极性等条件下，可提供劳动投入，节约组织费用
2	家庭（住户）	个人的组合，主要是有劳动力的居民家庭或城乡住户，在劳动年龄内和有劳动技能、劳动条件、劳动机会和劳动积极性等条件下，可组织提供劳动组合，节约交易费用
3	机关单位（机关法人）	个人的组合，主要是中央政府和地方政府等，可组织提供劳动组合，组织提供公共管理服务，打破权力财产代际传递，建立良好秩序，节约交易费用
4	企业单位（企业法人）	个人的组合，主要是工商企业、农业企业、流通企业、服务企业等，可组织提供劳动组合，组合资源要素生产，节约交易费用
5	事业单位（事业法人）	个人的组合，主要是教、科、文、卫、体等单位，可组织提供劳动组合，组合资源要素服务，节约交易费用
6	合作组织（中介或合约）	个人的组合，主要是土地合作社、集体组织、商会协会等，可组织提供劳动组合，提供专业化劳动，节约交易费用
7	专业机构（中介或合约）	个人的组合，主要是土地银行、城乡投融资平台等，可组织提供劳动组合，提供资金配套服务，节约交易费用
8	专业市场（中介或合约）	个人的组合，主要是土地交易所、产权交易所等，可提供土地要素流动性，节约组织费用

资料来源：作者综合整理。

（三）土地利用的利益追求的驱动

土地利用的边界条件的设定，会打破特定土地所有权的垄断，从而打破绝对地租的产生机制，以及推动特定土地使用权的重组，从而产生新的土地利益。但它也会带来另一个问题，即为产生和形成各种各样的个人级差地租提供了可能，一些土地所有者或者土地使用者以及与土地利用有关的人，有可能为了追求和获得这种级差地租而努力。在社会实践中，土地利用的边界条件的设置是复杂而敏感的，它不仅在设置前有可能受部分人利益驱动的重要影响，而且在设置后会深刻影响部分人的利益，使一些人产生强烈的利益驱动，寻求和推动改变土地利用的边界条件，包括时间边界条件、空间边界条件、用途边界条件、方式边界条件、责权边界条件等。

专栏 9-2　地租的重要性与历史演变

地租反映的是一种社会关系，是土地所有权在经济上得以实现的形式。这是古典地租理论主要关注的部分。现代地租理论在地租和地价的基础上开始探讨城市地租。随着世界范围内的城市化进程，在利益的驱使下，大量农业用地转为城市用地。现代地租理论揭示了供求理论、区位理论及地价的空间分布理论。

17 世纪，英国经济学家威廉·配第在他的著作《赋税论》中首次提出，地租是土地上生产的农作物所得的剩余收益。由于土地肥沃程度不同、耕作技术水平差异及距离市场远近不同，地租有所不同。再加上自然因素影响收成，物价水平的不断波动等因素，使农场主在制定地租时，并不能明确计算出土地的价值，所以很难制定出合理的地租。若地租过高（相对性），很可能会使租地农民一年的劳动付之东流。

土地的等级差别是产生级差地租的条件，而以土地的有限性为前提的经营垄断才是产生级差地租的原因。由于土地的经营垄断，农产品的社会生产价格就不得不以劣等地产品的个别生产价格决定。这样，较优等地的产品的个别生产价格低于社会生产价格的差额，便形成了一种稳定的超额利润，转化为级差地租。

城市建筑用地的地租不同于农地生产。人口稀少的地区，新增人口和建筑会增加该地区的财富和土地价值；而人口稠密的地区，越是增加建筑物和迁入人口，就越容易带来贫困和土地的贬值。这是强调了土地自然环境的重要性，新鲜空气、阳光、绿地是土地价值的主要表现，缺少了这些要素，人们的生活质量会大幅下降。另外，在空地上建造房屋也违背了这一原则，人类为了少数的物质财富，消耗了其他重要的生产要素和人的精力；得到了物质财富，却失去了追求生活品质的能力。

资料来源：〔英〕阿尔弗雷德·马歇尔著，彭逸林、王威辉、商金艳译：《经济学原理》，人民日报出版社 2009 年版。

二、土地利用的时间边界条件的调整

土地利用的时间边界条件的调整内容是重要的政策变化，其调整主体主要是国家或地区的法定政府，也可能是农村集体经济组织或特定的土地使用者。这种调整在工作上具有复杂性和敏感性，有可能是被动的，也有可能是主动的；有可能调整得较好，也有可能调整得不好。在实践中，如果调整工作得当和效果较好，对个人利益和社会利益都有好处；如果调整工作不当和效果不好，则会产生人与人之间以及个人与社会之间新的矛盾或冲突。

（一）土地利用的时间边界调整的内容

土地利用的时间边界条件的调整内容主要是土地利用的无限期、有限期及时间范围、基本年限、最高年限以及有关管理规定等。在这些内容中，将土地利用的无限期改为有限期，主要是进行土地出让；将土地利用的有限期改为无限期，主要是进行土地征收或征用，不仅涉及经济因素，而且涉及政治因素和行政因素，是国家依法进行严格管理的，需要政府深度参与并组织实施。在中国，土地利用的时间边界条件的调整是执政党制定和调整土地政策的重要内容。比如，中国在改革开放以后对农村土地承包期进行调整，包括在改革开放初期土地承包期从1年延长至几年，1984年明确土地承包期15年不变,1998年明确第一轮土地承包到期后再延长30年，2017年明确第二轮土地承包到期后再延长30年，就是党和政府决策的结果。

（二）土地利用的时间边界调整的问题

对土地利用的时间边界条件的调整工作关系土地利用的投资融资、产业发展、市场建设、利益分配和社会稳定等，具有复杂性、特殊性和敏感性。受国家土地管理政策和农村发展政策等的影响，不同时间期限的土地在经济价值及相关责任义务上存在差异。在对土地利用的时间边界条件的调整工作中，必须解决好两个突出问题。一是将土地利用从无期限改为有期限，在促进个人之间公平和有效使用土地的同时，会增加土地公共管理工作、矛盾或纠纷以及土地管理成本费用，会产生土地公共管理问题和个人边界反应问题。比如，在一定时期，社会各方对土地使用初始期限和最高期限如何设置以及如何依法进行调整缺乏共识，不同的参与者之间会进行制度博弈并影响其对土地使用的投入方式，以及在特定土地使用期限到期前后土地使用人对土地利用的短视、投机或寻租等。二是对土地使用的时间、期限及相关规定约定等进行调整，由于使用土地的个人情况、土地情况和相关条件有所不同，会产生土地使用的责权利的变化问题。从严格意义上讲，由于社会土地资源的稀缺性，个人对土地的使用都是有责任、有成本、有费用和有风险的，土地使用期限不是越长越好，也不是越短越好，而是有一个相对合理的期限标准以及时间范围，在具体标准及范围上是因人而异、因地而异、因条件而异的。换言之，一个国家或地区在一定时期内对土地使用的时间、期限及相关规定约定等进行调整，对一部分人可能是有利的，而对另一部分人则可能是不利的，对此需要进行责权平衡、管理规范和经济补偿等。解决问题的方式有可以探索引入市场机制，还可以采用协商调解机制；如协商不成，就需要诉讼机制。

三、土地利用的空间边界条件的调整

土地利用的空间边界条件的调整是重要的政策变化，其调整主体主要是国家或地区的法定政府，也可能是农村集体经济组织或特定的土地使用者。这种调整工作有其复杂性和敏感性。在实践中，如果调整工作得当和效果较好，对个人利益和社会利益都有好处；如果调整工作不当和效果不好，则会产生人与人之间以及个人与社会之间的矛盾或冲突。

（一）土地利用的空间边界调整的内容

土地利用的空间边界条件的调整内容主要是土地利用的无边界、有边界及区域范围、城乡范围、空间细分，以及有关管理规定等。在这些内容中，将土地利用的无边界改为有边界，以及对土地边界的区域范围等进行调整，是国家依法进行严格管理的，不仅涉及经济因素，而且涉及政治因素和行政因素，需要由政府深度参与并组织实施。比如中国土地利用的空间边界主要由土地利用总体规划确定，由政府依法决定。在城市行政区，设置计划单列区域，地区改市，撤并区县，包括北京东城区与崇文区合并（2010 年）、西城区与宣武区合并（2010 年），上海黄浦区与南市区合并（2000 年）、黄浦区与卢湾区合并（2011 年）、浦东新区与南汇区合并（2009 年）、静安区与闸北区合并（2015 年）等。在农村行政区，撤并行政区域，进行县域重组，如县改市、乡改镇、乡的撤并、村的撤并等。

（二）土地利用的空间边界调整的问题

对土地利用的空间边界条件的调整工作涉及一个国家或地区的城乡布局、行政管理、经济增长、社会发展和生态保护等，具有复杂性、特殊性和敏感性。受国家土地利用总体规划、全国主体功能区规划、城镇化发展政策影响，在不同行政区域之间，在城镇土地和农村土地之间，土地利用的经济价值存在差异，有的差异还很悬殊。一是将土地利用从无边界改为有边界会产生问题；二是将土地利用的行政区划进行调整会产生问题；三是将土地利用的城乡界定进行调整会产生问题。

四、土地利用的用途边界条件的调整

土地利用的用途边界条件的调整是重要的政策变化，其调整主体主要是国家或地区的法定政府，参与主体是农村集体经济组织或特定的土地使用者。这种调整工作有其复杂性和敏感性。在实践中，如果调整工作得当和效果较好，对个人利益和社会利益都有好处；如果调整工作不当和效果不好，则会产生人与人之间以及个人与社会之间的矛盾或冲突。

（一）土地利用的用途边界调整的内容

土地利用的用途边界条件的调整内容主要是土地利用的用途范围及农用地的具体类型（包括耕地、园地、林地、牧草地、其他农用地等）、建设用地的具体类型（包括居民点及工矿用地、交通运输用地、水利设施用地等），以及有关管理规定等。在这些内容中，将土地利用从农用地改为建设用地，以及将耕地改为其他用地等，涉及政治因素和行政因素，是国家依法进行严格管理的，需要由政府深度参与并组织实施。比如，在中国，土地利用的用途边界由土地利用总体规划划定，由政府依法决定。

（二）土地利用的用途边界调整的问题

对土地利用的用途边界条件的调整工作涉及土地利用现状类型的登记，土地利用的用途保护的确定及调整管理规定，用途规定的隐含与公开，用途可变与不可变，用途的细分，用途变化的补偿规定、奖励约定、资金清算等，具有复杂性、特殊性和敏感性。受国家土地利用总体规划、主体功能区规划、耕地保护政策的影响，在建设用地和农用地之间、耕地和其他农用地之间、建设用地的不同类型之间，土地利用的经济价值存在差异，一些差异还很悬殊。一是将土地利用从农用地改为建设用地或从建设用地改为农用地，都会产生问题；二是将农用地的特定类型进行调整会产生问题；三是将建设用地的特定类型进行调整会产生问题。

五、土地利用的方式边界条件的调整

土地利用的方式边界条件的调整是重要的政策变化，其调整主体主要是国家或地区的法定政府，也可能是农村集体经济组织或特定的土地使用者。这种调整工作有其复杂性和敏感性。在实践中，如果调整工作得当和效果较好，对个人利益和社会利益都有好处；如果调整工作不当和效果不好，则会产生人与人之间以及个人与社会之间的矛盾或冲突。

（一）土地利用的方式边界调整的内容

土地利用的方式边界条件的调整内容主要是土地的无偿利用、有偿利用以及指令安排、市场机制、个人住户利用、法人化利用、分散粗放利用、集约化利用、小块经营利用、规模化利用、自然随机利用、资本化利用、不重视保护利用、可持续利用，以及其他有关管理规定等。在这些内容中，将土地利用从无偿利用改为有偿利用，从指令安排改为市场机制，从集体利用改为个人住户利用，从政府利用改为法人化利用，从自然随机利用改为资本化利用等，不仅涉及经济因素，而且涉及政治因素和行政因素，是国家依法进行严格管理的，需要由政府深度参与并组织实施。比如，在中国，土地利用的方式边界调整是党和国家的重要决策。

（二）土地利用的方式边界调整的问题

对土地利用的方式边界条件的调整工作涉及对象资格、费用承担、投入要求、产出要求和管理服务等内容，具有复杂性、特殊性和敏感性。一是将土地利用从无偿使用改为有偿使用，以及将土地利用的有偿使用类型和无偿使用类型进行调整，都会产生问题；二是将土地利用的指令安排改为市场机制会产生问题；三是将土地利用的个人住户利用改为法人化利用会产生问题；四是将土地利用的分散粗放利用改为集约化利用会产生问题；五是将土地利用的小块经营利用改为规模化利用会产生问题；五是将土地利用的自然随机利用改为资本化利用会产生问题；六是将土地利用的不重视保护利用改为可持续利用会产生问题。比如，中国从计划经济到市场经济，对城市土地实行土地批租，产生特定的土地供求矛盾，致使城市的地价高涨、房价上涨，土地城镇化迅速，而人口城镇化缓慢。

六、土地利用的责权边界条件的调整

土地利用的责权边界条件的调整是重要的政策变化，其调整主体主要是国家或地区的法定政府，也可能是农村集体经济组织或特定的土地使用者。这种调整工作有其复杂性和敏感性。在实践中，如果调整工作得当和效果较好，对个人利益和社会利益都有好处；如果调整工作不当和效果不好，则会产生人与人之间以及个人与社会之间的矛盾或冲突。

（一）土地利用的责权边界调整的内容

土地利用的责权边界条件的调整内容主要是土地的国家管理权及责任、土地的所有权及责任、土地的使用权及责任、土地的其他权利及责任，以及其他有关管理规定等。在这些内容中，对土地的国家管理权及其责任进行明确细化和转型升级，将土地的所有权及责任拆分为土地的使用权及责任，以及将土地的使用权及责任组装为土地的所有权及责任等，不仅涉及经济因素，而且涉及政治因素和行政因素，是国家依法进行严格管理的，需要由政府深度参与并组织实施。比如，在中国，土地利用的责权边界调整由国家或地区依法决定。

（二）土地利用的责权边界调整的问题

对土地利用的责权边界条件的调整工作涉及土地利用特定环境、责权利隐含与显示、责权利平衡、可变与不可变、责任细分、权利性质、补偿规定、奖励约定和资金清算等，具有复杂性、特殊性和敏感性。受中国宪法、土地管理法等政策的影响，为了公共利益需要，由国家对集体土地进行征用或征收，以及国家对城乡边界、城市区边界、乡镇村边界进行调整，都会产生社会矛盾。一是将土地利用的前提条件和责任义务从隐含省略改为公开显示会产生问题；二是将土地利用的责任、权利和义务从不可变改为可变化会产生问题；三是将土地利用的所有权类型进行调整会产生问题；四是将土地利用的使用权及其他类型权利进行调整会产生问题。

七、土地利用的边界条件调整的规范

土地利用的边界条件调整复杂、特殊和敏感，社会影响大，需要进行引导、规范和管理，包括合理引入条件，划分调整类型，健全完善制度，开展组织服务，严格申请报批，进行管理监督等。在实践中，进行这种规范具有必要性、重要性和紧迫性。

（一）建立土地利用边界条件调整的组织服务

对土地利用的边界条件的调整内容要进行优化，以适应经济社会发展变化的实际需要，扩大稀缺资源配置选择空间，提高土地利用效率，改进土地利益分配的公平性，健全完善土地制度体系，加强土地利用的科技支撑和公共服务。一是重视和加强土地利用的科技支撑。在科技上，要充分利用现代信息技术。二是重视和加强土地利用的公共服务。在服务上，要重视标准统一，着力“修路架桥”，推进水利建设，强化信息沟通，健全纠纷解决机制。

（二）健全土地利用边界条件调整的报批登记

对土地利用的边界条件的调整过程要进行规范，围绕依法依规依约，解决好人与人之间的矛盾或冲突，加强土地利用的调整报批和登记工作，实施严格而规范的调整程序。一是重视和加强土地利用的调整报批。土地利用的调整要有人申请，主动调整，严格审批，配套改变。二是重视和加强土地利用的调整登记。土地利用的调整要统筹兼顾，登记备案，向社会公布，实行有据可查。

（三）完善土地利用边界条件调整的管理监督

对土地利用的边界条件的调整主体要进行控制，围绕建立良好的工作秩序、实现长期发展，加强土地利用的国家管理、统筹协调和严格监督，建构有效的领导体制和工作机制。一是重视和加强土地利用的国家管理。土地利用的调整涉及国家发展战略与国家综合竞争、土地使用与利益的分开与联结、土地利用的市场方式与组织方式的选择、变量与不变量的选择与调整等，需要加强国家管理。二是重视和加强土地利用的统筹协调。土地利用的调整涉及土地利用的规划引领，建构土地利用的良好布局和结构，以及土地利用的平衡利益、社会调查、差异处理等，需要进行统筹协调。三是重视和加强土地利用的严格监督。土地利用的调整涉及经济社会关系，加强土地利用监督是非常重要的。监督是界定和保护的重要内容，国家在有限政府框架内办事，首先要办好这个事。土地利用监督的主要内容是有法可依，依法监督，有效监督，发现问题，报告问题，推动解决问题。土地利用监督的有效形式是法治，在监督内容和形式上公开、公平、公正。

第十章
土地公有制的历史进步和不断完善

中华人民共和国土地制度的根基是社会主义土地公有制。土地公有制是一个世界范畴和历史范畴。世界上和历史上很多国家和地区的土地制度设计中都存在土地公有制，但不同国家和不同时期所建立的土地公有制在客观上存在差异。中华人民共和国的根本任务是进行社会主义现代化建设。从中华人民共和国建立的土地公有制看，它的内容设计具有开创性，与其他有关的制度相比，是一种历史进步。但随着社会发展，它在实践中也面临现实难题，需要引起重视并采取系列措施。解决问题的合理思路和基本路径是，要从提高认识入手，正视问题，改革创新，建立从根本上解决问题的有效机制。

一、新中国建立土地公有制有开创性

新中国建立的土地公有制有独创性。它来之不易、与众不同，是社会主义土地公有制，是中国特色社会主义制度的重要内容，是在中国共产党领导下开展新民主主义革命和社会主义革命的重要成果，反映了新中国推进社会主义建设的政策主张和马克思主义政治经济学的基本思想，既与资本主义国家建立和实行的土地公有制有所不同，也与其他社会主义国家建立和实行的土地公有制有所不同，还与中国在历史上建立和实行的土地公有制有所不同。这项制度从20世纪50年代初开始探索，在经历了土地改革和社会主义改造后才最终建立起来，其核心内容主要由五个要点构成，形成一个整体框架，非常有创新性。

（一）以解决重大问题为目的

在新中国建立的土地公有制中，第一个要点是在制度建立目的上，主张要解决新中国土地利用中的公平和效率两个重大问题，促进人与人的合作分工和降低人与人交易的费用，推动建立良好稳定的社会秩序，明确这个制度是新中国为解决人与人之间的土地问题实行的保障劳动者权益的一种制度结构。在制度设计上，就是从根本上解决土地的私人垄断问题和提高土地资源配置效率问题，由国家为解决人与人之间以及个人与社会之间的土地利用矛盾或问题提供原则和基础，实行土地由劳动者所有、劳动者受益和国家及集体参与管理。

（二）人民群众成为土地的主人

在新中国建立的土地公有制中，第二个要点是在土地权属界定上，主张中国的土地不能为极少数的个人所有，而要为大多数的人民群众所有，人民群众代表了劳动者，是社会财富的创造者和社会变革的决定力量，明确人民群众及劳动者是土地的主人，坚持走社会主义道路。在制度设计上，就是消除在土地利用上存在的阶级剥削和阶级压迫现象，建立土地全民所有制和土地劳动群众集体所有制并进行衔接组合。

专栏 10-1　新中国土地公有制与人民群众

人民群众是新中国土地的主人。人民群众的最重要特点是，主要凭借其劳动付出（包括直接劳动和间接劳动、简单劳动和复杂劳动等），而不是其他，获得个人及家庭收入及财富，并为社会创造财富，推动社会变革。人民群众代表了劳动者，代表了多数人，代表了社会共同利益或根本利益的一致性；它不同于地主，不同于资本家，不同于一般的个人或有别于社会共同利益的人。

人民群众是社会物质财富的创造者。人民群众，首先是劳动群众，是生产力的主要因素，而生产力是推动社会发展的决定力量。人民群众是人类社会赖以生存和发展的物质生活资料的创造者。正是他们提供了衣、食、住、行等物质生活资料，社会生活，包括政治的、科学的和艺术的生活，才能正常进行。

人民群众是社会精神财富的创造者。人民群众为思想家、科学家和艺术家的精神生产创造了物质前提。任何有价值的精神财富都来源于社会实践。人民群众的实践活动，是一切精神财富的源泉。他们直接参加了精神文化财富的创造活动，在提供丰富的精神财富原料的同时，还对这些原料作了初步的加工，甚至直接创造出精神财富的珍品。

人民群众是社会变革的决定力量。社会发展归根到底是由社会基本矛盾引起的，但社会基本矛盾的根本解决，必须靠人民群众的社会革命。在阶级社会中，就是通过激烈的阶级斗争来实现。人民群众是社会革命的主力军。历史上一切真正的革命运动，实际上都是人民群众团结起来摧毁旧制度的斗争，推动社会形态由低级向高级发展。

人民群众是一个历史范畴。人民群众这个概念在不同的国家和各个国家的不同历史时期，有着不同的内容。人民群众创造自己的历史，总是在一定社会历史条件的制约下，在既定的现实关系的基础上，遵循社会发展客观规律进行的。在不同的社会历史条件下，人民群众创造历史所起的作用是有所不同的。

资料来源：作者综合整理。

（三）以现代国家为代表统一管理土地

在新中国建立的土地公有制中，第三个要点是在土地资源配置上，主张中国的土地不能任由各地各部门各单位的土地占有者或使用者完全分而治之，而是要在现代国家的集中统一规划和监督管理控制下开发利用，明确实行全国土地统一管理，降低体制成本，降低交易成本，促进土地合理利用。在制度设计上，就是发挥现代国家体制在土地资源配置和土地经济利益分配中的重要作用，从强化《中华人民共和国宪法》有关规定入手，建立并完善党和国家对土地的占有和使用，以规范管理的政策法律制度体系。

专栏 10-2　新中国土地公有制与现代国家

新中国的土地是在国家的统一管理下进行开发利用的，土地资源配置的最终权力属于国家。新中国的最重要特点是，国家的权力属于人民，并建立了一套人民行使权力的现代体制及制度体系。它与封建主义国家的性质有所不同，与资本主义国家的性质有所不同，与过去的中国的性质也有所不同。在新中国，宪法规定国家的一切权力属于人民，人民行使国家权力的机关是全国人民代表大会和地方各级人民代表大会。国家机构实行民主集中制的原则。国家实行依法治国，建设社会主义法治国家，维护社会主义法制的统一和尊严。

新中国的性质是现代国家。在新中国，国家对土地的资源配置和利益分配具有重要权力，但这种权力既不是随意的，也不是完全的，而是限额的。换言之，针对土地的资源配置和利益分配，属于国家的这种权力具有规范性，它不仅是有限的，而且是有效的，并且是必要的。一方面，社会主义的公共财产神圣不可侵犯。国家保护社会主义的公共财产，禁止任何组织或者个人用任何手段侵占或者破坏国家和集体的财产。另一方面，公民的合法私有财产不受侵犯，国家依照法律规定保护公民的私有财产权和继承权。国家为了公共利益的需要，可以依照法律规定对公民的私有财产实行征收或者征用并给予补偿。此外，国家在行使权力的时候有前提条件、规范程序和规定职责内容等，实行严格依法办事。

资料来源：作者根据《中华人民共和国宪法》（2018 年修正）等整理。

（四）以劳动群众集体为代表占有农地

在新中国建立的土地公有制中，第四个要点是在特定土地利用上，主张中国的农业生产用地不能由远离农村基层社区和相关劳动者的主体占有，而要加强农村基层社区建设和与劳动者家庭相关，明确农村土地主要实行劳动群众集体所有制。在制度设计上，就是针对农业生产用地，明确划定农村区域范围，引入劳动群众及劳动群众集体，以农村劳动群众集体为代表占有土地并协调管理土地，既调动劳动者个人积极性、主动性和创造性，也对劳动者个人的可能缺陷、经营风险和不确定性进行防控。这个农村劳动群众集体规范运行，是特殊法人。

专栏 10-3　新中国土地公有制与农地占有

新中国人多地少，农业生产用地资源十分稀缺。农业生产用地的特点是各地差异大，主要用于发展农业生产经营，包括种植业、畜牧业、林业、渔业等，把土地作为劳动资料和劳动对象，需要的劳动投入较大，而生产周期较长，不仅受自然环境条件和动植物疫情疫病灾害影响大，而且受市场价格波动和国内外竞争影响大，获取投入回报具有不确定性。在经济不发达的传统社会，农业生产用地的分配和使用非常敏感，深刻影响政治经济发展和社会和谐稳定。随着工业化、城市化和现代化的发展，农业生产用地的比较效益越来越低。但国家为了保护农民利益，往往实行农业支持保护政策，这对农业生产用地的占有和使用提出了新要求。因此，除了一些自然资源条件特别好和农业现代化发展比较好的平原地区，全国绝大多数地区的农业生产用地的资源配置都与农村基层社区建设和相关劳动者家庭紧密相关，在土地所有制的制度设计中进行特殊考虑，具有重要性、必要性和现实性。

新中国成立后，在农地占有和使用上，主要实行了土地劳动群众集体所有制，同时也实行了土地全民所有制。前者主要是在全国一般的农村地区实行，是在国家的统一管理下，组建并授权农村劳动群众集体对特定土地进行占有和使用。后者则主要集中在东北地区、新疆生产建设兵团等少数地区和有关省区市的国有农林牧渔场地区，是在国家的统一管理下，由中央政府直接负责或委托地方政府负责，代表土地所有者，对特定土地进行占有和使用。

资料来源：作者综合整理。

（五）处理好国家、地区、集体与个人的利益关系

在新中国建立的土地公有制中，第五个要点是在土地利益分配上，主张中国的土地不能只讲为个人创造财富服务，也不能只讲为社会创造财富服务，而要讲建立良好的土地利用总体架构，明确贯彻落实劳动价值论，处理好人与人之间以及个人与社会之间在土地上的利益关系，坚持按劳分配为主体、多种分配方式并存，加强国家或集体对土地使用的利益分配的规范调节，推进在土地的经济利益分配上建立良好秩序。在制度设计上，就是处理好国家、地区、集体与个人在土地利用上的利益关系，实行统筹利用、分区利用、分类利用、有条件使用和规范调节等（见表10–1、表10–2）。

表10–1　新中国土地公有制的思想内涵和内容创新

制度要素	内容要点	主要内容	重要意义
问题导向	为解决人与人之间的土地问题、保障劳动者权益的一种制度结构	从根本上解决土地的私人垄断问题和提高土地资源配置效率，土地由劳动者所有、劳动者受益和国家及集体参与管理调节	制度的建立是为了解决新中国土地利用中的公平和效率两个重大问题，促进人与人之间的合作分工、降低人与人之间交易的费用
人民群众	人民群众是土地的主人	建立土地全民所有制和土地劳动群众集体所有制并进行衔接组合	人民群众代表了劳动者，代表了多数人，代表了社会共同利益或根本利益的一致性
现代国家	以现代国家为代表统一管理土地	实行全国土地统一管理，促进土地合理利用	国家对土地的资源配置和利益分配具有重要权力，这种权力是规范的和限额的
劳动集体	以劳动群众集体为代表占有农地	针对农业生产用地，明确划定农村区域范围，以农村劳动群众集体为代表占有土地并协调管理土地	农地利用有特殊性，既调动劳动者个人积极性和主动性，也对劳动者个人的可能缺陷、经营风险和不确定性进行防控
处理关系	处理好国家、地区、集体与个人的关系	贯彻落实劳动价值论，坚持按劳分配为主体、多种分配方式并存，加强国家或集体对土地使用的利益分配的规范调节	土地利用不能只讲为个人创造财富服务，也不能只讲为社会创造财富服务，而要讲建立良好的土地利用总体架构和按劳分配
与政策实践的关系	国家对土地利用的基本参与者及其条件、职责、权利、利益关系进行界定并提供保护	国家为解决人与人之间以及个人与社会之间在土地利用上存在的重大矛盾或现实难题提供原则和基础	中华人民共和国的基本制度，从保护劳动者权利入手，推进从根本上解决人与人之间的土地问题，建立良好稳定的社会秩序

资料来源：作者整理。

表 10-2　　新中国土地公有制的参与主体

参与主体\类型	土地全民所有制（土地国家所有制）	土地劳动群众集体所有制（土地集体所有制）	制度角色
国家（中央政府）	√▲	√△	国家代表全国范围相关劳动者参与，承担责任和享有权利
地区（地方政府）	√▲	√△	地区代表地区范围相关劳动者参与，承担责任和享有权利
集体（社区）	√△	√▲	集体代表社区范围相关劳动者参与，承担责任和享有权利
个人（家庭或单位）	√▲	√▲	个人代表直接劳动者范围相关者参与，承担责任和享有权利
各参与者的特点	国家和地区代表土地所有者，集体具有隐含性，个人为土地使用者	国家和地区具有隐含性，集体代表土地所有者，个人为土地使用者	国家、地区、集体和个人都是重要参与者，只是参与方式和相关责权有所不同

注：√表示在制度中有参与；▲表示在制度中的参与是公开显示的；△表示在制度中的参与是具有隐含性的或者没有公开显示的。

资料来源：作者整理。

二、建立土地公有制是一种历史进步

新中国建立的土地公有制有历史进步性。它有别于过去，面向未来，立足现代国家，着眼现代社会，充满现代思想，从保护劳动者权利入手，对土地利用的基本参与者及其条件、职责、权利、利益关系进行界定并提供保护，实现了有破有立，具有进步意义。

（一）打破土地财产的代际传递

这一制度明确土地由人民群众所有，消除了土地的私人所有制，也消除了自然人对土地的无限期占有制，实现了土地由劳动者按照劳动条件等占有和使用。个人对土地的排他性占有时间是有限的，个人死后不能将土地作为私人财产进行赠与或被后人继承。从历史上看，当土地被个人或集团所占有并受法律保护，土地就逐渐成为人们置产、保值、逐利的重要对象，具有财产性质，地权可以保值增值并在市场上交易变现。在允许土地私有的社会，不少人一有机会就广置田园及附属的地产和房产，作为其“恒产”，乃至大肆进行土地投机，待价而沽，坐享其成。而新中国实行这项制度安排后，土地的财产性质有所减弱，土地财产的代际传递被打破。这有利于实现现代社会人与人之间的经济发展机会均等，有利于促进劳动者的勤奋努力，是一种重要的进步。

（二）打破土地权利的代际传递

这一制度只设立土地全民所有制和土地劳动群众集体所有制，消除了土地的私人所有制，也消除了私人对土地的全面完整控制。在土地由国家或集体授权个人按一定条件占有和使用的情况下，个人对土地的排他性控制权是有限的，个人在死后不能将土地作为权利因素继续占有或被后人继承。从历史上看，伟大的政治和社会权力是与土地相联系的。比如在美国革命以前的那些年代，在大多数的殖民地，只有地主才有投票权；在英国等国家，地主是有某些政治特权以及社会地位的；在俄国，1917 年的革命口号“一切土地归农民”，具有很大的号召力，赢得了大多数人民对更换政府的支持。而新中国实行这项制度安排后，土地的权利因素有所减弱，土地权利的代际传递被打破。这有利于实现现代社会人与人之间的政治参与机会均等，有利于促进劳动者之间的民主治理，是一种重要的进步。

（三）促进土地与劳动的更好结合

这一制度以现代国家为代表统一管理土地，以劳动群众为代表占有农地，消除了土地利用的私人垄断，拓展了土地利用的选择空间，可以降低组织运行的风险和不确定性，可以实现土地和劳动的更好结合。它既可以采用指令经济方式组织运行，也可以采用市场经济方式组织运行。从历史上看，大量土地被私人独占，而且土地的使用也非常分散或集中，土地的利用率和土地生产率是有限的。而新中国实行这项制度安排后，土地由现代国家进行统一管理，对全国土地资源和土地利用情况组织开展了全面、系统而专业的调查研究，制定实施土地利用规划和土地管理政策法规，逐步建立和完善全国性的统一、开放、竞争、有序的土地市场体系。这有利于调动各种劳动者的积极性、主动性和创造性，有利于优化配置全国土地资源，是一种重要的进步。

（四）促进土地利益分配更加公平

这一制度贯彻落实劳动价值论，坚持按劳分配为主、多种分配方式并存，土地主要为劳动者所有、劳动者所用和劳动者所享，处理好国家、地区、集体和个人的利益关系。从历史上看，土地的利益主要是按土地所有权进行分配，实行谁所有谁收取地租，这对创造社会财富的劳动者是不利的，有大量的地主不劳而获或少劳多获，无偿占有或获取他人的劳动成果。而新中国实行这项制度安排后，土地利益主要按劳动贡献分配，坚持多劳多得、少劳少得，并逐步建立健全劳动、资本、土地、知识、技术、管理、数据等生产要素由市场评价、按贡献决定报酬的机制，强化国家或集体对土地利益分配的规范调节。这有利于从根本上解决与土地利用有关的矛盾或冲突，有利于推动社会公平正义，是一种重要的进步。

三、实行土地公有制在实践中面临的难题

实行土地公有制的主体是现实的人。在新中国建立的土地公有制中，从制度安排来看，保护劳动者权利，对人民群众、现代国家和劳动集体等在土地利用中的角色及条件进行合理界定并提供保护，具有开创性和进步性。但受客观历史条件等限制，迄今这一制度对于现实的个人在土地利用中的合理角色如何界定并提供保护，以及对于人民群众、现代国家和劳动集体在土地利用中的合理代表如何确定并良好工作等，还存在关联不足或设计缺陷，从而也隐含了新的问题，需要在理论上研究深化和在实践中探索破解。

（一）人的劳动管理治理难题

土地公有制本身并不能激发人的劳动努力。当土地所有者是现实的个人时，其对土地的使用、投资经营、承担税费、获取收益和进行处分等一般是直接的，不需要代理人，个人通过努力获取的劳动成果不容许他人侵犯，当然他也承担相关的风险及不确定性。这有利于强化劳动责任、提高劳动质量和提升劳动效率，有利于实现激励相容。但当土地所有者是人民群众、现代国家和劳动集体时，这些主体与现实的个人是有所不同的，其基本性质是劳动者的共同体，基本特点是代表劳动者的共同利益，实行特定个人代表制实现基本运行。在这种制度安排中，需要创建良好的土地使用体制或土地经营体制，并合理设置条件，引入代理人，代表人民群众、现代国家和劳动集体进行组织领导、科学决策和管理控制，对土地资源进行高效配置和对土地经济利益进行合理分配。如果土地使用体制或土地经营体制设计不合理，以及特定土地代理人选择不当，在对人的劳动的管理治理方面就可能产生非常严重的问题。比如中国农村在实行人民公社体制以后，曾经出现农业生产效率低下、农业生产发展下降等问题。因为现实的个人在集体劳动中是有两面性的，既可能在有好处时都争抢，也可能在有负担时都躲避。一方面，组织领导权力集中，责任很大，利益攸关，会强化行政命令，既有可能实现规模效益，也有可能产生简单平均，不利于个人努力或创新。另一方面，组织成员功能弱化，可能缺乏生产积极性、主动性和创造性。

专栏 10-4　新会县人民公社体制中存在的人的劳动管理难题

新中国在建立新的土地公有制后，特别是农村发生从高级社到人民公社的变革之后，直到改革开放以前，一直未能解决好对人的劳动的管理难题。在很长一段时间，在理论和政策的导向上，人们都认为土地公有制本身就是土地的经营方式，坚持在农村实行人民公社体制，片面追求一“大”二“公”，实行“政社合一”，对创建良好的农业土地使用体制或土地经营体制重视不足，激励机制存在扭曲，曾经产生严重的经济问题，其教训非常深刻。

1959 年 1 月 18 日，新华社播发了广东分社记者所写的一篇题为《新会县人民公社在发放第一次工资后出勤率、劳动效率为什么普遍下降》的报道，具体描述了“人民公社化高潮”过后，农民的实际心态和行为，“大泽公社在发放工资后出现了‘四多四少’：①吃饭的人多，出勤的人少；②装病的人多，吃药的人少；③学懒的人多，学勤的人少；④读书的人多，劳动的人少。类似现象在其他公社也普遍存在。礼乐公社发工资后 10 天左右，出勤率普遍下降了五六成。礼东管理区领工资的 600 人，出勤的只有 300 人。同时，没病装病、小病装大病、没有月经装有月经或借口照顾小孩而不出勤的人也不少，一些原来劳动差的现在更差，原来劳动态度较好的也受影响而消极”。

“劳动效率和劳动质量也普遍下降。礼乐公社去年担肥下田时是互相追赶，争先恐后；而现在则是互相让路、等待，再不争先恐后了。原来每天可送 200 担的，现在只送五六十担；过去能担 100 斤的，现在则担 50 斤；过去 1 人挑的，现在 2 人抬。”

之所以刚发第一次工资就出现这样的情况，记者认为主要是分配比例中供给部分多、工资部分少，压抑了群众的积极性，以前没有建立劳动责任制，因此造成窝工浪费和消极怠工。记者引用农民和基层干部的话说：“‘共产主义的成分太多了’。‘包（指供给）是搞坏了，包那样多谁还愿意积极呀！’‘干不干，三餐饭；做多做少，一样吃饱’。‘出工自由化、吃饭战斗化、手工集体化’。”

显然，农民群众生产积极性明显下降的情况，在人民公社成立后不久是普遍存在的。一方面是“食之者众、生之者寡”，而另一方面又要强调公社化好，于是出现了极为严重的共产风、浮夸风、命令风、干部特殊风和对生产的瞎指挥风。这“五风”严重地破坏了农村的生产力，致使 20 世纪 50 年代末 60 年代初，整个农村经济几乎被推到了崩溃的边缘。

1979年改革开放以后，这个难题逐步有所破解。因为人们认识到，土地公有制和土地经营方式不是一码事，土地所有权是可以和土地经营权分开的，而这种分离，并不会改变土地的所有权制度。集体所有土地可以实行集体统一经营，也可以实行家庭承包经营，还可以实行其他有效的经营方式。这个认识非常重要。在此指导下，人们可以避免为了提高土地的利用效率，而去不断地变更土地的所有权关系，从而可以在稳定现有的土地集体公有制的基础上，去寻求土地经营方式的创新和完善。在实践中，各地通过在农村实行家庭联产承包责任制等，使农民既是农业生产的劳动者，同时又是农业生产的责任者、决策者、管理者、受益者和风险承担者，解决劳动者的劳动评价问题、生产过程的管理成本问题、经营决策的责任风险问题，大幅度提高了农业的生产效率，而土地的集体所有制是保持不变的。

资料来源：陈锡文:《中国农村改革：回顾与展望（校订本）》，世界知识出版社2020年版。

（二）土地资源的供应不足难题

土地公有制本身并不能决定土地利用效率。现实中的土地资源具有稀缺性，土地的使用是有成本代价的，不仅有较大的资源开发、劳动积累及管理服务成本，需要在土地使用中进行必要的经济补偿；而且有较大的发展机会成本，需要在土地使用中进行权衡取舍择优。在实践中，土地资源的供求关系不仅与土地的自然资源禀赋有关，而且与土地的使用方式、管理体制和土地利用效率密切相关。对于同样的土地，不同效能的劳动者在使用土地的产出上可能差异悬殊。当土地所有者是现实的个人时，其对土地的使用是一个主体或由一个主体进行控制，一般会遵循效率原则，尽可能控制或消除土地的低效或浪费使用，尽可能增加土地投入回报或提高土地产出率，在内部是没有“免费搭车”问题的；如果不讲效率，只会影响到个人。但当土地所有者是人民群众、现代国家和劳动集体时，其对土地的使用是多个主体，特别是存在具有不同效能的劳动者主体及其土地使用效率，能否对效能较高的劳动者扩大土地使用规模及其相关的责权，并建立高效能劳动者和低效能劳动者之间在土地使用上的有序转化、衔接和共享发展机制，就关系重大；如果不讲资源使用有偿性和按责权、效能配置，很容易出现“免费搭车”问题，会产生“公地悲剧”，导致生产供应不足，影响整个土地资源的供求平衡关系和经济社会发展的秩序。

专栏 10-5 公有土地的无偿无期使用及以行政分配为主造成的低效难题

中国人多地少，土地资源供不应求，土地的使用方式、管理体制和土地利用效率关系重大。新中国在建立新的土地公有制后，直到改革开放以前，在土地的使用方式及管理体制上，基本上是无偿使用、无限期使用，以单一的行政手段为主进行配置和管理等。在实践中，国有土地一般由县级以上人民政府进行组织管理，分给机关、部队、企业、事业单位等支配使用。集体土地一般由集体经济组织进行组织管理，部分由集体共同使用，主要是大面积的农耕土地；部分由农民个人使用，主要是自留地、自留山等小面积农耕土地以及大部分宅基地；部分由集体企事业单位等使用，主要是社队企业及乡（镇）企业用地等。

这种对土地的无偿使用、无限期使用以及以单一的行政手段进行资源配置，造成了全国土地管理中的种种弊端，加剧了土地资源供给不足的难题。主要表现在：①土地利用率低，使用效果差，造成严重浪费。由于土地的无偿使用，在国家建设用地中，多征、少征或者征而不用的现象屡禁不止，造成土地的大量闲置和土地资源的大量浪费。②非法占地和违章建设现象层出不穷。这不仅浪费了土地资源，而且严重破坏了城市规划的实施。③助长了买卖土地、非法出租或者变相买卖土地现象，破坏了国家正常的经济秩序。④妨碍企业素质的提高，不利于企业的经济核算。因为企业所占土地位置如何，对企业经营成果有重要的影响，特别是对商业企业更是如此。在同样规模、同样设备技术和同样人员的条件下，因企业所占土地位置的优劣之别，造成企业之间经营规模和经济效益的差别。因此在土地无偿使用的情况下，企业之间不再平等竞争，从而不利于企业的经济核算。⑤削弱国家对土地的管理，不利于维护国家土地所有权。一些单位以国有土地换房换物；一些单位多余的土地，国家调拨不动，土地的余缺无法调剂；一些外迁和撤销单位的土地，国家亦无力回收，土地的国有制变成了部门或者单位所有制。⑥影响良好社会秩序建构和社会和谐稳定。在土地无偿使用、无限期使用方式下，政府和集体缺乏相应的经济调节手段和依法管理调控手段，土地的级差收益被作为土地使用者的个人或企业在土地、房屋等投资经营交易中变相获取并长期占有，引发社会分配不公并在人与人之间产生了很多社会矛盾或冲突。

改革开放以后，这个难题逐步有所破解。最大的突破发生在城市国有土地的使用方式及管理制度变革上。主要是在土地公有制基础上实行两权分离，改革对土地进行无偿使用、无限期使用以及以单一的行政手段进行资源配置的方式，引入土地有偿使用和有限期使用，开放部分土地使用权市场，对部分土地使用进行商品化经营，对部分土地的使用依法依规按期收取税费，包括土地使用权耕地占用税、土地使用税、土地增值税、出让费、土地使用费等，建立土地使用权出让、转让价格体系，建立和完善社会主义房地产市场，充分发挥市场机制在土地资源配置中的重要作用，大幅度提高了土地利用率和土地生产率。

资料来源：南路明、肖志岳：《中华人民共和国地产法律制度——土地制度改革及土地使用权出让转让》，中国法制出版社 1991 年版。

（三）土地利益的分配操作难题

土地上的利益分配具有复杂性。一方面，土地上的利益主要是由劳动者创造出来的，应当主要归创造利益的劳动者所有；另一方面，现实中的土地资源具有稀缺性，人与人之间获得土地的机会客观上存在差异，在利益分配上也要考虑这种差异的影响。从促进社会公平正义考虑，要平等对待各种效能劳动者的需求，主要实行按劳分配和社会统筹相结合；而从提高土地利用效率考虑，则要更多满足高效能劳动者的需求，主要实行按劳分配并进行一定的规范调节。当土地所有者是现实的个人时，土地的利用和利益分配操作相对简单或主要由个人决策控制。但当土地所有者是人民群众、现代国家和劳动集体时，其对土地的使用往往是多主体、多环节和多种关系并存，涉及的土地利益分配操作就比较复杂，需要讲条件、讲贡献和讲原则。不仅如此，土地租金是一个重要的经济学范畴，它在形成机制和表现形式上具有特殊性，深刻影响人与人之间的土地利益的分配操作和社会关系。土地公有制建立后，土地租金的影响仍然是存在的。正如马克思曾经指出，“消灭土地私有制并不消灭地租，而是要求把地租——虽然是用改变过的形式——转交给社会”[①]。在实践中，要考虑各种劳动者对土地利用的合理需求及利益分配。解决矛盾的办法就是实行多渠道并举，搞好统筹兼顾，在土地使用中合理引入条件，把排他性设计好，对不同类型的土地责权进行区别对待，逐步推进土地使用的有偿化、有条件化、规范化和标准化。土地使用的排他性既重要必要，也复杂敏感。因为一个国家或地区的土地特别是好地是稀缺的，一旦可以被某些个人或集团有排他性地使用或占有并受到法律保护，享有开发、利用、租赁、抵押、转让、继承、赠与等权利，就产生了土地财产关系，会引起社会广泛关注，分配操作比较敏感，监管调节比较复杂。

---

①《马克思恩格斯全集》第五卷，人民出版社 1977 年版，第 545 页。

专栏 10–6 公有土地的不同类型形成的土地使用权存在很大差异

新中国在建立新的土地公有制后的很长一段时间，在土地的使用上实行无偿划拨方式。国有土地使用权的划拨主要有两种方式：一是在原集体土地上搞建设时的国有土地的使用权划拨。这应先通过征地，使集体土地变为国有土地，后方可使用。二是本是国有荒山、荒地以及原属于其他单位使用的国有土地的使用权的划拨。这按照有关程序和批准权限批准后划拨。多年来实行的这种土地配给制，带来了一系列的弊端。改革开放以后，中国逐步对此进行了改革，探索了对不同类型土地使用权实行差别对待的做法。

在改革过程中，针对国家能否完全取消国有土地使用权的划拨制度，当时曾经有过激烈的争论，提出过各种不同的方案。主要有以下三种方案。第一种方案：取消国有土地行政划拨方式，今后使用国有土地一律采取土地使用权有偿出让的方式。用地单位取得的土地使用权可以转让、出租、抵押。第二种方案：通过“双轨制”取得国有土地使用权，即有偿出让和行政划拨。对有偿出让取得土地使用权的，一次性收取出让金；对行政划拨取得土地使用权的，按年收取土地使用费。采取这两种方式取得的土地使用权可以转让、出租、抵押，使用期满后由国家无偿收回或者续约。第三种方案：有偿出让和行政划拨方式同时并存，用地单位通过有偿出让取得的土地使用权，可以转让、出租、抵押，通过行政划拨取得的土地使用权，用地单位每年需缴纳土地使用费，但其土地使用权不得转让、出资、抵押。

经过热烈的讨论和认真的论证，大多数人同意第三种方案，最后在政策中也采取了第三种方案。主要原因是：第一种方案完全以有偿出让代替行政划拨，从实践中看难以实行。第二种方案虽然解决了上述矛盾，但也有一定的问题。从法律上讲，有偿出让土地使用权，实质上是把土地使用权作为一项独立的财产权利卖给受让人，是一种买卖关系；而对行政划拨的土地收取土地使用费，实质上是土地的出租，是一种租赁关系。对用地单位来说，虽然都是使用土地的权利，但土地使用权买卖和租赁具有根本不同的性质，因此不能享有同样的权利。由于行政划拨的土地缴纳的费用低于有偿出让土地缴纳的费用，如果两种土地使用权的权利相同，则用地单位自然会选择行政划拨，国家想要通过土地使用权有偿出让以积累建设资金的目的难以实现。如果承认缴纳土地使用费后用地单位即可转让、出租、抵押其土地使用权，那么大量的、事实上对于已经占有的土地（即老地），确定用地单位的使用权限将是一个难以解决的问题。第三种方案肯定了用地的“双轨制”，但通过对不同方式取得土地的使用权的性质加以区分，有效解决了土地使用权限的问题。用地单位通过有偿出让取得的土地使用权虽然支付的出让金较高，但是一项独立的财产权利，而通过行政划拨取得的土地使用权就不是。随着改革的不断深入，国有土地使用不断向有偿出让转变，一些通过行政划拨取得的土地使用权被国家有计划、有步骤地收回，改为用有偿方式提供，实现了国有土地商品化经营目标。当然，为了与国有土地使用权有偿出让和转让改革相衔接、相协调，在新条件下，国家对全国土地的划拨制度也开始了改革，逐步迈上通过税收机制调节土地使用的道路。

中国城镇国有土地使用权改革的经验对于深化农村土地改革也是重要的。迄今中国农村宅基地的使用权不是来源于有偿出让，而是由集体划拨获得，具有保障性质，是不能自行转让、出租、抵押的。在这一点上，它与城市国有土地行政划拨的土地使用权以及保障房的性质具有类似性，而与城市国有土地有偿出让的土地使用权相比有根本不同。近年来，中国在农村承包经营土地的管理制度改革上有新变化，也存在类似考虑。2018 年 12 月全国人大常委会通过的《农村土地承包法》修正案，新增了第 46 条和第 47 条，规定经流转取得的土地经营权可以再次流转，可以向金融机构融资担保，但有前提：必须“经承包方书面同意并向本集体经济组织（发包方）备案”，同时法律还明确：“土地经营权融资担保办法由国务院有关部门规定”。这里的“流转”包括了出租，但不叫出租而要叫“流转”，有特定的历史根源，因为 1982 年、1984 年的中央一号文件曾明确规定“承包的土地不准出租”。在中国历史上，农地租佃可以分为普通土地出租、“永佃制”和“二地主”三类，通过不同类型租来的土地，其经营权是不同的，具体应当或可以享有何种权利，关键要看承租者的取得方式或者说是付出了何种代价。目前中国城镇建设用地的使用权可以依法转让或用作融资担保，是因为其土地使用人一次性付清了 70 年（住宅用地）、50 年（工业用地）、40 年（商贸用地）的土地使用权出让金，因此这种土地使用权证本身就有很高的含金量。但农地经营权的租赁，无论签订的租金合同是多少年，在大多数情况下，土地经营权的承租者都是按年交租金。先交租再种地的叫“上打租”；先种地后交租的叫“下打租”。如果签了 20 年的租地合同，但只交了一年（“上打租”）甚至连一年的租金都还没交（“下打租”），就拿着土地经营权的租赁合同到金融机构作融资担保，那么他到底是以什么作的担保呢？因此，法律规定，土地经营权的承租人如果将土地经营权再次出租或用作融资担保，必须经土地承包经营权人的书面同意并向发包方备案。这就赋予了出租土地经营权的承包农户必要的知情权，使得他可以依据土地经营权的具体租赁方式来确定同意与否，以避免由此可能给他带来的风险。而金融机构在接受土地经营权的融资担保时，充分了解了土地经营权的承租人到底是如何取得的经营权以及为此付出了多大代价等，显然也是必不可少的。

资料来源：南路明、肖志岳：《中华人民共和国地产法律制度——土地制度改革及土地使用权出让转让》，中国法制出版社1991年版；陈锡文、韩俊主编：《乡村振兴制度性供给研究》，中国发展出版社2019年版。

（四）土地利用的创新驱动难题

土地利用的创新驱动非常重要。随着社会经济的发展变化，个人的劳动范围不断拓展，或分工分业，或转移就业，在土地利用方法上是需要不断创新的，以更好地发挥资本、技术、人才、观念、数据、时间的作用。比如更多地建设基础设施，更广泛地使用机器，更深入地使用信息技术，更长期地统筹投入回报，加强土地利用规划引导，开展土地利用结构调整，在农村推进土地整治，在城镇推进城市更新，统筹城乡土地利用实行增减挂钩等。但土地利用的创新驱动也是一个不断积累的过程，需要长期投入和久久为功，有时还需要心理支持。当土地所有者是现实的个人时，在利用土地上进行投资创新比较容易，投入自筹、收益自享，长期考虑、自主决策，风险自担、责任自负。由于土地是看得见、摸得着的东西，人们在土地上投资有安全感，也愿意在土地上进行长期投入。在法国，农民曾经紧紧依附在他们的土地上。在美国，除了少数的家庭所持有的大地产外，其余的不动产都由千百万中产阶级所持有。当土地所有者是人民群众、现代国家和劳动集体时，在利用土地上进行投资创新具有复杂性，涉及国家、地区、集体和个人的广泛参与，个人责权缩小，资本作用较难，科技创新存在局限。

专栏10-7　公有土地的使用在个人权责界定、登记颁证和监管服务上面临难题

新中国在建立新的土地公有制后到改革开放以前，在土地的使用方式及管理体制上，主要由国家和集体统一管理、使用和经营，在当时的条件下解决了人民群众基本的温饱问题并为工业化、现代化提供了初步的积累，建立了大规模的农田水利基础设施和农技推广网络，为新中国的发展和巩固奠定了坚实基础。改革开放以后，国家在上地的使用上逐步引入农村家庭承包经营、企业有偿使用、个人有偿使用等新方式，大幅度提高了农业生产效率，促进了工业化、城镇化的发展，但在对个人及其所代表的家庭或单位的土地使用的权责界定、登记颁证和监管服务上一直存在问题，影响和制约了土地利用的创新驱动。

土地的确权登记非常重要，是土地市场建设和市场交易的基础，深刻影响土地使用的创新驱动。西方国家的土地使用有比较成熟的土地登记系统，在个人权责方面主要是土地所有权。西方国家的土地登记制度经历了一个漫长的演变过程，目前有三种公认的土地登记制度：契据登记制、权属登记制和托伦斯登记制。土地登记制度具有两个主要功能：首先，公开土地现状（包括面积、位置、边界和用途）；其次，公开土地所有权人的变更信息和土地产权的现状（权利的确立、转让、变更和终止）以及土地产权的负担（抵押权或用益物权）。正是不动产权利的变化，才使不动产登记显得尤为重要，而且非常有用。换言之，不动产登记之所以能存在并不断发展，是因为它指明了不动产权利的所有者，并能促进不动产的交易。正常运作的土地登记系统至少涉及技术（主要是土地测量和信息通信）、法律（主要是相关的土地登记法律，它直接处理产权人与土地之间的法律关系，并将产权所有者、权益和地块联系在一起）和组织（牵头者、参与者及协同配合）三个方面的因素，这些因素相互影响并共同发挥作用。土地登记的具体效用，关键是登记的“时效性、准确性、完整性和便利性”及“低成本”等，同时越是面向使用者、为使用者服务，效用就越大。土地登记体系的价值很大程度上取决于日常维护，这个维护是一项确保其高效运作的长期工作，要求培训和教育、推广、财政支持，建立正常运作的相关支持体系。

目前中国的土地使用还缺乏完善的土地登记系统，在个人权责方面主要是土地使用权，有关的土地现状、权属、使用条件和相关责任等信息不健全、不清晰。中国在 2007 年把农村土地承包经营权界定为用益物权，2008 年提出加快建立农村土地承包经营权登记制度，从 2009 年开始推进农村承包地确权颁证试点工作。2013 年党的十八届三中全会以后，加快了农村承包地确权颁证实施工作。在这项工作推进中，出现了不少突出问题。一是政策操作成本高。二是确权颁证中部分村民参与不足。有的参与积极性不高，有的参与机会不足。三是土地权属确定中存在冲突。既有农户与集体之间的冲突，也有农户与农户之间的冲突。四是土地是否应定期作调整。对人口增减和人口迁入迁出后是否调整存在截然不同的意见。五是土地流转中的障碍。六是女性权益保障面临困境。七是人口外流下的村庄治理困难。对未参与的农户或已离开村的农户，很难处理。

不同背景下的国家或地区在进行土地确权登记时存在差异。俄罗斯的经验是在国有土地私有化过程中确权确地与确股不确地；拉丁美洲的经验是土改后确权与土地登记、转让；非洲的做法是通过系统的土地登记把传统的土地权利转变为正式私人产权，并进行了法律登记，保留了习惯产权；日本设置个人拥有出租土地最高限额（1公顷）和个人自耕土地最高限额（3公顷），超出部分由政府没收并重新分配；韩国和中国台湾实行了“耕者有其田”的土地改革，设置个人拥有土地最高限额（3公顷）。在概念上，土地确权登记能加强个人地权的保障，使其更积极地对土地进行中长期投资；确权后的土地可作为抵押品，以获得投资贷款；确权能促进土地市场的发展，有利于土地资源向生产力更高的人转移，并能提供对于土地利用规划和土地管理意义重大的数据库。但在实证分析中，各国土地确权登记的影响也存在显著差别，如果不慎重地制定相关规则和流程，有可能对原本要为之谋利的群体产生负面影响。如果不制定有效的政策，实行土地登记，有可能导致土地分配不公，使弱势权利人（如贫困农民和妇女）的利益受到损害，增加土地重新集中的风险以及穷人在管理不善的土地市场失去土地的风险。

资料来源：中国发展研究基金会编：《农村土地制度改革与基层治理》，社会科学文献出版社2018年版。

四、正视与土地公有制有关的认识分歧

新中国土地公有制的内容具有思想性、具体性和动态性，正确认识、准确理解、完整把握，非常重要。但在实践中，认识各异，影响很大。导致认识分歧的原因，既有主观上的因素，也有客观上的因素。正视分歧，推进共识，需要讲究科学，把握关键。

（一）社会对土地公有制存在不同认识

土地公有制是新中国土地制度的重要组成部分，是社会主义公有制的重要体现。“坚持土地公有制不动摇”是中国土地制度改革的底线之一。但如何理解中国土地公有制的性质、内涵和外延，尤其是在公有制下推动市场化方向的改革边界在哪里，目前社会各界的认识是不统一的，一些分歧还很大。这些分歧对改革的路径、界限和空间有深刻影响。概括起来，与前面的分析相比较，在认识上分歧比较大的主要有以下几点。

其一，关于土地公有制中的“国家”和“集体”的界定及组成。不少人将土地公有制的国家和集体的性质基本等同于具有独立性的个人或民法中的个人，隐含这里的国家或集体与个人之间是一种完全排斥或完全平等的关系，认为这里的国家或集体作为土地所有权的主体是模糊或弱化的。特别是农村集体土地所有权的主体存在虚位问题，目前该“集体”不能切实履行其作为所有者的职责和行使其作为所有

者的权利，主要表现在具体宗地的归属不明，“三级集体”（乡镇农民集体、村级农民集体、村民小组农民集体）之间的权利界限不清，“农民集体”的法律地位不明，“农民集体”的运行机制（意思形成、表达和执行机制）缺乏等。有的人认为中国有一部分地区的农村集体对土地的管理权弱化，这种弱化不仅在实行家庭联产承包制后有，而且在实行国家对农产品的统购派购制度后就有，农村集体组织实际上从未真正行使过土地所有者的权利；作为土地所有权的主体，农村集体应与个人的性质类似，从明确经济利益和加强对土地的管理入手，只有在经济上实现了集体的土地所有权，集体组织才会有管理好土地的动力（陈锡文，2020）。也有的人认为国家或农村集体在实践中主要由有关干部负责组织管理，这些干部就是所有者或者相当于所有者，导致政府可能失灵[①]（中国社会科学院农村发展研究所“农村集体产权制度改革研究”课题组，2015）。有的人认为农村集体是一个地理限定的概念，由固定生活在一定地域的人员组成，特别是目前农村的集体是以村庄范围内世代生活居住的人群来界定的，目前这些人员的资格是封闭的或不开放的，如果出嫁了或外迁了就丧失了集体所有制的成员资格（华生，2014）。

其二，关于土地公有制中的“所有”的性质和内涵。不少人认为土地公有制的所有与民法物权中的所有权基本对应，其权能要健全而有保障，产权内涵边界要清晰，认为农民集体土地所有权与国有土地所有权应该处于平等地位，认为目前中国农民集体土地所有权的权能受到了更多的限制，其权能是不完整的，相比国有土地所有权明显处于劣势或从属地位。有的人认为土地公有制的所有是一种管理分配权，土地国有制就是政府直接管理，政府可以利用行政手段直接分配、调整土地的经营权，政府直接管理的成本极为高昂，或者委托人代为管理，对农地而言，从一定时期看，实行国有在政治上、经济上不一定好。有的人认为土地公有制的所有就是人与人之间的共有[②]（陈锡文，2020）。有的人认为这种所有本身是人与人之间的

① 政府是重要的，因为市场是促进经济效率而不是改善收入分配的制度，由政府提供公共产品去保持适度的公平本身就是提高经济效率的需要，但政府本身也是一个复杂的利益集团，又是一个拥有合法强制力和享有极大信息优势和垄断能力的组织，政府往往出于自身的利益或利益牵制过度地提供给社会并不需要甚至对社会有害的公共产品乃至非公共产品，而过少提供社会需要的、有利于经济发展的那些公共产品。

② 共有，即两个以上的权利主体对同一项财产都享有所有权。共有关系的主体总是两个以上。共有关系的客体总是同一项财产。在共有关系中，各共有人的权利是平等的，其权利行使采取协商一致的原则。如国家与集体或个人之间的共有，它是不同所有权的结合，但未能形成新的所有权类型。共有不是一个独立的所有权类型，而是相同或不同的所有权的结合。

共同共有[①]，可以通过改革转变为人与人之间的按份共有[②]（黄中廷、陈涛，2003）。有的人认为这种所有类似于人与人之间的总有[③]，是不能在人与人之间进行分割的（小川竹一，2006）。有的人认为，集体土地所有制的这种产权关系本就不甚清楚，农村集体所有制即固定生活在一定地域的成员集体拥有平等财产权利，而股份制与集体所有制根本不是一回事，当原农民集体成员以量化到个人股权的股份制来拥有土地所有权时，实际上就宣告了原集体所有制的终结，因为在股份制企业中股权决定话语权，所以土地不可分割的平等集体所有也就不可能存在[④]（华生，2014）。

其三，关于土地公有制中的"土地"的边界和范围。有的人认为土地公有制的土地应该包括房屋等附属物（华生，2015），而有的人认为这里的土地不应包括房屋等附属物，或者与房屋等附属物应有所不同（张玥、黄河，2014）。有的人认为城市的土地应具体是城市市区，还是城市规划区（甘藏春，2019）。有的人认为土地的范围还应明确地上、地下空间范围及其利用规范等（赵燕青，2020）。

其四，关于土地公有制中的"核心"内在思想及隐含内容（见表 10–3）。不少人缺乏对土地公有制的思想性内容和隐含内容的认识，不了解制度设计中的问题导向和在制度中引入与劳动者相关的重要内容，意识不到个人在土地公有制中的参与、土地国家所有制中集体的角色、土地集体所有制中国家的角色等。对于土地公

① 共同共有，即每个共有人对共有财产不分份额地享有共同的权利，承担共同的义务。共同共有财产的使用、处分应当由全体共有人协商一致。在共同共有关系存续期间，部分共有人擅自处分共有财产的，一般认定无效。如夫妻共同共有、家庭共同共有、遗产分割前共有等，一般是基于共同生活、共同劳动、婚姻关系、家庭关系等产生。

② 按份共有，即共有人分别按照确定的份额对共有财产分享权利、分担义务。各共有人的份额多少由法律规定，没有法律规定的，由共有人协议约定，原则上按各共有人的出资比例确定其共有份额。如甲、乙、丙三个农民各出 1 万元买了一辆农用运输车，则甲、乙、丙对这辆车各自享有 1/3 的权利，也各自分担 1/3 的义务。它一般是基于合同而产生。

③ 总有，即一种基于生产生活规则的综合体，个人凭借其成员身份获得等额的土地，一旦离开团体、丧失人格等事情发生，此项权利也会被团体收回。成员和团体相互依存，各自人格融为一体，没有脱离团体的个人，也没有不存在成员的团体。如日耳曼法中塔西佗时代的土地总有制度，当时的主要财产是牲畜、房屋和耕地，其中前两者属于单个的农户所有，即私有；耕地属于氏族团体所有，即公有。

④ 华生指出：目前中国现行政策，是坚持主体上以村为基础的集体土地所有制。不过，随着二次土地承包后推行的"增人不增地、减人不减地"政策，以及随着近年来开展的农村集体所有权确权和农民承包土地经营权的确权颁证，"农村集体所有"在土地这个最主要财产上的集体成员权已经不复存在，即土地权利仅限于土地承包而又长久不变时分到土地的农民才拥有。从这个意义上来说，农村土地集体所有制已经瓦解。在许多地方，组成股份公司或称股份合作社，更是把这种界定到农民及其家庭的可继承私人财产权利完全明晰化和法律化。今后农村土地的集体所有，已经开始像城市商品房土地的国有一样，只是一种形式上的法律所有权，而实际上占有、支配它的权利人则是长久不变的承包权人或使用人。因此，与城市住宅及土地的实际私有产权性质一样，农村土地的私有化也已经是既成事实和必然趋势。参见华生：《城市化转型与土地陷阱》，东方出版社 2014 年版。

有制的具体内容，有的人认为土地公有制是新中国的政治底线，没有探讨改进空间（刘守英，2014）。对于土地公有制与土地私有制的关系，有的人认为土地公有制与土地私有制之间是绝对排斥的关系，根本没有一致的内容（文贵中，2014）。

表 10–3　　社会对土地公有制内容的不同理解

	共有		总有	集体所有
	共同共有	按份共有		
基本定义	共同所有人对共有下的不动产或者动产共同享有所有权	按份共有人对共有的不动产或者动产按照份额享有所有权	农民集体所有的不动产和动产，属于本集体成员集体所有	一个团体对不动产或动产享有所有权，团体成员的增减变化不影响团体的所有权
现实实例	夫妻财产、家庭财产、分割前的遗产；改制前的集体所有制乡镇企业	同居期间共同出资形成的财产；合伙制；农民合作社的公共积累；按照十八届三中全会精神赋予农民对集体资产股份有偿退出后的股份合作制	农村土地等集体资产	源于罗马时代一个将军的封地；德国与瑞士边界；福建的一处牧场
成员与团体权利分割	占有、使用、收益、处分权由共有人共同行使	占有、使用、收益、处分权由共有人共同行使	占有、使用、收益、处分权可以由成员集体统一行使（改革前），也可以在成员集体和成员个体之间分割行使（改革后）	占有、处分权由团体行使，使用权、收益权由成员行使
进入机制	依法律规定成为共有人，无须支付对价	依约定成为共有人，按照出资额享有份额	因出生、婚姻等自动成为集体成员，无须支付对价	依出生、婚姻等自动成为团体成员，无须支付对价
退出机制	共同共有人在共有的基础上丧失或者有重大理由时可以请求分割财产	按份共有人可以随时请求分割	成员不得请求分割土地所有权	成员不得请求分割财产
备注	黄中廷等认为，农村集体所有制本身是共同共有	黄中廷等认为，农村集体所有制可以是按份共有	叶兴庆等认为，农村集体所有制类似总有	这是叶兴庆的基本观点

资料来源：叶兴庆执笔："集体所有制下的产权重构——在坚持农村集体所有制与赋予农民更多财产权利之间寻找平衡点"，国务院发展研究中心农村经济研究部：《集体所有制下的产权重构》，中国发展出版社 2015 年版；黄中廷、陈涛主编：《从共同共有到按份共有的变革》，中国农业出版社 2003 年版；黄中廷：《农村集体经济产权制度研究》，新华出版社 2007 年版。

（二）实行土地公有制的时代不断变化

时代条件变化是对土地公有制的认识差异的重要原因。实行土地公有制的时代背景非常重要。因为时代条件不同，土地利用的社会发展环境和主要参与者存在差异，土地利用价值的形成和分配重点不同，加上人们的思想观念会随着实践经验的累积发生转化，人们对土地公有制的认识客观上就会出现分歧，形成对改革和完善土地公有制的各种意见建议。最为典型的认识分歧是，在新中国建立土地公有制后，农村土地集体所有制与土地经营方式的关系，过去认为集体公有只能实行集体统一经营，后来逐步发生重大变化，并成为整个农村改革的突破口。在实践中，针对农村土地是否从政策上允许实行“包产到户”，中国从20世纪50年代中后期就开始探索，曾经“三起三落”[①]，到20世纪80年代才最终形成共识，在全国推广并不断完善，迄今已成为中国农村经济社会发展的基础性制度。

在传统社会和乡土社会，工业化、城市化、现代化比较落后，农业人口占社会的大多数，土地是农民的“命根子”，土地的经济价值以农业产出价值为主，土地价值相对于资金、劳动等其他生产要素是突出的，土地的基础功能是要能维系人的基本生存，农村的土地不能过于集中，否则“富者田连阡陌，穷者无立锥之地”，农民的最高理想就是“均田地，轻徭赋”。在土地公有制的制度设计中，土地使用权和土地所有权合并行使的多、分离行使的少，需要重视对土地利用实行“劳动者有其地”“不劳动者退其地”和由国家或集体进行有计划、有组织和有步骤的统一经营、统一管理、统一劳动和统一服务等相关的制度安排。

在发展转型社会和不稳定社会，工业化、城市化、现代化有一定发展，农业人口不断向非农产业和城镇转移，城乡区域社会发展不均衡不充分，土地的经济价值逐步发生变化，土地的农业产出价值地位相对下降，土地的用途和位置价值越来越重要，城市中和城郊用于非农建设的土地升值较快，原本主要是依靠土壤肥沃条件等不同而产生差异的土地价值结构发生了重大变化和调整，而土地价值相对于资金、劳力等其他生产要素有所下降。在土地公有制的制度设计中，不同城乡、区域和用途等条件的土地利用的投入回报差异迅速扩大，级差地租影响日益显著，在土地利用上需要重视并逐步建立实行统分结合、合理设置条件、引入个人责权、分工合作、统一管理、改进服务和加强法治等相关的制度安排。

---

① 陈锡文：“农村改革的基础：‘包产到户’的三起三落”，《中国农村改革：回顾与展望》（校订本），知识产权出版社2020年版。

在现代化社会和成熟稳定社会，工业化、城市化、现代化充分发展，农业人口向非农产业和城镇转移基本完成并出现城市人下乡等现象，城乡区域社会发展比较均衡，农业人口占社会的少数或极少数，土地的经济价值降低，而土地价值相对于资金、劳力等其他生产要素比较稳定。在土地公有制的制度设计中，不同城乡、区域和用途等条件的土地利用的投入回报差异较大，级差地租影响非常显著，在土地利用上需要重视健全和完善统分结合、合理设置条件、引入个人责权、分工合作、统一管理、改进服务和加强法治等相关的制度安排。

专栏 10-8　从深圳的发展看中国土地制度问题的复杂性

深圳是中国改革开放的前沿地区，在短短的几十年里，经历了从传统农业社会向工业化、城镇化、现代化社会以及后现代化社会的转变，在土地制度变革上经历了一个比较完整的过程。

1949 年 10 月，深圳地区宣告和平解放。1952 年 10 月，宝安县人民政府成立，设立深圳镇政府。从新中国成立到改革开放前，深圳的经济建设取得明显的成就，但也经历了曲折的发展历程，土地开发利用以农用地为主。1950 年冬，宝安县开始土地改革试点，1952 年全县完成土改复查工作，农民获得土地。1953 年农民开始办互助组。1954 年办三个初级合作社，1955 年推广开办初级合作社工作。1955 年下半年，初级社转为高级社。1958 年，高级社转为人民公社。1960 年，把人民公社一级改为“三级所有，队为基础，自负盈亏”。在农业生产方面，1955 年宝安县开始逐步扩大水田面积，把水稻单季改为双季。1958 年后，宝安县开始大兴水利，到 1962年，一共修了十大水库。1958年后还开始组织围海造田，新建沿海大堤。“文革”后，宝安县开始努力发展多种经营。1978 年建立第一个养鸡场，开垦荒地，种植荔枝树 1 万多棵，后陆续建立 18 个果园，每个园种 1 万棵荔枝树。

1979 年 3 月，宝安县改为深圳市。同年 11 月，深圳市改为广东省辖市。自设市至 1992 年春邓小平同志南方谈话前，深圳市的土地市场化价值日益显现，农业土地开发和城市建设用地开发均得到快速发展。1979 年春季，沙井公社有两个生产队实行家庭联产承包责任制。1980 年春季，坪山公社全面实行家庭联产承包责任制。1981 年下半年，宝安县普及家庭联产承包责任制。家庭联产承包责任制的推行，促进了农村的发展和农村土地的开发。到 1991 年，深圳市蔬菜种植面积 173 平方公里，出口 10.7 万吨，创汇 2.37 亿元；水果基地 4144 个，水果种植面积 180 平方公里，年总产量 5.1 万吨；形成几个大型花卉生产基地，花卉种植面积 4 平方公里；林业、畜牧业和水产业也取得很大成绩。同时，从1979年开始，深圳市探索城市土地有偿使用，主要采取成片委托开发、利用外资合作开发、租赁土地给外商独资开发三种模式推进土地开发建设。1980年国家正式决定以深圳市作为试点创办经济特区，实行特殊政策和灵活措施，允许华侨、港澳商人直接投资办厂，也允许某些外国厂商投资设厂，或者兴办合资企业，并由当地利用外资进行市政建设。1981年11月，深圳市正式开征土地使用费。

1987年，经有关部门批准，深圳市在全国率先进行城市土地出让制度的改革探索，试点推行土地使用权有偿出让制度。主要特点是：坚持城市土地的单一国有制，实行土地所有权和土地使用权的分离，将土地使用权商品化进入市场流通。上半年，深圳市取消了行政划拨土地的做法，规定所有建设用地均采用协议、招标、公开竞投等方式有偿有期限地出让，所有土地实行了有偿使用。9月9日，深圳市政府采取协议的方式，向中国航空进出口公司深圳工贸中心有偿出让了一块国有土地的使用权，面积5321.8平方米，土地使用期限50年，协议出让金额106.4万元。9月29日，深圳市政府采取招标的方式，向深圳深华开发公司有偿出让了一幅国有土地的使用权，土地面积46355平方米，土地使用期限50年，协议出让金额1706万元。12月1日，深圳市政府采取公开拍卖的方式，向深圳房地产公司有偿出让了一块国有土地的使用权，土地面积8588平方米，土地使用期限50年，协议出让金额525万元。1987年12月，广东省人大常委会通过《深圳经济特区土地管理条例》，首次规定"特区国有土地实行有偿使用和有偿转让制度"。1987年12月深圳市首次公开拍卖出让第一块土地，为中国土地使用制度改革的"第一次革命"。

1992年6月，深圳市政府出台《关于深圳经济特区农村城市化的暂行规定》，对原特区内农村集体土地实行"统征"，即把特区内农村居民转为城市居民，把特区内全部农村集体土地转为城市国有土地。这次征收涉及68个行政村、173个自然村、4.6万农民。2003～2004年，深圳市政府对特区外农民实施"统转"，实现深圳市全域的土地国有化。2003年10月，深圳市政府下发了《深圳市人民政府关于加快宝安龙岗两区城市化进程的通告》，宣布从即日起，"在宝安、龙岗两区全面推进城市化工作"，按照"一次性转地、一次性付款、一年内完成"的总原则实施。由此，宝安、龙岗两区21个街道、261个行政村、27万农民全部转为城市户口，深圳成为全国第一个无农村行政建制、无农村居民的城市。2004年6月，深圳市政府出台《深圳市宝安、龙岗两区城市化土地管理办法》，规定"两区农村集体经济组织全部成员转为城镇居民后，原属于其成员集体所有的土地属于国家所有"。从此，在城市化中最为敏感的土地国有化问题上，深圳没有依循征地的旧路，而是开创性地采用了“转地”方式，因而备受争议。嗣后，由于国务院法制办公室、国土资源部的“解释意见”,“深圳转地”成为中国土地制度和法律框架下名副其实的“特例”。

1993年初，深圳市决定提高招标和拍卖比例，逐步减少协议用地，全部实行市场地价。1997年深圳市建立“公告基准地价”制度，实现了“阳光地价”制度。1998年2月开始，深圳市对居住用地、商业用地、加油站用地等所有经营性土地的使用权，一律按招标、拍卖方式出让。1998年10月，深圳市收回南油集团、蛇口工业区、华侨城、福田保税区、盐田港（包括盐田保税区）等成片开发区的规划管理权，由市规划国土部门实施统一管理。2001年3月，深圳市政府经营性土地出让、所有土地使用权转让都必须在土地交易市场公开进行，协议出让方式仅限于工业用地及财政全额投资的公益性、非营利性用地。公开、公平、公正的土地交易市场建立，被称为深圳市土地使用制度改革的“第二次革命”。2005年深圳市两宗工业用地首次采用公开挂牌方式出让，在产业用地领域引进市场机制配置土地资源，是深圳市土地使用制度的“第三次革命”。

2009年8月，广东省人民政府出台《关于推进“三旧”改造促进节约集约用地的若干意见》，即“三旧改造政策意见”。2009年12月，深圳市政府出台《深圳市城市更新办法》，对城市更新进行政策规定。主要有：引进市场开发主体，对项目地块上的全部物业重新规划，实行二次开发。其中，凡需要拆迁的，由开发商承诺给原业主赔偿，双方达成协议后，政府再以协议出让国有土地的形式，将项目用地转给开发商。2013年1月，深圳市政府出台《深圳市人民政府关于优化空间资源配置促进产业转型升级的意见》，明确农村集体可以将其实际占有的、符合规划的工业用地使用权公开挂牌出让，原农村集体可以分享部分土地出让收益，并持有部分可向市场供应的物业。

1979～1991年，深圳市先后编制了《深圳城市建设总体规划》（1980年）、《深圳经济特区经济社会发展大纲》（1982年）和《深圳经济特区总体规划（1986—2000）》等文件，统一规划安排用地，有序开展土地开发建设。1989年，深圳市成立市建设（国土）局，并于1992年更名为市规划局，在特区逐渐形成了“统一规划、统一征地、统一开发、统一出让、统一管理”的“五统一”管理体制。1998年，深圳市出台《深圳市城市规划条例》。2000年，国务院批准《深圳市城市总体规划（1996—2010）》，引入可持续发展新理念。2006年，深圳市编制实施《深圳市土地利用总体规划（2006—2020）》，首次提出“建设用地减量增长”的土地利用新模式。2010年，国务院批准《深圳市城市总体规划（2010—2020）》，提出由增量空间建设向存量空间优化转变。

2010 年和 2016 年，深圳市分别编制了《深圳市城市更新（“三旧”改造）专项规划（2010—2015）》和《深圳市城市更新“十三五”规划》，积极推动存量土地的二次开发。

资料来源：深圳市规划国土发展中心编著:《深圳市土地资源》，科学出版社 2019 年版；南路明、肖志岳:《中华人民共和国地产法律制度——土地制度改革及土地使用权出让转让》，中国法制出版社 1991 年版；徐远等:《深圳新土改》，中信出版集团 2016 年版。

（三）科学把握土地公有制内容的关键

新中国土地公有制是一个有深刻思想、严格内容和特定框架的有机整体。正视分歧、推进共识，需要科学把握关键。一是抓住核心思想，坚持“方向不变”。从关注人与人的土地关系入手，实行土地由人民所有和劳动者所有、由劳动者使用和劳动者受益的政策，发挥国家和集体的重要作用，贯彻落实劳动价值论，让土地为创造利益者占有、使用和受益，消灭阶级剥削和阶级压迫，正确处理人与人之间以及个人与社会之间的关系。二是重视动态变化，推动“要素要活”。在社会主义社会，可以搞计划经济，也可以搞市场经济。要考虑社会劳动分工的深化，改革和完善土地的使用、经营和管理方式。土地所有制的内容与土地经营方式的选择是两回事。如不改变土地的劳动群众集体所有制，而改变土地的经营方式，是可以提高土地的生产率的。如实行家庭联产承包责任制后，农业的生产效率得以提高。又如实行城镇国有土地使用权公开拍卖后，城镇土地的生产效率得以提高。三是把握关键概念，保证“关系要稳”。总结新中国实践经验教训，联系劳动者及其有效劳动，保持土地由人民群众和劳动者所有、劳动者使用和劳动者受益，以国家和集体为中间人，推进共享发展，推动建构良好稳定的社会秩序。

专栏 10–9　深入领会中央关于推进土地制度改革发展的精神

改革开放以来，中央关于推进土地制度改革的重要精神，在涉及土地公有制的内容方面，概括起来主要为:“方向不变”“要素要活”“关系要稳”。2014 年 12 月 2 日，中央全面深化改革领导小组第 7 次会议再次对农村土地改革作出部署，指出农村土地改革必须坚持土地公有制性质不改变、耕地红线不突破、农民利益不受损三条底线。2016 年 5 月 30 ~ 31 日，在中国发展研究基金会主办的“中国农村土地制度改革国际研讨会”上，国务院发展研究中心原副主任陆百甫将中央关于土地制度改革的精神概括为“一稳一活”两个方面:“关系要稳”，是指土地权利明确、边界清楚、期限长久，使农民吃上定心丸；“要素要活”，是指土地所有权、经营权、承包权、收益权这四权可分、可离、可交易，以实现土地的资源化、资产化、资本化，保证城乡生产要素的双向流动。

资料来源：宋志红：《中国农村土地制度改革研究——思路、难点与制度建设》，中国人民大学出版社2017年版；中国发展研究基金会编：《农村土地制度改革与基层治理》，社会科学文献出版社2018年版。

五、统筹推进土地公有制的不断完善

在实践中，随着时代变化，新中国建立的土地公有制需要改革。但改革不是推倒重来、越新越好、越多越好，也不是保守拒变、做表面文章、搞文字游戏，而是坚持和完善中国特色的社会主义制度框架，顺应时代变化，推进国家治理体系和治理能力现代化，实行问题导向，准确提出和界定问题，有效解决问题，从根本上解决问题。

（一）科学认识，把握关键，完整理解

人们对土地公有制的认识深刻影响制度实施。新中国建立的土地公有制具有独特性和进步性，是一种解决人与人之间的重大土地问题的制度结构。为了统筹推进土地公有制的不断完善，首先要提高对这项制度的认识，从人入手，坚持问题导向，正确而完整地理解其性质、内涵和外延。

第一，这项制度的参加者是现实中的人，即与土地利用有关的人，包括作为社会的人和作为个人的人，包括国家、地区、集体和个人，包括劳动者、不劳动者和退出劳动者等。其中，国家和集体作为社会的人，与具有独立性的个人或民法中的个人并不完全等同，是一种共性与个体的关系或者一般与特殊的关系。个人是多种多样的，包括自然人及其代表的家庭或单位和法人，包括劳动者、不劳动者和退出劳动者等。劳动者是特定的个人，是有生命的人，是不断变化的人，是多种多样的人，可以通过是否参与实际劳动、是否具有劳动能力和是否作出劳动贡献等来具体判断。

第二，这项制度的目的是解决重大问题，即从根本上解决人与人之间在土地利用上的两大突出问题：一个是土地的私人垄断问题；另一个是提高土地的资源配置效率问题，以引导和规范人的行为，推动建立良好稳定的社会经济秩序。事实上，土地作为社会主义公有财产特别是国家财产、社区和集体财产的存在，可以给劳动者提供更多的选择自由；同时它能够保障最基本的生存和教育、训练等人力资本投资，从而为劳动者提供了普遍而平等的发展条件。

第三，这项制度的关键词是“劳动者”和“所有”，即土地由劳动者所有、劳动者使用和劳动者受益，由国家及集体参与管理调节，国家或集体在制度中也是代表社会劳动者、多数劳动者以及间接劳动者等。从联系劳动者的角度看，这项制度中的“所有”，核心是劳动者所有和劳动者受益。这里的劳动者既包括直接参加特定土地劳动者，也包括间接参加特定土地劳动者，而不包括已死亡者和未参加劳动者。它与民法物权中的所有权并不完全对应，与人与人之间的共有、共同共有、按份共有和总有也不完全对应。

第四，这项制度的性质是一种制度结构，即由思想性、框架性和动态性的内容结合或组合而成。土地公有制涉及政治因素，但不是僵化的，而是一种解决问题的制度结构，是可以改进或完善的。关于土地公有制与土地私有制的关系，二者既有不一致的内容，也有一致性的内容。关于土地的所有制与经营方式的关系，二者可以有多种组合或联系。土地从私人所有制变为公有制，其本质是社会和政治的变革，并不意味着只能实行国家或集体统一经营。作为生产资料，土地的国家所有制和集体所有制并不意味着土地要由国家或集体统一经营。随着现代社会的发展和生产力发展水平的提高，土地利用中完全可以通过实行统分结合、合理设置条件、引入个人责权、进行分工合作、统一管理、改进服务和加强法治等，提高土地资源配置效率和劳动者利益分配水平。

（二）坚持合理，拓展框架，有所不变

制度建构的重要意义是它有保持长期不变的合理内容。新中国建立的土地公有制具有很强的建构性。为了统筹推进土地公有制不断完善，要坚持正确的政治方向，联系劳动者及有效劳动，以现代国家为代表统一管理土地，以劳动群众集体为代表占有农地，处理好人与人之间以及个人与社会之间的关系，采取有效的激励机制，保持重要秩序不变。

第一，坚持土地由人民群众或劳动者所有，不劳动者不所有，退出劳动者退出所有。让土地为社会财富创造者所有，打破土地财产的代际传递和土地权利的代际传递。

第二，坚持土地由劳动者占有和使用，不劳动者不占有、不使用，退出劳动者退出占有、退出使用。让土地为社会财富创造者占有和使用，推进土地与劳动更好结合，降低土地利用的不合理成本或不必要费用。

第三，坚持土地利用由劳动者受益，所有相关的劳动者，包括直接劳动者、间接劳动者和已退出劳动者等，都应受益。让社会财富创造者因土地而受益，贯彻落实劳动价值论，拓展劳动者、劳动及按劳分配框架，对所有相关劳动者对土地利用的积极有效投入或生产性努力提供合理回报或合理补偿，从按劳动时间分配转为按劳动时间分配与按劳动贡献分配相结合，坚持以按劳分配为主体、多种分配方式并存，努力实现激励相容。

第四，坚持土地利用由国家或集体参与管理和调节，在不同劳动者使用之间公平对待和优化配置，提高土地资源配置效率。劳动者是社会财富创造者，是特定的个人，由直接劳动者、间接劳动者和退出劳动者等组成。重视不同劳动者及其劳动之间的差异性或异质性，重视拓展劳动框架和推动劳动分工的深化细化，重视领导管理优化和土地利用方式变革，重视消除或控制劳动者之间的两极分化和促进劳动者之间的互助合作，推进建构良好秩序。

（三）正视问题，解决问题，有所变化

土地公有制的实施应用需要随着客观历史条件的变化而解决问题。不同社会有不同的情况，不同时代有不同的要求。为了统筹推进土地公有制不断完善，要坚持理论联系实际，针对经济发展阶段的基本特点，农业现代化、工业化和城市化的发展现状及战略需求，人口与土地关系变化、土地利用价值的变化，特定区域社会人口构成及人的文化素质、劳动技能和资产财产等，及时发现问题，提出关键问题，界定具体问题，有效破解难题，通过调整优化国家或集体在制度中的角色和行为，合理设置和调整土地利用的时间条件、空间条件、用途条件、方式条件和责权条件等，推动土地资源优化配置和土地利益合理分配，健全和完善解决人与人之间土地问题的机制。

第一，正视人的劳动的管理治理难题，将利用土地的劳动者关联到现实的个人并在土地使用关联激励上有所变化。在土地公有制中，要处理好土地所有关系的界定与土地使用体制或土地经营体制的关系或联系。土地利用的主体是劳动者，劳动者是在特定土地使用体制或土地经营体制中进行工作的。劳动者是特定的个人，也是现实的个人。当土地从统一经营到分散经营时，要正视土地零碎化、互助合作下降、个人及家庭或单位搞得不好所产生的问题，特别是规模效应下降、公共事务和公共工程凋敝、发展两极分化等问题。当土地从分散经营到统一经营时，要正视国家或集体的管理或协调不好所产生的问题，比如信息不对称、劳动激励不完善、生产经营瞎指挥、干部腐败等。

第二，正视土地资源的供应不足难题，对利用土地效能较高的劳动者，要扩大土地使用责权并把转化工作做好，在土地资源配置转化上有所变化。在土地公有制中，要处理好劳动者与退出劳动者之间、高效能劳动者与低效能劳动者之间以及不同用途土地利用之间的资源配置关系。劳动者之间在生产效能上差异很大，同时随着工业化、城市化和农业现代化的发展，土地利用价值发生重要变化，土地供需的矛盾因为土地使用效率和配置不同而不同。要正视发达地区的城市建设用地与耕地保护的紧张关系，正视乡村“空心化”后的土地整合和集体经济发展问题，正视土地资源分配的变化调整问题，正确处理土地的发展权问题以及合法土地和法外土地的问题，正视土地财产权的界定和保护问题。土地一旦被人排他性占有并受到法律保护，就产生了土地财产。严格地讲，在土地公有制中，土地财产是土地上的劳动积累或长期投资形成的财产，国家赋予个人土地财产权，是赋予个人对土地上的劳动积累或长期投资形成的财产的权利，而不是赋予个人对土地的自然资源进行垄断性占有的权利。如何由国家对利用土地效能较高的劳动者进行有条件赋权，扩大其土地使用责权，转化工作重要、复杂而敏感。

第三，正视土地利益的分配操作难题，增加对利用土地贡献较多的劳动者的土地利益分配并把调节工作做好，在土地经济利益调节上有所变化。在土地公有制中，要处理好劳动者与不劳动者和退出劳动者之间的利益分配关系。土地利益是由劳动者创造出来的，不同的劳动者对土地利益的贡献存在很大差异，需要有所兼顾，应实行按劳分配为主体、多种分配方式并存。要正视劳动者与不劳动者和退出劳动者之间在土地利益创造上的巨大差异，正视城乡用地价值的不同和不同劳动者的差异性需求，处理好在农村土地、城市土地与城郊土地上的不同利益分配关系。对在广大农村进行农业劳动的农民，实行家庭联产承包责任制使耕者有其田，免除农业税解决了农村过高的税负问题，下一步是如何致富。对城市郊区或“城中村”的农民，他们的土地增值收益最大，大量小产权房的存在破坏了城市规划和布局，却分享了大量的土地增值收益；而随着城镇化的进行，他们逐步市民化，对其土地权利一定要限制。对进城务工的农民，因他们是城市化的主力军，应该将郊区土地的溢价收益拿出一部分用来进行保障房建设或对其进行补贴，解决其基本的居住问题。处理好“城中村”问题，对既得利益进行拆分，积极稳妥解决城市政府、开发商、村委会、村民、外来流动人员之间的矛盾或冲突。

第四，正视土地利用的创新驱动难题，转变对利用土地方法创新的劳动者的管理方式并把服务做好，在土地管理支持服务上有所变化。在土地公有制中，要处理好因土地利用方式不断创新带来的资源配置、利益分配和管理服务之间的关系。劳动者的方法创新以及由此带来的经济增长很重要，但土地利用的重组问题多，最重要的就是适应工业化、城市化、现代化发展的需要，服务科技创新、技术创新、产业转型；服务组织架构变革，拆分重组，结构优化；服务经济利益刺激，深入个人，责权配套，服务社会公平正义，保护合法，加大调节，强化法治。要借鉴日本、韩国和中国台湾在这方面的经验，完善和创新土地整理储备机构、土地银行等组织运作机制，探索土地征收的财务平衡方式，在城镇化需要土地的时候，将土地征收成本、补偿以及道路等基础设施建设成本一并计入地价，形成一个基础地价，以此为基础，进行有偿出让。这样做的好处是透明，不存在债务问题，降低了整个城镇化成本，体现政府的服务性和中立性。很多西方国家征收房地产税也是这样一个方式，比如先看医院、学校等日常运营要花多少钱，再根据这个金额倒过来计算区域内房子的房产税是多少。

（四）积极稳妥，引入条件，统筹推进

土地公有制的不断完善是中国推进国家治理现代化的组成部分。为了统筹推进土地公有制不断完善，要提高认识和解决土地问题的维度，重视土地问题背后的人际关系，重视土地权利背后的土地责任和土地义务，重视土地产权界定本身的成本、费用、风险和不确定性，以此为基础解决人与人之间以及个人与社会之间的土地问题，推进从“高维度”向“低维度”的制度政策设计和改革，加强组织领导，强化法治思维，合理引入条件，搞好统筹连接，有序推进改革，确保改革结果与政策目标保持一致，在解决问题时不出现新问题。

第一，完善土地所有关系的界定，在制度中合理引入条件，促进新时代土地归属公平，为维护社会和谐稳定和推进依法治国提供基础。明确目前中国的土地归人民群众或劳动者所有，通过设立合理条件及规范，科学引入代表性机制，由符合条件的特定个人代表土地所有者行使权利，特定个人不符合条件后自动收回相应权利。

第二，完善土地使用方式的规范，在制度中合理引入条件，激活新时代土地要素，为实现国家和民族伟大奋斗目标提供基础。明确目前中国的土地由劳动者占有和使用，通过合理设立条件及规范，科学引入排他性权利并受法律保护，由符合条件的劳动者占有和使用，退出劳动者退出使用，并对退出劳动者提供合理补偿。符合条件的个人可以获得特定土地排他性使用权并受法律保护，个人不符合条件后自动收回相应权利。

第三，完善土地两权分离、衔接、组合的机制，在制度中合理引入条件，促进新时代土地权责一致，为新时期改革开放提供基础。明确推进中国土地的两权分离、衔接、组合发展，包括特定土地所有权与特定土地使用权的分离、衔接、组合以及特定土地使用权与特定土地使用权的分离、衔接、组合，重视土地产权界定的复杂性，重视土地权利背后的土地责任和土地义务，重视土地产权界定本身的成本、费用、风险和不确定性，科学解决人与人之间以及个人与社会之间的土地问题。

第四，完善国家和集体的管理与调节，在制度中合理引入条件，促进新时代人地统筹连接，为应对风险挑战赢得主动提供基础。发挥现代国家作用，加强统一组织领导，对全国土地进行优化配置管理使用，加强规划管理和公共服务，加强市场建设和市场监管，加强利益规范和利益调节，实行依法治国。发挥集体及法人、非法人单位的作用，通过合理设立条件及规范，促进人与人之间的合作分工，调动劳动者的积极性、主动性和创造性，搞好劳动者与不劳动者、退出劳动者之间的统筹工作。

第十一章
土地有条件个人所有权的提出和界定

从解放和发展生产力角度，土地制度设计需要深入到个人。土地公有制和土地私有制既有不一致的内容，也有一致性的内容，二者的共同重要价值是它能在一定程度上实现劳动者所有，明确将土地上的劳动成果主要归属于创造利益的劳动者占有、使用及分配，建立对土地投入回报的激励相容机制。但发挥这种作用是有前提条件和隐含假设的。在实践中，这两种制度安排都可以转化为土地有条件个人所有权制度，通过合理引入条件并推进条件的规范化、标准化、程序化、完善化，以个人对土地的有限责权为基础，建立新型的全社会统一的基本制度框架，实行政府的归政府、市场的归市场，更好地发挥政府和市场在资源配置中的作用，提高土地资源配置效率和社会福利总水平，推动国家在土地的宏观管理、占有使用、产权流转和利益分配上建立良好稳定的社会秩序。

一、土地所有权及相关制度

在土地制度中，关于土地所有权及相关制度的内容是存在较大社会争议的。这些内容复杂而特殊，不仅具有理论性，而且具有实践性，还具有技术性；不仅与经济学相关，而且与政治学和法学相关，还与社会学相关。传统的土地经济学理论将土地所有权解释为一种物权、产权或绝对权利，其隐含假设是将土地作为一般经济物品对待，忽视了土地所具有的非纯粹私人物品和非纯粹公共物品属性。与土地所有权内容相关的就是在政策实践中如何对土地所有权制度的性质、内容、形式及其类型等进行准确界定和合理选择。传统的土地经济学理论将土地所有权制度划分为土地公有制和土地私有制两种对立的制度并在此基础上进行制度设计和制定政策，认为两种制度的内容在性质和构成上是完全对立的，二者非此即彼，在政策实践中，要么选择土地公有制，要么选择土地私有制。随着时代变迁、技术进步和社会转型，这种对立划分越来越不适应社会发展需要，在政策实践中产生内在矛盾或相互冲突，需要从理论上进行重新解释，并以此为基础框架，进行制度的重新建构和政策的修改完善。

（一）土地所有权的传统解释及其存在的缺陷

对土地所有权的传统的理论解释，目前散见或隐含于有关的学术论文、论著和法律政策文件中，并没有统一的定义，但是其核心内容和基本观点是一致的。概括起来，主要是从一般经济物品或私人物品的角度入手进行定义，认为土地所有权是一种物权、产权或绝对权利，是针对土地的占有、使用、收益、处分等所享有的一组权利的统称。

从传统的理论解释看，其存在的主要缺陷是：一是从人与地的关系入手进行定义，对土地背后的人与人的社会关系重视不够；二是将土地作为一般物品，对土地所具有的非纯粹私人物品和非纯粹公共物品属性及其对土地归属界定的复杂影响重视不够；三是将土地所有权当作一种绝对权利或绝对产权，对现实社会的土地具有时空边界条件、处于特定国家或地区等管辖之下并且受到国家、集体或政府等的管理、控制和影响重视不够。

专栏 11-1　部分学者对土地所有权的基本解释

周诚提出：土地所有权是物权的一种，其主体是土地所有者，客体是土地。土地所有权是土地所有制在法律上的表现，土地所有制是土地所有权的经济基础。从某种意义上讲，存在两种土地所有权：一种是法律形态的土地所有权，即由法律确认的土地权利；另一种则是经济形态的土地所有权，即在经济上能够得到实现的土地权利。然而，从本质上看，这并不是两种土地所有权，而只是同一事物的不同方面，后者只不过是前者在经济上的实现而已。土地所有权具有权利行使的绝对性、权利行使的排他性、权能构成的充分性（全面性）、权能组成部分的可分离性和可复归性等基本属性。土地所有权通常由土地占有权、使用权、收益权、处分权四种基本权能构成。土地所有权的取得方式有两种。一种是原始取得，即直接依靠法律、法规的规定取得，如革命性没收、产权转移等，其基本特点在于强制性，即不以土地所有者的意志为转移；另一种为传来取得，如通过他人土地的买卖、赠送有偿或无偿取得，其基本特点是非强制性的，是以土地所有者的意愿为根据的。现阶段的中国土地所有权是以维护符合社会利益的土地归属秩序、利益秩序和流转秩序为目的的。

毕宝德等提出：土地产权包括土地所有权、土地使用权、土地租赁权、土地抵押权、土地继承权、地役权等多项权利，土地所有权的基本属性有完全性、排他性、恒久性、归一性和社会性。根据《经济大辞典·农业经济卷》，土地所有权的定义是："土地所有者在法律规定的范围内自由使用和处理其土地的权利。受国家法律的保护"[①]。马克思指出："土地所有权的前提是，一些人垄断一定量的土地，把它作为排斥其他一切人的、只服从于自己个人意志的领域"[②]。马克思认为，土地所有权可以分解为两个方面。其一，法律意义上的土地所有权，即土地所有者把土地当作自己的财产，土地所有者对土地实行垄断及支配的权利。这种权利是法律所赋予的，受到法律的保护。其二，经济意义上的土地所有权。土地所有者凭借对土地的垄断从而收取一定的地租。地租是土地所有权在经济上的实现形式。这二者不可或缺，任何一方面的丧失都会使土地所有权不完全。

董藩等提出：土地所有权是土地问题的核心，土地所有权是土地使用权、土地其他权利的基础。土地所有权既具有财产所有权的一般属性，也有自己的独特之处。按照《物权法》（2020年12月31日废止，由《民法典》代替）分类，土地所有权属于不动产所有权的一种。作为法律用语的土地所有权，往往包括两种含义。其一，它是指土地所有权法律制度，指不同类型的国家根据统治阶级的意志或者依照全体人民的意志规定的一定土地所有制关系的法律体系，即土地所有权是土地所有制在法律上的反映。其二，它是指土地所有权这一种权利，即土地所有人对自己所有的土地享有占有、使用、收益和处分的权利。根据中国现行土地法律法规的规定，土地所有权具有主体的特定性、客体的不可移动性、交易的禁止性、权属的稳定性和权能的可分离性等特征。土地所有权的类型取决于法律规定。中国的土地所有权可以分为国家土地所有权和集体土地所有权两类。土地所有权的类型不同，其行使方式也有所不同。

王守智等提出：土地是一种财产，土地权利大多在本质上属于财产权的范围，土地权利可以分为土地物权和土地债权。所有权在大陆法和英美法中具有相关概念。一般认为，大陆法的所有权概念来源于罗马法，意为统治、管辖、控制、支配等，在法律上即是"对物享有完全的权利"。在英美法中，所有权一词基本上与财产同义，虽然很少使用，但权利人对物仍然享有完整的所有权。根据中国《民法通

①《经济大辞典·农业经济卷》，山海辞书出版社、农业出版社1983年版，第103页。
②《马克思恩格斯全集》（第25卷），人民出版社1956年版，第695页。

则》第71条的规定："财产所有权是指所有人依法对自己的财产享有占有、使用、收益、处分的权利"，以及《物权法》第39条规定："所有权人对自己的动产或不动产，依法享有占有、使用、收益、处分的权利"，土地所有权是指土地所有人依法对自己的土地享有占有、使用、收益和处分的权利。土地所有权和土地所有制是两个不同的概念。土地所有制是土地财产的归属制度，按照一定的标准可以划分为个人所有制、家庭或家族所有制、集体所有制、政府所有制和国家所有制等，但归根结底主要还是分为私有制和公有制。而土地所有权是一种物权，是土地所有制在法律上的体现。可以说土地所有制是一种经济制度，反映经济基础方面的关系，土地所有权则属于法权制度，反映上层建筑方面的关系。土地所有权具有法定的财产权、完全物权、独占的支配权、无期限限制的权利、权利主体是所有人、权利的客体是土地等特点。土地所有权在不同社会历史条件下有不同的类型。土地所有权的内容就是所有权的权能，在理论上既包括积极权能——占有权能、使用权能、收益权能、处分权能等，也包括消极权能——所有权在受到伤害后所产生的物权请求权。一般来说，土地所有权的行使是以权利人的意愿自治来进行的，他人不得干涉、阻碍。在任何国家的法律中，所有权都不是绝对的、不受限制的权利。由于土地不仅是一种财产，还是一种资源，因此土地更多地体现了公益和私人利益的结合，对土地所有权的行使可能事关整个社会的公共利益，因此有必要加以限制，以实现两种利益的平衡。在私法上对土地所有权的限制主要体现在对土地所有权的客体范围和效力范围的限制、相邻关系的限制、对土地所有权行使方式的限制、所有权负担上的限制等。在公法上对土地所有权的限制主要有所有权交易上的限制、土地的征收征用、土地的基本国策和管理制度等。

甘藏春等提出：土地本身是一个权利的集合体，土地上所体现的是各种不同类型的权利义务关系。所有权是以规定"全面的物的支配权能"为内容的权利，是土地之中的基础性权利。首先，所有权对标的物而言是一般性的具有普遍意义的完全支配权，也即对标的物为占有、使用、收益、处分等全面的且一般意义上的支配权。其次，所有权伴随土地存在的始终，其绝对性表现为一种恒久存在的状态，其存在不许预定存在的期限。最后，所有权的绝对性表现在其对于标的物具有相同的支配力，并不仅仅局限于标的物的使用、收益、处分等权能上的简单集合，实质上是可以行使一种绝对的权利。在《民法通则》《物权法》以及《土地管理法》中也规定所有权人可以占有收益处分不动产。"所有权权能分离构成他物权，这种现象是社会经济生活复杂化在法律上的表现。"具体而言，土地所有权权能的分离是指在不影响土地所有权本身存在的前提下，从所有权权能中分离出一部分构成新的他物权。“分离出的所有权权能构成的他物权是相对独立的，也是具有排他性的，可以对抗第三人，甚至可以对抗所有权人的不法侵害”。土地上的权利不仅有所有权，还有使用权等。“以罗马法为主要渊源的大陆法系民法中，土地的权利体系可以分为：自物权、他物权和类物权。”而根据中国目前的现行法，土地所有权被分为国家土地所有权和集体土地所有权，土地使用权根据用途不同被分为国有土地使用权和集体土地使用权等。

资料来源：周诚：《土地经济学原理》，商务印书馆2003年版；毕宝德主编：《土地经济学》（第6版），中国人民大学出版社2011年版；董藩、徐青、刘德英、秦凤伟主编：《土地经济学》，北京师范大学出版社2010年版；王守智、吴春岐：《土地法学》，中国人民大学出版社2011年版；甘藏春等：《当代中国土地法若干重大问题研究》，中国法制出版社2019年版。

（二）土地公有制的传统解释及其存在的缺陷

对土地公有制的传统的理论解释，目前散见或隐含于有关的学术论文、论著和法律政策文件中，并没有统一的定义，但是其核心内容和基本观点是一致的。概括起来，主要是从调节规范土地所有权的归属的角度入手进行定义，认为土地公有制是明确规定土地所有权归国家、劳动群众集体或政府等依法所有的一种土地所有权制度，是关于土地的占有、使用、收益、处分等土地财产权利界定的一套规则或制度安排。

从传统的理论解释看，其存在的主要缺陷是：一是在制度内容中将土地作为一般物品，从土地归属入手进行定义，认为土地所有权是人们对土地的占有、使用、收益、处分等具有的一套完整权利，对土地所具有的非纯粹私人物品和非纯粹公共物品属性及其对土地归属界定的复杂影响重视不够；二是在制度内容中隐含假设了国家、集体或政府等角色是符合理想标准的，假设国家、集体或政府等代表社会公共部门或公共单位，假设其行为是高效合理和公正无偏的，假设不会出现国家失败或政府失灵或集体失效等；三是在制度内容中隐含了个人或私人的角色，假设个人或私人的行为及利益差异性不大，对属于个人或私人的差异性合理权利缺乏界定和保护；四是在制度内容设计中缺乏责任意识和边界范围，对与土地所有权有关的社会责任和边界范围的内容缺乏平衡和界定。

（三）土地私有制的传统解释及其存在的缺陷

对土地私有制的传统的理论解释，目前散见或隐含于有关的学术论文、论著和法律政策文件中，也没有统一的定义，但是其核心内容和基本观点也具有一致性。

概括起来，主要是从调节规范土地所有权的归属的角度入手进行定义，认为土地私有制是明确规定土地所有权归私人及其单位或家庭等个人依法所有的一种土地所有权制度，是一套关于土地的占有、使用、收益、处分等土地财产权利界定的规则或制度安排。

从传统的理论解释看，其存在的主要缺陷是：一是在制度内容中将土地当成一般物品，从土地归属入手进行定义，认为土地所有权是人们对土地的占有、使用、收益、处分等具有的一套完整权利，对土地作为特殊经济物品所具有的非纯粹私人物品和非纯粹公共物品属性及其对土地归属界定的复杂影响重视不够；二是在制度内容中隐含了国家、集体或政府等社会公共部门或公共单位的角色，认为国家、集体、政府与个人的关系是完全排斥或互不相容的，对属于社会公共部门或公共单位的合理权利缺乏界定和保护；三是在制度内容中缺乏责任意识和边界范围，对与土地所有权有关的社会责任和边界范围的内容缺乏平衡和界定。

（四）科斯理论的引入和土地制度设计难题

中国改革开放以后，土地制度理论研究和政策实践受科斯理论影响很大。美国经济学家罗纳德·哈里·科斯 1937 年发表了《企业的性质》的论文，1960 年发表了《社会成本问题》的论文。这两篇论文提出了两个关键词，一个是“交易费用”，另一个是“产权”，并在其基础上提出对人的行为规范和考虑产权界定对资源配置效率的作用的基本原理，对现代经济学理论特别是新制度经济学的发展作出了开创性的贡献。今天，这两篇论文已经是北美经济学专业研究生的必读文献，并越来越多地被引用。对这两篇论文的原理和方法的应用已经渗透经济学的诸多领域。但科斯理论在中国现实生活中的应用是有前提条件和隐含假设的，机械理解或简单套用会产生问题。所以在实践中，既要重视科斯理论的重要应用，也要重视科斯理论的隐含缺陷，深化中国土地产权制度改革。

正如周其仁[①]提出，从产权的角度看土地利用和土地流转，过去以为社会主义建立了公有制以后就不会再遇到产权问题了。但经验证明，此认识存在问题。从社会主义改造到改革，无论城市建立的国有制，还是农村建立的集体制，都不过是初级阶段的初级选择，不但有待完善，尤其需要改革。问题是，产权界定不可能是一蹴而就的。这是因为随着观念和技术的变化，资源和资产的内涵也在不断变化。过去算不上财产的，现在算了，财产权利怎么界定，问题就来了。举一个实例。在网

① 周其仁:《城乡中国》(下)，中信出版社 2013 年版。

箱养鱼技术发明之前，大水面对农户而言并不是现实的资产。可是网箱养鱼之后，如何划定大水面的承包范围，就是一个现实的产权问题了。资源和财产的概念与时俱进，产权界定也要与时俱进。这样看，产权界定非一日之功，要随着观念、技术和整体环境的变化而不断推进。同时，产权就是选择权。经验告诉我们，任何资源总有多种用途，保护产权其实不是保护资源本身，尤其不是按照保护者的意愿去保护资源，而是保护产权的主体自由选择利用资源的权利。再上一个层面，选择不同的用途，也包括选自己用还是取一个合适的价格转给他人去用，这也是产权的一项权利。因为，在很多情况下，自用资源还不如给他人利用效率更高，取一个合适之价转让使用权，对双方和社会更有利。这也是市场经济的基础。所以，不能认为保护产权就是资源永不换手、永不转让。随着社会发展和时代进步，中国土地产权制度设计和改革任重道远。

专栏 11-2 科斯理论的重要贡献与隐含缺陷

科斯提出的理论概念和有关观点对现代经济发展非常重要。（1）产权。广义上产权就是被制度保护的利益。严格地讲，产权是对资源的排他性占有和使用。产权制度既涉及对产权的界定，也涉及对产权的保护。产权制度是一种基础性的经济制度，它不仅独自对经济效率有重要影响，而且构成了市场制度以及其他许多制度安排的基础。人们要合作，首先要弄清他们各自都有什么资源。弄清这个问题的前提，就是界定产权。产权界定与否，以及如何界定产权，直接影响人们的成本和收益。而对成本和收益的计算，是人们进行经济决策的基础。当某种资源没有明确的产权归属的时候，对这一资源加以利用，就要冒不能全部获取收益的风险。这时，产权制度的出现就可以将成本或收益的外部效应内部化，即可以使当事人承担他应该承担的成本或者获得他应该获得的利益，增进经济当事人的动力，从而提高了经济效率。（2）交易。交易就是人与人之间的交互行动，交易费用就是这种交互行动所引发的成本。用一句通俗的话讲，交易费用就是人与人之间打交道的费用。在较为狭窄的意义上，交易费用则是达成契约和保证契约执行的费用。人与人之间的谈判和缔约是要付出成本的，合约形式也是多种多样的。当人与人之间的合作效果是相同的时候，则采取交易费用较低的合约形式。企业的存在是为了节省市场交易费用，即用费用较低的企业内交易替代费用较高的市场交易。（3）行为规范。行为规范就是保证不侵犯他人利益的约束。根据定义，制度安排是在多人、多次重复的情景中的人的行为规范。在制度经济学中，合约形式也可被理解为制度安排，因为合约就是人与人之间实现合作时就利益分配问题达成的协议，这正是制度安排的本质。在交易费用为正的情况下，一种制度安排与另一种制度安排的资源配置效率是不同的，这时制度是重要的。制度结构及制度变迁是影响经济效率以及经济发展的重要因素。(4)科斯定理。科斯定理就是产权界定影响资源配置效率。只要产权界定是明确的，并且交易成本为零或者很小，那么，无论在开始时将产权赋予谁，最终都会实现资源配置的帕累托最优。换言之，在交易费用为零的情况下，不管产权如何进行初始配置，当事人之间的谈判都会导致资源配置的帕雷托最优。在交易费用不为零的情况下，不同的产权配置界定会带来不同的资源配置。由于交易费用的存在，不同的产权界定和分配，则会带来不同效益的资源配置，因此产权制度的设置是优化资源配置的基础。

盛洪提出，科斯理论的特点在于它所提出的问题或许比它回答的问题更有价值，它给人们带来的灵感和想象力要多于它给人们带来的结论。换言之，科斯理论在有些方面也是存在隐含缺陷的，必须在实践中予以重视。(1)科斯理论忽视了最佳资源配置方案和最佳收入分配方案的可能差异。产权的初始界定不同，会导致不同的财富分配。由于不同的人有不同的效用函数，不同的财富分配会产生不同的社会需求结构，从而带来不同的资源配置。科斯承认存在这种情况，但认为不会带来显著的影响。这样的回答太脆弱了。在理论上看，一个非常微小的不同也是不同。更何况，如同现代混沌学所揭示的那样，初始状态的微小差别也许会带来不同的社会需求结构，从而导致不同的资源配置结果。(2)科斯理论忽视了对交易先于产权的分析。科斯理论讨论的问题都是产权确定以后的事情。但在社会现实中，可能是交易先于产权，产权本身是抽象的而交易是具体的。产权从无到有，是人的行为的结果，并且只有在两个以上的人的情况下，产权才有意义。因而产权本身就意味着确立产权的行动是人与人之间的交互行动，即交易，交易活动的历史与人类史一样久远。在政府形式出现之前就存在交易活动，从这个意义上讲，也是交易先于产权。只是政府形式的出现，降低了界定和保护产权的费用，从而使产权制度能够得到普遍的确立。由于存在正的交易费用，通过政府界定的产权也可能是有错误的。如同存在因交易费用过高而无法达成的交换一样，也会存在因同样原因而无法实现的产权界定。(3)科斯理论忽视了产权界定的多次可能和“最佳”标准。科斯定理表达的是产权制度较之于没有产权制度是优越的，即使产权制度有可能是错的，也可能比没有产权界定要好。根据科斯定理，从资源配置的结果看，不同的初始产权界定是没有差别的。问题在于，这隐含了一种假定：产权的初始界定是一次性的，在产权界定以后，就不存在新的产权的产生。这显然与现实世界的情形有很大差异。在现实世界中，各种不同的产权不是一次界定完的。随着资源范围越来越大，界定产权的活动总是在发生，一种界定可能比另一种界定更有效率或更无效率，并且可能存在最佳产权界定。比如，能达成契约的产权谈判就是最佳的，初始产权的界定规则往往并不考虑资源配置效率问题，而是根据自然法则，如劳动规则和占先规则以及不损害他人的规则等。（4）科斯理论忽视契约与法律的可能差异。在科斯列举的大量事例中，有不少是以法院的裁决作为产权的初始界定的。问题是，当时双方为什么要进行法律诉讼呢？原因是，在诉讼前，他们之间的平等的谈判失败了。也就是说，人们之所以要诉诸法律，是为了解决平等的自由交易解决不了的问题。当然，这意味着是在交易费用为正的情况下。用强制性的法律裁决解决悬而未决的产权的归属问题，比进行毫无结果的马拉松式的谈判要有效率。问题是采用强制性手段需要信息，是有费用的，也可能出错。市场、企业和法律有一定的替代性，都需要发挥作用。

资料来源:〔美〕罗纳德·哈里·科斯著，盛洪、陈郁译校:《企业、市场与法律》，格致出版社、上海三联书店、上海人民出版社 2009 年版；盛洪主编:《现代制度经济学》，（上、下集），北京大学出版社 2003 年版。

二、土地所有权及相关制度的理论新解

与传统的土地经济学理论不同，针对土地所有权及相关制度，本书引入一种新解释。基本观点是：要从人入手，考虑个人因素和社会因素两个方面，统筹权利、责任和边界范围，联系过去、现在和未来，连接显示内容和隐含假设，合理引入条件并明确显示制度内容等，对土地所有权及土地公有制和土地私有制的内容进行定义。这种理论认为，土地公有制和土地私有制的内容在性质和构成上既有对立的一面，也有统一的一面，在合理设置一定条件下，二者所具有的制度功能是等价的，或者通过合理设置条件，二者的制度内容是可以相互转换的。土地公有制是从社会人角度入手明确土地所有权人的权责、主张社会权利至上、协调处理个人与社会关系的一套关于土地财产权利及责任的界定规则。土地私有制是从个人角度入手明确土地所有权人的权责、主张个人权利至上、协调处理个人与社会关系的一套关于土地财产权利及责任的界定规则。它不仅有权利方面的内容，而且有责任方面的内容，还有边界范围方面的内容；不仅有个人因素的内容，而且有社会因素的内容，还有归属性内容和排他性内容的结合。这些制度内容不是自然就有的，而是人为界

定的，是客观性的内容和主观性的内容的结合；不是一成不变的，而是随着时代变化而演变的，既是历史形成的，也是联系未来的，还是有所不变的内容和有所改变的内容的结合。

（一）土地所有权及相关制度分析的角度创新

土地公有制和土地私有制是关于土地所有权界定的制度或规则。建立土地所有权制度的目标是解决问题。这个问题主要是现实社会中的人与人之间或者个人与社会之间在土地利用及相关的资源配置和利益分配上所具有的矛盾或冲突。解决问题的方式不是依靠武力或实行人治，不是感性的或情绪式的，不是临时的或随机的，而是建立制度或实行法治，是理性的或框架结构式的，是长期的或根本的。解决问题的内容是建立一套详细规则，以明确界定个人与社会针对土地财产所具有的权利及责任。这套规则既包括对个人依法依规占有土地财产所具有的各种权利的界定，也包括对个人依法依规占有土地财产所承担的相关责任的界定，还包括对个人依法依规占有土地财产的条件范围的界定；既包括属于个人或私人管理控制的内容，也包括属于社会或政府管理控制的内容；等等。

1. 从人入手

建立土地公有制和土地私有制的目的是要实行问题导向，要从解决土地归属的问题向解决人与人的关系问题转变，在制度分析中以人为中心。由于土地存在的时间比人的寿命要长，比人的劳动时间更长，同时土地的开发利用具有外部性，像一般动产物品一样简单规定或明确土地归属是不当的。在现实社会中，人与人之间需要合作，在个人之外就是他人，在私人以外就是社会，土地利用至少会涉及两个人，从人与人的关系以及个人与社会的关系入手分析问题是比较合理的视角。

2. 内容拓展

确定土地公有制和土地私有制的主要内容，就要扩大分析视角，要从规范调节产权归属向规范调节个人与社会的关系转变，在制度分析中包括个人与社会。一方面，在制度中要涉及个人或私人方面的内容，能对个人或私人的合理利益提供保护，引导和促进个人在土地上投入或劳动。另一方面，在制度中要涉及个人以外的他人以及私人以外的社会方面的内容，能对他人或社会的合理利益提供保护，引导和促进社会在土地上投入或劳动。

3. 形式规范

确定土地公有制和土地私有制的基本形式是要建立完整框架，要从注重文字规定向连接显示内容和隐含假设转变，在制度分析中统筹权利、责任和边界范围。随着人类社会从传统熟人社会不断向现代陌生人社会转变，不仅以公开显示的法律政策方式表现的制度内容是重要的，而且以没有公开显示的隐含假设的精神思想、时空范围和习俗惯例等方式表现的制度内容也是重要的。如果在制度中只有权利分配而没有相关责任和边界范围，那么人人都可能会去抢，人们获得权利再多也可能不满，要解决矛盾就不会再靠制度。

4. 重视条件

推进土地公有制和土地私有制的应用要考虑条件范围，要从关注现实向联系过去、现在和未来转变，从关注本地向联系不同区域转变，重视现代社会、现代国家的历史性和不同地区、不同国家的差异性，在制度分析中合理引入条件并明确显示。在政策实践中，制度的内容和形式是历史形成的，随着时空边界等条件的变化，也是不断变化和不断完善的。如果在制度中缺乏对时空边界等条件的设定，在制度内就有可能出现逻辑混乱、前后冲突或自相矛盾，将影响制度内容的有效实施和不断推广。

专栏 11-3　土地所有权制度分析需要关注的问题的复杂性

李铁映提出：土地不仅是宝贵资源，也是国家和社会最大的资产。土地问题直接关系到民族的生存和社会的稳定。纵观历史，战争和革命很多都是围绕土地问题展开的。随着经济发展和体制改革，实行土地的有偿使用，土地的资产价值越来越显现。土地制度直接涉及社会基本的财产制度。人均土地少、处于工业化发展阶段、土地公有制是研究中国土地问题必须考虑的三个基本国情。土地使用制度和管理制度是经济体制的重要组成部分。土地有偿使用的前提是必须明确归属关系，保障所有者权益。中国《宪法》规定："矿藏、水域、森林、山岭、草原、荒地、滩涂等自然资源，都属于国家所有，即全民所有。""城市的土地属于国家所有。农村和城市郊区的土地，除法律规定属于国家所有的以外，属于集体所有。"同时明确了"国家为了公共利益的需要，可以依照法律规定对土地实行征用"。按照《宪法》规定，中国实行土地公有制，不搞私有化。土地作为国家财产，是神圣不可侵犯的。土地的使用必须服从公共利益的需要。土地是生产要素，要进入市场配置。作为商品流通交易的是土地使用权，而不是所有权，这一点必须明确。这一次改革是土地使用权的改革，不是"土改"，不是所有权的改革。随意降低地价，随意延长使用期，都是侵犯所有权。土地是国家的重要资源和资产，必须由国家管理，必须坚持全国土地、城乡地政统一管理。国家不仅是土地的所有者，而且是土地的管理者。

管理土地是政府的重要职责和权利。

王铁雄指出：法律并不是一个以孤立于更大思想世界的封闭系统来运行的。法律具有社会科学的成分。法律不能脱离大的历史潮流。审视美国财产理念的变迁路径，18 ～ 19 世纪，美国财产法理念强调个人财产的绝对权利，作为对古代和中世纪有机论权威思维模式的反作用，过于考虑个人的自我主张；进入 20 世纪后，则强调个人财产权的社会责任，作为对 19 世纪抽象个人主义机械原子论模式的反作用，过于考虑社会合作。正如迪吉（Duguit）所言，“财产权并非一种权利，而是一种社会责任”。辛格（Jeseph William Singer）认为，财产权利反映了人的各种社会关系，即“财产权是通过对社会和政治的解释而创立的人与人之间的关系”。但实际上，在财产法理念的发展史上，个人利益和社会利益是共存的，虽然对个人或社会利益的强调在每个时期各有侧重。财产法规制的私有财产具有两个方面，“个人方面和社会方面。这两者是必然在一起的，如果一个消灭了，另一个也必定消灭”。换言之，在每个历史时期，个人和社会两方面的利益都是共存的。因此，尽管在财产法理念随思维模式变化而变迁的过程中，对财产的个人方面和社会方面利益的强调在不同历史时期有所侧重，其基本趋势却是走向个人利益和社会利益的平衡。历史不是直线的、绝对的和一元化的。源于生活经验和司法理性的美国财产法，随着科学知识和文化思维模式的变迁而变化，在某种程度上反映了财产法思想发展的一般性规律，财产的个人方面和社会方面始终相连并存于每个时期。财产法既要保护个人财产权利，保证个人最大限度地扩张个人主张，又要保护社会共同利益，保障每个人都过上一种人类应有的生活——即使不能满足每个人的所有需要，至少也要在合情合理的范围内满足每个人最低限度的需要。财产法的目的，财产法理念的发展，就是要促进个人与社会、部分与整体的统一和谐，逐步趋向个人利益和社会利益的平衡。但这种平衡是动态的，是无限地接近。财产法既是保证天赋、机遇好且勤奋的人开创个人成功的助推器，又是保证每个人获得幸福的平衡器，其最终目的是追求每个人的幸福。

美国伊利、莫尔豪斯提出：土地所有权引起了关系到土地有效利用的很重要的问题，土地所有权影响土地的利用效率和自然资源的保护。土地所有权并不像明显地划分公私所表现的那么简单，土地所有权形式具有多样性。土地产权分为三类，即公有、私有和共有。财产本身不是一件东西，而是享有那件东西的权利；并且，构成土地私有权的权利的内容已因公共机关的种种规定而大大改变。要制定一套支配着土地的公有制或私有制的一成不变的规则这件事，即使是适宜的，也是很困难的。一般来说，对土地的劳务需要越大，保护这些劳务的需要越迫切的时候，就越应侧重于公有制。除了完全转变为公有以外，公共利益只能通过对私有权利采取适当的管理措施来得到适当的保护。对于私人所有权的社会方面的认识，现正在逐步增加，它表现在国家管辖权力所包括的某些规章里。

美国雷利·巴洛维提出：土地所有权关系到个人、团体和政府享有财产权的各个方面，它还关系到财产权利所延续的时间长短。土地所有权可由不同的方式来获得，包括政府授予的特权或授地、私人契约授地、遗嘱授地、在继承法规定下的土地获得、馈赠、征用、没收、反占有、增值、产业归公等。一般地，所有者应该弄明白他得到的是不是一种有效的契约，弄明白契约的内容是不是充分，以及要弄清楚转让者是否有转让其所有权和特权的全部期望权利。一张有效的契约所具备的内容因国家而异。托伦斯制度是南澳大利亚于1958年首次采用的一种土地产权证书登记制度，自那时起全世界有很多国家也采用了托伦斯制度。该制度要求土地产权证书都是按最新要求建立的，为州府所保证不能废除的产权证书，要求对产权证书有官方的登记，而不是只有产权证书证明的登记，并最终消除费时、花钱、多地产权证书的明确工作。不动产所有权是有费用的，某种财产的买价或市场价格，往往取决于财产的特性、位置以及成交时的供求情况。一个人一旦获得了所有权，就面临维护其所有权的问题。在这方面他是否成功，取决于他能自由支配的资本和人力资源的供应数量、他在管理这些资源方面的能力，以及他对各种风险的态度。或迟或早，每宗私人所有的财产都会易手。当一宗财产依契约转让时，往往会出现两个问题。第一个问题是制定出适当的转让协定。第二个问题是将所有权转让给新的所有者的程序。在财产继承中，可供选择的若干继承安排方案主要有馈赠转让、出售安排、合同安排、共同占有、遗嘱的利用、依继承法处理等。

资料来源：李铁映：《改革开放探索》（上册），中国人民大学出版社2008年版；王铁雄："财产法：走向个人和社会的利益平衡——审视美国财产法理念的变迁路径"，《环球法律评论》，2007年第1期；〔美〕伊利、莫尔豪斯，滕维藻译：《土地经济学原理》，商务印书馆1982年版；〔美〕雷利·巴洛维，谷树忠等译：《土地资源经济学——不动产经济学》，北京农业大学出版社1989年版。

（二）土地所有权的新解释及与传统解释的比较

关于对土地所有权的新解释是，从调节规范人与人的关系的角度入手进行定义，认为土地所有权是一种排他性权利或相对产权，是与土地的占有、使用、收益、处分等有关的责任、权利和义务的一种组合，是对人与人之间的关系以及个人和社会的关系的一种规范。土地所有权不是天上掉下来的，而是由人的努力所创造的，是由人类社会所提供的。土地所有权在被依法赋予人的过程中，既需要受到社会保护，也需要对社会承担责任。

与对土地所有权的传统的理论解释相比，在这个新解释中，主要的变化有：一是从人与人的关系入手进行定义，重视土地背后的人与人的社会关系；二是将土地作为具有非纯粹私人物品和非纯粹公共物品属性的特殊经济物品，重视这个特殊性对土地归属界定的复杂影响；三是将土地所有权当作一种相对产权或有条件的财产权利，强调现实社会的土地所具有的时空边界条件、处于特定国家或地区等管辖之下并且受到国家、集体或政府等的管理、控制和影响，强调这种权利在本质上是一种与土地的占有、使用、收益、处分等有关的责任、权利和义务的有机组合，强调这种权利和民法上的财产权存在差异。

专栏 11-4　经济学上的产权与法律上的财产权在概念上存在差异

产权和财产权是两个不同的概念。区分这两个概念是重要的。概念只有被置于语言结构中才能真正凸显其意义，或者说，概念的某种特殊意义是被置于特殊的语言结构中来表达。

产权是经济学上的概念，“产权既不是从英美法来的，也不是从大陆法来的，根本就不是从法学来的，而是几个美国经济学家发明的一个概念。”对于产权，美国著名的经济学家阿尔钦等认为，“产权是一种通过社会强制而实现的对某种经济物品的多种用途进行选择的权利”①。经济学者都喜欢用产权来表达财产权的概念，其对应的英文是“property”，在中文中很多人直接采用了产权一词来表达，但这一说法往往限于经济学论文的探讨②。

财产权是法学上的概念。在法学里，“property”有时表示为关于财产权的法律。在中国法学研究中更多地用财产权或者所有权来表达财产权利的主旨。相对财产的概念，财产权对应的英文应当是“property right”。对于财产权利还有一个表达词，即“ownership”，一般是法律用语。但是随着研究的增多，很多情况下已经不再这样区分。在美国，“所有权”一词常用作财产的同义词。ownership 是指具有法律意

① [德] 张澎夫·明策尔：“产权的追求——从法学、经济学和哲学的角度考察产权之谜”，见郑水流主编：《法哲学与法社会学论丛》(一)，中国政法大学出版社 1998 年版。

② 有时在英文的文章或论文、著作里，property 就代表产权的意思，汪丁丁在表达“severance of property”之意时，就用了分立的财产权的译法。参见汪丁丁：“中国九十年代改革的政治经济学问题”，《二十一世纪》，1999 年 6 月号。

义的财产，这一财产是明确受法律保护的，是法律所探讨的关于主体对自己所拥有的不可剥夺的对象物，它更接近“所有权，所有物的物主，所有制”。在英美法系中，ownership 表示给予一定地产之上权益的拥有，指的是“对所拥有的东西的绝对的、不可分割的、排他的权利”，通过对物的权利的绝对性拥有而产生的权益。而 property 则泛指个人所享有一切利益，它在法律上用来表示对任何事物所拥有的使用、享有和处置的权利。

财产权与财产是密不可分的。没有财产就不会有财产权，财产是财产权利的直接来源。财产权利就是对财产的一种绝对的属我的权利，是归我处置的、独我受益的、我与他人的关系的表现。关于什么是财产，历史上各种思想派别提出过不同的观点。麦迪逊指出：“财产意味着一个人声称并行使的排斥任何他人的，对世上外物的所有权。在更广泛和更公正的意义上，它包括一个人可以获得价值并有权占有的一切，这些事物对他人有类似益处。在前一种意义上，一个人的土地、货物或钱财被称作他的财产。在后一种意义上，一个人是在信念上占有财产，并能自由地传播它们。”马克思指出：“财产最初无非意味着这样一种关系，人把他的生产的自然条件看作是属于他的、看作是自己的、看作是与他自身的存在一起其产生的前提。”马克思认为，财产表现为一种物，但其实质是一种经济关系，是社会经济生活中客观存在的人对物的排他性的占有关系。

对于财产权的概念，英美法系和大陆法系并不相同。英美法系的财产权概念在 19 世纪初期，强调财产权的绝对支配性和财产的有体性。然而自 19 世纪末期以来随着对财产利益特别是无体财产保护的扩大，除了对各种有体物的权利以外，普通法的财产权还包括专利、商标等各种知识产权、商业信誉和技术秘密、有价证券的权利。但按照学者的一般观点，财产权并不包括合同的权利，有关合同权利的内容属于合同法的范畴。大陆法系则认为合同权利是财产权的重要内容，而且财产权还包括知识产权、商业秘密、企业名称等，但除合同权利以外，并没有英美法系财产权概念那么宽泛。在大陆法系中，财产权概念包括广义和狭义两种。广义的财产权指认为任何有价值的东西，即能够产生部分个人财产的任何权利。当然财产权不一定具有经济价值，只要体现一定的经济价值就可以。民法学者通常把财产权称为具有经济价值的权利。而非财产权通常是指人身权，即不具有一定财产内容而以人身和人格为内容的权利。财产权一般包括物权、债权、知识产权、有价证券的权利。而狭义的财产概念认为，财产应限于有体物，债权本身并不属于财产权。

对经济学上的“产权”与法学上的“财产权”进行比较，我们应首先理解大陆法系广义“财产权”的含义。中国继受大陆法系的理论，采用大陆法系广义的财产权概念，认为财产权是指一切权利标的具有财产上的价值的权利，包括物权、债权、知识产权和其他财产权益。例如中国《民法通则》规定，民法调整平等主体之间的财产关系和人身关系，其中财产关系就包括物权、债权、股权、知识产权和其他财产权。在比较“产权”和大陆法系广义的“财产权”时，应当认为，这一对概念具有很大的相似之处，从狭义上甚至可以认为两者是相等的。如王利民在《物权法论》中指出，“所谓产权，就是指财产权。财产权是以财产利益为内容，直接体现某种物质利益的权利，它是与非财产权相对应的概念……财产权包含的内容较为宽泛，凡是具有经济价值的权利都可纳入财产权的范畴”。但是从广义而言，“产权”与民法上的“财产权”有一定区别，因为除了民事财产权利外，还有大量的非民事财产权利也属于“产权”的范畴。产权制度并不仅仅调整平等市场主体之间的财产关系，而且大量调整主体因享有公共物品而形成的权利关系，以及通过行政手段而取得的经济利益关系。如现实生活中给予行政手段而享有的排物权、市场专卖垄断权等均为产权研究的重要领域，而这些在传统民法上并不属于民事权利范畴。因此，可以认为，“产权”和大陆法系广义的“财产权”属于同一范畴，但较之狭义的“财产权”确实包括更广泛的内容。但不可忽视的是，虽然在范围上“产权”与大陆法系广义的“财产权”颇多重合之处，但两者的结构体系有很大差别。大陆法系民法的财产权构造体系是由严密的概念来构建的，各个概念之间存在着理论上的归类和比较，每一种财产权均需要在原有概念系统中进行定位，而目前经济学的产权并未形成类似大陆法系民法上的产权分类概念系统。

资料来源：李超玲：《公司法人特征与公司治理困境问题解决机制研究》，中南大学，2008 年。

（三）土地公有制的新解释及与传统解释的比较

对土地公有制的新解释是，从调节规范个人与社会的关系的角度入手进行定义，认为土地公有制是在一定时期和一个国家或地区所管辖的土地范围内，针对土地的占有、利用及相关的资源配置和利益分配，明确规定国家、集体或政府等社会公共部门或公共单位作为土地所有权人的权责、主张社会的合理权利至上、协调处理个人与社会的关系的一种土地所有权制度，是关于土地所有权人的财产权利及责任界定的一套规则或制度安排。

与对土地公有制的传统的理论解释相比，在这个新解释中，主要的变化有：一是在制度内容中将土地作为一种具有非纯粹私人物品和非纯粹公共物品属性的特殊经济物品，从人入手进行定义，认为土地所有权是对人与人之间针对土地的占有、利用等所具有的社会关系的一种界定；二是在制度内容中强调个人与社会两个方面，既包括有关国家、集体或政府等的内容，也包括有关个人或私人的内容，主张社会的合理权利至上、协调处理个人与社会的关系；三是在制度内容中补充与土地所有权有关的社会责任和边界条件的内容，明确规定国家、集体或政府等社会公共部门或公共单位作为土地所有权人的条件和权责，主张土地所有权人既有财产权利，也有相关责任，还有边界条件。

（四）土地私有制的新解释及与传统解释的比较

对土地私有制的新解释，是从调节规范个人与社会的关系的角度入手进行定义，认为土地私有制是在一定时期和一个国家或地区所管辖的土地范围内，针对土地的占有、利用及相关的资源配置和利益分配，明确规定个人或私人等作为土地所有权人的条件和权责、主张个人或私人的合理权利至上、协调处理个人与社会的关系的一种土地所有权制度，是关于土地所有权人的财产权利及责任界定的一套规则或制度安排。

与对土地私有制的传统的理论解释相比，在这个新解释中，主要的变化有：一是在制度内容中将土地作为一种具有非纯粹私人物品和非纯粹公共物品属性的特殊经济物品，从人入手进行定义，认为土地所有权是对人与人之间针对土地的占有、利用等所具有的社会关系的一种界定，在制度中明确规定个人或私人等作为土地所有权人的权责；二是在制度内容中强调个人与社会两个方面，既包括有关国家、集体或政府等的内容，也包括有关个人或私人的内容，主张个人或私人的合理权利至上、协调处理个人与社会的关系；三是在制度内容中补充与土地所有权有关的社会责任和边界条件的内容，主张土地所有权人既有权利，也有相关责任。

三、基于新解释的土地私有制的主要缺陷

基于对土地私有制的新解释，建立土地私有制的目的是解决问题，这个问题主要是人与人之间针对土地占有或使用等所产生的社会矛盾或冲突。这个制度，在性质上是对人与人之间的社会关系进行规范的一套规则或制度；在内容上主要是明确个人或私人为土地所有权人，界定土地所有权的权利内容、有关责任和边界范围，主张个人或私人的合理权利至上、协调处理个人与社会的关系；在形式上表现为与土地所有权有关的法律政策。

（一）基于新解释的土地私有制的可能好处

实行土地私有制在形式上是相对简单的。实行土地私有制，可能的好处是赋予个人或私人占有和利用土地并获取有关经济利益的责任、权利和义务，可以调动个人或私人在土地使用上进行投入或投资的积极性，有利于发展私人物品，有利于促进经济效率提升。个人或私人是对土地进行具体占有、开发、使用等的行为人，对土地的占有、开发和使用等可以考虑更多投入、更少风险和更高回报，如果制度设计合理，有利于保护个人或私人的合理利益。

（二）基于新解释的土地私有制存在的缺陷

建立和实行土地私有制具有历史性。其存在的缺陷是为个人或私人在土地占有上进行垄断或寻租提供可能，同时土地所有权多样复杂，难以化解人与人之间的矛盾或冲突。土地是一种具有非纯粹私人物品和非纯粹公共物品属性的特殊经济物品，土地的开发利用具有外部性，同时土地本身存在的时间比人的寿命要长，比人的劳动时间更长，如果制度设计不完善，有可能产生土地的个人或私人垄断问题，既影响社会公平，也影响经济效率。在土地私有制中，是有国家、劳动群众集体或政府等社会人代表发挥作用的，但这些社会人代表发挥作用有隐含性或者间接性，并非在制度内容中公开显示或直接包含，要从宏观上进行协调管理和合理调控很困难。

专栏 11-5　土地私有制中的土地所有权的类型

在实行土地私有制的背景下，土地这个概念包括的内容非常广泛。土地包括各种占地或授地、矿地、矿物……建筑物或部分建筑物和其他物质的可继承的财产，也包括一个庄园、一个受俸律师推荐权、一笔租金和其他非物质的可继承的财产，以及一项地役权、正常权利、特权或者与土地有关的好处（这些好处可能在土地之内，也可能在土地之上，还有可能来自土地）。准确而论，在法律上，土地既包括有形的物理的农地、工厂、住宅、商场、土壤等土地不动产，也包括土地上的无形权利。与此相关，土地所有权（proprietary rights in land）的内容和类型也多种多样。

在实行土地私有制的现代社会，法律是化解人与人之间矛盾或冲突的基本手段，与土地和土地上的无形权利相关的交易是以合同为媒介发生的，与土地所有权有关的法律制度是很特殊和很复杂的。在某种程度上，土地法律的核心就是在创造和实施土地所有权，使这些权利成为土地的一部分，并且这些权利对提供土地的那些人而言，并非属于其个人。在现代土地法律中，土地所有权的类型是复杂多样的，概括起来可以分为两类：一类是土地不动产所有权（estates in land），另一类是土地利益所有权（interests in land）。

土地不动产所有权是针对土地持有者在特定期间内所具有的相当于所有权的土地权利。土地不动产可以细分为四种：（1）永久或绝对土地不动产所有权，或者非限制继承土地不动产所有权（the fee simple or freehold estate），是指土地持有者及其继承人可以永久使用土地和享有土地上无形的权利，这种权利可以在地主的生命生存期内进行自由转让；（2）租赁持有土地不动产所有权（the leasehold estate），是租赁持有土地者所具有的在一定时间内的临时或相对土地不动产所有权；（3）指定继承人继承的土地不动产所有权（the fee Tail），是土地持有者所具有的对土地按照继承条件享有的土地所有权；（4）生存期终身土地不动产所有权（the life interest），是土地持有者所具有的仅在其生命生存期间可以使用土地和享有土地上无形权利的土地所有权。

土地利益所有权是针对未持有土地者在一个特定期间具有分享土地利益（在技术上相当于土地动产）的土地权利。比如对他人租赁持有土地的某种方式的支配权，对于抵押贷款土地的债权，阻止一个土地持有者在自己土地上从事一些特定活动的权利，在一个特定的时间框架内购买另外土地的期权等。

资料来源：Martin Dixon：*Modern Land law*（*Seventh edition*），Loutledge，2010。

四、基于新解释的土地公有制的隐含条件

基于对土地公有制的新解释，建立土地公有制的目的是解决问题，这个问题主要是人与人之间针对土地占有或使用等所产生的社会矛盾或冲突。这个制度在性质上是对人与人之间的社会关系进行规范的一套规则或制度，在内容上主要是引入国家、劳动者集体、政府等发挥作用，明确国家、劳动群众集体或政府等社会公共部门或公共单位为土地所有权人，界定土地所有权的权利内容、有关责任和边界范围，主张国家、集体或政府等的合理权利至上、协调处理个人与社会的关系，在形式上表现为与土地所有权有关的法律政策。

（一）基于新解释的土地公有制的可能好处

实行土地公有制，可能的好处是从根本上为处理好人与人之间以及个人与社会之间的关系提供了基础支撑。它赋予了国家、劳动者集体、政府等占有和利用土地并进行有关利益分配的责任、权利和义务，可以解决土地占有的个人或私人垄断问

题，有利于发展公共物品，有利于促进社会公平提升。与个人或私人相比，国家、劳动群众集体或政府等存在的时间相对更长，对土地进行占有、开发和使用可以考虑更大范围和更加长远并更加公平对待个人或单位，如果制度设计完善，有利于从根本上解决土地的个人或私人垄断问题。

（二）基于新解释的土地公有制的隐含条件

建立和实行土地公有制是发展方向，但在制度设计和操作实践中也是比较复杂的。在这个制度中，引入国家、劳动者集体、政府等发挥作用，隐含条件是国家、劳动群众集体或政府等是理想的社会人代表。如果国家、劳动群众集体或政府等的行为不理想不合理，如果制度设计不完善，就有可能受到国家失败、集体失效和政府失灵等的影响，有可能在土地使用上造成严重损失。损失的内容既可能是经济效率，也可能是社会公平。在土地公有制中，个人或私人在土地使用中最终发挥作用，但这些个人或私人发挥作用有隐含性或者间接性，并非在制度内容中公开显示或直接包含。与个人或私人的土地使用行为不同，国家、劳动群众集体或政府等主要不是最终行为人，而是中间行为人或有别于个人或私人的社会人代表，在对土地进行的具体占有、具体开发、具体使用等行为中，是间接行为人，需要向个人或私人进行二次分解，并建立配套的政策法规和管理体系。

五、从土地公有制到引入配套条件可公可私

基于对土地公有制和土地私有制的新解释，在土地公有制和土地私有制的内容中，既有相互对立的一面，也有相互统一的一面。首先，这两种制度具有共同点，目的是解决人的问题。这种制度既有可能促进生产力发展，也有可能阻碍生产力发展，究竟是促进还是阻碍生产力发展，取决于时代条件和具体设计。其次，这两种制度的侧重点有所不同。前者侧重个人的一面并强调个人权利至上，后者侧重社会的一面并强调社会权利至上。再次，这两种制度在引入一定条件并进行机制配套下可以进行相互转化而具有同样的解决问题的功能。从历史发展来看，实行土地公有制比实行土地私有制更具有合理性，但也更具有复杂性。在实行土地公有制的背景下，可以通过合理引入配套条件，将土地所有权的复杂内容进行深入拆分并重新组合，既充分利用土地私有制的好处，又扬弃土地私有制存在的缺陷。在实行土地私有制的背景下，也可以通过合理引入配套条件，对土地所有权的简化内容进行补充并重新规范，既充分借鉴土地公有制的好处，又克服土地公有制可能存在的不足。

（一）基本原理：从人入手解决问题的功能等价

土地公有制和土地私有制的建立都是为了解决问题，这个问题主要是人与人之间针对土地占有或使用等所产生的社会矛盾或冲突。实行土地公有制的合理性在于土地是有非纯粹私人物品和非纯粹公共物品属性的特殊经济物品，除了直接占有土地的个人或私人的合理利益重要和需要保护，其他一些没有直接占有土地但进行了相关投入的人员的合理利益也重要和需要保护，隐含条件是国家、劳动群众集体或政府等是理想的社会人代表。实行土地私有制的合理性在于人有获得自己劳动报酬的权利，利用土地的个人或私人对其在土地上进行投入所产生的劳动成果享有控制权并受到保护，隐含条件是同时履行对与土地利用有关的其他人的合理责任和义务。如果制度设计科学合理，那么通过引入条件和进行机制配套等，主要由土地上的经济利益的创造者获得土地上的劳动报酬，两种制度在解决问题上实现的社会功能可以是等价或相当的。

专栏 11–6　土地公有制的功能、合理性与隐含条件分析

社会主义的一个重要社会制度是公有制。根据庇古（1937）对资本主义和社会主义的比较，与实行私有制相比，公有制的制度优点是：由于一切资源配置由政府控制，可以不存在失业；制度缺点是因没有市场机制起作用和无利润的刺激，生产效率不高，资源也不能合理分配；政策含义是引入市场机制和利润刺激，提高生产效率。随着时代变革和社会进步，私有制和公有制的内容都是不断变化的，针对土地而言，在一定条件下，不仅在社会主义中可以实行公有制，而且在资本主义中也可以实行公有制。

实行土地公有制的社会功能是：为了解决人与人之间针对土地占有或使用等所产生的矛盾或冲突，由国家、劳动群众集体或政府等负责牵头，协调人与人之间的社会关系，规范和调节土地利益分配，促进劳动与土地结合，建立良好稳定的社会秩序。

实行土地公有制的合理性在于：土地是具有非纯粹私人物品和非纯粹公共物品属性的特殊经济物品，引入国家、劳动者集体或政府等发挥作用，不仅保护直接占有土地的个人或私人的合理利益，而且保护一些尽管没有直接占有土地但进行了相关投入的社会人的合理利益，从根本上消除土地上的剥削或压迫关系，调动劳动者的积极性、主动性和创造性，有利于实现社会公平。

实行土地公有制的隐含条件是：国家、劳动者集体或政府等在制度中都是理想的社会人，能够有效发现和合理保障不同个人或私人对土地的差异性需求（特别是有支付能力的需求），个人或私人在使用土地中的劳动投入激励不足和效率不高等问题能够得到合理有效的解决，包括合理引入时空条件，将有关权利和责任等对个人或私人进行二次分解等。

资料来源：作者综合整理。

专栏 11–7　土地私有制的功能、合理性与隐含条件分析

资本主义的一个重要社会制度是私有制。根据庇古（1937）对资本主义和社会主义进行的比较，与实行公有制相比，私有制的制度优点是：由于市场机制的作用和利润的刺激，故生产有效率；制度缺点是因财产分配不均会产生周期性的失业现象，从而使资源分配不够理想；政策含义是加强累进税收和遗产税的征收，使财富分配大体平均。随着时代变革和社会进步，私有制和公有制的内容都是不断变化的，针对土地而言，在一定条件下，不仅在资本主义中可以实行私有制，而且在社会主义中也可以实行私有制或非公有制。

实行土地私有制的社会功能是：为了解决人与人之间针对土地占有或使用等所产生的矛盾或冲突，由个人或私人负责牵头，协调人与人之间的社会关系，规范和调节土地利益分配，促进劳动与土地结合，建立良好稳定的社会秩序。

实行土地私有制的合理性在于：人有获得自己劳动报酬的权利，使用土地的个人或私人对其在土地上进行投入所产生的劳动成果享有分配权并受到保护，隐含条件是同时履行对与土地利用有关的其他人的合理责任和义务。

实行土地私有制的隐含条件是：个人或私人在制度中都是理性的好人，个人或私人在土地使用上的垄断问题能够得到合理有效的解决，包括引入土地的国家管理权，引入房地产税，引入遗产税和赠与税，实行组合配套政策等。

资料来源：作者综合整理。

（二）配套条件：引入有期、有偿、有条件等

土地公有制和土地私有制的内容丰富而具体。无论是土地公有制，还是土地私有制，在制度内容上都是历史形成的，也是动态变化的。在实践中，实行土地公有制或土地私有制是有前提条件和隐含假设的。在土地公有制或土地私有制建立后，通过合理引入配套条件，包括现代国家规制和土地有期、有偿、有条件使用等，可以实现这两种不同的土地制度在所具有的经济功能或社会功能上的等价或相当。在

实行土地公有制的背景下，可以通过合理引入现代国家规制和时空边界条件等，将土地所有权的复杂内容进行深入拆分并重新组合，推进土地公有制的有关内容从隐含假设逐步转向公开显示，提高土地资源配置的经济效率，实现在经济功能上与实行土地私有制等价或相当，从而既充分利用土地私有制的好处，又扬弃土地私有制存在的缺陷。在实行土地私有制的背景下，可以通过合理引入现代国家规制和设置配套条件，对土地所有权的简化内容进行补充并重新规范，推进土地私有制的有关内容从隐含假设转向公开完整，增进土地资源配置的社会公平，实现在社会功能上与实行土地公有制等价或相当，从而既充分借鉴土地公有制的好处，又克服土地公有制可能存在的不足。

（三）改革途径：将隐含思想和假设条件显性化

土地公有制和土地私有制的内容内含因果关系，可以通过改革提升功能和扬弃缺陷。如果制度设计科学合理，无论是土地公有制，还是土地私有制，都是解决人与人问题的社会工具。在制度设计上要讲道理、重逻辑和可实施，实行理论与实践相结合。一方面，在制度内容的背后隐含了重要思想，它是一种道理、因果关系或内在逻辑，有可能是非常简单的和没有异议的。另一方面，在制度内容的表现上则是具体复杂的，它会因人（群体类型）、因时（生活时代）、因地（地理位置）、因条件（社会环境和发展阶段等）而异，有可能是简单的，也有可能是复杂的，还有可能是多样的。一般而言，越早期制定的制度，越面向高层的制度，在思想性上越凸显，其制度条件越少；越较晚制定的制度，越面向基层的制度，在思想性上越被淹没，其制度条件越多。从改革的合理路径看，最重要的是牢牢把握制度内容背后的重要思想，将隐含思想在新的时代背景和具体条件下显性化，建立不同制度之间的内在一致性，同时将制度实施的假设条件显性化，通过在制度内容中合理设置条件，建立制度在基层操作实施的有效机制。

（四）合理政策：逐步健全条件，完善制度内容

从历史发展来看，实行土地公有制比实行土地私有制更具有合理性，但也更具有复杂性。在实行土地公有制的背景下，为了有效发现和合理保障不同个人或私人对土地的差异性需求（特别是有支付能力的需求），平衡土地总供给和总需求的关系，提高土地资源配置效率，可以探索引入土地私有制的部分机制，以发挥市场在土地资源配置中的决定性作用，同时更好地发挥政府的作用。实现这一转变的合理政策是毫不动摇坚持用土地公有制解决问题的重要思想，加强对现代国家、劳动者集体或政府等的规制建设，在制度内容中合理引入条件，包括土地使用时间、土地使用空间、土地使用用途、土地使用方式、土地使用责权等，逐步健全条件，并推进条件的规范化、标准化和系统化，不断完善制度的具体内容和具体形式，把对使用土地的个人或私人在土地上进行劳动投入（包括物化劳动和活劳动投入）的激励机制、获取利益的激励约束机制和管理规范调节机制搞好，提高制度设计水平，从而既具有土地公有制的好处，也具有土地私有制的好处。

六、关于土地有条件个人所有权的概念界定

土地有条件个人所有权是为了处理好土地上的个人与社会之间的关系，考虑土地在现代经济学上的特殊性，针对土地私有制存在的缺陷和土地公有制的隐含条件，在土地制度分析和建构中引入的一个新概念。它的有关实践在现实社会中早已存在，在性质上是一种相对产权或有条件的财产权利，在形式上是一个中间变量或控制变量，在内容上是为了发挥市场在土地资源配置中的决定性作用和更好地发挥政府作用的一种制度创新。

（一）核心思想：连接个人与社会，建构制度合理基础

建立土地制度是用来解决问题的。在土地制度建设中，针对土地私有制存在的缺陷和土地公有制的隐含条件，要深入考虑土地的非纯粹私人物品和非纯粹公共物品属性及其影响，将处理好土地上的人与人之间以及个人与社会之间的关系引入制度内容，在土地的个人使用与社会使用之间以及土地权利的微观管理和宏观管理之间牵线搭桥，对土地所有权的概念进行完善和创新，设立土地有条件个人所有权，并将由个人或私人依法获得或享有的土地所用权和特定的长期性土地使用权，明确规范为土地有条件个人所有权。主要做法是将土地上的个人或私人所有权和特定的长期性使用权和与之相关的各种前提条件、隐含责任等进行关联并公开显示出来，通过对“有条件”内容的明确化和规范化积极合理发挥社会作用，通过对“个人所有权”内容的明确化和规范化积极合理发挥个人作用，实行个人的归个人、社会的归社会，激励个人各尽所能，平衡个人与社会的关系。对有能力的个人或私人，可以提供一种特殊土地所有权或一组特定的长期土地使用权，充分发挥其作用。但这种赋权是有前提条件及隐含责任的，比如必须符合一定资质、必须先投入一笔资金、必须每年定期缴税和必须接受监管等，从而促进个人与社会的分工合作，在制度内实现权责对等、社会公平和激励相容。

（二）概念界定：一种特殊所有权，重视各种有关条件

土地有条件个人所有权是属于制度经济学范畴的一个新概念，是在土地制度建

设中的一个新变量。这种权利是一种不同于可移动物体的财产权利，一种相对产权或有条件的财产权利，兼有特定土地占有责任、特定土地所有权和特定土地使用权三重属性。在这一新概念或新变量中，重要创新是将土地上的人与人之间以及个人与社会之间的关系内生化，强调个人或私人土地所有权的特殊性，重视各种有关条件的设置及其对这种权利的深刻影响。它有四个关键词：土地，有条件，个人，所有权。其主要特点如下。（1）它是与土地有关的一种财产权利，一种个人或私人层次的土地权利，一种特定土地所有权或特定土地使用权。（2）这种权利的获得或授予是有前提条件的。比如，基于个人有劳动能力和承担责任能力，依法从公开市场出价购买和按规定缴纳税费，依法从具有土地所有权的主体获得授权、出让、划拨并办理土地权利登记备案等。（3）这种权利的行使是有隐含责任（特别是社会责任）的。（4）这种权利有排他性，由个人或私人独立享有，权利的性质和内容是有限责任、有限权利。尽管这种权利是有限的，但也是有价值的，有限并不影响其发挥作用，可以引入市场机制进行配置。

（三）实践基础：一组特定土地使用权，在实践中可操作

土地所有权行使的基本特点是换人不换地、用地不移地和改变土地登记。在实践中，引入土地有条件个人所有权的关键是明确规定一组特定的长期性土地使用权及相关责任的组合，它的适用范围非常广阔。目前土地有条件个人所有权还是一个新概念，尚未在土地政策法律设计中推广应用并进行统一规范，但与之相关的主要内容实际上早已客观存在。在国际上，在实行土地私有制的背景下，由私人所有并依法进行登记的土地所有权相当于土地有条件个人所有权。在中国，在实行土地的社会主义公有制的背景下，由城镇个人或公司享有30年及以上的国家所有土地使用权并依法进行登记的特定长期性土地使用权相当于土地有条件个人所有权，由农村家庭享有30年及以上的农民集体所有土地承包经营权并依法进行登记的特定长期性土地使用权相当于土地有条件个人所有权。

（四）理论逻辑：基于特殊经济物品，在理论上立得住

土地是社会稀缺资源，也是具有非纯粹私人物品和非纯粹公共物品属性的特殊物品，土地制度的创建是独特的。国家将土地上具有排他性的财产权利赋予个人或私人，并从法律上提供保护，需要考虑协调土地上的人与人之间以及个人与社会之间的关系，从制度设计上将其内生于制度变量之中。换言之，在土地制度中，从个人或私人层面看，人不能只有权利而没有责任及义务，也不能只有责任及义务而没有权利，还不能责权利不匹配或不衔接；否则，这个制度本身就是不合理和不可持续的。土地有条件个人所有权是属于个人或私人层面的土地财产权利，是一个责权利内在统一的概念构架，具有制度细胞的功能。一方面，在现代社会，个人力量是重要的，在土地制度中要提供可能，允许向符合条件的个人赋予特定土地占有责任、特定土地所有权和特定土地使用权，激励个人创新努力，在土地上加大劳动及投入并获得必要的劳动报酬。随着生产力水平不断提高和经济发展方式转变，个人是重要而有差异的，个人具有隐含能力和多样需求，特别是能人力量是重要的，一个现代能人的力量可以顶得上过去多个人甚至成百上千人的力量。为了促进土地上的固定资产投资，增加土地投入，缩短土地投资回收期，需要建立对个人或私人参与的激励约束机制。另一方面，在现代社会，个人生命及有效劳动是有限的，在土地制度中要建立约束，处理好土地上人与人之间以及个人与社会之间的关系，既要调动个人的积极性，也要调动社会其他个人的积极性，还要在个人与社会其他个人之间进行协调和规范，推进建立良好稳定的社会秩序。

七、从土地有条件个人所有权到土地财产权

土地有条件个人所有权的提出，经过一定的规范化、标准化和系统化并受到法律保护，转变为土地法人财产权及土地用益物权、土地担保物权等，为发挥市场机制在土地资源配置中的决定性作用和更好地发挥政府作用提供了基础和支撑。土地个人有条件所有权的规范化、标准化和系统化并受到法律保护的过程非常重要，会随着时代变化和社会变迁不断变化。在实践中，既要深入准确把握土地有条件个人所有权的内容要素，也要有序推进规范化、标准化、系统化和法制化过程，还要大力拓展土地法人财产权在土地资源配置中的社会应用。

（一）重要意义：推进理论概念与现实工作相结合

土地制度建设比较复杂。土地有条件个人所有权的提出，是对土地所有权概念的创新，也是对与之相关的土地私有制和土地公有制的创新，在实践应用中需要深化改革。这项改革是深层次的，也是敏感的，要将理论概念与现实工作结合起来，以建立良好稳定秩序为最终目的，紧紧围绕解放和发展生产力，调整和改善生产关系，在土地制度内容中合理引入条件，包括时空条件、用途条件、方式条件、责权条件等，按条件实行有所不变、有所取消和有所修改，有效解决人与人之间针对土地占有或使用等所产生的社会矛盾或冲突。

（二）转变过程：规范化、标准化、系统化和法制化

土地制度需要不断完善。土地有条件个人所有权的提出，在实践应用中具有很

大的灵活性和包容性。为建设全国统一规范的土地市场，发挥市场机制在土地资源配置中的决定性作用和更好地发挥政府作用，要对由个人或私人依法享有的土地权利，从土地的范围、个人的范围、有条件的范围、所有权的范围等，逐步进行规范化、标准化、系统化和法制化，归类权利类型，发挥交易作用，促进交易成功，提高交易效率，降低交易成本。

（三）现实重点：拓展土地法人财产权等的社会应用

土地法人财产权的拓展应用是重要切入点。土地有条件个人所有权的提出，在实践应用中要把握操作重点，率先在公司法人中推广应用。同时，要健全和完善土地用益物权和担保物权等土地财产权制度规定，为新时代土地要素激活创造良好的环境条件。借鉴中国《公司法》改革经验，要明确土地法人财产权，实行公开市场操作，不断拓展其社会应用。法人包括独立人格和独立财产两个不可缺少的要素。财产是法人存在的意义。但在不同的法人类型中，法人财产的独立程度并不相同。中国法律确立了公司法人的财产权，法人财产权的制度突破为深化全民所有制企业改革提供了有效途径。中国《公司法》第三条规定，“公司是企业法人，有独立的法人财产，享有法人财产权。公司以其全部财产对公司的债务承担责任。”中国《公司法》改革的经验做法非常重要，为深化中国土地公有制的改革提供了重要借鉴。

第十二章
土地有条件个人所有权的引入和应用

土地有条件个人所有权是土地制度创新的重要工具。在现实社会中，土地制度是组合的、生动的和具体的，对土地制度进行设计和改革非常具有挑战性。因经济社会发展多样化需要，在深化土地制度改革中积极探索引入和应用土地有条件个人所有权，重视制度的内在逻辑一致性，联系过去、现在和未来，可以发挥土地有条件个人所有权的特殊作用，为解决现代化经济和社会发展所面临的关键性土地问题提供重要支撑。

一、重新思考现实社会中的土地制度相关内容

一个国家或地区建立土地制度的目的是解决人与人之间的土地问题。但建立制度并不意味着就能有效解决问题。在引入制度解决问题的同时，也有可能带来新的严重问题，需要不断完善和创新。在现实社会中，土地制度不是简单或单一的，而是复杂而具体的，是有内在逻辑或因果关系的，是不断变化的。在实践中，充分认识现实社会的土地制度所具有的混合型、结构化和动态性等特点，非常重要。

（一）现实社会的土地制度是混合型制度

一个国家或地区的土地制度并不是单一的。土地制度既要为政府指令性经济服务，也要为自由市场经济服务。在现实社会中，几乎所有国家都处于极端的指令性经济和完全自由的市场经济之间，大多数现代经济实际上是混合经济，既有自由市场，也有政府干预，大多数社会的土地制度实际上也有多种类型安排，既有土地所有制，也有土地使用制，土地所有制和土地使用制之间存在分工组合或有机关联。在资本主义社会，从土地所有制看，往往既有土地公有制，也有土地私有制，还有土地共有制；从土地使用制看，有国家规制、集体规制和个人规制。在社会主义社会，从土地所有制看，既有国家所有制，也有集体所有制，还有私

人所有制；从土地使用制看，既有国家使用制，也有集体、单位或家庭使用制，还有个人使用制。

专栏 12-1　中国现行土地制度的多种安排

社会主义制度是中华人民共和国的根本制度。中国共产党领导是中国特色社会主义最本质的特征。中华人民共和国的社会主义经济制度的基础是生产资料的社会主义公有制，即全民所有制和劳动群众集体所有制。社会主义公有制消灭人剥削人的制度，实行各尽所能、按劳分配的原则。国家在社会主义初级阶段，坚持公有制为主体、多种所有制经济共同发展的基本经济制度，坚持按劳分配为主体、多种分配方式并存的分配制度。

中国现行的土地所有制是社会主义公有制，即全民所有制和劳动群众集体所有制。全民所有，即国有所有土地的所有权由国务院代表国家行使；任何单位和个人不得侵占、买卖或者以其他形式非法转让土地；土地使用权可以依法转让；国家为了公共利益的需要，可以依法对土地实行征收或者征用并给予补偿。国家实行土地用途管制制度。国务院自然资源主管部门统一负责全国土地的管理和监督工作。

城市市区的土地属于国家所有。国家依法实行国有土地有偿、有限期使用制度，但是，国家在法律规定的范围内划拨国有土地使用权的除外。

农村和城市郊区的土地，除由法律规定属于国家所有的以外，属于农民集体所有；宅基地、自留山，属于农民集体所有。国家实行农村土地承包经营制度，农村土地承包后，土地的所有权性质不变；承包地不得买卖；承包方承包土地后，享有土地承包经营权，可以自己经营，也可以流转其承包地土地经营权，由他人经营。

资料来源：根据《宪法》（2018 年修订版）、《土地管理法》（2019 年修订版）、《城市房地产管理法》（2019 年修订版）、《农村土地承包法》（2018 年修订版）等整理。

（二）现实社会的土地制度是结构化制度

一个国家或地区的土地制度是结构化的。土地制度是思想性元素、统一性制度框架和差异性条件及具体内容的结合，是有因果关系或内在逻辑的，是分级分类的。在现实社会中，从土地制度的构成看，土地制度从属于社会制度和经济制度，本身是一个制度体系，由总纲（顶层设计）、法律规定和具体政策三个层次和类型的制度组成，包括土地所有制度、土地使用制度、土地管理制度、土地税收制度等，是由国情、地情、人情和社会制度决定的。中国目前的土地制度主要由《宪法》规定、《土地管理法》《城市房地产管理法》《农村土地承包法》《刑法》有关规定、《合同法》有关规定、政策文件有关规定等组成。

专栏 12-2　社会经济制度的构成和分类

杨心恒等提出：不管人们愿不愿意，生活总得有秩序，秩序性安排就是制度。而秩序的安排和保持是依靠权力实现的。可见社会生活需要秩序，也就需要权力，而权力也必须通过制度来行使。例如，交通警察的权力是通过维持交通规则（交通规则就是一种制度）来实现的。掌权的人是人格化的、特殊的，谁掌握权力以及权力的大小，看得清清楚楚。制度是非人格化的，是一般的，但是，一旦违反就会受到惩罚。只有非人格化的无处不在的制度才能实现权力的统治作用，所以权力必须体现为制度。什么是制度？社会学家往往是在不同意义上使用“制度”这个概念，有时是指组织和行为的方式，有时是指许多要素的复合体。大多数社会学家在使用“制度”概念时，一般指包括价值标准、规范和组织、物资设备要素在内的复合体系。如默顿说：“社会制度的主要特征是它在一对规范存在着潜在冲突期间，使之模式化。这是一种安排，这种安排是运用制度统治的方法把那些不一致的行动混合起来，通过强制使其变成一致的行动。”可见，制度是由权力产生的，没有权力，制度便不能形成；权力必须体现为制度，没有制度，权力便不能行使。制度存在于社会生活的方方面面，种类繁多。

不过，从人类的生存和发展角度看，最基本的社会制度有四种：一是承担着人口繁衍功能的婚姻家庭制度；二是为人类提供生存资料的经济制度；三是促进社会物质文明和精神文明发展的教育科学制度；四是发挥领导和整合作用的政治制度。这四种基本制度的排列不是随意的，它们之间有着内在的联系。在人类社会的四种基本制度中，生育制度是提供社会生活能力的源泉，政治制度是掌握和提供有价值信息的源泉。从能量交流角度看，制度的排列次序为：婚姻家庭制度—经济制度—科学教育制度—政治制度。从信息交流角度看，制度排列的次序是：政治制度—科学教育制度—经济制度—婚姻家庭制度。

著名经济学家舒尔茨曾对制度做了经典分类。他将制度分为四种类型：一是用于降低交易费用的制度，如货币、期货市场等；二是用于影响生产要素的所有者之间配置风险的制度，如合约、分成制、合作社、公司、保险、公共社会安全计划等；三是用于提供职能组织与个人收入流之间的联系的制度，如财产法，包括遗产法、资历和劳动者的其他权利等；四是用于确立公共品和服务的生产与分配的框架的制度，如高速公路、飞机场、学校和农业试验站等。

黄贤金等提出：制度与政策有相似性，但也有所不同。在新制度经济学领域，制度被定义为一系列人为设定的行为规则。这种规则能约束、规范人们的相互行为，帮助他们形成对别人行动的预期。在约束人的行为时，制度表现为一定的行为规则和准则。而"政策"一词在公共政策领域也经常被定义为达到一定目的而制定的行动计划或准则。探讨当前中国经济社会发展所面临的关键性问题，从经济社会持续协调发展的角度，可以把土地制度与政策分为土地经济制度与政策、土地环境制度与政策、土地社会制度与政策，并从目标优化、方案创新、执行影响和实施效果等方面进行分析。

资料来源：杨心恒、刘豪兴、周运清："论社会学的基本问题：个人与社会"，《南开学报》2002年第5期；黄贤金等编著：《土地制度和政策研究导引》，南京大学出版社2016年版。

（三）现实社会的土地制度是动态性制度

一个国家或地区的土地制度是有妥协性的。从性质看，土地制度是参与法律政策制定的决策者进行博弈和妥协的结果。在现实社会中，土地制度的内容是有历史性的。比如，1862年美国颁行了《宅地法》，满足了普通民众无代价获得土地的愿望，对于争取西部农民支持北部抗战起到了重要作用。但该法是来之不易的，从酝酿、立法到颁布，经历了复杂的历史过程。又如，按照传统的经济学理论，土地公有制意味着由国家或集体配置土地资源，即人们不是按照土地财产所有权或资本配置资源，而是按照行政命令或社会等级或者其他相关的方式配置土地资源。新中国是实行土地公有制的国家，但在改革开放以后，国家对土地使用和管理制度进行了重大改革，土地资源配置方式就发生了重要变化。

专栏12–3　美国《宅地法》的制度规定及其演变历程

1862年5月，在美国南北战争期间，林肯政府颁行了《宅地法》。该法令规定：凡身为家长者，或年满21岁并为合众国公民者，或决定依照合众国入籍法的规定填写自愿入籍声明书，同时没有持械反抗过合众国政府、支援或唆使合众国政府的敌人者，应从1863年1月1日起有权登记四分之一平方英里或以下尚未分配给私人的公有土地；上述之人可提交一份优先购买的申请，申请之时即可以每英亩1.25美元或更低的价格优先购买土地，或应在测量之后，按照公有土地法定的再分割办法登记一块 80 英亩以下的尚未分配给私人占有的公共土地，每英亩 2.5 美分。

这个法律是美国处于经济转型时期政治冲突和妥协的结果，是美国革命以来有关公共土地分配问题最为自由化和民主化的法律体现。它凝聚了当时民众获取公共土地的三大特征与原则：成人皆有（21 岁以上）；小块占有（160 英亩）；免费所有（只付 10 美元登记费）。这三大特征的形成，有它的历史渊源。必须指出，这个美国有史以来最为激进的《宅地法》，与它漫长的孕育过程一样，体现了各利益集团的妥协。一方面，来自艾奥瓦的参议员提出修正案，规定《宅地法》不适合于叛乱州，禁止任何个人免费获得 160 英亩以上的宅地；另一方面，参议院又通过“替代修正案”，允许西部居民用现金购买宅地，购地数额故意不作提及，为东部大投机集团大开方便之门。一方面，允许任何一家之长或 21 岁以上公民，或愿意成为公民者均可获得西部宅地；另一方面，规定未经政府调查登记的土地不准开放给宅地农。同时，一方面法令允许民众只付 10 美元登记费即可获得 160 英亩宅地；另一方面，却规定 1841 年《先买权法》依然有效，那些凭《先买权法》得到了土地，但尚未付款者，仍要按每英亩 1.25 美元的价格偿付地价。

美国国会正式讨论、表决《宅地法》始于 1952 年，在众议院通过，但在参议院被否决，随后经历了 10 年五个回合的艰辛历程，才在国会两院通过。在此之前，美国建国以来的公共土地法已运行了近 70 年（1785 ~ 1852 年），它从保守走向激进，曲折而又缓慢地接近成人皆有、小块占有、免费所有的《宅地法》原则。这些法案的不断修正，使美国逐步建立了国会立法的议事规则，为 1852 年的首次表决提供了法律基础和政治基础。

1785 ~ 1862 年美国社会经历了 18 世纪末 19 世纪初的两大利益集团（农业集团和工商业集团）的对立，19 世纪初至 1852 年三大经济区域（东北部、西部和南部）的冲突，以及 1852 ~ 1862 年两大社会制度（奴隶制和自由劳工制）的抗衡。1862 年《宅地法》以这三次大冲突为历史背景，以杰弗逊主义和汉密尔顿思想为理论依据，并以 1785 ~ 1852 年公共土地立法为法律基础，为美国公共土地立法确定了一个新的历史界定，深刻影响了美国农业资本主义在 19 世纪末 20 世纪初的发展方向。《宅地法》历经两大时期（1785 ~ 1852 年和 1852 ~ 1862 年）70 余年，成为美国经济转型时期政治冲突和妥协的重要见证，为我们理解美国议会政治和政党政治的特点提供了几点启示。第一，政治是一种斗争，更是一种妥协。第二，评判特定利益集团的进步与否，《宅地法》不能作为唯一参照。第三，进步法案不断被保守地修正与更改，并不绝对证明当时社会的正义不彰，以及议会的政治反动。这就是美国

19 世纪政治的奥妙所在。理解和分析这些奥妙，是研究借鉴美国历史成败经验的关键。

资料来源：洪朝辉："经济转型时期的政治冲突与妥协——关于美国《宅地法》立法进程的历史思考（1785—1862）"，《世界历史》1990 年第 6 期；陈丽斯："多维度解析 1862 年美国《宅地法》"，《考试周刊》2010 年第 14 期。

二、引入土地有条件个人所有权不是推倒重来

引入土地有条件个人所有权是深化土地制度改革的重要内容，具有重要意义。在实践中，这项改革不是推倒重来，而是针对土地所具有的非纯粹私人物品和非纯粹公共物品属性及其对土地归属界定的复杂性影响等，深化认识，拓展理论分析框架，在个人与社会之间以及政府与市场之间立柱搭桥，在制度内创新变量、有机连接和解决问题，实行有所不变和有所改变相结合，推进建立基础整合的统一制度框架，最终建立良好稳定的社会秩序（见图 12–1）。

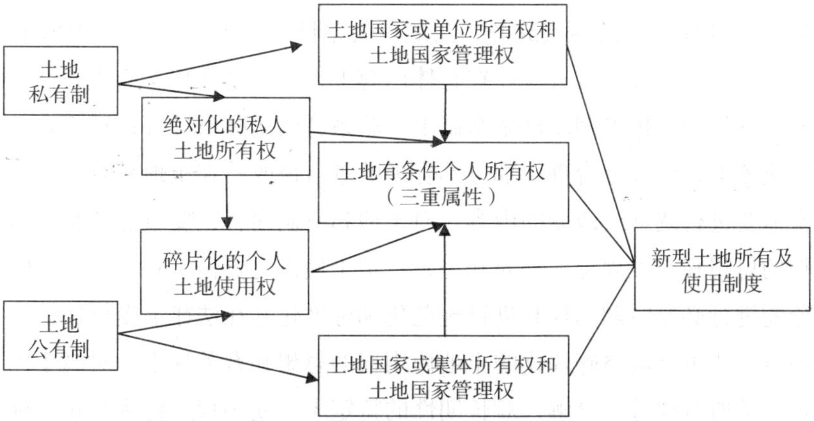

图 12–1　土地有条件个人所有权的引入和土地制度框架的拓展

资料来源：作者整理。

（一）引入土地有条件个人所有权是拓展框架

在土地制度改革中，引入土地有条件个人所有权，是对绝对化的土地所有权概念和碎片化的土地使用权概念的一种创新，在内容上主要是在土地制度中做"加法"，代入有关前提条件和隐含假设，推进条件设定的规范化、标准化、系统化并

公开显示，建构更加良好而完整的制度框架，实行合理归类，建立有机连接，确保内在逻辑一致。这个过程的本质是深化思想认识、扩大分析视角、拓展理论框架、理论联系实际，以更好地解决问题。

（二）引入土地有条件个人所有权是有所不变

在土地制度改革中，引入土地有条件个人所有权，是对现行制度设计的具有合理性的内容或成分，按照有关条件的设定，联系新的实际保持不变并提供保护，保持公共政策的稳定性和连续性。在具体内容上，主要是在代入有关条件、将隐含假设内容公开显示、拓展制度框架基础上，联系过去、现在和未来，对属于合理的保留不变，在制度设计上进行坚守或提供保护。在土地私有制和土地公有制中都有需要保留不变的内容。对土地私有制而言，要重点保留个人可以依据自己在土地上的劳动及投入获取必要劳动报酬并在法律上予以保护的权利。对土地公有制而言，要重点保留国家为了平衡人与人之间以及个人与社会之间的关系而对土地资源配置和土地利益分配进行必要协调并在法律上予以保护的权利。

（三）引入土地有条件个人所有权是有所改变

在土地制度改革中，引入土地有条件个人所有权，是对现行制度设计中不合时宜或不再具有合理性的内容或成分，按照有关条件的设定，进行有效或动态修改，保持公共政策的动态性和合理性。在具体内容上，主要是在代入有关条件、将隐含假设内容公开显示、拓展制度框架基础上，联系新的实际条件等，对不合时宜或不合理的坚决取消，对部分合理、部分不合理的进行修改。在土地私有制和土地公有制中都有需要进行调整或改变的内容。对土地私有制而言，要重点调整绝对化的土地所有权的思想和有关规定，补充和完善特定土地占有责任，对土地资源配置和土地利益分配进行必要协调的权利进行规范化和标准化并在法律上提供保护。对土地公有制而言，要重点调整碎片化的土地使用权的思想和有关规定，对属于国家或集体的特定土地所有权进行分解，对长期性的特定土地使用权进行规范化、标准化和系统化并提供法律保护，提高土地资源配置效率，满足人的美好生活需要。

三、引入土地有条件个人所有权的情景和类型

引入土地有条件个人所有权是为了解决问题，这个问题主要是个人与社会之间以及政府与市场之间针对土地财产权利界定等所产生的矛盾或冲突。在实践中，由于特定国家或特定地区的社会制度、国情、地情、人情和发展阶段的不同，在引入土地有条件个人所有权的内容和改革的做法上存在差异。概括起来，主要有两种类

型以及这两种类型的组合。

（一）在土地公有制下的引入和变革

在土地公有制下，主张社会的合理权利至上，明确规定国家、集体或政府等社会公共部门或公共单位作为土地所有权人的权责。这种制度是有进步性和可能的好处的，但也存在隐含条件，从制度形式上看是没有土地个人所有权的，在调动个人投入积极性和提高土地资源配置效率方面比较困难。在这种情况下，引入土地有条件个人所有权，主要是对土地所有权在个人或私人层次进行责权分解，以合理引入前提条件和隐含责任为基础，重点建立特定土地所有权或特定土地使用权，建构土地有条件个人所有权及其三重属性，可发挥市场交易的作用有效解决相关问题，推进建立良好稳定秩序。

（二）在土地私有制下的引入和变革

在土地私有制下，主张个人或私人的合理权利至上，明确规定个人或私人等作为土地所有权人的条件和权责。这种制度是有历史性和可能的好处的，但也存在缺陷，从制度形式上看是未明确个人土地占有责任的，在协调处理个人与社会的关系上比较困难。在这种情况下，引入土地有条件个人所有权，主要是在个人或私人层次对土地所有权进行社会规范，以特定土地所有权或特定土地使用权为基础，重点补充特定土地占有责任，建构土地有条件个人所有权及其三重属性，可发挥国家或政府的作用有效解决问题，推进建立良好稳定秩序。

（三）在混合所有制下的引入和变革

在现代社会，实行土地混合所有制是常态，一个国家或地区往往既有土地公有制，也有土地私有制，还有土地共有制。在这种情况下，引入土地有条件个人所有权，既需要对土地所有权在个人或私人层次进行责权分解，也需要在个人或私人层次对土地所有权进行社会规范，还需要归类土地产权类型，建构土地有条件个人所有权及其三重属性。要完善制度顶层设计，围绕处理好个人与社会的关系，探索基于碎片化的土地使用权的合理组装和基于绝对化的土地所有权的合理转型，拓展土地法人财产权应用，推进建立良好稳定秩序。

四、基于碎片化的个人土地使用权的合理组装和建制

在土地有条件个人所有权具有的三重属性中，特定土地使用权是其中一个属性。明确这个属性意味着，设立这个权利是为了满足人们开发使用土地的现实需求，不是为了满足人们对土地占而不用、待价而沽和投机寻租等的需要。如果人们

获得这个权利后，对土地占而不用、待价而沽和投机寻租等，是需要承担责任、履行义务以及付出必要的成本或代价的。但是，一般的土地使用权在概念上是碎片化的，在内容上是多种多样的。土地有条件个人所有权作为一种特定土地使用权，增加了特定土地占有责任，也增加了与长期使用土地相关的土地收益、转让和处分等权利，从而增加了特定土地所有权的性质，可以在土地市场上进行公开流转交易，引入市场机制进行优化配置。在实践中，推进从碎片化的土地使用权向土地有条件个人所有权转变，是引入土地有条件个人所有权的基本途径。

（一）碎片化的土地使用权的表现

在现实社会中，一般的土地使用权在概念上是碎片化的，在内容上是多种多样的。土地使用权来源于土地所有权，按照土地所有权来源的不同，可以以自己土地为设定对象，也可以以他人土地为设定对象；在使用权利的条件上，可无偿，也可以有偿，可以有期，也可无期，但非永久；在权利的发生或取得上，可能依划拨行为而发生，也可能依合同行为而发生，还可能依继承、抵押等其他法律事实而发生；土地使用人的权利包括可以使用土地，或可以处分土地使用权，可以获取土地收益，可以取回地上物和获得有关费用补偿；土地使用人的义务包括支付地租、返还土地使用权；土地使用权的消灭包括存续期间届满、土地使用权的撤销、土地使用权抛弃、约定消灭的事由发生等。

在传统的民法物权理论中，土地使用权只是土地所有权或其他土地产权的一种权能，本身并不是一项独立的物权，而在传统的他物权体系中也无“土地使用权”这一类型。但在目前中国的法律体系中，有对土地使用权的明确规定，这些规定非常具有中国特色，使之与国外一般社会所使用的概念有很大不同。中国的《宪法》《土地管理法》《物权法》[①] 等都有土地所有权的相关内容。在《物权法》立法前，未承认物权概念，因而也谈不上物权体系，在此情况下，法律对现实生活中出现的各种物权类型也就只能在无规则的情况下加以表达，从而形成了一些约定俗成的概念，土地使用权就是在这种情况下产生和形成的一个法律术语，目前它超出了传统范围并业已构成一个不仅限于使用，而且包括收益及处分的他物权类型。

（二）推进合理组装和建制的思路

对碎片化的土地使用权进行合理组装并建立土地有条件个人所有权制度，基本思路是以特定类型的土地使用权为基础，增加特定土地占有权利和责任，明确规定

---

①《物权法》于 2021 年 1 月 1 日废止，相关内容经修改完善纳入《民法典》。

特定土地使用的人的条件、时间条件、空间条件、用途条件、方式条件和责权条件等并进行一定拓展，建立合理排他性、社会包容性和制度规范性，以激活人的生产性努力，促进土地利用方式从简单粗放向集约节约转变，增加土地上的劳动投入、资本投入和长期投资等，提高土地资源利用率和土地资源配置效率。其主要内容有五个明确规定及拓展规范：一是明确规定特定土地使用人的有关资格、前提条件和各种依法赋权程序规范；二是明确规定土地使用时间期限并推进从无期、短期使用（比如无时间限定、可用1年等）向有时间期限、长期性使用（比如有最高使用年限、可用30年以上、可用70年以下等）转变；三是明确土地使用空间范围并推进从零散性、无规模使用向集中性、适度规模使用转变；四是明确规定土地使用责任义务并推进从土地无费用或低费用使用、无责或低责任使用、无排他性或较低排他性使用向土地使用须承担正常费用、履行合理或更多责任、有排他性或较高排他性使用转变；五是明确规定土地使用权利并推进土地从只能使用向土地不仅限于使用而且还包括排他、收益及处分等转变，并从法律上提供保护或保障，将特定土地使用权人的权利与相关的前提条件、隐含责任等均界定为特定土地使用权的内容组成，这些责权利是一个内含因果关系的有机整体。

（三）建立和完善土地法人财产权及土地用益物权等制度

将对碎片化的土地使用权进行合理组装和建制而形成的土地有条件个人财产权，落实到一个国家或地区的土地政策改革实践应用中，要推进以法治为基础，建立和完善土地法人财产权及土地用益物权、土地担保物权等制度，加强和改进国家土地管理，毫不动摇巩固和发展公有制经济，毫不动摇鼓励、支持、引导非公有制经济发展，积极发挥市场在土地资源配置中的作用，同时更好地发挥政府引导、管理、调控和服务的作用。具体做法是，由国家或地区对土地进行分类管理，综合考虑国情、人情、地情和社会发展阶段等影响因素，明确划分土地作为自然资源、生产要素和个人财产进行管理和使用的范围、类型以及边界条件，创新和完善土地制度。

在一个国家或地区的土地中，不同区域、不同用途、不同现状、不同规划的土地进行开发利用的重要性、紧迫性、稀缺性以及经济价值不同，有的土地是可以作为个人或单位财产进行管理和使用的，有的土地是不能作为个人或单位财产进行管理和使用的。对于属于重要而稀缺的自然资源和生产要素、可以作为个人或单位财产进行管理和使用、需要激活个人的生产性努力而增加劳动投入及其他投入的特定土地，可以参照中国城镇国有土地使用权制度设计和改革的经验，加强政府公共管理服务，合理创设条件，对碎片化的土地使用权进行组装，实行有限责任和有限权利，推进责权扩大和责权组合，实现可以合法排他、可以流转交易和可以依法管控，建立现代土地产权制度和土地产权交易市场管理服务体系。

专栏 12-4　中国的土地使用权性质及有关规定

在中国城镇国有土地使用权的法律性质和权利安排中，土地使用权是已超出传统范围的法律术语，并业已构成一个不仅限于使用，而且包括收益及处分的他物权类型。从中国理论和立法对土地使用权的表述来看，其实际是与传统民法他物权中地上权的性质相同的概念。地上权是指在他人土地之上营造建筑物或其他工作物的权利，其起源于《罗马法》。创设该权利的本旨在于阻止“地上之物附属于土地”原则的适用，达到保护地上建筑物及工作物的营造者之权利的目的，为大陆法系各国民法所采用。中国土地使用权亦是有关非所有人在他人所有土地之上营造建筑物及工作物的权利。根据中国城市房地产管理法等有关法律规定，土地使用权涉及的客体范围是指“房地产开发用地”，而房地产开发又是指“进行基础设施、房屋建设的行为”。这说明，中国土地使用权作为一项独立的他物权，不包括土地所有权中非所有人对他人农耕土地之上所享有的使用和收益的权利，从而将土地使用权与在他人农耕用地之上产生的他物权（如永佃权和中国法律中的承包经营权等）区别开来。这与传统民法中的地上权概念是一致的。尽管中国未用地上权的概念，然而地上权的法理适用于土地使用权。从土地使用权的法律性质看，土地使用权源于土地所有权，以他人土地为设定对象，属于他物权范围，并具有用益之特色，这是中国理论和实践的一致观点。

《宪法》（2018 年）明确规定：土地的使用权可以依照法律的规定转让。《土地管理法》（2019 年）明确规定：国有土地和农民集体所有的土地，可以依法确定给单位或者个人使用；土地的所有权和使用权的登记，依照有关不动产登记的法律、行政法规执行；依法登记的土地的所有权和使用权受法律保护，任何单位和个人不得侵犯；农民集体所有和国家所有依法由农民集体使用的耕地、林地、草地，以及其他依法用于农业的土地，采取农村集体经济组织内部的家庭承包方式承包，不宜采取家庭承包方式的荒山、荒沟、荒丘、荒滩等，可以采取招标、拍卖、公开协商等方式承包，从事种植业、林业、畜牧业、渔业生产；家庭承包的耕地的承包期为三十年，草地的承包期为三十年至五十年，林地的承包期为三十年至七十年；耕地承包期届满后再延长三十年，草地、林地承包期届满后依法相应延长；国家所有依法用于农业的土地可以由单位或者个人承包经营，从事种植业、林业、畜牧业、渔业生产；发包方和承包方应当依法订立承包合同，约定双方的权利和义务；承包经营土地的单位和个人，有保护和按照承包合同约定的用途合理利用土地的义务；土地所有权和使用权争议，由当事人协商解决；协商不成的，由人民政府处理；单位之间的争议，由县级以上人民政府处理；个人之间、个人与单位之间的争议，由乡级人民政府或者县级以上人民政府处理；当事人对有关人民政府的处理决定不服的，可以自接到处理决定通知之日起三十日内，向人民法院起诉；在土地所有权和使用权争议解决前，任何一方不得改变土地利用现状。

《民法典》（2020 年）明确规定：该法的第二编（物权）调整因物的归属和利用而产生的民事关系；国家、集体、私人的物权和其他权利人的物权受法律平等保护，任何组织和个人不得侵犯；不动产物权的设立、变更、转让和消灭，应当依照法律规定登记；动产物权的设立和转让，应当依照法律规定交付；不动产物权的设立、变更、转让和消灭，经依法登记，发生效力；未经登记，不发生效力，但是法律另有规定的除外；依法属于国家所有的自然资源，所有权可以不登记；不动产权利人对相邻权利人因通行等必须利用其土地的，应当提供必要的便利；不动产权利人因建造、修缮建筑物以及铺设电线、电缆、水管、暖气和燃气管线等必须利用相邻土地、建筑物的，该土地、建筑物的权利人应当提供必要的便利；不动产权利人挖掘土地、建造建筑物、铺设管线以及安装设备等，不得危及相邻不动产的安全；用益物权人对他人所有的不动产或者动产，依法享有占有、使用和收益的权利；国家所有或者国家所有由集体使用以及法律规定属于集体所有的自然资源，单位、个人依法可以占有、使用和收益；国家实行自然资源有偿使用制度，但法律另有规定的除外；用益物权人行使权利，应当遵守法律有关保护和合理开发利用资源的规定；所有权人不得干涉用益物权人行使权利；因不动产或者动产被征收、征用致使用益物权消灭或者影响用益物权行使的，用益物权人有权依照本法第二百四十三条、第二百四十五条的规定获得相应补偿；土地承包经营权人依法对其承包经营的耕地、林地、草地等享有占有、使用和收益的权利，有权从事种植业、林业、畜牧业等农业生产；建设用地使用权人依法对国家所有的土地享有占有、使用和收益的权利，有权利用该土地建造建筑物、构筑物及其附属设施；宅基地使用权人依法对集体所有的土地享有占有和使用的权利，有权依法利用该土地建造住宅及其附属设施；居住权人有权按照合同约定，对他人的住宅享有占有、使用的用益物权，以满足生活居住的需要；地役权人有权按照合同约定，利用他人的不动产，以提高自己的不动产的效益；前款所称他人的不动产为供役地，自己的不动产为需役地；土地所有权不得抵押；宅基地、自留地、自留山等集体所有的土地使用权不得抵押，但法律规定可以抵押的除外；建设用地使用权抵押后，该土地上新增的建筑物不属于抵押财产，该建设用地使用权实现抵押权时，应当将该土地上新增的建筑物与建设用地使用权一并处分，但新增建筑物所得的价款，抵押权人无权优先受偿；以集体所有土地的使用权依法抵押的，实现抵押权后，未经法定程序，不得改变土地所有权的性质和土地用途。《民法典》（2020 年）还明确和规定：农村承包经营户的民事主体类型为自然人；农村集体经济组织的成员，依法取得农村土地承包经营权，从事家庭承包经营的，为农村承包经营户；农村承包经营户的债务，以从事农村土地承包经营的农户财产承担；事实上由农户部分成员经营的，以该部分成员的财产承担。

资料来源：甘藏春主编：《社会转型与中国土地制度改革》，中国发展出版社 2014 年版。

五、基于绝对化的个人土地所有权的合理转型和改制

在土地有条件个人所有权具有的三重属性中，特定土地所有权是其中一个属性。明确这个属性意味着，设立这个权利是为了满足人们在一定条件下对土地的使用具有排他性并受到法律保护，要能为人们在特定土地上付出劳动及投入的劳动成果参与市场交易获得劳动报酬提供服务，同时也能为那些没有直接参与对特定土地的生产经营但为土地上的劳动成果作出了贡献从而获得相关报酬提供服务。如果土地上的劳动成果不能参与市场交易获得报酬，以及那些没有直接参与特定土地生产经营但为其作出了贡献的人不能分配必要的报酬，会影响人们付出劳动及投入的积极性，影响社会公平，影响土地资源配置效率。但是，一般的土地所有权在概念上是绝对化的，在内容上是完全排他的。土地有条件个人所有权作为一种特定土地所有权，增加了特定土地占有责任，增加了与个人使用土地相关的其他劳动及投入者的权利和利益分配，从而增加了特定土地使用权的性质，可以有效发挥国家或政府的作用，引入政府机制进行合理调节。在实践中，推进从绝对化的土地所有权向土地有条件个人所有权转变，是引入土地有条件个人所有权的重要途径。

（一）绝对化的土地所有权的表现

在现实社会中，一般的土地所有权在概念上是绝对化的，在内容上是完全排他的。正如甘藏春等（2019）提出，所有权是以规定“全面的物的支配权能为内容的权利”。首先，所有权对标的物而言是一般性的具有普遍意义的完全支配权，也即

对标的物为占有、使用、收益、处分等全面的且一般意义上的支配权，所有权是一切其他物权的源泉。其次。所有权伴随着土地存在的始终，其绝对性表现为一种恒久的状态，其存在不许预定存在的期限，所有人长年放置不为所有物之使用收益，其所有权不因时间的流逝而归于消灭。最后，所有权的决定性表现在其对于标的物具有统一的支配力，并不仅仅局限于标的物的使用、收益、处分等权能上的简单集合，实质上所有权是可以统一行使并享有绝对的权利。

土地所有权是土地之中的基础性权利。由于各国的国情和法律渊源不同，对土地所有权的重视及内容界定存在差异，特别是英美法系国家和大陆法系国家之间差异较大。在英国，由于所有的土地名义上归国王所有，人们就更加看重土地收益，而较少考虑土地的所有权问题。同时，因层级分封的存在，在一块土地上可能存在不同的保有关系和权益，需要明确彼此之间的界限和范围。为此，英国的法学家们首先将所有权与土地分离开来，然后又将土地附于一个被称为地产权（estate）的虚幻的东西上。由此，抽象的地产权依据实物性质的土地作为权利的客体，土地保有人不是“土地”本身，而是有“地产权”。在 1579 年的 Walsingham 一案中，法官就明确指出，土地本身是一个东西，地产权是另外一个东西。与英美法系不同的是，大陆法系的财产权体系是围绕着所有权构建的。传统大陆法坚持以所有权为中心的财产权理念，并严格遵守物权法定的准则。在罗马法时期，所有权就被认为是最显要的和最广泛的权利。1900 年德国《民法典》继承罗马法传统，将土地上的权利区分为所有权和土地其他权利，土地其他权利包括用益物权和担保物权。在中国，土地法主要借鉴了大陆法系做法，围绕所有权构建，目前中国的《民法通则》《土地管理法》中也规定了所有权人可以占有、收益、使用、处分不动产，作为最基本的不动产，所有权对土地而言拥有绝对性质的权利属性，但又强调土地公有制。

专栏 12-5 中国的土地所有权性质及有关规定

在中国目前的土地权利和土地登记中，土地所有权包括国家所有权和集体所有权两种，没有个人或私人所有权。这与世界上其他大多数国家是不同的，非常具有中国特色。

《宪法》是国家的根本大法。该法第 10 条第 1 款规定“城市的土地属于国家所有”，明确了国家所有土地的范围；第 2 款规定“农村和城市郊区的土地，除由法律规定属于国家所有的以外，属于集体所有；宅基地和自留地、自留山，也属于集体所有”，明确了集体所有土地的范围。

《土地管理法》的公法色彩较浓，尽管既包括土地民事权利的内容，也包括土地行政管理的内容，但总体来说，民事权利是服务于行政管理的。该法第 8 条对此重申，并且第 2 条第 1 款明确规定中国实行土地的社会主义公有制，即全民所有制和劳动群众集体所有制。关于国家土地所有权，根据《土地管理法》第 2 条第 2 款的规定，国务院是国家土地所有权的行使代表，在具体行使上可由国务院直接行使或委托地方人民政府行使。关于集体土地所有权，主要是“三级所有、队为基础”，分为三类集体土地所有权，即乡（镇）农民集体土地所有权、村集体农民土地所有权、村民小组农民集体土地所有权。关于集体土地所有权的行使，区分不同情况由村集体经济组织、村民委员会、村民小组或者乡（镇）集体经济组织代表行使。《土地管理法》第 10 条规定：“农民集体所有的土地，依法属于村农民集体所有的，由村集体经济组织或者村民委员会经营、管理；已经分别属于村内两个以上农村集体经济组织的农民集体所有的，由村内各该农村集体经济组织或者村民小组经营、管理；已经属于乡（镇）农民集体所有的，由乡（镇）农村集体经济组织经营、管理。”

《物权法》的性质主要是私法，主要调整民事主体之间发生的民事法律关系，在内容上很多都与土地有关，对土地所有权进行了规定。目前《物权法》已被废止并由新颁布的《民法典》所替代。《民法典》第 240 条规定：“所有权人对自己的不动产或者动产，依法享有占有、使用、收益和处分的权利。”第 241 条规定：“所有权人有权在自己的不动产或者动产上设立用益物权和担保物权。用益物权人、担保物权人行使权利，不得损害所有权人的权益。”第 242 条规定：“法律规定专属于国家所有的不动产和动产，任何单位和个人不能取得所有权。”第 243 条规定：“为了公共利益的需要，依照法律规定的权限和程序，可以征收集体所有的土地和单位、个人的房屋及其他不动产。征收集体所有的土地，应当依法足额支付土地补偿费、安置补助费、地上附着物和青苗的补偿费等费用，安排被征地农民的社会保障费用，保障被征地农民的生活，维护被征地农民的合法权益。征收单位、个人的房屋及其他不动产，应当依法给予拆迁补偿，维护被征收人的合法权益；征收个人住宅的，还应当保障被征收人的居住条件。任何单位和个人不得贪污、挪用、私分、截留、拖欠征收补偿费等费用。”第 244 条规定：“国家对耕地实行特殊保护，严格限制农用地转为建设用地，控制建设用地总量。不得违反法律规定的权限和程序征收集体所有的土地”。第 245 条规定：“因抢险救灾、疫情防控等紧急需要，依照法律规定的权限和程序可以征用组织、个人的不动产或者动产。被征用的不动产或者动产使用后，应当返还被征用人。组织、个人的不动产或者动产被征用或者征用后毁损、灭失的，应当给予补偿。”根据这些规定，特别是第 240 条的规定，土地所有权人对其土地依法享有占有、使用、收益和处分的权利，在《土地管理法》中则没有类似的明确表述。

资料来源：甘藏春等：《当代中国土地法若干重大问题研究》，中国法制出版社 2019 年版。

（二）推进合理转型和转制的思路

对绝对化的土地使用权进行合理转型并建立土地有条件个人所有权制度。其基本思路是以特定国家或地区的法定土地所用权为基础，补充特定土地占有责任，合理减少绝对化的土地使用和收益等控制权利并进行转制，明确规定土地占有和使用的人的条件、时间条件、空间条件、用途条件、方式条件和责权条件等，并进行适当调整兼容，推进从不管土地利用的外部性到调控土地利用的外部性、从无责任规定使用到有责任规定使用、从无时间期限使用向有时间期限使用、从绝对个体产权到相对社会产权，建立合理排他性、社会包容性和制度规范性，以协调和平衡个人与社会的关系，促进社会公平、共同创造价值。其主要内容有五个明确规定及包容规范。一是明确规定特定土地所有人的资格、前提条件和各种依法登记程序规范并建立可适当变换性；二是明确规定土地使用的责任义务并强化社会责任和缴税义务；三是明确规定土地所有的时间期限并建立可适当分解性；四是明确土地使用的空间范围并建立可适当调整性；五是明确规定土地使用的权利的范围并从法律上提供保护或建立法律保障，将特定土地所有权人的权利与相关的前提条件、隐含责任等作为界定土地所有权的内容组成，这些责权利是一个内含因果关系的有机整体。

专栏 12-6　部分国家个人特定土地所有权的责任

与中国不同，一些资本主义国家实行的是土地私有制，一般只要你买了土地上的房子，那么这个房子以及建造房子的土地都归你所有。但是，多数国家同时也明确规定了很多条件，包括有偿使用、按期缴纳税费，特别是在所有人变更时缴纳遗产税、赠与税等。这些条件实际上是个人土地所有权的社会责任，是对绝对化土地所有权的某种拆分。

在英联邦国家，实施土地所有权和使用权分立制，土地所有权归王室所有，一般个人在购买房子及土地时获得的是地产权，包括永久地产权和租赁地产权。

在美国，人们购房时付完钱办完手续时没有房产证，只有一份叫作产权转让书的文件，包括土地和房屋的产权；但只有按时缴纳地产税，房子才算真正是你的。美国大概每半年征收一次，如果抗拒不缴，或者逾期欠缴，则房子收归政府所有并公开拍卖。此外，美国有全世界最自由的土地制度，土地所有权分为地下权、地面权和地上空间权，这三部分权益可以分别转让。

在德国，土地的所有权和使用权分立，土地所有者和土地使用者到公证处签订土地使用权合同。德国政府规定，房东不得随意赶走房客，租金也不得超过政府规定的价格上限。另外，对那些炒房的投机者，德国政府准备了一系列税收政策进行打击。综合来看，租房成本就像一粒芝麻，而购房成本就像一个西瓜。在德国做业主，几乎没有投机的机会，反而会承受各种“心累”。此外，德国还对住房继承人/受赠人采用超额累进税率，征收遗产税或赠与税。

在瑞典，从20世纪50年代起，就实行城市公有土地储备制度，使得大部分土地转为公有，政府一直实行只租不卖的政策，同时有意识地调节和控制土地价格。瑞典土地法律规定，住宅土地的租赁期为60年，工业用地为50年，商业用地为26年。土地承租者每年必须缴纳土地租金。土地租金10年固定不变，10年后，政府有权根据情况调整和提高租金。瑞典实行低土地租金制，受土地用途、建筑容积率、产业政策等多重因素的影响，不同地块的租金差别很大。续订合同时，要调整土地租金，使之更接近于市场价格。由于受到法律和政策的保护，人们对土地租赁权比对土地所有权更为重视。

在澳大利亚，在永久房屋产权及土地所有权背后有各类税项。如在墨尔本购房，需要缴纳的税收项目有土地印花税、房产印花税、银行评估费、保险费、律师费等，收取标准约为总房价的6%。此外，在售出房产时，也会产生税费，主要是增值税，最高会按增值部分的45%来征收。

在新加坡，大部分房屋属于租赁性质，租期通常为99年；个人拥有全产权的房产十分罕见；非公民购买其他类型的有地住宅，仍须政府批准。新加坡自建国后政府批准的所有土地，都是99年产权，而永久产权和其他所有的101年、103年或者999年产权都是建国前特殊历史条件下的产物。如果你要买永久产权房，那么你必须面对的一个事实是：市场中永久产权产品较少，而且价格比99年产权贵20%以上。

资料来源：Relica：“国外的土地所有权归谁”，《房地产周刊》2016年6期。

（三）建立和完善土地法人财产权及土地用益物权等制度

将对绝对化的土地所有权进行合理拆分和改制形成的土地有条件个人所有权，落实到一个国家或地区的土地政策改革实践应用中，就要推进以法治为基础，建立和完善土地法人财产权及土地用益物权、土地担保物权等制度，加强和改进国家土地管理，毫不动摇巩固和发展公有制经济，毫不动摇鼓励、支持、引导非公有制经济发展，积极发挥市场在土地资源配置中的作用，同时更好地发挥政府引导、管理、监督和服务的作用。具体做法是，由国家或地区对土地进行分类管理，综合考虑国情、人情、地情和社会发展阶段等影响因素，明确划分土地作为自然资源、生产要素和个人财产进行管理和使用的范围、类型以及边界条件，创新和完善土地制度。

在一个国家或地区，不同区域、不同用途、不同现状、不同规划的土地进行开发利用的重要性、紧迫性、稀缺性以及经济价值是不同的，有的土地可以作为个人或单位财产进行管理和使用，有的土地不能作为个人或单位财产进行管理和使用。对于属于重要而稀缺的资源要素、可以作为个人或单位财产进行管理和使用、需要激活个人的生产性努力而增加劳动投入及其他投入的特定土地，可参照有限责任制度做法及股份公司证券化经验，通过合理创设条件，对绝对化的土地所有权进行拆分，实行有限责任和有限权利，推进责权调整和责权组合，实现可以合法排他、可以流转交易和可以依法管控，建立现代土地产权制度和土地产权交易市场管理服务体系。

建立和完善土地法人财产权及土地用益物权、土地担保物权等制度，一个重要思想是引入有限责任制度，鼓励投资，解放和发展生产力。正如有些专家指出，20世纪50年代以前，有限责任制度被认为是解决企业从事生产活动中所面临资本短缺和分散问题的重要手段，构建的目的在于保证该唯一目标之实现，意在通过对股东利益最大化的保障，刺激投资人投资的积极性（夏雅利，2005；谭甑，2003）。20世纪50年代尤其是80年代以来，随着各国经济的发展，有限责任公司形式由以有限责任公司为主流转变为股份有限公司占主导地位，尤其是跨国公司在国际舞台上的纵横驰骋，致使公司活动对社会造成的负面影响不断显现。有限责任公司刺激股东已不是唯一目的，转而为包括公司股东在内的各种主体的利益提供保护，需保护主体的范围也呈扩大趋势。而这种为彼此间存在利益冲突的多方主体均提供保护的机制已难以在既有制度中实现，这就需要从多维角度进行研究、判断、更新或调整。在某种程度上，有限责任制度是经济领域、社会领域或政治交易领域博弈过程中内在稳定的结果。有限责权作为配置权利义务的有效手段，在每一种制度安排的背后，都隐藏着立法者的基本政策考虑。合理的制度设计带给交易者的不仅是眼前的利益，还有长久的好处，更是规则、制度良性运行的起点。

专栏 12-7　重视有限责任公司制度和股份公司证券化的突破

制度是经济增长的源泉，公司发展的关键在于设置合适的制度。现代企业制度的核心离不开公司，而公司中的“帝王”条款是有限责任制度。根据股东结构和股权比例关系的不同，企业组织经历了三种形态的演变，即单一业主制、多业主合伙制和众多股东形成的公司制。当今企业形态中，现代公司是以有限责任为基础的，有限责任公司占据主导地位。以有限公司界定企业形态，成为所有企业形态中最为核心的依据，深入对其研究，对于中国经济建设无疑具有重要的指导意义。由无限责任制度变迁为有限责任制度，是一个效率更高的制度取代原有制度的过程，是制度主体解决制度短缺，从而扩大制度供给，以获得潜在收益的行为。随着现代市场经济和高科技的发展，人类从事经济活动的风险越来越大，各类投资者都希望在经济活动中受到有限责任的保护。同时，社会企业形态总是朝着低风险、低成本、低税负的方向前进，有限责任正代表了这种趋势。设计一种既有利于投资者奋发进取，又能免于被滥用，还能在操作中富有实效的制度模式，对于改善和促进公司制企业的发展不无裨益。

“有限责任”主要是用来鼓励投资者为商业冒险活动提供风险资本，而不需要担心一旦投资活动失败，可能危及其个人财产。从历史发展看，有限责任制度历经无基本原则—单一基本原则—单一基本原则分化的过程。从有限责任—有限责任制度—刺破公司面纱—反向刺破公司面纱的发展可以看出，制度变迁和创新是一个持续不断的过程。有限责任制度最早源自古罗马的特有产制度，后经限定继承制度、中世纪的诸项制度，历经人身责任—家庭财产责任—个人财产有限责任—股东有限责任依法发展的顺序，经济主体的法律责任从无限—强制—特许—有限到自愿、平等；经营方式从所有权和经营权的高度统一到适当分离，最终以有限责任制度的形式产生，主要用以规范有限责任公司和股份有限公司两种类型。历史地看，股份有限制度的形成比有限责任制度要早。有限责任制度最初也不是通过有限公司，而是股份有限公司形成的。英国是有限责任制度的发源地。《有限责任法案》（*The limited Liability Bill*）是英国立法机构于 1851 年提出的，并于 1855 年 8 月最终由皇室批准，这是有史以来第一次在法律上明确规定股东对公司只负有限责任。这表明，有限责任最初形成之时，其主要价值在于“避免公司财产被用来偿还个人债务的风险，而不是成员用来逃避公司债务责任的砝码”。但是，也有学者认为，虽然英国有相关实践，但就其股东有限责任的立法而言，不仅没有早于大陆法系的法国，而且比美国和加拿大还要晚。

企业既是一个经济概念，也是一个法律概念。1855 年，英国认可了公司的有限责任性质。1862 年，英国颁布股份公司法。股份有限公司制度从 19 世纪中叶开始确立公司设立上的准则主义和股东有限责任，促进了很多公司的成立，并且通过集资、补充劳力、聘用专门经营人才等，发挥了牵动经济发展的作用。1892 年，德国《有限责任公司法》创造的有限责任公司被称作立法者的发明，它明确有限责任公司具有以下特征：（1）股东承担有限责任；（2）公司具有闭锁性；（3）公司章程的自由和灵活；（4）股东参与公司管理；（5）设立及运作成本低。

中国是继承德国有限责任公司制度的国家之一。新中国成立后，国家颁布《私营企业暂行条例》，允许企业采取有限责任公司作为组织形式，以达到“公私兼顾、劳资两利”，在当时起到了积极作用。但随着社会主义改造的完成，该条例随着改造对象的消失而自行失效。从社会主义改造到经济体制改革之前，中国拥有公司称谓的组织实际上只是一种承担政府经济职能的行政机构。党的十一届三中全会确立的改革开放方针一经贯彻实施，有限责任公司就作为外商投资企业的一种组织形式得到法律的承认。因为对外商投资企业来说，过去以所有制为分类标准的企业类型无法适用于它，有限责任公司则既可以限制外商的投资风险，吸引外资投入，又不会引起意识形态的争论，符合中外双方的需要。1988 年颁布的《私营企业条例》又规定私营企业可以采用有限责任公司作为组织形式。在这一阶段因为没有统一的公司立法，有关有限责任公司的规定因为适用对象的不同而在设立、组织机构等方面有所不同。1993 年以来，《公司法》的出台，意在打破以往根据不同所有制进行企业立法的格局，改为以投资者的责任形式为企业立法的分类标准，是中国建立现代企业制度的重大突破，对有限责任公司和股份有限公司进行了规范，但实际上受最高决策层确立的通过对国企的公司化改制建立现代企业制度的政策的影响，有关的具体规定对国企公司化改制需要考虑过多，而忽视中小企业投资者对有限责任公司的组织需求的考虑。

在发展有限责任制度过程中，推进公司股份的规范化、标准化和证券化，建立股份有限责任公司，积极利用证券交易市场进行投融资等，意义重大。股份有限公司有较强的可扩张性，不过其设立和运行成本也较高。根据 1999 年第九届全国人大常委会第十三次会议《关于修改〈中华人民共和国公司法〉的决定》，有限责任公司与股份有限公司是企业法人；有限责任公司，股东以其出资额为限对公司承担责任，公司以其全部资产对公司债务承担责任；股份有限公司，其全部资本分为等额股份，股东以其所持股份为限对公司承担责任，公司以其全部资产对公司债务承担责任。这两种公司的共同点是股东对公司债务承担的责任都是有限的，都仅限于个人的出资额。虽然有限责任公司与股份有限公司有其共同点，但毕竟是有严格界限的，不能混为一谈。股份有限公司区别于有限责任公司的特点包括：公司资本筹集的公开性（以向社会公开发行股票的方式），股东出资的股份性，公司股票的流通性等。在英语翻译上，对中国的有限责任公司，宜采用“……Co., Ltd.”；对中国的股份有限公司，应尽量避免采用美国式“Inc.”或“Corp.”（除非特殊情况），宜采用“……PLC.”或“……plc.”，它是英国的“Public Limited Company”的缩略式，大小写均可。

资料来源：夏雅利:《有限责任制度研究》，西北大学，2005年；谭甑:《移植与差异——有限责任公司制度研究》，中国政法大学，2003年；杨建生:《“公司”“有限责任公司”“股份有限公司”的英译》，《中国科技翻译》2001年2月；丁珍燮:《股份有限公司出资问题研究》，清华大学，2005年；江满情:《中国近代有限公司形态的演变——刘鸿生企业组织发展史研究》，华中师范大学，2003年。

六、重视土地制度中的时代背景、前提条件和隐含假设

土地制度内容是重要、现实而具体的。在实践中，要把引入土地有条件个人所有权作为思想方法，深入理解和全面解读特定的土地制度的各种相关内容，在土地制度的内容中充分考虑时代背景、前提条件和隐含假设，结合实际，进行试点、推广、应用和完善，加快建立并完善土地法人财产权制度，积极稳妥推进土地制度的改革。

（一）土地有条件个人所有权客观存在

真实世界的土地制度设计是复杂而具体的。在分析特定土地制度过程中，引入土地有条件个人所有权，是一种重要的思想方法。换言之，在现实社会中的个人土地所有权，在本质上都是土地有条件个人所有权。正如周其仁指出，“作为直截了当将‘真实世界’的经济学与‘黑板经济学’对立起来的学者，科斯主张，‘经济理论赖以成立的前提性假设，不应当是易于处理的，而必须是真实的’”。[①] 在真实世界中，土地问题不是简单的经济问题，土地的占有和使用受政治、经济、社会和

① 周其仁:《真实世界的经济学》，中国发展出版社2002年版。

生态等多种因素影响，没有绝对化的个人土地所有权，碎片化的个人土地使用权的价值有限，但界定和保护土地产权是重要的，比较实际或现实的就是土地有条件个人所有权，或者说个人土地所有权是有条件的或受限制的。正是因为这种权利是有条件的或受限制的，是责权利的有机统一体，它才受到法律保护并且是可持续的。

在实行土地私有制的资本主义国家，归属个人的特定土地所有权，实际上就是土地有条件个人所有权，要将个人对土地占有和使用等控制权与个人在获得这项权利时的有关付出、对国家的有关税费缴纳责任、对社会其他人的有关义务等联系起来，作为一个有机整体进行考虑和分析。在实行土地公有制的社会主义国家，归属个人的具有排他性、可以流转、可以收益的长期性特定土地使用权，相当于土地有条件个人所有权，也要将个人对土地占有和使用等控制权与个人在获得这项权利时的有关付出、对国家的有关税费缴纳责任、对社会其他人的有关义务等联系起来，作为一个有机整体进行考虑和分析。

（二）在土地制度内容中考虑时代背景

土地制度在性质上是人的思想或主义的体现。在分析特定土地制度过程中，联系和考虑设计制度的人的时代背景非常重要。人的思想、能力和行为方式因时代背景的不同而往往有很大差异。人们建立土地制度，目的是要解决问题，这些问题主要是人与人之间以及个人与社会之间的土地问题，最为突出的问题是在快速工业化、城镇化和现代化过程中产生的土地问题。在以农业和乡村为主的传统社会中，个人的劳动生产率低，土地占有背后的政治权力、经济财产和社会阶层关系权重很大，土地经济问题的重要性、敏感性是绝对的。在以工业化、信息化、城镇化和农业现代化为中心的现代社会，个人的劳动生产率大幅提高，土地占有背后的政治权力、经济财产和社会阶层关系有所弱化，土地经济问题的重要性、敏感性是相对的。工业化、信息化、城镇化和农业现代化是现代社会发展进步的结果，它既带来了生产力发展水平的大幅提升，也带来了生产、生活和生存方式的转变，还带来了人的分化、城乡的分化、地区的分化和社会的分化。这是现代土地制度设计面临的时代背景。

时代出题目，制度要适应。为了适应工业化、信息化、城镇化和农业现代化的发展，需要对土地制度进行改革和完善，在制度内对土地占有责权调整变化和高效合理用地行为提供激励机制。一方面，土地制度的内容要为工业化、城镇化和现代化发展提供有效的土地保障，推进土地利用方式转变，促进土地占有责权的优化重构、土地使用责权的有序转移，最终提高土地利用率和土地资源配置效率。另一方面，土地制度的内容要解决土地分配和使用调整变化所带来的利益冲突或矛盾，由高效合理使用土地的人对退出土地使用的人提供经济补偿并承担必要的社会成本代价，实现人与人之间以及个人与社会之间的利益平衡。在土地制度设计中，引入土地有条件个人所有权，是为工业化、信息化、城镇化和农业现代化发展提供保障机制和解决与此相关的人与人之间以及个人与社会之间矛盾或冲突的重要工具。

（三）在土地制度内容中考虑前提条件

土地制度在形式上是包括人的条件或假设的。在分析特定土地制度过程中，联系和考虑制度设计的人的前提条件非常重要。制度设计的对象是人的行为或责任，而人的行为或责任是有前提条件的，包括计划市场条件、有偿无偿条件、生死存亡条件、风险自担他担条件、劳动年龄条件、劳动意愿条件、劳动能力条件、资本积累条件、技术进步条件、信息数据条件、社会文化条件、法治建设条件等，人的行为或责任因人员条件的不同而有所不同。比如，在计划经济中，个人的责权利是由行政等级或社会地位等决定的，除非处于同一层级或地位，否则个人之间在配置资源的行为或责任上是很不同的，越高层的人权利越大、责任越大、风险越大，能力要求越高，越底层的人权利越小、责任越小、风险越小，能力要求也不高。而在市场经济中，个人的责权利是由占有的财产或能力效率等决定的，除非财产、能力、效率有差异，否则个人之间在配置资源的行为或责任上是基本一致的，个人在市场上自愿交易，赚了是自己的，赔了也是自己的，责任自担。但占有的财产越多、能力越强、效率越高的人对社会资源配置的权利越大，承担的社会责任也越大，相关的风险也越大。

发展做文章，制度要决策。为了解决好现实社会中人与人之间以及个人与社会之间的差异化土地问题，在促进能够高效合理使用土地的人更多占有和使用土地的同时，兼顾不同类型的社会人员对土地占有和使用的需要及利益平衡，需要在土地制度设计中“牵线搭桥”，加入前提条件，建构发展阶梯，做好发展文章。一方面，土地制度的特定内容是有前提条件的，前提条件和特定内容构成因果关系。这种因果关系就是制度逻辑、制度思想或者制度原理。另一方面，随着时代变迁，土地制度的前提条件不断增加和丰富，土地制度的特定内容也不断拓展和丰富。从顶层设计上，可以将土地制度的前提条件进行合理组合，建立土地制度的内在逻辑一致和基本框架长期稳定不变，使土地制度的内容既有稳定性或固定性，也有灵活性或动态性。在土地制度设计中，引入土地有条件个人所有权，强调土地个人所有权是一种有条件的权利，或者是一种责权利的有机结合体，具有特定土地占有责任、特定土地所有权和特定土地使用权三重属性，可以推进建立良好稳定的秩序。

（四）在土地制度内容中考虑隐含假设

土地制度在内容上是规范人的行为或责任的。在分析特定土地制度过程中，联系和考虑制度设计的人的隐含假设非常重要。土地制度是历史形成的，也是随时代变迁而变化的，是不断完善和创新的。土地制度的内容要建构人的行为或责任框架，而土地制度的实施是一个与实际结合的过程。在实践中，人的实际行为与预定内容或隐含假设是存在差异的。在土地制度设计中，有不少人认为制度内容需要简化，对人的行为的假设往往是抽象的、简单的、一致的和稳定的。但在现实社会中，受各种因素的影响，人的行为表现是复杂多样的。比如，有的行为是完全理性的，有的行为不是完全理性的；有的行为是生产性的或建设性的，有的行为是分配性的或寻租性的；有的行为是公开显示的，而有的行为不是公开显示的……正常的土地制度变迁的重要内容就是引入新的制度条件和将制度隐含假设内容转为制度内容并公开显示。

行为有背景，制度要衔接。为了长期有效地解决好现实社会中人与人之间以及个人与社会之间的土地问题，从顶层思维看，土地制度的创建需要考虑人的行为反应，在土地制度的内容设计中对人的行为或责任进行深入分析，从正向、反向、过去、现在和未来等多方面多角度制定政策措施，对正当的要支持保护，对不当的要坚决抵制，总结历史经验教训，承认过去的合理贡献，纠正过去的不足或缺陷，把激励约束机制搞对。一方面，要立足现在，面向未来，从正向的方面进行引导或激励。另一方面，要立足现在，面向未来，从反向的方面进行管控或约束。还要将过去、现在和未来联系起来，将正向的方面和反向的方面连接起来，实行新老划断、责任分担并有机衔接，明确分界线、处理原则、标准、底线、峰值、自由度和空间边界等范围。在土地制度设计中，引入土地有条件个人所有权，强调土地权利是一种相对产权，不是绝对产权，或者是一种责权利的有机结合体，有利于科学合理地引导人的行为，防范或控制人的行为的系统偏差或风险。

中国历史上关于土地租佃形式的制度对我们就很有启示。正如陈锡文分析指出的，中国耕地租佃的历史非常悠久，特别是南宋以后，大量北方移民迁徙到江南，更是进一步促进了农地租赁制度的发展。在中国农地租佃的习惯法中，一个重要的制度设计，就是赋予了不同形式租佃的土地可以享有各不相同的权利。中国历史上的农村土地租佃形式大体分为三类。第一类是普通土地出租。地主和佃户签订合约后，佃户就按照约定耕种土地并交租。这种租佃方式最普遍。但一般不允许佃户将租来的土地经营权再次出租或用以融资担保。第二类是“永佃制”，即佃户对土地经营权具有永久性的租佃权利。为什么能永久呢？主要是因为佃户取得这些土地的方式不同于普通租赁。比如，租佃农户往往通过投资投劳的方式，将属于地主的荒地开垦或将地主荒废的耕地恢复，于是才有可能获得这些土地的永佃权。又比如，自耕农户遇到了天灾人祸，不得不出卖自家的耕地以渡过难关，但为了日后的生计，必须寻找到买了自家的耕地后愿意将这一土地永久租赁给卖家的买主，这种现象在历史上叫“自卖自佃”。当然，这种土地在成交时的地价一般都会略低于市价。在实行永佃制情况下，耕地实际上实行了“两权分离”：田底权（所有权）归地主，地主依此收租；田面权（经营权）归佃户，佃户可以自己耕种，也可以将土地经营权出租给他人，但前提是必须按约定向土地所有权人交租。第三类是所谓的“二地主”，即土地的承租者并不是自己要耕种土地，而是将租入的土地再租给别人，自己赚取两次地租之间的差价。与城里的“二房东”不同的是，“二地主”除了须按约定向地主交纳租金外，还须向地主另交一笔押金。这样，租赁来的土地经营权，不仅可以转租给他人，还可以用作融资担保。

专栏 12-8　中国现行农村土地流转制度设计

2018 年 12 月 29 日，全国人大常委会审议通过了《农村土地承包法（修正案）》，2019 年 1 月 1 日开始实行。这次修订的条目很多，新增了第 46 条和第 47 条。第 46 条规定，经流转取得的土地经营权可以再次流转。第 47 条规定，经流转取得的土地经营权，可以向金融机构融资担保。这两条规定对有意愿转入土地经营权的人是很大的激励，但显然也不是没有风险。因此法律对这两条规定都设有前提：必须“经承包方书面同意并向本集体经济组织（发包方）备案”；同时，法律还明确，“土地经营权融资担保办法由国务院有关部门规定”。

在农村土地承包法的修改过程中，围绕第 46 条、第 47 条的内容，人们产生了争议。争议的焦点，一是“流转”的内涵到底是什么？中国历史上，土地的买卖就是买卖，租赁就是租赁，典地就是典地，每一种行为的含义都是明确的，不会产生歧义。但“流转”到底指的是什么？为什么会出现“流转”这个概念？二是“经‘流转’取得的土地经营权”是什么性质的权利？它应当或可以享有什么样的权利？

关于第一个问题，修正后的《农村土地承包法》第 36 条规定：“承包方可以自主决定依法采取出租（转包）、入股或者其他方式向他人流转土地经营权，并向发包方备案。”在这里，“流转”仍然是一个集合性的概念，它包括多种行为。尽管如此，这个规定至少明确了“流转”中有一种行为是出租。但出租为什么不叫出租而要叫“流转”呢？这就要回顾改革后农村集体实行家庭承包经营的政策演变过程。改革初期，人们对于集体的土地能否实行家庭承包经营有很大争议，如果允许承包土地的农户自己不种而用于出租收取地租，那就更难以让人们接受。因此，在1982年、1984年的两个指导农村改革的“一号文件”中，都曾明确规定“承包的土地不准出租”。但随着改革的深入，农村分工分业的不断拓展，农户承包土地的经营权如果不准出租，那就可能会荒废。为了突破这一窘境，就有了“流转”这个概念。后来人们对土地经营权的“流转”又赋予了其他含义，如土地经营权的股份合作等，但说到底，承包经营权的“流转”，本质就是土地承包经营权人对土地经营权的让渡，其主要形式是土地经营权的出租。

关于第二个问题——租来的农村承包土地经营权享有什么样的权能，学界认为这取决于它的性质是属于债权还是物权。其实，即使解决了租来的土地经营权的权利属性问题，也还存在是否属于物权的土地经营权就可以再次出租或用于融资担保，而属于债权的土地经营权就不可以再次出租或用于融资担保的问题。因此，作为学术问题，对其的争论还会继续。

资料来源：陈锡文：“乡村振兴的核心在于发挥好乡村的功能”，陈锡文、韩俊主编：《乡村振兴制度性供给研究》，中国发展出版社2019年版。

七、制度建构的科学化、规范化、标准化和长期化

土地制度建构是一个创建、精炼和拓展的过程。一个好的土地制度是能够有效解决问题的制度，并且在解决问题的过程中不会产生新的问题。这种制度，在设计上要考虑一个国家或地区的政治、社会、经济、人文和生态因素，在性质上要具有稳定性、可持续性、动态性和可预期性，在操作实践上可降低交易成本，在核心思想上是理性易懂的，在基本框架和内在逻辑上是长期稳定的，在具体内容上有可能会不断拓展和不断完善，在总体上是一个包含保持不变的内容、可能不断增补的内容和可能不断取消或修改的内容的有机统一体。在实践中，引入土地有条件个人所有权是重要工具，可以推动建构土地制度的科学、合理、完整、有效。

（一）确保推进土地制度建构的科学化

土地问题特殊且复杂，与政治因素、社会因素、经济因素、人文因素和生态因素等相关。在土地制度建构中，要把贯彻国家或地区的领导阶级的政治意志作为重要前提，把处理好人与人之间以及个人与社会的关系作为重要内容，把讲求经济效

率和提高投入回报水平作为重要标准，把符合一定规范标准以及尊重特定人文心理习俗作为重要因素，把重视耕地特殊性和加强自然生态环境保护作为重要约束，建立良好的制度框架（见图 12–2），建立激励相容的机制。要把引入土地有条件个人所有权作为制度变量和社会工具，合理引入制度条件，推进外生变量内生化，推动建立良好的基本制度框架，将有所不变、有所增补和有所修改或取消相结合，提高制度的稳定性、可持续性、动态性和可预期性，提高土地制度建构在现实社会、变化社会和复杂社会中的适应性。

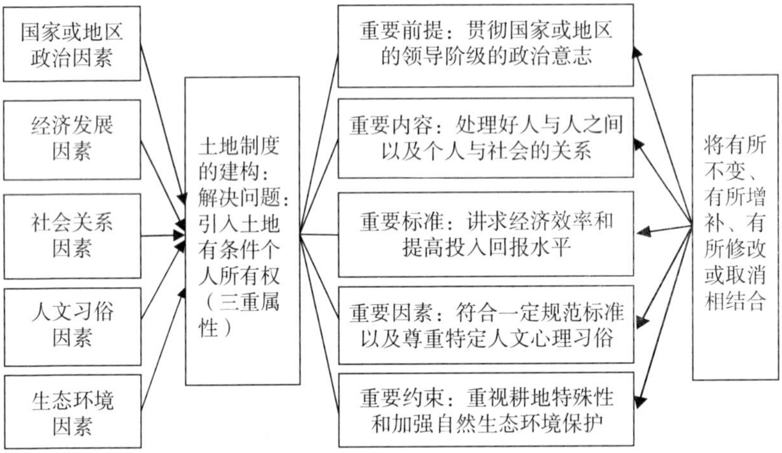

图 12–2　一个国家或地区土地制度基本框架的科学建构

资料来源：作者整理。

（二）重视推进土地制度建构的规范化

土地制度是人们为解决土地问题而制定的规则或达成的协议。土地制度建设不是越简单越好，也不是越复杂越好，更不是越新越好，关键是要有效解决问题和从根本上解决问题。在土地制度建构中，针对土地所具有的非纯粹私人物品或非纯粹公共物品的属性，要从顶层设计入手，加强制度规则或协议的规范化建设，以解决社会现实土地问题为目标，以建立良好社会秩序为最终目的，通过合理设置制度条件，建立制度条件和制度责任、制度权利、制度义务等的因果关系。在此基础上，把引入土地有条件个人所有权作为制度变量和社会工具，建立不同制度层次、不同制度属性和不同制度要素之间的有机连接，建立和完善土地制度。一是重视制度层次的差异性，对土地制度内容和形式进行规范。按照制度设计的主体差异，土地制度可以分为宪法层次、法律层次和管理规定三个层次，不同层次的制度在内容和形式要求上是不同的：越往宪法层次越简单抽象，越往管理规定层次越复杂具体，法律层次则处于宪法层次与管理规定之间。二是重视制度属性的差别性，对土地制度内容和形式进行规范。按照制度设计的属性差异，土地制度可以分为公法制度和私法制度，公法制度调整规范国家、地区、集体、单位与个人之间以及不平等主体之间的责权利关系，私法制度调整规范平等主体之间的责权利关系。三是重视制度要素的完整性，对土地制度内容和形式进行规范。为了合理有效解决问题，一项完整的制度规则或协议要由精神思想、方法途径和具体内容边界范围三个要素组成，这三个方面不可或缺。当对制度进行拓展或修改时，首先要检视这三个要素。四是重视制度逻辑的兼容性，对不同制度内容和形式进行有机连接。要把引入土地有条件个人所有权作为制度变量和社会工具，建立不同制度层次、不同制度属性和不同制度要素之间的有机连接。

（三）不断推进土地制度建构的标准化

土地制度是人们用来在实践中解决与土地相关的实际问题的。能够实施是好的土地制度设计的重要标准。同时，土地制度的创建是有交易成本或成本费用的，土地制度的实施也是有交易成本或成本费用的。为了确保土地制度实施的实际结果与设计目标一致，同时节省交易成本或降低交易费用，要不断推进土地制度建构的标准化，提高制度设计水平。在土地制度建构中，要从顶层设计入手，厘清技术路线，优化基本框架，把引入土地有条件个人所有权作为制度变量和社会工具，通过有序设置制度条件，不断对制度条件进行拓展、深化和完善，不断对制度责任、制度权利和制度义务等进行完善和创新，并建立和完善有关的边界范围，形成基础整合、结构清晰、分类严谨、逻辑一致的制度体系，从源头上防范制度内投机或寻租。一是推进制度条件设置的标准化，包括时空条件、国家或地区条件、人的条件和地的条件等。二是要推进制度责任的标准化，包括责任人、什么责任、如何履行责任、责任不履行如何处理等。三是推进制度权利的标准化，包括权利人、什么权利、如何履行权利、权利受到侵犯时如何处理等。四是推进制度利益的标准化，包括利益人、什么利益、利益的计算和行使、如何获取利益、利益未获得或不充分如何处理等。五是推进制度形式的标准化，包括制度是宪法形式、法律形式，还是管理规定，制度如何创建、修改和完善，制度如何解读、实施和责任追究等。

（四）实现推进土地制度建构的长期化

土地制度是国家或地区的基本制度，是管基础、管全局和管长远的制度。在土地制度改革上，不能有重大缺陷，不能全面否定，不能过于激进。在土地制度建构中，要从顶层设计入手，建立良好的制度框架，把引入土地有条件个人所有权作为制度变量和社会工具，实行有所不变和有所变化相结合，通过对制度条件不断深化、细化和完善，对制度责任、制度权利和制度内容等进行补充、修改和完善，实现推进土地制度建构的长期化，为政治经济发展、社会文化进步和生态环境保护提供支撑保障。一是按条件实行有所不变。对于制度设计的重要思想以及在制度实践中被证明为正确合理的制度内容，比如贯彻落实劳动价值论和对人们的生产性努力及其获得劳动成果的权利提供保护，要长期保持不变并毫不动摇地坚持。二是按条件实行有所增补。对于土地制度的部分内容和形式，根据时代变化和实践需要，对制度条件进行补充、深化和细化，对制度内容进行增补，对制度形式进行改进。三是按条件实行有所修改或取消。对于土地制度的具体内容和形式，根据时代变化和实践效果，进行部分修改、部分取消以及部分创新，对制度形式进行优化调整。

专栏 12-9　新时代中国激发经济增长潜力的重要任务

土地制度建构关系中国经济的发展形势和深化改革，需要为中国经济潜力的激发提供支撑和保障。2019 年 12 月时任国务院发展研究中心副主任张军扩在三亚·财经国际论坛上做题为《当前经济形势与深化改革》的主旨演讲，提出：2019 年以来，中国经济总体来说符合预期，总体合理、稳中有进。同时，经济运行面临的困难、问题和风险依然比较多，下行压力持续加大。导致近年来经济持续下行的原因是复杂的、多方面的，主要归纳为三大类：第一类是阶段性变化原因，就是发展水平提高了，后发优势减弱了，因而潜在增长率下降了；第二类是外部原因，包括世界经济和贸易增长总体放缓，中美贸易摩擦加剧等；第三类就是体制机制制约的原因。这三类原因都是存在的，但政策重点应当有所不同。第一类的阶段性原因是客观规律使然，主要是适应问题。第二类的外部冲击特别是中美贸易摩擦问题，我们应当积极争取最好结果，但并非我们自身能够单独控制。而第三类的体制原因则不同，是我们自己主动作为就可以做到的。因此，通过加快深化改革、扩大开放，着力突破制约经济增长潜力，充分释放高质量发展的体制机制障碍，应当成为下一步经济工作的重点。

从推进高质量发展和稳增长的角度考虑，当前和今后一个时期，尤其需要重点推进以下六个方面的改革。（1）切实加强产权保护和稳定民营企业家的预期与信心。进一步创新和发展社会主义初级阶段理论，进一步明确社会主义初级阶段与国家现代化总体目标之间的关系，进一步明确基本经济制度的长期性。依法严格保护产权，并使产权人形成良好和稳定的预期。现阶段的重点，是各级政府要形成严格的产权意识、合同意识，在法律和政策制定、实施过程中，要严格按照法定程序，努力做到透明、公开、可预期。进一步优化营商环境，尤其是要在公平市场准入、公平获取生产要素和进一步降低实体经济成本等方面，取得进展。（2）进一步深化国有企业改革。加快落实党的十八届三中全会提出的“以管资本为主加强国有资产监管”的改革要求，进一步优化国有资本的分布结构，充分发挥国有经济对整个国民经济的支撑、引领和带动作用；以解决一股独大和转变经营机制为重点加快推进混合所有制改革；深化国有企业内部管理体制改革，健全职业经理人制度和内部人事管理制度，充分调动经营管理者和广大职工的积极性。（3）切实保障市场竞争的公平性。通过深化改革打破对非公有制经济企业的各种隐形壁垒和隐形歧视。进一步加强市场监管，依法加大对各类不正当竞争行为的处罚力度，增加违规成本。同时，要根据发展阶段变化，及时更新和提高质量、环境、安全标准，充分发挥国家标准对促进产业升级和提升发展质量的倒逼机制。着力解决市场信息不对称问题，真正形成优质优价和优胜劣汰的市场环境。（4）下大力气解决政府职能错位问题。关键是要减少政府对经济活动特别是产业升级方向、方式以及产业优胜劣汰与重组等的直接干预。在促进技术进步和产业升级，特别是淘汰落后产能、淘汰僵尸企业等过程中，要尽可能发挥市场的决定性作用。政府的作用，要更多转向功能型社会性支持政策，切实完善社会保障制度，防范和化解财政金融风险，为市场作用的发挥创造更好的社会环境。（5）进一步优化创新环境。下一步发展和竞争主要靠创新，创新的国际竞争将更加激烈。必须下大力气改革中国的科研、教育和人才管理体制，着力营造能够吸引全球优秀人才来华从事科研教育工作或能够充分为我所用的良好环境。科技的竞争说到底是人才的竞争，在中美贸易摩擦不断加剧的大背景下，如何加快营造全球范围内具有竞争力的吸引人才的良好环境，显得尤为紧迫和重要。只有我们的创新环境比别人强，更有吸引力，才能最终在科技创新竞赛中获得竞争优势。（6）充分调动广大干部尤其是地方领导干部干事创业的积极性。所有事情都是需要人去干的，改革开放以来，中国经济之所以能够取得快速发展，一个重要原因就是地方政府和广大干部强烈的发展积极性。面对创新发展、转型发展的艰巨任务，需要尽快建立与高质量发展相适应的统计指标体系，加快完善干部政绩考核评价制度、激励和容错制度等，以充分激发和调动广大干部干事创业的积极性。

资料来源：王小霞：“国务院发展研究中心副主任张军扩：激发经济增长潜力应重点推进六大改革”，《中国经济时报》2019 年 12 月 11 日。

第十三章
农村土地集体所有制的合理解释与变革

党的十九届六中全会提出，中国共产党百年奋斗的重要历史经验是坚持理论创新和开拓创新。这一点在新中国成立后对农村土地集体所有制的制度设计和改革中有生动体现，必须倍加珍惜，长期坚持，并在新时期实践中不断丰富和发展。

中国农村土地集体所有制是一个按马克思主义的政治经济学理论设计的制度，随着社会经济条件的不断变化，其需要在理论上进行完善和在实践中进行变革。改革开放以后，人们开始引入西方经济学理论对这一制度进行分析，但在方法上还存在缺陷。本章也以西方经济学的理论为基础进行分析，但改进了分析方法，将人的努力作为经济增长的源泉，将农村土地作为一种具有特殊性的稀缺资源，将引入制度结构作为解决问题的一种长效机制，将人们所具有的土地产权按相对产权看待，考虑现实社会中制度设计背后所隐含的情景假设和前置条件，对农村土地集体所有制提出了一个新的解释。结果发现，现代西方经济学理论与马克思主义的政治经济学具有内在一致性，中国的农村土地集体所有制是一种设计十分精巧的制度结构，这一制度与现代市场经济条件是兼容的。随着社会经济条件的深刻变化和农村劳动者的不断分化，对这一制度也需要进行改革完善，但改革的方向不是简单地肯定或否定，而是通过实行保留、取消和修改相结合，顺应劳动分工深化趋势，将制度设计所隐含的思想、假设和条件显性化，使之更加适应时代发展的新需要。[1]

一、对农村土地集体所有制的解释回顾及其存在的缺陷

农村土地集体所有制是中国农村的基本经济制度。但迄今为止，社会上对这一制度的理论解释是不完整、不准确和不全面的。对这一制度的现有的理论解释，概

① 本章部分内容最早写成于 2015 年并发表于《改革》(2015 年第 10 期) 等。

括起来，可以分为经典的传统解释和发展的主流解释两种，前者主要是从马克思主义的政治经济学理论入手进行分析，后者主要是从西方经济学的私有产权和绝对产权理论入手进行分析。目前这两种解释都存在一定的缺陷，不适应现代经济社会快速发展的需要。

（一）经典的传统解释及存在的主要问题

对农村土地集体所有制的经典的传统解释，其理论基础是马克思主义的政治经济学，主要内容体现于《中华人民共和国宪法》和相关历史资料及学术文献。其主要观点是：这是国家为了发展社会主义公有制经济而实行的农村土地由劳动群众集体所有、共同劳动和按劳分配的一种制度安排。在这种解释中，农村土地是一种自然资源及生产资料，由农村集体经济组织所有；农村集体经济组织的成员共同劳动，劳动成果由劳动者共同享有，实行按劳分配，特别是按劳动时间进行分配。在这种解释中，集体的土地边界是明确的，集体的成员为劳动者个人及其家庭，土地所有权的性质是清晰的。在这种解释中，将集体所有制作为和国有制并列的社会主义公有制的两种形式之一，强调统一经营、共同劳动和按劳分配，强调中国不能实行土地私有化或者中国实行土地私有化是有害的（简新华，2013），强调要通过走合作化道路，将小农组织起来，向生产的深度和广度进军，变人口压力为发展优势，改变农业生产的落后条件，进行“精耕细作”和“多种经营”，实施文化教育和生产技能教育，促进农村生产力要素的全面优化与提升，实现农业发展与工业化进程的相互适应等（徐俊忠，2013）。

这种解释存在的主要问题是：对集体组织管理面临的复杂性及潜在的负面影响考虑不足，在现代科技发展不断进步、社会劳动分工不断深化和农村劳动者不断变化的背景下，农民在劳动上进行自由选择的空间和范围狭小，个人投入回报时间长、不确定性大和引入创新因素难以得到合理回报，人们的社会流动性差，市场机制难以在资源配置中发挥重要作用，影响知识增长和资本积累对经济增长的贡献。其主要原因是：现实中的个人能力、兴趣偏好、家庭负担和劳动行为是复杂多样的，现实中的集体并非理想的有效的经济组织，由集体组织管理农民参加劳动、从事市场经营和分配劳动成果存在信息不对称、交易费用高和技术难题，制约农民生产积极性、主动性和创造性的提高，同时土地上的利益主要按劳动时间进行分配，对劳动复杂性、劳动质量以及劳动有效性的差异合理量化比较困难，难以对土地上凝结的长期投资提供合理回报及产权保护，导致农村发展的创新、投资及资本积累不足，制约生产效率的提高。

（二）发展的主流解释及存在的主要问题

改革开放以后，人们开始引入西方经济学的理论对农村土地集体所有制进行分析，主要内容体现于有关学术文献和改革开放以后推进农村改革发展的政策文件中。其主流观点是：这一制度是国家为了解放和发展农村生产力而实行的农村土地由农民集体所有、双层经营和按劳动贡献及生产要素贡献分配的一种制度安排。在这种解释中，农村土地是一种财产权利及生产要素，为本区域内全体成员所共有，每个成员都有部分所有权，并且都可以使用它，外来的人没有享受这个共有地的权利；如果没有得到大家的同意，就不能够把它用来换取别的东西。在这种解释中，集体的土地边界是明确的，集体的成员为农民个人及其家庭，土地所有权的性质是不清晰的。在这种解释中，强调个人权利、市场交易和按要素贡献分配，将个人、集体与国家之间的利益关系截然分开并完全对立，认为市场经济的前提是产权清晰，目前的农村土地集体所有制虚化了产权主体，农民不是自己土地的所有者，要改变农民的贫困状况，就必须彻底改革农村土地集体所有制（彭真怀，2012）。

这种观点存在的主要问题是：分析方法存在缺陷，以交换价值论简单替代劳动价值论，以农民简单替代劳动者，以农民的绝对产权简单替代农民的相对产权，使制度在实践中发挥作用的内容及运行结果可能偏离制度设计的最初目标。其主要原因是：忽视农村土地所具有的自然资源及生产资料属性，将农村土地产权按绝对产权看待或者与其他动产一样对待，对农地作为一种位置不可移动的稀缺资源特别是由此带来的农地被私人垄断占有的社会危害的认识存在不足，对农地资源配置存在的政治约束和社会约束认识不足；同时对农村个人或居民与农村劳动者没有区分，将农村个人或居民而不是农村劳动者作为资源配置及利益归属主体，产生了对人们进行分配性努力的激励而不是合理限制。

（三）两种解释存在的共性问题及理论缺陷

这两方面的解释都存在一定问题，根源在于理论不完善。从两种解释存在的共性问题看，主要不足或缺陷是将作为制度实施环境的现实复杂状态简单按静态假定状态处理，忽视了这个制度设计背后的思想性、隐含假设和前置条件，从简单、静态和封闭的角度看待集体在制度中的角色以及集体与农民和国家的关系。

一是忽视对制度结构与制度安排的区分。制度结构与制度安排都是制度，但在内容及其变化特点上有很大不同（林毅夫，2000）。国家引入一项制度结构，是为了从全局和长远解决问题，这一制度的演变是有稳定性和连续性的，而引入一项制度安排是为了解决制度结构中隐含假设及条件的变化带来的具体问题，这一制度的演变则有可能完全是颠覆性的。在两种解释中，都存在将引入一项制度结构简单按照引入一项制度安排进行对待和处理的情况。

二是忽视对劳动价值论与交换价值论的区分。土地上的财富是劳动生产出来的，同时也需要通过市场交换才能实现。在完全竞争市场条件下，劳动价值论与交换价值论是等价的（茅于轼，2006），但当存在不完全竞争时，二者就会存在差异，并不能相互替代。在经典的传统解释中，以劳动价值论作为制度设计依据，对交换价值论的作用和影响考虑不足。在发展的主流解释中，以交换价值论作为制度设计依据，对劳动价值论的作用和影响考虑不足。

三是忽视对按劳分配和按要素贡献分配的区分。按要素分配有属于按劳分配的内容，但不限于按劳分配。在经典的传统解释中，主要是按劳分配，特别是以按劳动时间分配为主，默认土地的取得是无偿的，这可能造成对土地上凝结的长期投资的利益保护不足。在发展的主流解释中，主要是按照要素贡献分配，默认土地的取得是有偿的，部分不属于按劳分配，这可能造成土地上劳动者的利益从一开始就被土地出让者不合理侵占。

四是忽视对从属关系和对立关系的区分。在国家、集体、个人之间的关系中，既有对立性的一面，也有从属性的一面。在经典的传统解释中，个人、集体、国家之间的关系主要是从属关系。在发展的主流解释中，个人、集体、国家之间的关系主要是对立关系。

五是忽视对相对产权和绝对产权的区分。凡是在法律上有效并能给人带来利益或责任的排他性权利都是产权或具有产权的性质。产权的界定不仅需要清晰，而且需要合理。产权的界定需要所有参加交易的主体和关联利益方的共同参与和相互合作，不仅有成本和费用，而且受到技术条件和科学知识水平等的限制，并非所有的产权都可以或者可能明确分解为占有、使用、收益和处分的权利，并非对所有财产的产权进行界定在经济上都是有效的。产权分为绝对产权和相对产权，二者差异很大。前者是针对所有其他人都有效的权利，是一种无条件的财产权利，比如一个人对资金的权利；后者是只针对一个或多个特定其他人有效的权利，是一种有条件的财产权利，比如股东对其所投资公司的资产的权利（埃里克·弗鲁博顿、鲁道夫·芮切特，2006）。中国人多地少，农村土地极为稀缺，而土地位置又具有不可移动性，个人对土地的占有会产生较强的外部性或社会成本，土地利用的限制因素非常多，农民对土地所享有的权利本质上是一种相对产权而不是绝对产权。这种产权不仅受到劳动者集体管理约定的影响，而且受到国家管理权的影响。在两种解释中，都存在将农民对农村土地所享有的相对产权按绝对产权简单对待和处理的问题。

二、对农村土地集体所有制进行新解释的角度和方法

对农村土地集体所有制进行重新解释，基本方法是从现代制度经济学的角度入手，将个人作为经济分析的起点，将人的生产性努力或劳动作为经济增长的源泉，将土地作为一种具有特殊性的稀缺资源，将国情因素、技术因素、社会因素和政治因素作为约束条件，将资源配置和利益归属结合起来，深入界定引入制度需要解决的问题，系统考察现行制度设计背后所隐含的思想、假设和条件，区分劳动者与农民及自然人、制度结构和制度安排、劳动价值论和交换价值论、按劳动时间分配和按劳动贡献分配、从属关系与对立关系、绝对产权和相对产权，联系个人、集体和国家三种主体，连接过去、现在和未来三个阶段，考虑制度规定明确显示的内容和隐含假设的内容两个部分，考虑制度中保持稳定的内容和不断变化的内容，考虑制度规定中有确定性的内容和不确定性的内容，按照对稀缺资源进行优化配置的思路，提出一种新观点和新框架。

（一）确立问题导向，明确建立制度的基本目标是要解决问题

国家建立农村土地集体所有制，是要从根本上解决经济发展中的公平和效率两个重大问题。从经济学的角度看，就是要激发人的生产性努力，在约束条件下求解，促进经济增长，建构一种长期有效的增长机制，为劳动群众服务。阿瑟·刘易斯（2010）指出，经济增长取决于自然资源和人的行为，而决定经济增长的人的行为取决于直接原因和间接原因，直接原因是人从事经济活动的努力、知识的增长及其运用和资本积累，间接原因是人口、观念和制度以及政府的行为；制度促进或限制经济增长取决于制度对人的努力的保护、为专业化提供的机会以及所允许的活动的自由。中国建立农村土地集体所有制所要解决的问题，在内容上从属于这三个方面，具体由市场经济条件下土地资源配置面临的普遍性难题和中国特殊的国情因素、技术因素、社会因素和政治因素等决定。市场经济条件下土地资源配置面临的普遍性难题，是指一个国家的土地资源是有限的，而土地位置不可移动，土地的占有者具有天然的垄断优势，如果没有合理条件的限制，单纯依靠市场机制，土地资源不可能实现最优化配置或者福利不可能实现最大化。中国特殊的国情因素、技术因素、社会因素和政治因素，主要是中国人多地少，土地资源稀缺，是世界农产品战略性进口国，农村生产力不发达，农业劳动力比重高，农村社会贫困弱势人口多，坚持走社会主义发展道路等。这一方面需要政府及村社集体组织在经济社会发

展中发挥重要作用，另一方面也难免会存在政府失灵及村社集体组织失灵或失败现象。这些因素对国家管理农村土地资源提出了特殊要求。

（二）区分制度结构和制度安排，从制度结构角度进行解释

制度是一系列人为设定的行为规则，能约束规范人们的相互行为，帮助他们形成对别人行动的预期。“制度安排”和“制度结构”是不同的两个概念，一项制度安排是在特定领域内约束人们行为的一组规则，而制度结构是经济社会中所有制度安排的总和，它包括组织、法律、习俗和意识形态（林毅夫，2000）。农村土地集体所有制是中国农村的基本经济制度，这一制度并不是一项简单的制度安排，而是一种制度结构的设计，是一系列相关制度安排的总和，隐含了重要的思想、假设和条件。从制度结构出发，引入制度是为了解决问题，在制度结构上需要长期保持稳定性和连续性，而具体的制度安排则是随着经济条件的变化而不断有所更新，这样，制度改革就是一个将隐含假设条件显性化的过程，是一个稳定、取消和修改相结合的过程，制度改革不是越多越好，也不是越新越好，而是要能真正解决问题。

（三）区分私人占有和私人垄断，将私人垄断作为问题进行解释

现实中农村土地的占有者和利用者是人。这种人可以是私人，包括自然人、以私人为代表的家庭和法人单位，也可以是不同于私人的社会组织，包括集体和国家；可以是个人，也可以是个人的联合或合作组织，包括家庭、单位、集体和国家等。从农村土地的利用看，要解决的问题是土地的私人垄断[①]而不是私人占有。土地的私人占有和土地的私人垄断是两个概念，要将土地的私人占有和土地的私人垄断分开。土地的私人占有是中性的，从制度设计上是允许的，而土地的私人垄断是一个需要解决的问题，从制度设计上看是不允许的。土地的私人占有分为有条件的私人占有和无条件的私人占有以及私人非垄断性占有和私人垄断性占有。土地的私人垄断只是土地的私人占有的一种情况。对于无条件的土地私人占有，有可能形成私人垄断。如果是有约定条件或限制条件的土地私人占有，则有可能不会形成私人垄断。土地的私人占有本身并没有问题，为了调动人的生产积极性，在很多情况

① 垄断的危害是多方面的。首先，一旦有了垄断，就会有垄断价格；其次，垄断会降低它的服务质量，它的效率是非常低的；最后，垄断侵害老百姓的利益，导致不守信用等。实际上，垄断是一种掠夺，反垄断是一个宪政问题。对于垄断问题，解决的办法可以归结为：不垄断就竞争和不竞争就垄断，意思是反垄断最好的方法是制造它的竞争者，在自然垄断实在无法竞争时就由政府出手管制（盛洪，2004、2011）。中国建立农村土地集体所有制，实际上是引入了一种新的办法，就是剥夺私人对农村土地的所有权或者垄断权，使个人无法凭借对土地所有权实现不劳而获或者获得土地上的垄断性收入。

下，土地由私人占有比土地由家庭、单位、集体、国家等占有更有效率和更有合理性。特别是，如果引入了国家规范调节和劳动者集体管理等合理条件，将土地赋予私人占有和使用，就有可能完全没有问题。而土地的私人垄断则是有问题的，这是一种私人对土地占有和使用的不受合理条件约束或无条件的绝对控制权，在制度设计上，可能造成私人占而不用导致社会稀缺资源闲置浪费，以及私人凭借所有权剥削劳动者影响社会公平公正。在实践中，土地的私人占有可能存在私人垄断问题，也可能通过引入国家或集体的规范和调节后，不再存在私人垄断问题或者能够将私人垄断问题的危害降低或控制在人们可以接受的限度和范围之内。

（四）区分劳动者与农民及自然人，以劳动者为对象进行解释

现实中的农村土地具有自然资源和长期投资的双重属性。现实中的农民及自然人的状态和行为是复杂的，有时候是劳动者，有时候并不是劳动者或不在村庄劳动；有时候是生产性努力者，有时候是分配性努力者。现实中的劳动者也是复杂的，但相对于农民及自然人而言，劳动者的资格是开放的，没有身份限制，也没有来源限制，同时劳动者的界定更加可行，是有年龄阶段限制和工作状态限制的。一个人只有处于劳动年龄阶段并实际参加村庄劳动才属于劳动者。如果人们不在劳动年龄阶段，肯定不属于劳动者。以劳动年龄为依据，通过引入社会平均预期寿命，从宏观上看，就可以对劳动者所有权进行微分，将劳动者所有权转换为劳动者使用权与一定时间的乘积。如果人们不在劳动状态，是很容易判断的，比如引入工作区域、就业状态及劳动报酬等。这样，人们离开村庄土地，肯定不属于村庄劳动者。在人们不属于村庄劳动者时，就应该退出对村庄土地的占有权。

（五）区分劳动价值论和交换价值论，以劳动价值论为依据进行解释

在马克思主义的政治经济学中，以劳动价值论为基础，将土地上的利益归劳动者所有而不是土地占有者所有。随着社会分工的深化，劳动者和劳动本身是不断变化的，土地也不是原来的土地，在土地中会不断凝结新的劳动并形成新的生产力。这样，现实中的劳动者及劳动是多样化的，劳动与劳动差异很大。而现实中的土地是自然资源与劳动者投资的结合，土地与土地差异很大，在现实中也会出现地租和利息等土地收益与资本收益。在现代市场经济条件下，引入这些收益对于促进土地投资和保护投资者利益是非常重要的。这些土地收益、资本收益从属于劳动收益，是劳动价值论在实践中的具体应用。随着社会分工的深化，在农村土地由劳动者所有的具体方式上，就需要将无偿所有及无偿退出改变为有偿所有和有偿退出，在土地所有权的转换中体现劳动投入及投资创造的价值，同时将劳动者受益的方式从直接受益改变为直接受益和间接受益相结合，创新利益调节机制。

（六）区分按劳动贡献分配与按劳动时间分配，引入市场评价进行解释

劳动的内容非常丰富，既有活劳动，也有物化劳动。按劳动时间分配和按劳动贡献分配都是按劳分配，但在适用范围上有所不同。按劳动时间分配主要在集体组织内部分配劳动成果时采用，因为它要求有详细的劳动时间及投入情况记录以及这些劳动时间与劳动成果的相关关系。按劳动贡献分配主要在市场交易情况下分配劳动成果时采用，实际上是一种以市场评价为基础的分配，它的前提是保证市场交易比较公平合理及处于完全竞争状态或者交易在双方完全平等自由、信息对称、不存在垄断因素等情况下，如果交易无法处于完全竞争状态或者存在自然垄断因素，需要由国家进行利益调节。

（七）区分从属关系和对立关系，按照从属关系进行解释

个人利益、集体利益、国家利益不完全是对立关系，而在很多方面是从属关系。因为个人不仅消费私人产品，还需要消费公共产品及公共服务。公共产品及公共服务也是国民财富的重要组成部分，这些产品和服务是生产出来的，而不是天上掉下来的。但这种财富是隐含的或大家都消费的，一般人视而不见。实际上，集体利益从属于个人利益，集体的利益取之于民最后还要用之于民，国家利益从属于个人利益和集体利益，国家提供的利益也由个人使用。

（八）区分相对产权和绝对产权，显示隐含条件进行解释

经济学上的产权与法律上的财产权利在概念上存在差异。农村土地的产权是一个特殊的领域，由国家管理权、土地所有权和土地使用权三种权利组成，是土地自然资源产权和长期投资产权的结合。在农村土地的产权中，国家管理权是隐含的；土地所有权是由政治决定的，这种权利是无期的和有资格限制或资格封闭的，不可以在市场上进行交易；土地所有权可以分离出土地使用权，这种权利是有期的或资格开放的，是可以在市场上进行交易的，因而可以引入市场的力量进行优化配置。土地所有权可以与土地使用权合并使用，也可以进行分离使用。这样，农民对农村土地所拥有的产权不是绝对产权，而是一种相对产权或者有条件的产权。农民的土地承包权从属于土地所有权，土地经营权从属于土地使用权，二者合并时形成承包经营权，二者分离时形成承包权和经营权两种权利。

三、对农村土地集体所有制的新解释的主要内容

农村土地集体所有制是国家为解决农村土地的私人垄断问题和提高土地资源

配置效率而实行的农村土地由劳动者所有、劳动者受益、劳动者集体管理和国家规范调节的一种制度结构。农村土地的私人垄断问题，主要是指私人占而不用造成稀缺资源闲置浪费或私人凭借所有权剥削劳动者影响社会公平公正。提高土地资源配置效率，主要是指培育有效的集体组织、合作组织、村社组织等，增加农村公共产品供给，深化劳动分工与合作，推进稀缺资源适当集中使用，同时保护和激励与土地结合的劳动、资本、知识、创新等各种要素占有者进行投入的积极性，提升规模经济、技术经济和范围经济发展水平，并为贫困弱势群体创造就业机会，提供补助或救济，促进共同富裕。由劳动者所有，主要是指农村土地归劳动者占有和使用，意味着不在劳动年龄阶段及不在辖区内劳动的人员就没有或自动退出农村土地所有权。由劳动者受益，主要是指农村土地上的收益主要归劳动者享有，意味着有劳动投入就有回报和多劳多得。具体受益方式有直接受益（如获取农产品、工资或经营性收入）和间接受益（如获取补贴和享受公共产品及公共服务）两种。由劳动者集体管理，主要是指农村土地的公共管理服务工作由区域内劳动者集体负责，具体按照区域内劳动者之间的约定承办。由国家规范调节，是指劳动者个人和劳动者集体对农村土地的资源配置权利和利益归属由国家依法提供保障，并由国家在有限政府框架内对农村土地上的利益分配关系进行统一规范和适当调节。

（一）农村土地集体所有制的基本目标

实行农村土地集体所有制的基本目标，是要从根本上解决中国经济发展中的公平和效率两个重大问题，建构一种先进合理、开放包容和长期有效的社会秩序，发挥制度在经济增长中的重要作用。

一是解决农村土地的私人垄断问题，激发人的生产性努力[①]。要平等对待社会中的每一个人，从根本上消除农村土地上的私人垄断性占有，不劳动者就没有或自动退出农村土地所有权抑制人们的分配性努力，防控稀缺资源闲置浪费，提高土地资源利用率。同时从根本上消灭地主剥削现象，实行按劳分配，控制和消

① 人若追求自己的财富，就必须努力。一个人的努力有两种形式，一种是生产性努力，另一种是分配性努力。在其他人情况不变的条件下，一个人的生产性努力的结果是社会总财富的增加，而一个人的分配性努力不会增加社会总财富甚至会使社会总财富减少。除了努力之外，人的行为还有一种选择，就是不努力。在经济学中，不努力称为闲暇，按照亚当·斯密的观点，闲暇也是一种财富，努力的增加意味着闲暇的减少，当通过努力获得的财富抵偿不了牺牲的闲暇价值时，人们就会选择闲暇。一个社会若想促进财富的持续增长，就必须鼓励生产性努力、抑制分配性努力。（盛洪：《现代制度经济学》，中国发展出版社 2009 年版）。

除不合理分配因素的影响，让土地上的利益由创造利益的劳动者所享有，保护劳动者的合理利益，保障社会公平公正，解放农村生产力，为经济发展提供强大动力。

二是提高农村土地资源配置效率，深化劳动分工与合作。要培育有效的集体组织、合作组织、村社组织等，增加农村公共产品供给，扩大劳动者自由选择的空间，特别是为有知识和有技能的现代劳动者创造更多机会，推动技术创新，促进分工深化，推进稀缺资源适当集中使用，降低生产成本，提升技术经济、规模经济和范围经济发展水平，发展农村生产力，为经济发展提供组织和科技支撑。同时，为贫困弱势群体创造就业机会，提供补助或救济，促进社会和谐稳定。

（二）农村土地集体所有制的核心内容

农村土地集体所有制的基本性质是一种制度结构，由一套具体制度安排组合或结合构成。整个制度的核心是农村土地由劳动者所有、劳动者受益、劳动者集体管理和国家规范调节。这些制度的具体安排在设计上存在一定隐含假设和前置条件，包括劳动者构成及变化、市场条件、科学技术、管理能力、技术条件、组织条件、保障条件等。在不同时期，这些制度安排的具体形式会有所变化，但最基本的内容和结构是不变的。

一是农村土地由劳动者所有，不实际参加劳动的人退出资源配置。农村土地由有劳动能力和劳动愿望、在集体区域内实际参加劳动、遵守劳动者集体成员管理约定并支付土地投资有偿使用费、按照国家管理规定进行登记并按期缴纳土地所有权税的劳动者个人占有，由劳动者个人自己使用或者与其他劳动者合作及联合使用。凡是不在劳动年龄阶段、没有劳动能力和劳动愿望、不在集体区域内实际参加劳动、不遵守或未遵守国家管理规定和劳动者集体成员管理规定的人员，就没有农村土地所有权，或自动退出农村土地所有权。曾经拥有农村土地所有权的劳动者个人，在退出农村土地所有权时，对所占有土地投资的收益受法律保护，由受让土地所有权的劳动者个人支付土地投资有偿使用费，费用标准由市场决定，具体定价方式和支付方式按照劳动者集体管理合约规定，由出让方和受让方在平等互利的基础上协商确定。

二是农村土地由劳动者受益，所有参加劳动的人都应参与分配。农村土地上的劳动成果及经济利益主要归劳动者所享有。凡是在农村土地上实际参加劳动并作出贡献的所有劳动者，都有资格获得收益分配。实行按劳动时间分配和按劳动贡献分配相结合，兼顾对劳动者个人家属的负担分解及扶贫济困分配因素，兼顾对现在参加劳动的人员和过去参加劳动人员的利益分配，兼顾对在本区域内参加劳动的人员和在相邻区域内参加劳动的人员的利益分配。劳动者集体按照管理约定对不同劳动者个人的收益进行调节。国家考虑所有参加劳动人员的贡献，对不同劳动者集体和不同劳动者个人的收益进行调节。劳动者受益方式既包括直接受益（如获取农产品、工资或经营收入），也包括间接受益（如获取补贴和享受公共产品及公共服务）。具体受益方式和形式由国家依法规定和集体成员约定。分配结果体现多劳多得、少劳少得、不劳动的一般不得，不劳而得和少劳多得的，要接受国家和集体的利益调节。

三是农村土地由劳动者集体管理，国家进行规范调节。国家对农村土地实行分区域管理，划定区域内的劳动者个人在一定时期内的结合或组织起来就形成村社劳动者集体。劳动者集体按照国家政策法规要求、在劳动者个人之间民主协商的基础上，制定和完善集体组织成员管理约定，组建专门管理机构特别是公共资产管理机构，或委托政府及相关管理机构代理管理，负责为本区域内的劳动者个人及其家属和单位进行公共管理服务，组织提供必要的公共产品，具体协调和处理村社劳动者集体内劳动者个人及其家属和单位之间的关系和矛盾。国家制定和完善农村土地管理的法律、法规和政策，为劳动者个人和劳动者集体对农村土地的资源配置权利和利益归属提供保障，同时建立调查统计体系，以个人收入所得税法等为依据，平等对待所有参与劳动的人员并对其相关的利益分配进行严格规范和合理调节。

（三）农村土地集体所有制的重要特点

农村土地集体所有制解决的是现实社会经济发展中的重大难题（见表13–1）。农村土地本身不是消费品或可消费福利，但由于土地的稀缺性和土地位置的不可移动性，土地一旦被人占有并在国家法律上得到承认和保护，就会从资源变成财产，给占有土地的人带来利益。在这种利益中，除了本人的劳动收入外，还存在不用劳动就能获益的垄断性收入，使土地在客观上具有财富效应或福利效应。从社会宏观上看，这种垄断性收入也是劳动者生产出来的，或者最终需要由劳动者来买单。显然，如果国家将农村土地的所有权简单地界定给任何一个人，实行土地的私人占有，都是具有社会成本的，或者具有外部性，都会存在起点不公平问题。作为一种解决方案，在中国的制度设计中，将土地的所有权界定给劳动者个人并由劳动者集体进行管理，从根本上解决了土地私人垄断问题。

表 13–1　　农村土地集体所有制的问题导向和制度内容

	农村土地的私人垄断问题	农村土地的资源配置效率问题
问题描述	土地被人占而不用造成稀缺资源闲置浪费，土地占有者因为所有权侵占劳动者利益影响社会公正公平	与土地结合的劳动、知识、资本等要素占有者的生产性投入的积极性由于人为设定的不利因素影响存在不足，制约资源配置效率提高
解决思路	剥夺不实际参加劳动的人占有土地的资格，将土地上的利益分配的原则和边界统一为按劳分配	消除不利因素影响，引入产权界定和保护规则，促进生产性努力，抑制分配性努力，增进劳动、知识和资本等要素投入
制度内容	一种制度结构，为了从根本上解决经济发展中的公平和效率两个重大问题，促进人与人之间的合作，降低人与人合作的成本。国家对农村土地实行由劳动者所有、劳动者受益、劳动者集体管理和国家规范调节的制度	

资料来源：作者整理。

在农村土地集体所有制中，为了利用好农村土地这种稀缺资源，实行“两手”并举。一方面，引入和发挥土地所有权制度的作用解决问题。在土地资源稀缺和土地位置不可移动的情况下，将农村土地只提供给劳动者所有，并由劳动者受益和劳动者集体管理，不参加劳动的人员退出土地占有，同时由国家进行规范调节，由占有土地的人员对退出占有的人的长期投资利益进行一定补偿，以及在特殊情况下对属于贫困弱势群体的人员提供一定补助救济。另一方面，单是引入和发挥土地所有权制度的作用还不行，还要解决土地与劳动、资本及其他要素结合的问题，这些也是很重要的。解决问题的办法是让自然资源以外的资本及其他要素都从属于劳动，纳入劳动者受益范围，与劳动一样平等参与分配，由劳动者集体进行管理、由国家进行规范调节。

在农村土地集体所有制中，劳动者个人是制度的基本参加者，劳动者家庭和劳动者单位从属于劳动者个人；劳动者集体是制度的重要参加者，承担为劳动者个人提供公共管理服务和必要的公共产品的责任并在利益关系上从属于劳动者个人，集体成员性质是有期的而不是无期的，集体成员资格是开放的而不是封闭的，集体成员构成是动态的而不是静止的；国家是隐含的、重要的制度参加者，为规范劳动者个人、劳动者集体和其他社会成员之间的关系与保护劳动者个人的利益提供公共管理服务。

总体上看，农村土地集体所有制的内容具有先进性、合理性、开放性和包容性，可以与现代市场经济体制相兼容，主要是激励人们从事生产性努力的积极性，抑制人们从事分配性努力的积极性。在制度设计上，这一制度的内容，既具有不同于中国城市土地国家所有制的部分，也具有相同的部分（见表 13–2），城市土地国家所有制的一些好的做法完全可以引入农村；既具有不同于资本主义国家普遍实行的土地私有制的部分，也具有相同的部分（见表 13-3），资本主义国家在土地管理方面的一些好的做法也完全可以为我所用。

表 13-2　中国农村土地集体所有制与中国城市土地国有制的比较

	中国城市土地国家所有制	中国农村土地集体所有制	制度内容的相同点	制度内容的不同点
基本描述	国家为了解决城市土地的私人垄断问题和提高土地资源配置效率而实行的城市土地由劳动者所有、劳动者受益和国家直接管理的一种制度结构	国家为了解决农村土地的私人垄断问题和提高土地资源配置效率而实行的农村土地由劳动者所有、劳动者受益、劳动者集体管理和国家规范调节的一种制度结构	都是国家设立的一种制度结构，目的是从根本上解决经济发展的重大问题。土地都由劳动者所有和由劳动者受益	对土地占有者和土地使用者的管理方式的规定有所不同，国家在制度中的角色有所不同
制度目的	为了解决城市土地的私人垄断问题，提高土地资源配置效率	为了解决农村土地的私人垄断问题，提高土地资源配置效率	都是问题导向，从根本上解决问题	问题本身存在差异，农地分散、量大、价低，城市土地集中、量小和价高
参加者	城市劳动者个人、劳动者单位与国家及其政府部门或机构	农村劳动者个人、劳动者集体与国家及其政府部门或机构	都有国家和劳动者个人，个人家庭及单位从属于劳动者个人	农村制度引入劳动者集体，城市制度无集体或集体有隐含性
资源配置	城市土地由实际参加劳动的人员占有和使用，可以在劳动者之间流转，不在劳动者退出	农村土地由实际参加劳动的人员占有和使用，可以在劳动者之间流转，不在劳动者退出	土地都是在国家管理下由劳动者占有和使用，使用权都可以流转，不在劳动者退出	国家参与管理的方式有所不同，农村有集体参与管理
利益归属	实行按劳动时间分配与按劳动贡献分配相结合，谁劳动谁享有，兼顾相关者利益，国家进行适当调节	实行按劳动时间分配与按劳动贡献分配相结合，谁劳动谁享有，兼顾相关者利益，国家进行适当调节	都实行按劳分配，对土地投资都要进行补偿，国家对土地投资收益都要进行调节，由劳动者受益	土地投资补偿标准及方式不同，国家对土地上的利益调节力度不同
隐含假设	城市土地的价值由原始资源价值和长期投资价值构成。对前者的开发、使用和分配，要对所有人公平；对后者的开发、使用和分配，要归长期投资者所有，但要进行调节	农村土地的价值由原始资源价值和长期投资价值构成。对前者的开发、使用和分配，要对所有人公平；对后者的开发、使用和分配，要归长期投资者所有，但要进行调节	土地的价值都由原始资源价值和长期投资价值构成，对两种价值的开发、使用和分配都很重要，都需考虑建立起点公平，促进长期投资，建立投资收益补偿机制，促进经济增长	在土地的原始资源开发价值上，农村偏大、城市偏小；而在土地的长期投资开发价值上，农村偏小、城市偏大

资料来源：作者整理。

表 13–3　中国农村土地集体所有制与资本主义国家土地私有制的比较

	资本主义国家土地私有制	中国农村土地集体所有制	制度内容的相同点	制度内容的不同点
基本描述	国家为了保护私人土地投资利益和提高土地资源配置效率而实行的城乡土地由个人所有、个人受益和国家公共管理并进行利益调节的一种制度结构	国家为了解决农村土地的私人垄断问题和提高土地资源配置效率而实行的农村土地由劳动者所有、劳动者受益、劳动者集体管理和国家规范调节的一种制度结构	都是国家设立的一种制度结构，要提高土地资源配置效率，鼓励对土地的长期投资并提供保护	对土地的私人垄断问题的重视和解决方式不同，对个人与劳动者之间差异的考虑和处理不同
参加者	个人和国家	劳动者个人、劳动者集体与国家	都有国家和劳动者个人	劳动者个人不同于个人，国家的角色不同
制度目的	为了保护私人土地投资利益，提高土地资源配置效率	为了解决农村土地的私人垄断问题，提高土地资源配置效率	都促进土地投资，提高土地资源配置效率	对土地由私人垄断问题的考虑和处理不同
资源配置	在国家管理下，土地由个人占有和自由使用，与是否劳动无关	在国家管理下，土地由在劳动者占有和使用，不在劳动者退出	土地都是在国家管理下由个人占有与使用	对个人占有和使用土地的条件和时限不同
利益归属	实行按要素贡献分配，谁所有及谁投资就谁享有，包含部分按劳分配因素，国家进行一定调节	实行按劳动时间分配与按劳动贡献分配相结合，谁劳动谁享有，兼顾相关者利益，国家进行适当调节	都有按劳分配因素和按要素贡献分配的方式并由国家进行一定调节	对属于不劳而获和少劳而获的利益部分的处理不同
隐含假设	土地的价值主要为长期投资价值，默认初始值不为0，要有偿使用，相比之下土地的原始资源价值是次要的或者从属于长期投资价值，都归投资者	农村土地的价值由原始资源价值和长期投资价值构成，两者都很重要，对两者都要考虑，但要区别对待，前者归劳动者，后者归投资者	土地有长期投资价值。要促进对土地的投资，提高土地资源配置效率，就要把这部分收益归投资，同时要调节这部分收益的差异	对土地的原始资源价值的认识和处理方式不同，一个将产权归劳动者，一个将产权归投资者

资料来源：作者整理。

四、对农村土地集体所有制的新解释与现有解释的比较

制度问题影响全局和长远，对农村土地集体所有制进行重新解释意义重大。在理论上，制度设计的对象是人的行为，制度的作用是促进人们合作和降低交易成本，但制度的有效性及其合理发挥作用也是有前提条件的。合理的制度是一种能够自动履行的限额交易合约，要在制度设计中明确假设条件，将各种社会现实因素尽

可能考虑在内，着眼全局和长远，确保制度结构的合理性和稳定性，不能从一开始就隐含问题。在实践中，农村土地集体所有制作为中国的一种基本经济制度，要解决制度存在的问题，就需要全面深入考虑。既要将这一制度与中国城市土地国家所有制和国外的土地私有制联系起来，也要将新的解释与现有的解释联系起来，为深化改革提供合理的思路、方法和可行性方案。

（一）新的解释与经典的传统解释的比较

与经典的传统解释相比，在新的解释中，农村土地集体所有制的分析内容有所改进，从理念意义较强转为操作意义较强，从假设简单转为回归现实，从比较抽象转为边界清晰。主要的变化是：引入制度的目标从发展社会主义公有制经济改为解决农村土地的私人垄断问题和提高土地资源配置效率，农村土地由劳动群众集体所有改为由劳动者所有，实行共同劳动改为农村土地由劳动者集体管理，实行按劳分配改为农村土地由劳动者受益（见表 13–4）。

表 13–4　对中国农村土地集体所有制的新解释与经典的传统解释的比较

	传统解释	新的解释	新解释的变化
基本描述	国家为了发展社会主义公有制经济而实行的农村土地由劳动群众集体所有、实行共同劳动和按劳分配的一种制度安排	国家为了解决农村土地的私人垄断问题和提高土地资源配置效率而实行的农村土地由劳动者所有、劳动者受益、劳动者集体管理和国家规范调节的一种制度结构	用操作意义较强的制度目标替代理念意义较强的制度目标，用劳动者所有取代劳动群众集体所有，用劳动者受益取代按劳分配，用劳动者集体管理取代共同劳动，用制度结构取代制度安排
理论基础	马克思主义的政治经济学理论，将土地作为自然资源及生产资料，将土地上的利益作为一种劳动成果及经营成果，以劳动价值论为基础，国家的责任是发展生产力、协调生产关系	现代制度经济学理论，考虑现实中的土地所具有的自然资源和长期投资的双重属性，以劳动价值论为基础，引入交换价值论的因素，实行稀缺资源优化配置与利益调节相结合	丰富劳动价值论的内容，劳动价值论等价于完全市场竞争下的交换价值论，通过引入国家调节，发挥交换价值论的作用，引入市场机制，解决对劳动的复杂性、质量及效果进行合理评价的难题，解决土地长期投资及其收益回报问题
制度性质	一种制度安排，目的是解决农村集体经济发展问题。制度的改革是用一种制度安排替代另一种制度安排	一种制度结构，目的是解决中国经济发展中的公平和效率两个重大问题。制度的改革是稳定、取消和修改相结合	用制度解决的问题更加具有根本性、全局性和长远性，制度的改革的性质和内容存在较大差异，制度有需要长期稳定的内容，也有需要变化的内容
参加对象	劳动群众与集体，国家是隐含的	劳动者个人、劳动者集体与国家，国家是显性的	将国家从隐含变为显性，用劳动者个人替代劳动群众，用劳动者集体替代集体

续表

	传统解释	新的解释	新解释的变化
对象关系	以国家为中心，农民、集体与国家之间是一种对立关系，集体管劳动群众，农民利益与集体利益存在冲突，国家管理集体，国家利益与劳动群众和集体利益存在冲突	以劳动者个人为中心，劳动者个人、劳动者集体与国家之间是一种从属关系，劳动者集体为劳动者个人服务，国家为劳动者个人与劳动者集体服务	从以国家为中心到以劳动者个人为中心，用从属关系替代对立关系，用服务关系替代冲突关系，个人、集体与国家之间存在共同利益，这种公共利益就是公共品，属于劳动者个人受益的重要内容
资源配置	在国家统一规划、管理和组织领导下，农村土地由农村劳动群众集体成员农民共同占有，由农村集体经济组织集中统一支配使用	建立和实施国家土地利用用途、规划管制以及劳动者集体管理合约，土地由劳动者个人占有，支配方式以家庭经营为基础，多样化使用，不实际参加劳动的个人及自然人退出或无权支配	在明确建立和实施国家管理规定和集体管理合约的基础上，扩大劳动者个人自由选择的空间，特别是为有知识和有技能的现代劳动者创造更多机会，推动技术创新，促进分工深化和土地与劳动的更好结合
利益归属	实行按劳分配，初始劳动时间或贡献默认为0，谁参加劳动谁享有，隐含了按劳动贡献分配和国家参与调节	实行按劳动时间分配与按劳动贡献分配相结合，按要素分配与国家调节相结合，谁参加劳动和作出劳动贡献谁享有	补充实行按劳动时间分配与按劳动贡献分配相结合，将按要素分配改为按要素分配与国家调节相结合，明确引入国家参与调节及其合理边界
农民产权	农民从属于劳动群众，对农村土地没有独立的产权。农村土地产权属于农村集体经济组织。这种产权是一种绝对产权，包括对土地进行占有、使用、受益和处分的权利，具有可排他性和可转移性	劳动者个人享有产权。这种产权是一种相对产权，是有条件的财产权利，只有在满足国家管理规定和劳动者集体管理约定条件时才有效，除非是长期投资产权，不一定有可转移性	农村土地产权是一种特殊的财产权利，是土地自然资源产权和长期投资产权的结合，由土地国家管理权、土地所有权和土地使用权组成。农民所享有的产权是有隐含假设条件的，只有劳动者个人在满足制度规定条件时才享有产权，并非农民及自然人享有绝对产权
制度环境	改革开放以前的简单、静态、确定的隐含假设情景	改革开放以后不断变化的现实社会环境	从隐含假定的发展情景回归立足现实、面向未来的社会环境

资料来源：作者整理。

这些变化可以为引入土地长期投资及交易市场提供基础，为引入国家参与土地利益的合理调节提供依据，为发挥土地在经济发展中的合理作用，使制度设计更加适应现代市场经济发展的需要，更加适应调动人的生产积极性，更加明确国家在制度中的重要作用，确保制度能更好地抑制人的分配性努力并控制其在经济增长中的负面性，更好地激励人的生产性努力并发挥其在经济增长中的基础性作用，更好地引导知识增长和资本积累并发挥其在经济增长中的重要作用。

（二）新的解释与发展的主流解释的比较

与发展的主流解释相比，在新的解释中，农村土地集体所有制的分析方法有所改进，主要是从交换价值论转为劳动价值论，从按劳动贡献及生产要素分配转为按劳分配，从绝对产权转为相对产权；在此基础上，建立了中国农村土地集体所有制与城市土地国家所有制的新关系，二者既有相同的部分，也有不同的部分；同时建立了中国农村土地集体所有制和资本主义国家的土地私有制之间的新关系，二者既有相同的部分，也有不同的部分（见表 13–5）。

表 13–5　对中国农村土地集体所有制的新解释与发展的主流解释的比较

	发展的主流解释	新的解释	新解释的变化
基本描述	国家为了解放和发展农村生产力而实行的农村土地由农民集体所有、双层经营和按劳动贡献及生产要素贡献分配的一种制度安排	国家为了解决农村土地的私人垄断问题和提高土地资源配置效率而实行的农村土地由劳动者所有、劳动者受益、劳动者集体管理和国家规范调节的一种制度结构	用解决公平和效率两个问题替代解决效率问题，用农村土地由劳动者所有替代由农民集体所有，用由劳动者受益替代实行按劳动贡献及生产要素分配，用由劳动者集体管理替代双层经营
理论基础	西方经济学中的新古典经济学，将土地作为一种普通财产，将土地上的利益作为一种交易成果或投资收益，以交换价值论为基础，国家的责任是界定和保护个人的产权、促进增长	现代制度经济学理论，考虑现实中的土地所具有的自然资源和长期投资的双重属性，以劳动价值论为基础，引入交换价值论的因素，实行稀缺资源优化配置与利益调节相结合	从交换价值论转为劳动价值论、从按生产要素分配转为按劳分配、从绝对产权转为相对产权，解决由于土地位置的差异以及生产力不同情况下同样劳动投入回报差异悬殊的起点公平问题，建立引入国家调节的合理性及其边界
制度性质	一种制度安排，目的是解决农村生产力发展问题，制度的改革是用一种制度安排替代另一种制度安排	一种制度结构，目的是解决中国经济发展中的公平和效率两个重大问题，制度的改革是稳定、取消和修改相结合	用制度解决的问题更具有根本性、全局性和长远性，制度改革的性质和内容存在较大差异，制度有需要长期稳定的内容，也有需要变化的内容
参加者	农民与集体，国家是隐含的	劳动者个人、劳动者集体与国家，国家是显性的	将国家从隐含变为显性，用劳动者个人替代农民，用劳动者集体替代集体
对象关系	以农民为中心，农民、集体与国家之间是一种对立关系，农民利益与集体利益存在冲突，国家利益与农民和集体利益存在冲突	以劳动者个人为中心，劳动者个人、劳动者集体与国家之间是一种从属关系，劳动者集体为劳动者个人服务，国家为劳动者个人与劳动者集体服务	从以农民为中心到以劳动者个人为中心，用从属关系替代对立关系，用服务关系替代冲突关系，个人、集体与国家之间存在共同利益，这种公共利益就是公共品，属于劳动者个人受益的重要内容

续表

	发展的主流解释	新的解释	新解释的变化
农民产权	农民拥有农村土地的产权，带有共同共有或按份共有性质。这种产权是一种绝对产权，包括对土地进行占有、使用、受益和处分的权利，具有可排他性和可转移性	劳动者个人享有产权。这种产权是一种相对产权，是有条件的财产权利，只有在满足国家管理规定和劳动者集体管理约定条件时才有效，除非是长期投资产权，不一定有可转移性	农村土地产权是一种特殊的财产权利，是土地自然资源产权和长期投资产权的结合，由土地国家管理权、土地所有权和土地使用权组成。农民所享有的产权是有隐含假设条件的，只有劳动者个人在满足制度规定条件时才享有产权，并非农民及自然人享有绝对产权
资源配置	基于国家土地利用用途和规划管制，土地由集体成员农民共同或按份占有，农民家庭承包使用与集体统一使用相结合，农民对土地的承包经营权可以继承或转让	建立和实施国家土地利用用途和规划管制以及劳动者集体管理合约，土地由在劳动者个人占有，支配方式以家庭经营为基础，多样化使用，不实际参加劳动的个人及自然人退出或无权支配	在明确建立并实施国家管理规定和集体管理合约的基础上，扩大劳动者个人自由选择的空间，特别是为有知识和有技能的现代劳动者创造更多机会，推动技术创新，促进分工深化和土地与劳动的更好结合
利益归属	实行按要素贡献分配，初始要素贡献不为0，谁所有及谁投资就谁享有，隐含了国家参与调节	实行按劳动时间分配与按劳动贡献分配相结合，按要素分配与国家调节相结合，谁参加劳动和作出劳动贡献谁享有	补充实行按劳动时间分配与按劳动贡献分配相结合，将按要素分配改为按要素分配与国家调节相结合，明确引入国家调节及其合理边界
制度环境	改革开放以后简单、静态、确定的隐含假设情景	改革开放以后不断变化的现实社会环境	从隐含假定的发展情景回归立足现实、面向未来的社会环境

资料来源：作者整理。

在新的解释中，引入制度的目的是要解决公平和效率两个问题而不是仅限于效率问题，农村土地由劳动者所有而不是由农民集体所有，由劳动者受益而不是实行按生产要素分配，由劳动者集体管理而不是实行双层经营。其主要的依据是，农村土地具有自然资源和长期投资双重属性，人的努力包括生产性努力和分配性努力，按劳分配包括按劳动时间分配和按劳动贡献分配，按劳动贡献分配可以分解为按要素市场分配与国家进行调节，劳动者受益可以分解为直接受益和间接收益，个人对土地的产权不是绝对产权而是相对产权，劳动价值论在市场完全竞争条件下等价于交换价值论。

由于这一变化，不仅资本主义国家土地私有制设计中的好东西为中国农村发展所用，更好地发挥市场机制在农村土地资源配置中的作用，而且中国城市土地国有制设计中的好东西为中国农村发展所用，打通城乡土地市场建设的制度瓶颈，更好地发挥国家管理在农村土地资源配置中的合理作用，使农村土地集体所有制的内容在制度设计上更具有先进性、合理性、开放性和包容性。

五、从现有解释转向新的解释所突破的重大理论问题

对农村土地集体所有制进行重新解释，突破了人们对一些重大理论问题的传统认识或主流认识，同时也将中国农村土地集体所有制与城市土地国家所有制和资本主义国家的土地私有制有机联系起来。这样，按照改进了的方法分析，现代西方经济学理论与马克思主义政治经济学并不是完全对立的，而是在很多方面具有内在一致性，核心是要发挥制度在经济增长中的重要作用，激发人的生产性努力，抑制人的分配性努力，促进人的分工与合作。这种内在一致性的存在，是新形势下深化农村土地集体所有制改革的重要基础。

（一）引入制度的过程是促进人与人之间的平等合作

在很多人的意识中，制度由国家制定，就意味着引入国家作为管理主体，制度内容是按照上下级或“命令—服从”关系设计的。从现代制度经济学的角度看，其实不然。经济学是关于资源配置的社会科学。按照现代制度经济学的理论，由于资源的稀缺性以及人们在使用资源过程中的外部性，为了利用好资源，人与人之间需要合作，这种合作是一种交易，对这种交易的规则和内容的管理就形成制度，因而引入制度是为了促进人与人之间的合作，通过约定个人的权利与义务并共同遵守，来协调和解决对资源的合理利用问题。因此，制度的本质是一种交易合约。只要是交易，就存在交易费用。从人与人合作的角度看，不仅交易费用是重要的，而且交易本身的可行性和交易的可持续性也是重要的，有经济行为的影响因素，也有非经济行为的影响因素。交易的方式不同，合约的内容也不同。由国家建立的制度，在本质上是一种限额交易合约。引入制度的过程，隐含的前提是对所有资源利用的参加者平等对待，承认和尊重每个劳动者个人的劳动能力、劳动愿望、劳动合作偏好等客观条件和个人利益的差异，考虑各方面的合理利益，用民主协商和谈判交易的方式解决问题。这与用暴力、强权和人治的方式解决问题是存在差异的。农村土地集体所有制的制度设计实际上体现了这样一种民主精神和市场原则：人与人之间需要合作，所有参加者的地位平等，所有参加者的利益都要考虑，承认和尊重个体客观差异，用协商民主和平等交易的方式解决人与人之间的矛盾。

（二）农村土地集体所有制是一种制度结构

学术界不少人认为，农村土地集体所有制不过是一种简单的所有制形式或者

对农村土地的所有制形式的一种规定（黄中廷，2003、2007）。按照这种规定，农村土地既不归国家所有，也不归农民个人所有，而是归农民集体所有。但集体是什么？说不清楚。新的解释否定了对这一制度的简单解读，明确指出这一制度是一种特定的制度结构，包括了一系列与农村土地的资源配置和利益归属相关的制度安排，明确规定了国家在处理人与人之间在占有、使用和退出农村土地并从中获得好处过程中的相互关系的基本思路、基本原则和客观依据。按照现代制度经济学的理论，与技术不同，制度解决的是人与人之间的合作问题，而人与人的合作是一种交易，交易分为买卖的交易、管理的交易和限额的交易，交易的问题包括促进难以达成的交易顺利成交和降低交易成本费用两个方面。农村土地集体所有制在本质上是一个旨在解决问题的存在隐含假设条件的限额交易合约，制度的对象是人的行为，制度的基础是交易，制度的内容不是政府管理而是合约治理，以建立一个良好的关于个人占有、使用和退出农村土地并从中获得好处的社会秩序和社会结构，在制度设计上要致力于合约自动履行。这样，对制度的改革，既不能全部改变，也不能全部不变，而是要以隐含假设条件的变化为依据，实行保留、取消和修改相结合。

（三）劳动者是农村土地的主人

作为一种制度，最终要落实到个人才是有效的并保证能够有效执行。个人在经济学中很重要，现代经济学尤其是制度经济学是以个人为基本研究单位的。因为，个人是感知和行为的主体，成本和收益说到底是感知的成本和收益（盛洪，2009）。但将个人作为农村土地的所有者也是有问题的。由于农村土地资源的稀缺性和土地位置的不可移动性，与实际参加劳动的个人相比，由不在劳动的个人占有农村土地，既损害公平，也可能损害效率，这就是私人垄断问题。因此，对劳动者与个人及自然人进行区分是重要的，也是必要的。在新的解释中，对此进行了严格的界定，将农村土地确定为由劳动者所有、劳动者受益、劳动者集体管理和国家规范调节，使劳动者成为土地的主人，彻底解决了这一问题。由于这一限定从根本上解决了农村土地的资源配置与利益归属统一的问题，为国家界定和保护个人产权及调节个人之间的利益提供了客观依据。这个边界就是基于劳动价值论或者劳动创造价值，国家的职责是促进人们的生产性努力并保证这种努力得到应有的报酬，抑制人们的分配性努力并调控其标准，具体以个人是否为实际参加劳动的人员和劳动者的实际投入回报状况以及社会平均投入回报水平为标准确定。

（四）集体的内容从名词还原为副词

按照现有理论解释，人们一谈到集体必然联系到某一集体经济组织，并将这种组织与个人和国家对立起来看待。实际上这种解释降低了制度的适应性。“集体”这个词，既可以是一个名词，代表一个由人组成的共同劳动的紧密型的特殊经济组织或法人实体；也可以是一个副词，代表签约的一批人统一按照某种在法律上有效的一致同意的集体管理合约共同处理某些公共问题和公共事务，这个时候可以建立共同劳动的组织进行管理，也可以不建立共同劳动的组织进行管理。从现实看，中国各地的集体区域及其人的差异悬殊，而且这种集体区域本身就是人为划定的。由于每个人客观条件的差异性和行为的复杂性，要求每个人参加共同劳动建立紧密型的集体组织进行严格管理并不现实，也不科学。按照新的解释，劳动者是农村土地的主人，集体的内容只限于集体管理，管理的主体是劳动者，集体的内容是一个副词，具有很大的包容性，核心是在集体区域内的劳动者要签署集体管理合约并按照约定处理某些公共问题和公共事务。在区域内，每个劳动者个人及家庭的地位平等，每个劳动者个人及家庭的权利都得到充分尊重，每个劳动者及家庭承担的义务都要严格落实，在组织管理上承认和尊重每个劳动者个人的劳动能力、劳动愿望、劳动合作偏好等客观条件和个人利益的差异。根据当地社会经济条件和多数劳动者个人的需要，既可以建立共同劳动的集体经济组织进行组织管理，也可以不建立共同劳动的集体经济组织而代之以其他比较松散的方式，特别是委托政府机构、物业公司和社会组织等代理管理的方式进行组织管理。这样，按照新的理论解释，集体的内容本身的包容性大大提升，不仅包括过去的集体的内容，而且拓展到未来的多样化的集体管理或集体行动的内容，在制度设计上更加科学合理，将过去、现在和未来连接起来。

（五）农村集体管理的对象主要是人

按照目前社会上的主流解释，农村集体管理的对象主要是以土地为核心的物，包括集体资金、集体资产和集体资源。这种解释的隐含假设是，在这一制度中，集体这个词就是一个名词，农村集体就是一个人或法人，与企业和其他法人组织具有类似的性质。其实，改革开放以后，中国的农村集体已经出现了很大的分化，很多地区的农村集体组织的经济收入很少乃至根本就没有，有不少集体组织还存在较大负债，如果严格按照资产负债关系考核管理，很多组织都会破产倒闭，同时有不少集体组织在内部治理机制方面存在严重缺陷，根本无法像法人一样存在并承担管理责任。在新的解释中，将人的行为作为制度设计的基本对象，集体在制度中的权利本质上不是所有权——因为所有权一定要到个人才是最有效的，而是管理权，特别是对集体区域内的人承担义务和分配利益及交接产权的管理。从理论上看，集体的利益必须落实到个人，为个人所感觉到，才是有效的；集体的利益都是可以落实到个人利益上的，不存在不能落实为个人利益的国家利益或社会的集体利益，国家利益与社会的集体利益的不同只是体现的渠道不同（茅于轼，2002）。换言之，集体这个词可以是一个名词，也可以是一个副词，农村集体管理的对象主要是人，而不是地和物，或者是通过对人的管理来控制对地和物的管理。这种设计提升了劳动者个人在制度中的权利，也增加了劳动者个人在制度中的责任，不仅有利于提高劳动者的生产积极性，而且有利于减少和控制集体治理可能存在的缺陷。因为集体管理本身是有前提条件的，不仅有成本和费用，还有难度和风险。如果人们选择类似法人的方式进行管理，要求共同劳动，个人缺乏自由，很难离开集体或者离开集体的损失较大，那么集体管理的难度和风险较大，成本和费用较高。当人们选择比较松散的方式进行管理时，则个人自由度相对较大，可以离开集体或者在离开集体时不影响权利行使，集体管理的难度和风险相对较小，成本和费用也相对较低。

（六）农村集体成员的资格本来就是动态开放的

按照目前社会上不少学者的主张，为了发挥市场机制在农村土地资源优化配置中的作用，要打破农村集体成员资格的封闭性。其隐含的假设是现行农村集体成员的资格是封闭的。按照新的解释，劳动者是农村土地的主人，劳动者是实际参加劳动的个人，劳动者的核心是劳动者个人，劳动者个人的家庭或单位从属于劳动者个人，劳动者集体和国家也从属于个人，劳动者本身就是复杂多样的和不断变化的，没有终身制，也没有世袭制。在劳动者中，劳动者与劳动者不同，不仅参加体力劳动从事生产的人员属于劳动者，而且在农村土地上进行投资特别是长期投资、进行组织管理和提供各种社会服务的人员也属于劳动者。通过区分劳动者的类型及其市场配套要求、技术支撑条件和利益需求，建立起制度实施和演变的动态机制。由于集体成员的性质是劳动者而不是农民或自然人，随着劳动者本身的变化，成员的资格是动态的、开放的，整个集体成员的构成也是不断变化的，不存在需要打破封闭性的问题。

（七）农村土地的产权是三种类型的产权的结合

目前的主流学者在分析农村土地的产权制度时，一般将产权界定为占有、使用、收益和处分的权利。其隐含的假设是这种产权是一种简单的绝对产权。实际上，物与物之间和产权与产权之间有很大的不同。经济学上的产权与法律上的产权在概念上有所不同，它既可以是所有权，也可以是使用权，还可以是管理权。按照权利的针对性及条件性，可以将产权分为绝对产权和相对产权。产权界定的前提是承认和尊重所有参加者的合理利益，这些参加者既有公开的，也有隐含的，或者相关的和影响的，界定的原则是使个人收益与社会收益一致、个人成本与社会成本一致，因此，并非所有的产权都能界定清晰或者可以在比较经济的条件下进行界定和保护。在现实社会中，不少产权并不是绝对产权，而是一种有条件的财产权利或者相对产权。比如，很多参加指定保险的人所享有的财产权利就只有收益权，而没有可自由转让给他人的权利；股东对企业所享有的财产权利也只限于净资产或剩余获取权，而没有对企业法人全部财产的处置权。农村土地上的财产权利也是如此，由于农村土地资源的稀缺性和土地本身不可移动，这种产权与人们对一般消费品的绝对产权是不同的，它由国家管理权、土地所有权和土地使用权三种权利组成（见表 13-6），农民对土地的产权不是绝对产权，而是一种相对产权或有条件的财产权利。从中国现行的制度来看，农民的土地承包经营权属于土地所有权性质，农民的土地经营权具有土地使用权性质。土地所有权和土地使用权都是财产权利，但在性质上差异很大，前者是有资格限定、没有期限、由政治决定和难以进行自由交易的，而后者是资格开放、有期限的、由土地所有者在其可支配权利范围内决定和进行市场交易的。不过，这两种权利的享有者都是劳动者个人，而不是农民及自然人。由于劳动者本身的劳动时间是有限的，劳动者本身的劳动状态是不断变化的。劳动者本身有寿命及受劳动能力限制，决定了土地所有权在表面上是无期的而实质上是有期的或有最长有效期限制的。按照中国人口寿命周期计算，假定一个人能活 100 岁，按照扣除少年儿童时间 15 年和老年不能劳动时间 15 年计算，能享有土地所有权的时间最长为 70 年，这就相当于一个农民的土地所有权最多等于 70 年土地使用权。这样，对土地所有权的利益就可以进行微分。这种隐含的数量关系表明，农村土地的土地所有权和土地使用权都有一定的时间限制，这为国家对个人在农村土地上获得的不合理利益进行适当调节提供了客观依据。比如，每年对农村土地所有者开征 1% ~ 3% 的财产税，经过几十年后，土地所有者的初期财产或既得利益实际上将被征收完毕，土地所有权与使用权在收益上将趋于一致，新的土地所有者的收入将完全转变为劳动收入，实现从按生产要素分配到按劳分配的平稳转换和顺利过渡。

表 13-6　　中国农村土地的产权构成及三种权利的区分

构成	主要内容	主要特点	与政策实践的关系
农村土地的国家管理权	国家基于公权力而天然地获得对土地进行管理及资源配置和利益调节的权利，可以对土地实行用途管制和规划管制并调节对土地占有者、使用者和劳动者之间的利益分配	这种权利由政治决定，本身就是一种财产权利，只不过具有隐含性，需要将国家限制在有限政府框架内按照公共管理服务的要求进行必要的限定和保护	中国现行的国家土地利用总体规划、政府土地管理计划、对土地及相关资产的所有者和生产经营者征收的各种税收、国家对基本建设财政支出和对农业生产发展及农民生活提供的各种补助等都与此有关
农村土地的土地所有权	国家赋予在土地上实际参加劳动的人员在履行有关手续后所享有的按规定范围使用和管理土地并获得利益的权利，劳动者个人可以从中获取投入回报	这种权利由政治决定，享有权利资格的人是严格管制的，由劳动者个人占有，按照国家管理规定和劳动者集体管理约定使用，不能在市场上自由买卖或处置，权利本身也没有期限	中国现行政策法律规定的农民对农村土地所享有的土地承包经营权特别是土地承包权在性质上就属于这种权利，政策规定长期不变就意味着权利是无期的，不过相关管理规定还存在缺陷或不完善的地方
农村土地的土地使用权	从农村土地的土地所有权分离出来的一种权利，是由农村土地所有者赋予、受到国家法律保护和劳动者集体约定管理服务的、实际在土地上参加劳动的人员所享有的按规定范围和期限使用土地并从中获取利益的权利	这种权利由农村土地所有者在其可支配权利范围内决定，享有权利资格的人是开放的或者没有城乡区域限制，权利本身是有期限的。这种权利可以与土地使用权合并行使，合并时是不可以自由交易的；也可以分开行使，在分开后，可以在市场上进行自由交易	中国现行政策规定的农民对农村土地所享有的经营权可以具有这个产权的特点，但相关的管理制度还不太完善。引入这种权利后，可以与城市土地的使用权一样，引入市场机制优化配置资源，提高资源配置效率。中国今后改革的方向就是要通过加强国家及集体的公共管理服务，在农村土地管理中引入规范化、标准化和银行及金融机构、投资者认可的土地使用权

资料来源：作者整理。

（八）中国城乡的土地产权制度具有内在一致性

按照新的解释，中国城乡土地的所有者都是劳动者，在利益归属上都实行按劳分配，由劳动者受益。这样，就建立了城乡土地产权的一致性，可以将城市土地上实行的土地使用权管理机制引入农村，建立城乡统一的土地使用权市场；同时建立城乡土地上的利益分配的统一原则，具体按照按劳分配或者按生产要素分配与国家参加调节相结合的办法运行。现实社会中农村土地上的利益是复杂的，其部分是由土地上的直接劳动所创造的，部分是由土地位置及其相关投资——间接劳动所创造的，特别是由于国家实行的土地所有权制度带来的。这些利益仍是劳动者创造的，但在组织形式上很难直接分配给创造利益的相关劳动者，因而需要由国家出面进行必要的利益调节或者采取建设公共设施和提供集体消费品或公共品等替代方式让劳动者受益。这样，一种是直接的按劳分配，具体内容是按劳动时间分配和按劳动贡献分配相结合；另一种是间接的按劳分配，具体内容是按要素分配与国家利益调节相结合。对于不按劳分配的内容，由国家进行利益调节。

（九）国家在制度中扮演不可替代的重要角色

学术界对农村土地集体所有制的很多分析文章，对国家在制度中的角色是存在偏见的，或者说并没有注意到国家在制度中的合理角色。不少人认为国家的介入侵犯了农民的利益，隐含的假设是个人、集体、国家三者地位完全对立和三者利益互不相容，隐含的评价标准是交换价值论。新的解释辩驳了这一偏见。对一个物品的所有权的创立、规定和实施是有成本或代价的，在一定情况下受技术和组织状况的影响（道格拉斯·诺斯等，2009），由国家保障公正和提供合理的所有权是重要的，国家在农村土地集体所有制中扮演不可替代的角色，只不过这种角色在很大程度上是隐含的。主要原因是，一方面，农村土地具有自然资源和长期投资双重属性，现实社会中劳动者在占有土地时不仅获得长期投资收益，而且附带获得自然资源地租收入。劳动者所享有的初始产权不平等，会影响资源配置和利益归属，没有国家的规范调节，无法保障制度公平。另一方面，个人、集体、国家三者之间既有对立的一面，更有从属的一面，而且从属的顺序是劳动者集体从属于劳动者个人，国家从属于劳动者集体和劳动者个人，从属的内容是提供公共管理服务及公共品或集体消费品。这些内容是构成个人财富并在个人的生活消费中必不可少的重要组成部分，也需要由劳动者生产出来。国家不同于劳动者个人和劳动者集体，它具有强制力，可以界定和保护产权，可以促进人的生产性努力并保护每一分努力获得必要的报酬，可以抑制人的分配性努力并调节利益的不合理分配，可以在交换价值论和劳动价值论之间建立连接，促进和实现按劳分配。基于国家在制度中的作用，改革的核心是将国家在制度中的角色从隐含转为显性，同时在有限政府框架内为所有参加者平等提供公共管理服务，对国家在制度中所承担的职责进行必要的限定和对其所必需的权利和资源提供必要的保护。

六、基于新解释的农村土地集体所有制的制度变迁

相比经典的传统解释和发展的主流解释，新的解释更加深入问题本质，更加具有先进性和合理性，更加具有开放性和包容性。以此为基础，可以对中国改革开放以前、改革开放以后以及深化改革以后的农村土地集体所有制的制度变迁提供一个比较完美的理论解释，从而将制度的过去、现在和未来有机联系起来，促进思想解

放和观念转变，为未来改革提供理论和实证支撑。这样，制度变迁就是要按照深入解决问题、将外部性问题内部化、使个人新增劳动投入的私人收益率与社会收益率近乎相当的思路，对制度结构中的部分制度安排由于社会经济条件变化和技术进步等而出现的不适应进行配套调整，深化对创新劳动的产权界定和保护，引入交易，深化人的分工与合作，改进制度的组织形式，增强制度功能，以更好地尊重劳动、扩大投资、增长知识和促进创新，实现土地、劳动与资本等生产要素的更好结合，增加对全体劳动者个人及其家庭和单位的利益分配。

（一）改革开放以前的农村土地集体所有制的传统模型

改革开放以前，中国农村实行计划经济，建立了农村土地由劳动者个人占有、由劳动者个人受益、劳动者集体管理和国家规范调节的基本制度框架，农村土地集体所有制的组织方式和实现形式是：在国家统一计划管理下，农村土地由劳动者个人占有，由劳动者集体统一经营、统一劳动和按劳分配，土地上的劳动成果及利益主要由劳动者个人获得并分享给个人家属，同时也提供给一些没有参加劳动的特殊困难群体人员（见图 13–1）。

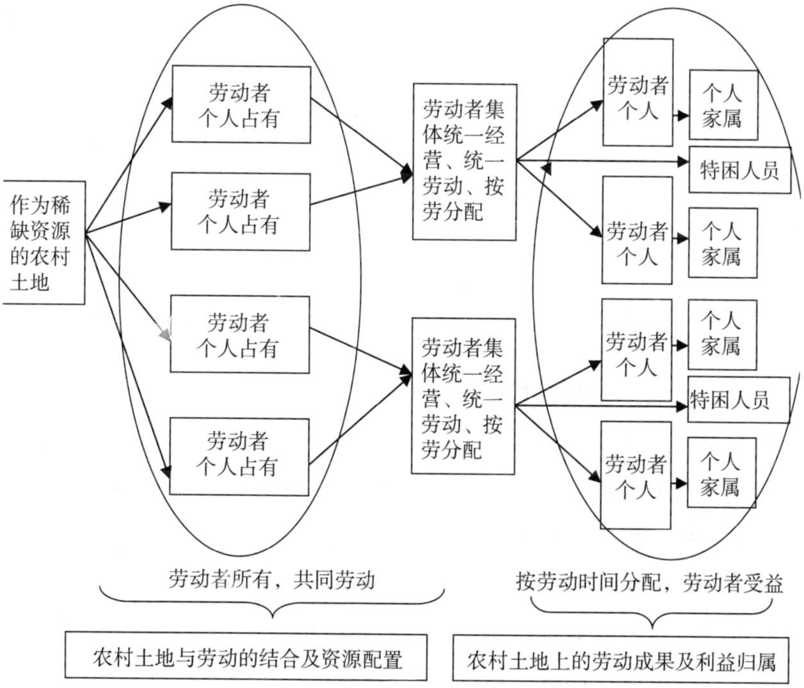

图 13–1　改革开放以前的农村土地集体所有制的传统模型

资料来源：作者整理。

这一制度安排的特点是：土地产权界定和资源配置方式为“国家计划管理—劳动者集体命令—劳动者个人服从”，在制度内不承认或忽视劳动者个人的异质性及差异性利益要求，国家对农村土地资源实行集中统一计划管理，劳动者集体在制度中处于核心地位，劳动者个人之间实行共同劳动，对土地上的劳动成果及利益主要以劳动时间和人们的基本生活需要为依据进行集中统一分配，建立对劳动的激励。这一制度安排，在设计上与土地的构成以自然资源的生产力为主、劳动相对于资本过剩、劳动者文化水平不高、劳动投入以农业生产体力劳动为主相适应，在生产力水平极低的条件下解决了农村人与人之间合作的矛盾，保障了社会公平，促进了生产力发展，特别是促进了农村基础设施建设和公共管理服务加快发展。

但这一制度安排也存在缺陷，主要是在计划经济条件下，人与人之间的交易有两大费用，一个是信息费用，即在计划时要知道每一个人的效用函数、需要什么、什么时候需要等信息在理论上是不可能的，在认识论上也是不可能的；另一个是监督费用，规模越大，人越多，监督难度越大，监督费用也越高。同时，劳动者个人与劳动者集体地位不对称，个人很难对集体的命令提出合理的不同意见，很难享有对劳动者集体的退出权以及对退出后的合理利益的有效保护。在这一制度中，既不允许劳动者个人直接获取劳动成果，也不允许个人之间直接进行生产交易，缺乏开放、市场、均衡价格、创新机会和企业家，对复杂劳动投入的激励困难，属于知识性、技术性和创造性劳动投入的部分增长慢，劳动分工较浅，劳动的知识含量、技术含量和创新含量不高，属于长期投资的生产力增长慢，资本积累不足，制约生产力水平的持续快速提高。

（二）改革开放以后的农村土地集体所有制的发展模型

改革开放以后，中国开始实行有计划的商品经济，随后逐步在农村建立市场经济体制。农村土地集体所有制的组织方式和实现形式是：农村土地仍由劳动者个人占有，但经营方式发生变化，引入了家庭经营并以此作为基础性的经营方式；同时对集体统一经营方式进行改造，实行集体及合作社经营，负责资产管理、公共服务和利益调节，在分配上初期实行“交够国家的、留足集体的、剩下就是自己的”。现在实行国家农业支持保护政策，土地上的劳动成果及利益不仅有来源于家庭经营的部分并以此为主，而且有来自集体统一经营的部分，在此基础上分享给个人家属同时也提供给一些没有参加劳动的特殊困难群体的人员（见图 13–2）。

这一制度安排的特点是：土地产权界定和资源配置方式是“劳动者个人家庭经营—劳动者集体统一经营—国家支持管理服务”，国家在制度中的角色从计划管理者逐步转变为支持管理者，在制度内承认和尊重劳动者个人的异质性及差异性利益要求，劳动者个人的家庭经营在制度中发挥核心作用，劳动者集体管理的内容大幅减少并在性质上发生变化，实行将家庭经营与集体统一经营相结合。这一制度安排，在设计上与劳动者的性质转向农业生产经营，面向市场选择经营品种和方式，属于知识性、技术性和创造性劳动的部分增多，土地构成以农业生产自然资源为主、属于长期投资的部分增多相适应，国家将劳动者个人之间的横向协作过程适当分开，将土地承包到农户，实行家庭自主经营，劳动者个人要承担从土地改良、农业生产到收益回报的纵向过程。通过将劳动者个人的劳动投入与其收益回报直接联系起来，即获得其劳动成果在扣除国家税收和集体提留后的剩余，将外部性内部化，以此建立对劳动及创新的激励。

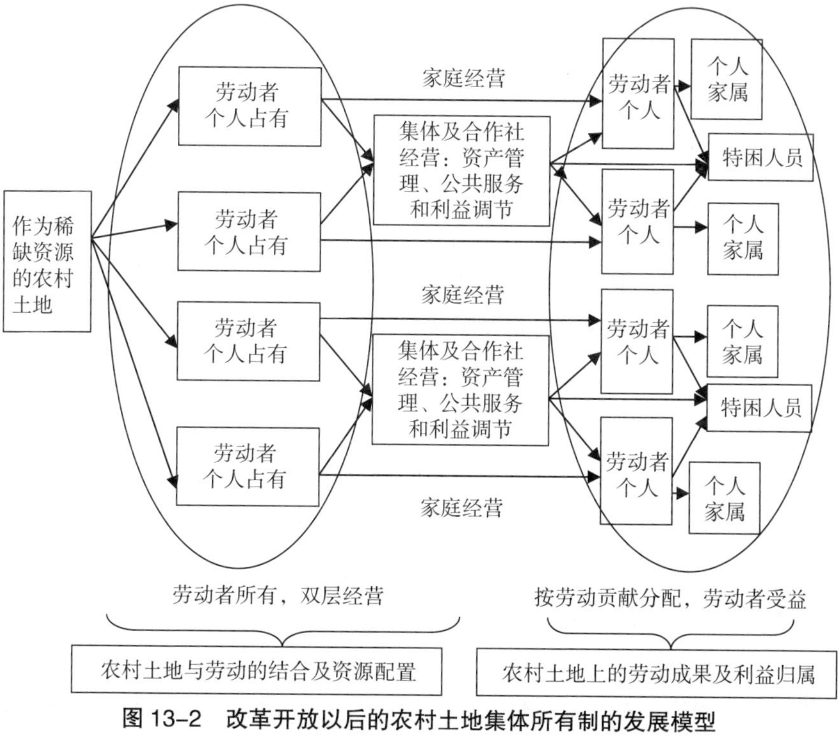

图 13-2 改革开放以后的农村土地集体所有制的发展模型

资料来源：作者整理。

但这一制度安排仍然存在缺陷，主要是农户小生产与大市场的矛盾突出，统一、开放、竞争、高效的市场体系建设滞后，劳动者个人之间合作点不多、合作空间小、合作机会不足，难以交易或交易不规范，信息不充分和交易不平等，价格存在较大波动或扭曲，国家规范调节不力，制度对个人增加劳动投入、深化劳动分工及提供创新性和长期性的复杂劳动的激励比较困难，人的社会流动困难，企业家因素的作用发挥不足，制约生产力水平的持续快速提高。制度基本不允许劳动者个人之间直接进行土地产权及生产交易，但在实践中却不同程度地存在劳动者个人之间的产权交易，这种交易中个人收益与社会收益不匹配乃至相差悬殊。

（三）深化改革以后的农村土地集体所有制的现代模型

随着社会经济条件和技术进步因素的不断变化，目前中国农村土地集体所有制的部分制度安排还面临很多问题，未来发展还需要进一步改革。从深化改革的方向看，在未来的组织方式和实现形式中，农村土地仍由劳动者个人占有，但会引入劳动者个人之间的市场交易，同时引入国家规制和利益调节机制，将国家公共财政及基金管理引入农村土地管理服务，允许劳动者个人在满足相关条件的基础上更加自由支配和使用农村土地；在经营方式上，在实行双层经营的基础上，允许和鼓励企业经营在更大范围内发挥作用；在利益分配上，以按劳分配为核心，更加注意对弱势群体的支持、补助和救济（见图 13-3）。

这一制度安排的特点是：土地产权界定和资源配置方式是“劳动者个人独立经营—劳动者集体管理协调—社会分工合作—国家规范管理调节”，在制度内承认和尊重劳动者个人的异质性及差异性利益要求，劳动者个人的家庭和劳动者个人的单位都在制度中发挥核心作用，国家在支持管理服务基础上促进社会分工合作和进行规范管理调节，实行多元化多样化的经营方式。这一制度安排，在设计上与劳动者的性质转向多元化、多样化劳动及生产经营、机器替代劳动增多，属于知识性、技术性和创造性劳动的部分越来越多，土地的构成在自然资源基础上的新增的长期投资增多相适应，国家引入土地所有权税和土地特定用途使用补助，建立和完善生产要素市场体系，允许并鼓励劳动者个人之间对土地占有及投资进行交易，将外部性内部化，为劳动及创新提供激励。

在这一制度安排中，考虑到劳动者个人享有土地产权的有条件性和农村土地所具有的自然资源和长期投资双重性，将制度设计的隐含假设显性化，为引入市场机制和不断扩大交易创造条件。一是整个制度废除了土地所有权的终身制或世袭制，强制性地提供了地权到期转让或者重新优化配置的机会。二是当劳动者个人不具有所有权资格时就必须退出所有权，但在退出土地占有时可以获得投资收益，对长期投资进行一定补偿，有失有得。不仅如此，对退出者而言，可以选择早退，也可选择晚退，自己可以调节，更好地平衡利益。三是新的土地所有者不仅要向前任土地所有者支付长期投资收益，还要缴纳土地所有权税。这些税收主要用于提供公共品以及土地的特定用途，不改变劳动者受益的性质，在制度设计合理的情况下，这一税收相当于土地的垄断性收入或者地租在扣除支付给前任土地所有者后的余额。这样，对新的土地所有者而言，在土地上获取的收入就来自劳动收入。四是对新的土地所有者或使用者而言，土地的持有成本不为 0，如果占而不用或者使用效率降低，必然存在较大损失，客观上可以激励引入新要素或创新方法，以提高资源配置效率。

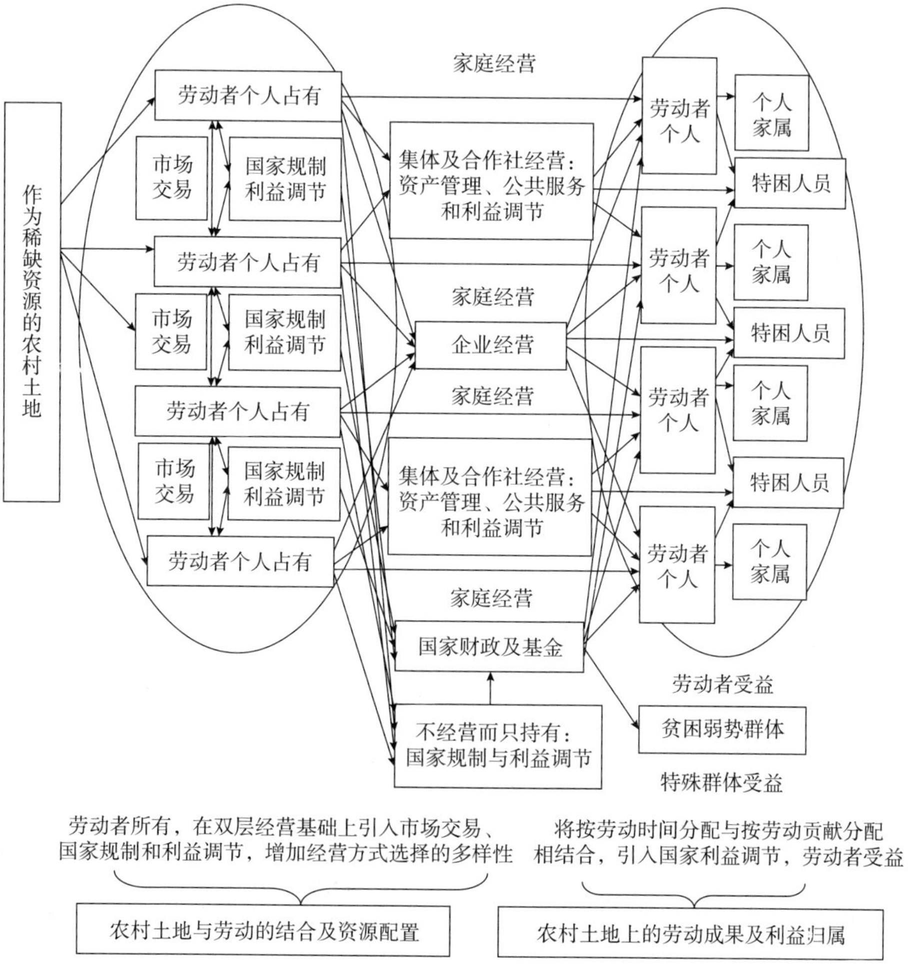

图 13–3　深化改革以后的农村土地集体所有制的现代模型

资料来源：作者整理。

七、一些重要制度安排变化的原理、内容和假设条件

农村土地问题非常复杂。从现代制度经济学的角度看，用合理的制度解决问题，核心是国家要对与农村土地相关的所有人员平等对待，尊重个体差异性，将人与人之间合作的好处、矛盾和问题尽可能全面和公开地显示出来，保护合理性，鼓励先进性，抑制投机性，建立包容性，引入平等自由，引入利益兼顾，引入谈判妥协，破除身份因素、特权因素和暴力因素的影响，全面系统深入地解决问题。作为一种问题导向的制度设计，农村土地集体所有制是人制定的，在实践中存在四大难题，即劳动者集体及集体管理参差不齐，劳动价值论在实践中存在组织、技术和经济瓶颈，一些产权在实践中无法简单和清晰的界定及产权界定的交易成本费用过高，国家行为在实践中存在两种可能性（见表 13-7）。出现这些问题的原因是制度设计的隐含假设与现实社会条件存在差异。解决这些问题，就需要对一些制度安排进行调整。

表 13-7　农村土地集体所有制在实践中面临的四大难题及解决途径

序号	主要难题	基本原因	解决思路	主要途径
1	劳动者集体及集体管理参差不齐	在制度设计中隐含假设了一个完全能力、完全理性、行为简单、不存在投机、不犯错误的劳动者集体，这与现实社会条件存在差异	将制度设计隐含的思想、假设和条件显性化，对劳动者集体管理的内容进行拆分和重组，由劳动者个人在交易中解决问题	拆分组合，引入交易，扩大交易
2	劳动价值论在实践中存在组织、技术和经济瓶颈	在制度设计中隐含假设存在一个有形、有效和经济的，对农村土地上的劳动者个人及劳动进行分析、前瞻、考察、评估、计量、全面登记和系统反映的配套技术和支持系统，这与现实社会条件存在差异	将制度设计隐含的思想、假设和条件显性化，以劳动价值论的原理为依据，利用交换价值论在市场完全竞争条件与劳动价值论等价的原理，创造条件，发挥交换价值论的作用	制度衔接，引入条件，界定产权
3	一些产权在实践中无法简单和清晰的界定及产权界定的交易成本费用过高	在制度设计中隐含假设了农村土地上的所有产权为绝对产权，在技术上可以有效界定，产权界定没有成本或交易费用很低，这与现实社会条件存在差异	将制度设计隐含的思想、假设和条件显性化，区分绝对产权和相对产权，引入国家提供公共品，建立两个专门的登记管理服务中心和一个投资交易所	建立组织，激励劳动，促进投资
4	国家行为在实践中存在两种可能性	在制度设计中隐含假设了一个具有完全能力和完全理性、行为简单、不存在投机、不犯错误的国家，这与现实社会条件存在差异	将制度设计隐含的思想、假设和条件显性化，将国家作为一个有限责任政府对待，确定国家行为的边界，引入合理条件，实行合约治理	合约治理，引入国家，限定国家

资料来源：作者整理。

从发展模型到现代模型的制度变迁，基本的思路就是将制度设计隐含的思想、假设和条件显性化，对劳动者集体管理的内容进行拆分和重组，由劳动者个人在交易中解决问题。要以劳动价值论的原理为依据，利用交换价值论在市场完全竞争条件与劳动价值论等价的原理，创造条件，发挥交换价值论的作用；要区分绝对产权和相对产权，引入国家提供公共品，建立两个专门的登记管理服务中心和一个投资交易所；要将国家作为一个有限责任政府对待，确定国家行为的边界，引入合理条件，实行合约治理。在主要内容上，要推进拆分组合，引入交易，扩大交易；搞好制度衔接，引入条件，界定产权；建立新型组织，激励劳动，促进投资；实行合约治理，引入国家，限定国家。这些改革也具有隐含假设条件，要在实践中不断探索和在理论上不断完善。

（一）改进集体管理，可以法人管理，可以合约管理

农村土地集体所有制在解决中国经济发展面临的两个重大问题时，在实践中也面临劳动者集体及集体管理参差不齐的问题。改革开放以前，中国实行计划经济，人们的劳动比较简单，劳动者集体不仅带有经济性质，而且带有行政性质，组织严密，集体管理是非常有效的。在市场化改革以后，劳动者集体的性质和集体管理的内容发生重要变化，由于成员复杂、组织困难、能力有限和理性有限等原因，这个集体已经难以在制度中担当理想角色。针对不同地区农村集体经济发展的差异，在劳动者集体管理的形式上实行分类管理，因地制宜，既允许对农村集体经济组织进行法人化改造，按照法人形式进行管理，也允许对农村集体经济组织按简化方式进行管理，按照合约形式进行管理。无论是按照法人形式进行管理，还是按照合约形式进行管理，在组织成员资格及组织管理程序上都应进行一定的全国统一规范及地区统一规范，保证公开、透明、公平和公正，促进农村土地资源的优化配置，保护农村劳动者的合理利益。

（二）推进拆分组合，引入市场交易，扩大市场交易

随着工业化、信息化、城市化和农业现代化的快速发展，对于具有较高经济价值或在土地流转上有利可图的农村土地，在农村人口及劳动力发生大规模流动的基础上，在充分尊重农民意愿的前提下，为了提高土地资源配置效率，从制度设计上看，可以对劳动者集体管理的内容进行拆分和重组（见图 13–4），引入劳动者个人之间的交易，促进劳动者个人之间的合作，解决劳动者个人之间的矛盾，改进农村土地与劳动者个人结合的方式。其交易虽然简单，但效果很好，实际上是以较低的成本和双方都可接受的办法解决矛盾和问题，建立人与人之间合作的一种新机制，让大家都有所受益、都承担责任、都有所妥协。

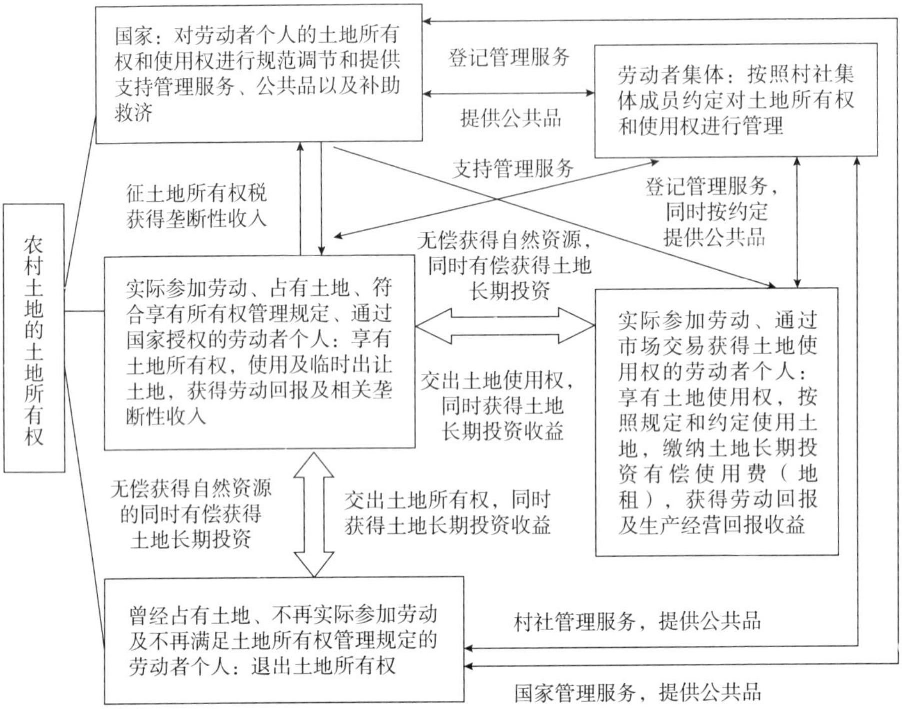

图 13-4　农村土地所有权的拆分与市场交易机制的引入

资料来源：作者整理。

从中国的改革来看，在制度变迁中，实际上将劳动者集体管理中的资源配置和利益分配权利在劳动者个人之间进行了拆分，整个拆分组合过程分为两步。第一步是横向拆分与纵向优化组合，主要是将劳动者个人之间的横向协作过程适当分开，引入劳动者个人之间的纵向交易，将土地承包到农户，实行家庭自主经营，劳动者个人要承担从土地改良、农业生产到收益回报的纵向过程，通过将劳动者个人与其对土地占有开始的整体投入及收益回报直接联系起来，建立对劳动及创新的激励。这一步的变革主要在改革开放以后进行，取得重大成果。第二步是纵向拆分与横向优化组合，主要是将劳动者个人承担的从土地改良、农业生产到收益回报的纵向协作过程适当分开，引入劳动者个人之间的横向交易，投资流转到能人，实行社会分工合作，通过将劳动者个人从占有土地开始对各环节进行的投入与其收益回报直接联系起来，建立对劳动及创新的激励。这一步的变革目前还存在很大不足，需要在深化改革以后深入推进。

（三）搞好制度衔接，引入合理条件，界定相对产权

劳动价值论是建立农村土地集体所有制的理论基石。农村土地是有外部性的稀缺资源，关系到全体劳动者的利益。中国农村土地由劳动者所有和劳动者受益，是界定土地产权最基本的原则。与按要素分配相比，按劳分配不仅能保障机会公平，而且能保障起点公平，因为它实际上默认了分配的起点为0。但由于劳动本身的复杂性和劳动分工不断深化，这一理论在实践中很难直接操作，现行制度中的很多问题由此而生。主要问题是，作为分配的依据，劳动价值论中的劳动是一个流量，隐含的假设是存在一个有形、有效和经济的对农村土地上的劳动者个人及劳动进行分析、前瞻、考察、评估、计量、全面登记和系统反映的配套技术和支持系统。而在现实社会中，对劳动的计量和衡量是复杂的，特别是劳动与劳动之间并不具有简单的可比性，也缺乏一个配套的组织、技术和支持系统。相比之下，按要素分配却可以解决这个问题，因为这里的劳动是一个存量，活劳动已经转化为物化劳动。不过，按要素分配也面临问题，主要是起点不公平，因为凝结在要素中的劳动除了土地占有者的劳动之外，还有其他人的劳动，特别是存在垄断因素等情况下，其他人的劳动很多，导致土地占有者无偿占有他人的劳动果实。由于农村土地位置的不可移动性，农村土地市场交易存在天然的不完全竞争因素，如果简单地实行按要素分配，带来的分配不公也将是严重的。

交换价值论是建立和实行市场经济的基础。对存在外部性的农村土地而言，既需要发挥其在资源配置中的重要作用，也需要对其在利益分配上的失灵进行必要的规范调节。为了促进土地与劳动的更好结合和提高土地资源配置效率，需要引入交易和降低费用，需要对产权进行界定和保护。而引入交易，也是一个引入交换价值论的过程，这与劳动价值论是存在差异的，毕竟人们不能仅仅因为占有就获得利益。从中国的改革来看，在制度变迁中，实际上是在劳动价值论基础上，通过引入条件，区分绝对产权和相对产权，深入界定相对产权，建立交换价值论与劳动价值论之间的转换关系，实现制度衔接，深入解决了问题。其基本原理是劳动价值论与交换价值论在市场完全竞争条件下等价，通过引入国家规范调节，创造市场完全竞争条件，实现以劳动价值论为基础，按照交换价值论运行，合理发挥交换价值论作用，实现两者一致的分配效果。这样，既可以尊重劳动群众的劳动成果，为所有作出劳动贡献的农民提供一个利益补偿渠道，特别是保护处于弱势地位的农民群体的利益，保障所有实际参加劳动的人员的利益，调节不参加劳动人员的利益，让土地上的利益更多地由创造利益的劳动者所享有，建立和完善农村财富创造的动力机制，对于激发人们的生产积极性、促进增长、提高效率和实现公平不可替代。同时，在引入国家与劳动者集体在制度中的合理角色后，劳动价值论在实践中面临的难题从无解变为可解。在制度设计完善时，这一制度完全可以超过资本主义国家土地私有制的作用和功能。

从制度设计上看，合理引入条件的一个重要机制就是引进土地所有权税费，其中税由国家规范调节，类似于财产税或资源税，费由劳动者集体规范调节，类似于物业费。在引入土地所有权税费以后，土地所有权从无成本变为有成本。这个成本就是垄断性收入，它来源于其他劳动者每年向国家及集体缴纳的税收，由国家及集体再向有关劳动者进行分配，实现劳动者受益。这样，拥有土地所有权的劳动者个人只有在土地收入扣除每年缴纳的土地所有权税费后才是自己的劳动收入，体现了制度公平。如果土地利用效率低于社会平均劳动的必要水平，就有可能出现入不敷出乃至亏损，这在客观上促进土地资源的高效配置和使用。对享有土地所有权的劳动者个人而言，他可以自己利用土地，在扣除税费后为劳动报酬；也可以出租给其他劳动者，获得垄断性收入，在扣除税费后净收入就可能为0。经过一定的时间积累，这些按期缴纳的土地所有权税费的总和等于一定的初始财富。如果劳动者个人要卖掉土地，新获得土地所有权的劳动者个人同样每年要缴税费。在交易中充分考虑土地所有权税这一成本因素，实际上就可以解决交易价值论中的起点不公平问题。如果制度设计完善，引入最低缴税基数，还可以解决私人占而不用的问题。这样就建立了交换价值论和劳动价值论的衔接以及土地所有权与土地使用权之间的连接（见图13–5）。

（四）建立新型组织，激励劳动投入，促进社会投资

交易是解决人与人之间合作问题的重要方法，但用交易并不能解决所有问题。交易的可持续性和降低交易成本，需要国家做艰苦细致的工作。在引入交易的同时，建立新型组织也是重要的和不可或缺的。农村土地上的经济活动受技术条件、价值判断、成本费用、信息不对称限制，本身也是复杂的，很多事情还无法交易。为了帮助农村土地上的劳动者突破发展瓶颈，更好地激励劳动、促进投资和引入创新因素，在更大范围内优化配置资源，促进资源配置效率提高，要由国家介入提供公共品，探索建立关于人和地的两个专门的登记管理服务中心和一个关于资金及技术的投资交易所。

农村土地集体所有制的发展主体是人，包括劳动者个人和劳动者集体。对劳动者个人及其劳动的管理是一项基础性工作，国家和劳动者集体对不同劳动者个人的土地所有权和土地使用权的界定、对劳动者集体资产的经营管理和利益分配、对村社集体组织内弱势困难群体的补助及救济等工作，都需要以此为依据。要突破劳动者集体管理的局限，由国家出面，专门组建全国统一管理和运行有效的国家、省、县三级农村劳动者及劳动登记管理服务中心，对农村集体组织范围内的劳动者个人及其家属和单位的基础信息、劳动就业、培养培训、人口家庭和社会保障等情况进行专门登记、建立档案、跟踪调查和动态维护，建立统一规范、统一标准和统一服务的农村劳动者、劳动和人口家庭等信息数据库和社会服务系统，面向全社会的企业、单位和个人，可以跨行业、跨部门、跨地区，按照规定要求提供规范化、标准化、法定化的基本公共服务，以及具有一定专业性、权威性、及时性、准确性、加工性的相关信息咨询服务。

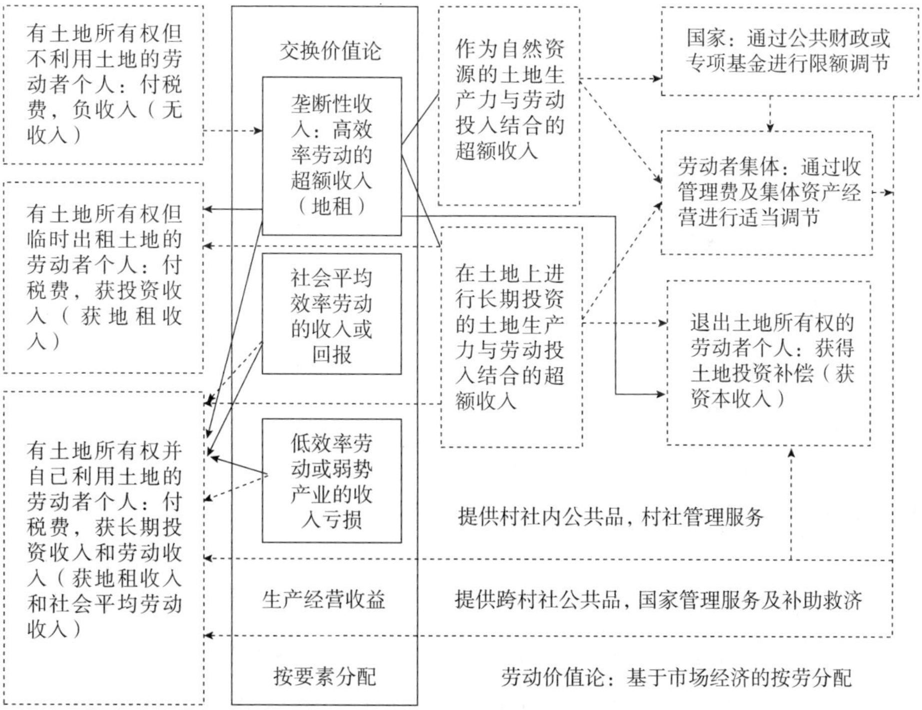

图 13–5　从交换价值论到劳动价值论

注：实线为交换价值论下的按要素分配路径，虚线为基于市场经济的劳动价值论下按劳分配路径。
资料来源：作者整理。

农村土地集体所有制的发展基础是地，包括土地的静态信息和动态信息。要突破地区分割管理的局限，由国家出面，专门组建全国统一管理和运行有效的国家、省、县三级农村土地收储及出让登记管理服务中心，对农村集体组织范围内农村土地的基础信息、劳动者个人及家庭申请转让土地所有权的条件及要求和申请出租土地使用权的条件及要求、劳动者个人及单位或家庭申请转入土地所有权的要求及条件和申请承租土地使用权的要求及条件、政府对农村土地使用权的收购标准、储备标准和实际收储情况、土地整理情况和土地使用权实际流转情况等进行专门登记、建立档案和动态维护，建立统一规范、统一标准和统一服务的农村土地收储及出让等信息数据库和社会服务系统，面向全社会的企业、单位和个人，可以跨行业、跨部门、跨地区，按照规定要求提供规范化、标准化、法定化的基本公共服务，以及具有一定专业性、权威性、及时性、准确性、加工性的相关信息咨询服务。要区分土地上的自然资源和长期投资、物化劳动和活劳动、有劳而获和不劳而获，促使不愿意留在农村的劳动者退出对农村土地的占有，使愿意深入农村发展的劳动者更好地利用土地，平衡好转出土地所有权的劳动者和转入土地所有权的劳动者之间的利益关系。当劳动者不在劳动的时候，应该退出对土地的所有权，但对于劳动者在土地上的长期投资收益，要给予严格保护。很多劳动者个人在使用农村土地后，会对土地进行长期投资，这种投资在当期投入后没有收益或收益很少，要在投入期后数年才能回收，因而需要特别的保护。这种投资收益属于劳动者收益的一部分，具有一定的外部性。当然，在保护包括这些长期投资收益的垄断性收入（地租）的时候，也要进行限额规范调节，特别是调节不属于长期投资而属于土地位置等自然资源特殊性产生的垄断利益，在过去的劳动者和现在的劳动者以及未来的劳动者之间进行合理分配，尤其通过规范调节增加公共品供应。

农村土地集体所有制的发展关键是投资，包括投资的进入和投资的退出。提高农村土地上的资源配置效率，离不开投资这个关键因素。因为投资是技术进步的载体，而技术进步需要解决对技术研发、推广应用及具有创新精神的人员包括企业家的差别待遇和特殊保护问题。劳动者投资的类型多种多样，有固定资产投资，也有流动资产投资，有显性的投资，也有隐性的投资，有短期投资，也有中长期投资。要引入投资市场建设管理，由国家出面，专门建立全国统一管理和高效开放的农村投资交易所，实行企业化管理、市场化运作和社会化服务，切实改善农村投资环境，加强投资服务和投资保护，引入公开市场（增加资金流动性），引入交易价格（反映稀缺性），引入投资竞争（提供压力），引入项目合作（整合资源），拓展劳动者在农村的投资机会，引导劳动者对土地进行长期投资，为企业家在农村中创造新产品、新市场、新方法、新供给来源、新组织和新利润创造条件（见表 13–8），促进土地与劳动更好的结合，促进劳动分工与合作深化，利用投资市场分散投资风险和融通资金（见表 13–9、表 13–10）。

表 13–8　　引入创新因素驱动发展的五种类型、内容和条件

序号	创新类型	基本内容	社会条件
1	引进一种新的产品或者一种产品产生新的特性	消费当前还不熟悉的产品	企业家，信贷与资本，要素的组合供给，经济生活的一般循环周转，对创新活动的尊重、许可、鼓励、条件创造、风险分担服务、产权界定与产权保护
2	采用一种新的生产方法或者在生产中还没有通过经验检验的方法	这种方法的建立绝不需要以科学上的新发现为基础，而且它还可以在商业上处理某种产品的新方式	
3	打开一个新的市场	对某一个部门或单位而言，以前没有进入过的市场，不管这个市场以前是否存在	
4	征服或者控制某种新的供给来源	主要是原材料或半制成品的来源，不管这种来源以前是否存在，还是第一次制造出来	
5	任何一种工业执行新的组织	比如通过托拉斯化造成一种垄断地位，或者打破一种垄断地位等	

资料来源：熊彼特:《经济发展理论》，商务印书馆 1990 年版。

表 13–9　　农村土地上的劳动者所有方式的演变

阶段	内容	基本原理	实现方式	适应范围
早期阶段	农村土地由劳动者所有	劳动价值论，劳动者是土地的主人，促进生产性努力，抑制分配性努力	劳动者个人占有，在使用上实行国家计划管理配置，由劳动者集体集中统一经营	中国改革开放以前的早期社会，实行计划经济，缺乏劳动投入与劳动产品的直接对接，不允许劳动者个人占有的土地及其长期投资之间自由交易
发展阶段	农村土地由劳动者所有	劳动价值论，劳动者是土地的主人，促进生产性努力，抑制分配性努力	劳动者个人占有，在使用上按照市场需求配置，由劳动者集体管理，劳动者个人的家庭经营和劳动者个人的单位经营相结合，国家提供支持管理服务	中国改革开放以后的发展社会，引入市场经济，建立劳动投入与劳动产品的直接对接，基本上不允许劳动者个人的土地及其长期投资之间的自由交易
未来阶段	农村土地由劳动者所有	劳动价值论，劳动者是土地的主人，促进生产性努力，抑制分配性努力	劳动者个人占有，在使用上按照市场需求配置，由劳动者集体管理，劳动者个人的独立经营、劳动者个人的家庭经营、劳动者个人的单位经营、社会分工合作和国家规范调节相结合，国家提供支持管理服务	中国深化改革以后的一般社会，实行市场经济，建立劳动投入与劳动产品的直接对接，允许劳动者个人占有的土地及其长期投资之间的自由交易，同时引入国家规范调节特别是征收土地所有权税并用之于提供公共品

资料来源：作者整理。

表 13-10　　农村土地上的劳动成果及利益分配方式的演变

阶段	内容	基本原理	实现方式	适应范围
早期阶段	农村土地由劳动者受益	劳动价值论，按劳分配，劳动者受益 = 私人产品 + 公共品	全部产品及收入由劳动者集体组织生产经营并进行社会分配，按劳分配 = 按劳动时间分配劳动成果（私人产品和公共品）	中国改革开放以前的早期社会，实行计划经济，缺乏劳动投入与劳动产品的直接对接，不允许劳动者个人占有的土地及其长期投资之间自由交易
发展阶段	农村土地由劳动者受益	劳动价值论，按劳分配，劳动者受益 = 私人产品 + 公共品	全部产品及收入由劳动者个人的家庭和集体等组织生产经营并进行社会分配，按劳分配 = 按劳动贡献分配劳动成果（私人产品）+ 按劳动时间分配劳动成果（公共品）	中国改革开放以后的发展社会，引入市场经济，建立劳动投入与劳动产品的直接对接，基本上不允许劳动者个人的土地及其长期投资之间的自由交易
未来阶段	农村土地由劳动者受益	劳动价值论，按劳分配，劳动者受益 = 私人产品 + 公共品	全部产品及收入等由劳动者个人等生产经营并进行社会分配，按劳分配 = 按劳动贡献分配劳动成果（私人产品）+ 按劳动时间分配劳动成果（公共品）+ 按生产要素分配土地交易利益与国家规范调节结合（公共品）	中国深化改革以后的一般社会，实行市场经济，建立劳动投入与劳动产品的直接对接，允许劳动者个人占有的土地及其长期投资之间的自由交易，同时引入国家规范调节特别是征收土地所有权税并用之于提供公共品

资料来源：作者整理。

（五）实行合约治理，引入国家行为，限定国家行为

国家在农村土地管理中扮演不可替代的角色，一方面对劳动者个人所享有的产权提供法律保护，另一方面也要从保障全体实际参加劳动人员的利益出发，对劳动者个人的土地利益进行必要的规范和调节。土地上的利益是劳动创造的，但由于土地的不可移动性，不同地区的土地价值差异很大，创造财富的劳动者的利益受到土地所有者及占有者的侵占。在市场配置资源过程中市场对劳动者利益的分配是存在失灵的，这种利益分配靠劳动者个人是无法调节的，同时在很多情况下还是跨村社集体边界的，也不能简单地由劳动者集体来进行调节。因此，引入国家，由国家进行规范调节具有必要性。不过，现实中的国家并非具有完全能力和完全理性、不存在投机、不犯错误，国家的行为也是由个人及单位来具体执行的，因此对国家的行为也要进行规范，实行必要的限制和必要的保护相结合，目的是既要发挥国家的作用，也要限定国家的作用，将国家的角色控制在一个有限政府框架内，促进合约的自我履行，建立促进人与人之间合作的长效机制。

国家规范调节的基本方式是实行买入型调节和卖出型调节[①]相结合。所谓买入

① 所谓买入型调节，是指按照买入型的制度变迁实行的调节，这一制度变迁由原权利的拥有者现在必须追加支付去买入原受损方或义务承担者的“同意”（走向自愿交易）的方式发生。所谓卖出型调节，是指按照卖出型的制度变迁进行的调节，这一制度变迁通过受损方向权利拥有者买回权利（或赎回义务）的方式发生。参见张军：“中央计划经济下的产权与制度变迁理论”，《经济研究》1993 年第 5 期。

型调节，是国家通过征收土地所有权税，为享有土地所有权的劳动者个人提供向全社会自由交易的市场权利，征收的标准是土地上的垄断性收入或者可以不劳而获的收入及租金，征收的方式是参考财产税或资源税实行从价征收，同时按照不同的土地用途、土地区位、发展条件和利用情况等设立税率和最低扣除数。为了控制土地闲置，还可以设立特定地区土地所有权最低缴税额。所谓卖出型调节，是国家通过组织生产提供公共品和向特定的弱势困难群体提供补助（比如农产品目标价格补贴等）的方式，为在土地上实际参加劳动的人员提供参与社会平等自由交易的市场权利。公共品的性质包括生产性公共品、生活性公共品和公共管理服务。补助以生产型补助为主，实行差额补贴。建立和完善农村土地的土地所有权登记及税收征收与支出信息披露体系，引入和加强社会监督（见表 13–11）。

表 13–11　　国家在农村土地管理中的角色演变

阶段	内容	基本原理	实现方式	适应范围
早期阶段	解决农村土地私人垄断问题和提高土地资源配置效率	劳动价值论，消除市场机制在利益分配上的失灵，保障机会公平，激励劳动及新要素投入，提供公共品及扶贫济困	国家界定并保护劳动者个人和劳动者集体的产权，实行国家计划管理，建立劳动时间统计体系，关闭自由市场交易或限制市场机制发挥作用	中国改革开放以前的早期社会，实行计划经济，缺乏劳动投入与劳动产品的直接对接，不允许劳动者个人占有土地及其长期投资之间的自由交易
发展阶段	解决农村土地私人垄断问题和提高土地资源配置效率	劳动价值论，消除市场机制在利益分配上的失灵，保障机会公平，激励劳动及新要素投入，提供公共品及扶贫济困	国家界定并保护劳动者个人和劳动者集体的产权，逐步开放自由市场交易和引入市场机制发挥作用，取消劳动时间统计体系，实行国家支持管理服务	中国改革开放以后的发展社会，引入市场经济，建立劳动投入与劳动产品的直接对接，基本不允许劳动者个人占有土地及其长期投资之间的自由交易
未来阶段	解决农村土地私人垄断问题和提高土地资源配置效率	劳动价值论，消除市场机制在利益分配上的失灵，保障机会公平，激励劳动及新要素投入，提供公共品及扶贫济困	国家界定并保护劳动者个人和劳动者集体产权，建设统一、开放、竞争和高效的市场体系，引入国家规范调节，包括买入型调节和卖出型调节，特别是征收土地所有权税和使用税收用于提供公共品，建立劳动者及劳动登记管理服务中心和农村土地收储出让登记管理服务中心，实行国家支持管理服务	中国深化改革以后的一般社会，实行市场经济，建立劳动投入与劳动产品的直接对接，允许劳动者个人占有土地及其长期投资之间的自由交易，同时引入国家规范调节特别是征收土地所有权税（针对占有农村土地的劳动者个人征收，一种资源税与财产税的组合）并用于提供公共品

资料来源：作者整理。

八、对农村土地集体所有制的新解释的政策含义

农村土地集体所有制是中国社会主义革命的一个重要成果。从现代制度经济学的角度看，农村土地集体所有制是一种设计十分精巧的制度。这一制度不仅在计划经济条件下发挥过重要作用，而且与现代市场经济条件也是兼容的。实行这一制度，对于从根本上解决农村土地私人垄断问题、解放和发展农村生产力、增进和保护劳动者的利益、控制和降低农业生产成本和国民经济建设成本、提升中国经济在国际上的竞争力和社会总福利水平具有重要意义。在新时期，随着社会经济条件的深刻变化和农村劳动者的不断分化，这一制度的运行也面临新的挑战，对这一制度也需要进行改革和完善，但改革的方向既不是取消集体，也不是锁定集体，而是针对劳动者本身及劳动分工的变化和土地本身及其长期投资的变化，通过实行保留、取消和修改相结合，激励人们的生产性努力，抑制人们的分配性努力，调节人们的不努力，使之更加适应时代发展的需要。

（一）农村土地集体所有制的制度设计具有先进性

农村土地集体所有制的制度设计，明确农村土地由劳动者所有，从根本上解决了农村土地的私人垄断问题，具有很强的社会主义性质。中国人多地少，土地是稀缺的，如果农村土地由不参加劳动的人所有，就有可能出现土地被占而不用和土地的所有者凭借所有权不劳而获（收地租）的问题。从历史上看，新中国的很多土地是通过没收过去地主及富农的土地获得的，如果再恢复到有人可以不劳而获及剥削劳动者的状态，在政治和逻辑上说不过去。通过明确农村土地由劳动者所有，一方面意味着不参加劳动的人要退出对土地的占有，另一方面意味着劳动者是土地的主人，按照劳动价值论组织经济活动，这是一种社会公正的体现，不仅消除了人们不劳而获的可能性，而且修正了交换价值论所隐含的起点不公平的局限，体现了社会主义制度促进公平特别是机会公平和推进土地与劳动直接结合以提高资源配置效率的优越性。

农村土地集体所有制的制度设计，引入劳动者集体管理，符合发展市场经济的原则。劳动者集体由劳动者个人组成，在改革开放以后，它对内实行民主管理，对外实行市场交易，采用制度的方式解决问题。在这一制度下，组织管理者承认和尊重每一个劳动人员的劳动愿望、劳动能力等客观差异和个人利益，按照大家都可以接受的管理方式管理土地和劳动者个人，在制度内人与人之间是自由平等的，通过民主协商和谈判交易解决问题，减少人与人之间的冲突，形成了合作利益，有利于

深化劳动分工和协作，促进生产率提高，与现代市场经济体制的要求是一致的。

农村土地集体所有制的制度设计，引入劳动者受益，可以促进生产力的发展。在这一制度中，劳动者受益的范围是开放的，不仅考虑集体范围内部劳动者的利益，而且考虑集体范围以外相关劳动者的利益，还将资本、技术和创新活动等自然资源以外的投入要素都从属于劳动，承认其价值，为其提供报酬并保护其利益。区分因劳而获的合理报酬和不劳而获的不合理报酬，将个人的利益限制在劳动价值论及公平性的范围之内，实行按劳分配，有利于调动劳动及各种要素投入的积极性，还在技术上促进土地与这些要素的更好合作。

农村土地集体所有制的制度设计，引入国家规范调节，具有很大的包容性。在这一制度中，以促进人的生产性努力和抑制人的分配性努力为核心，在国家规范调节下，农村土地可以由劳动者集体所有，也可以由劳动者个人所有。劳动者受益不仅包括集体边界内的劳动者受益，而且是村社以外的劳动者也要受益。劳动者集体管理的成员不仅包括所有权人，还包括使用权人，以及其他的相关生活居住者；不仅可以集体实体管理，而且可以集体合约管理。整个制度具有很大的包容性，从而具有广泛的适应性。

（二）全面准确把握农村土地集体所有制制度设计的内容

农村土地集体所有制的基本内容由两个制度目标、四个制度安排和一个制度性质组成，形成了一个有机整体。之所以如此考虑，与现代制度经济学的分析方法有关。现代制度经济学的出发点是个人，集体、国家等都服务于个人，也从属于个人，以个人为基础的理论分析是相对复杂的，但这种分析方法能将经济学的理论和实践更好地结合起来，可以更好地为现实社会应用。在某种程度上，个人可以替代国家和集体，但国家和集体不能替代个人，因此从个人出发或许更好。正如茅于轼（2002）指出，个人可能会感觉饥饿，或者身上某处发痒，而集体或国家则不可能会有这种感觉。这样，在农村土地集体所有制中，从制度设计上看，主要内容就是：将个人的行为作为基本对象，将农村土地作为一种稀缺资源，将承认和尊重个人之间客观条件和利益要求的合理差异作为前提条件，将制度作为一种限额交易合约，将促进人的生产性努力和抑制人的分配性努力作为制度的核心内容，区分个人、劳动者、集体和国家四种主体，考虑土地、劳动、资本和其他要素等，允许劳动者对不同集体管理方式的选择，重视市场交易、政府规制和社区治理三种机制的作用，结合公平和效率两种发展目标，促进人与人之间的合作，建立以劳动价值论为基础的内在逻辑一致的整体框架。在这种解释中，整个制度不是一种简单的所有制形式，而是用于解决经济发展中的公平和效率两大问题的一种制度结构，整个制度的内容不仅具有科学性与合理性，而且具有开放性和包容性，还具有可实践性和可拓展性。按照这种解释，今后对这一制度的改革和完善，既不能简单肯定，也不能简单否定，既不是越新越好，也不是越多越好，重要的是能真正解决问题，特别是深入解决那些由于社会经济条件等变化与制度隐含假设条件不一致的问题，合理引入条件，将隐含因素影响显性化，保持制度结构的稳定性和连续性，实行稳定、取消和修改相结合。

在农村土地集体所有制的内容中，既设立了人们占有农村土地的条件和机制，也设立了人们退出农村土地占有的条件和机制，既允许农村土地由劳动者集体所有，也允许农村土地由劳动者个人所有，为提高土地资源配置效率提供了空间和支撑。中国农村土地资源稀缺，在将土地配置给个人使用的过程中，如果赋予你所有，我就不能所有，凭什么应由你所有，显然是要有条件的，且条件也要设定合理，否则就无解。在中国，这个条件主要就是实际参加劳动。从制度设计上看，人们只要是处在劳动年龄阶段，有劳动能力和劳动愿望、实际参加劳动的个人（由劳动者所有），在与土地的上一任劳动者平等进行协商交易并有偿支付长期投资回报（由劳动者受益）、签署劳动者集体管理约定（由劳动者集体管理）和按照国家政策法律办理土地所有权登记管理手续并按期缴纳土地所有权税费（由国家规范调节），就可以获得土地所有权，由自己长久利用土地以及在制度许可的范围内临时出租土地。凡是不在劳动年龄阶段、没有劳动能力和劳动愿望、不在集体区域内实际参加劳动、不遵守或未遵守国家政策法律规定和劳动者集体管理规定的人员，就没有或自动退出农村土地所有权。曾经拥有农村土地所有权的劳动者个人，在退出农村土地所有权时，对所占有土地投资的合理收益受法律保护。同时，农村土地由劳动者所有的主体，既可以是劳动者集体，包括大集体、中集体和小集体，主要适用于改革开放以前和改革开放以后的土地占有情况；也可以是劳动者个人，主要适用于深化改革以后的土地占有情况。从中国现行制度看，农村土地基本上由劳动者集体所有，目前农民所拥有的承包经营权从属于土地所有权，不仅可以由自己参加劳动行使，而且可以在符合规定的范围内采取临时出租的方式分离行使。由于是土地所有权，这种权利是无期的，与中国现行政策规定农民的土地承包关系具有内在一致性。但同时，这种权利不是绝对产权，而是一种有条件的所有权或者相对产权，仅限于农民在符合劳动者条件的时候才享有，在农民退出劳动时，这种权利就自动失去，是不能继承或完全自由处置的。从发展趋势来看，今后对农村土地所有权管理的重点，不是强化集体或固定集体的土地所有权，而是要随着农村人口结构快速变化和劳动分工不断深化的需要，将土地所有权合理拆分到劳动者个人，提高土地所有权的可流动性，扩大劳动者个人利用现代要素开发使用土地资源并获得合理利益的空间和范围，通过适当引入市场交易机制，提高资源配置效率。

在农村土地集体所有制的内容中，既要实行按劳分配，又不排斥按要素分配，既设立保证人们获取土地上利益的条件和机制，也设立调节人们获得土地上利益的条件和边界，为公平合理分配土地上的利益及劳动成果提供了依据和标准。简单地说，这个依据和标准主要就是劳动价值论或者劳动创造价值。而这个劳动的范围是广义的和广泛的，一切提供生产性努力的活动都是劳动，既包括工人和农民的生产性努力，也包括相关的管理者、研究者、设计者、服务者、资本家、企业家、科学家、发明家、社会活动家等人员的生产性努力。在制度设计上，制度明确农村土地由劳动者受益；在受益的对象上，这里的劳动者是实际参加劳动的所有人，不仅包括直接劳动的人，而且包括间接劳动的人，不仅包括实际参加劳动的土地所有者，而且包括没有土地所有权但实际参加劳动的土地使用者，不仅包括在集体边界范围内的人，而且包括在集体边界范围以外有相关关系的人；在受益的方式上，实行按劳分配，主要按劳动者提供生产性努力的大小及其实际效果进行分配，既可以按劳动时间进行分配，也可以按劳动贡献进行分配，还可以按照市场交易（按要素分配）与国家规范调节相结合进行分配；在受益的管理上，实行集体合约管理和国家规范调节相结合，使个人受益与社会受益相一致、个人成本与社会成本相一致，将外部性内部化。按照这一规定，所有实际参加劳动的人员都有资格平等合理地获得报酬。对农村集体的利益分配特别是集体土地被征用受益的分配，采取一致同意原则，大家都有份，在实践中可以采取切块或分成的办法解决。由于实行劳动者受益，人们在农村土地上获得的利益，不是简单凭对土地的所有权获得，而是凭在土地上的劳动获得。假定国家深化改革，在引入土地所有权税费以后，人们凭对土地的所有权获得的超额收益（地租）就是土地所有权税费征收的标准，国家及集体在获取这部分收益后用于生产公共品、提供公共管理服务以及补助部分弱势贫困群体，实际上发挥了中介作用，将土地上的利益回归创造利益的劳动者所有，也属于劳动者受益范围。在引入土地所有权税费以后，如果制度设计完善，当劳动者付出的生产性努力相当时，那些不拥有土地所有权而拥有土地使用权的劳动者在生产经营后获得的劳动回报，将与拥有土地所有权的劳动者的回报水平趋于一致。这就为劳动者更灵活地占有和使用土地资源提供了方便，在宏观上，就表现为资源配置效率和社会总福利水平的提高。

在农村土地集体所有制的内容中，集体这个词的内涵有所缩小而外延显著扩大，既可以是名词也可以是副词。集体的性质可以是法人实体，也可以是集体管理合约。集体成员的资格不是静态的和封闭的，而是动态的和开放的。集体与产权在一定程度上具有可替代性。从制度设计上看，制度明确农村土地由劳动者集体管理，集体成员的资格是以劳动者为界。劳动者集体管理的主要对象是人，而不是地和物。这一制度设计意义重大。在现代社会，随着知识的增长和资本的积累，人与人之间的分工不断深化，人与人之间的合作是多元化、多样化和不断变化的，既可以在集体范围内进行，也可以突破集体范围进行，既可以形成集体，也可以不形成集体，但集体背后所隐含的合作是需要的。这种合作的本质是承认和尊重他人的利益、承担社会责任和义务、在约定的边界和范围内做事和分享利益，实际上就是遵守社会合约。换言之，不管社会如何变化，这种集体管理也是重要的，只不过集体的内容逐步从名词变为副词，管理的对象从人、财、物变为人，管理的方式从实体管理变为合约管理。从发展趋势看，替代集体内容的，是现代产权制度，主要通过引入国家规范调节，按照农村土地由劳动者所有和劳动者受益的基本原则，促进与农村土地占有和使用有关的所有参加者通过平等协商谈判，将集体内部成员之间和集体内部人员与集体外部人员之间的权利和义务关系进行拆分和组合，增加劳动者个人在配置资源和利益分配中的权利和责任，由国家来界定和保护产权。在政策实践中，主要是推进农村集体经济产权制度从共同共有到按份共有的变革，对集体所拥有的资金、资产和资源进行区分，分成可分配利益和不可分配利益两部分，将可分配利益进行分配或确权确利，将不可分配利益进行确权确责。对于可分配利益，基于制度公平，这里按份的范围是广泛的，不仅本村集体参加劳动的农户有，而且集体以外相关的参加劳动的农户也应该有，不仅劳动者有，而且退出劳动的人员及相关人员也应该有，要促进集体经营性资产的可分配利益在所有参加劳动的人员中平等分享或合理分成。

在农村土地集体所有制的内容中，土地产权的内容是特殊而复杂的，由国家管理权、土地所有权和土地使用权三种权利组成。对农村土地而言，产权界定的重点不是绝对产权，而是相对产权；产权界定不仅要清晰，而且要合理，产权界定是一个不断完善和创新的过程；产权制度改革的方向既不是固化农民对土地的产权，也不是将农民的承包经营权从无期变成有期，重点是分离土地使用权。由于中国土地资源的稀缺性和土地位置的不可移动性，农村土地的产权是一个特殊的领域，对土地的产权并不能按绝对产权来对待，将产权简单地分解为占有、使用、收入和处分等权利。中国农村土地的产权由国家管理权、土地所有权和土地使用权三种权利组成；国家管理权是隐含的，由政府代表国家依法行使；土地所有权是显性的，目前由农村集体代表农民行使，农户的承包经营权从属于土地所有权，这种权利是有资格限制的、无期的和不可自由转让的；土地使用权是从土地所有权中分离出来的权利，可以与土地所有权一并行使，形成承包经营权，也可以单独行使，形成务农者的经营权等。尽管土地使用权是从土地所有权分离出来的，但与土地所有权相比，在拥有权利的资格上从封闭变为开放，在拥有权利的时间上从无期变为有期，在拥有权利的流动性上从不能自由流转变为可以自由流转。这种变化具有重大意义，为引入市场经济配置资源提供了条件。中国城市土地在实行国有制的情况下仍然可以自由流转和具有相对较高的资源配置效率，原因就是国家在管理中分离出了一种规范化和标准化的土地使用权，这种土地使用权由市场竞争机制配置。在实践中，由市场配置的是农村土地的产权，主要是土地使用权，是第三层次的土地产权，一个比较可行的路径就是参考城市土地管理做法，通过国家规范调节和农村集体管理相结合，分离出土地使用权，从而引入市场机制配置资源。从农村土地制度改革的目标看，是要促进和保护人们的生产性努力，抑制和控制人们的分配性努力。在改革的方向上，既不是固化农民对土地的产权，也不是将农民的承包经营权从无期变成有期（比如 70 年），而是保持这种无期不变（因为是土地所有权），通过明确土地所有权仅限于劳动者所有以及对劳动者个人与农民及自然人进行区分来解决；重点是通过引入国家规范调节，分离一种规范化、标准化、银行及金融机构认可和可以市场交易的土地使用权。如果改革比较深入，将土地所有权进行拆分并落实到劳动者个人，引入市场机制配置资源也是可以的。

在农村土地集体所有制的内容中，国家的角色是规范调节者，在解决农村土地上的外部性问题方面具有不可替代的重要作用。中国的征地制度设计尽管在操作中还不完善，但在理论上是基本合理的。对于政府代表国家在制度中开展的公共管理服务行为，既要明确给予认可和尊重，赋予明确的职责和权利；又要进行必要的限定，明确内容、条件和程序；还要进行必要的保护，加强舆论引导和提供足够的工作资源。中国人多地少，土地的位置又不可移动，如果农村土地一旦被私人占有并在法律上得到认可，客观上都会给土地占有者带来垄断性收益或不劳而获的可能。这是一个外部性很大的问题，解决这个问题单靠个人和集体的力量是不够的。从历史上看，新中国的很多农村土地来源于过去的地主及富农，个人和集体所获得的土地及其边界本身就是人为的。因此，为了保证人们之间的机会公平和提高土地资源配置效率，由国家进行规范调节不仅是重要的，而且是必要的，还是合法的。从资本主义国家的情况来看，这种规范调节也是存在的。不仅如此，由于国家本身并不是最终消费者，国家将从农村土地调节中所获取的资源转化为基础设施和公共管理服务以及对贫困弱势群体的补助救济等，本质上是提供必要的公共品或转移支付。这种公共品也是国民财富，是人们不可缺少的，但这种利益分配在市场机制下是很难自动实现的。实际上，国家、集体、个人的利益有两面性，既有对立性的一面，也有从属性的一面——国家的利益既区别于个人和集体，也从属于个人和集体。基于这一点，从制度设计上看，中国的征地制度尽管在操作中还不完善，但在理论上是基本合理的，要提高认识，既要考虑集体边界内的劳动者的利益，也要考虑集体边界外的劳动者的利益。实际上，城乡土地制度具有一致性，都是劳动者所有、劳动者受益，国家作为规范调节者，将征地受益用于基础设施建设，提供公共品，解决了公共品的投融资难题，促进了经济效率的提高。由于国家行为是基于全局、长远、社会平均及各种约束等考虑，对国家行为的判断必须有客观公正的态度，要讲道德、讲公平，必须警惕片面化、极端化的舆论宣传误导群众。当然，由于代表国家进行工作的政府并不是完全能力和完全理性的，要解决的问题和实际解决的问题可能存在差异，对国家行为进行限定是必要的，要把握好这部分资金如何来、如何去，来多少、去多少，以及过程、数量、比例、公共性、效率、标准、限度、监管办法等，推进标准化、市场化、公开化、规范化。此外，落实对务农经营者的支持保护政策也离不开国家。新一代务农者行使的是土地使用权而不是土地所有权，用地有期限，有的要承担地租，搞农业，收益低、负担重，发展比较脆弱，集体很难保护，也没有实力和渠道。总体上，要实行必要的认可、必要的限定和必要的保护相结合，为政府合理开展工作营造一个良好环境，否则就失去了社会秩序。参考国际经验，今后国家在制度中的行为空间不是要压缩，而是要扩大——通过界定和保护劳动者个人在农村土地上的产权；通过引入土地所有权税费创新解决土地私人垄断问题，并打通土地所有权与土地使用权之间的藩篱；通过健全和完善土地用途与规划管制制度，将土地上的垄断性收入变为必要的基础设施，提供社会公共品和补助救济贫困弱势群体，以更好地发挥市场机制在土地资源配置中的作用，提高社会总福利水平。

（三）科学合理确定深化农村土地集体所有制改革的方向

新的理论解释为深化改革提供了新思路和新途径。针对现行的制度规定，要正确认识问题、提出问题、分析问题和解决问题，将所有问题放在内在逻辑一致的框架内进行对待和处理。针对现行的制度规定，深化改革的重要基础是深入实施劳动价值论；重要方向是合理引入条件，将制度设计所隐含的思想、假设和条件显性化，实行保留、取消和修改相结合；重要内容是区分劳动者与农民及自然人，区分土地的自然资源属性和长期投资属性，区分土地国家管理权、土地所有权和土地使用权，对不同类型的劳动者和土地实行分类管理，推进土地所有者、使用者和劳动就业者合理分开，引入规范化和标准化的土地使用权，发挥市场机制的重要作用；重要目的是深入激发人的生产性努力，抑制人的分配性努力，调节人的不努力，更好地尊重劳动、扩大投资、增长知识和促进创新，促进公平，提高效率，提高社会福利水平。

1. 在变化中求不变

保持制度所确立的四大基本原则的内容稳定不变，以此作为农村土地资源配置权利和利益归属关系的最基本的依据和标准。

从制度设计上看，在农村土地集体所有制中，设立了农村土地由劳动者所有、由劳动者受益、由劳动者集体管理和由国家规范调节四大基本原则。这些原则是界定和保护劳动者个人在制度中的合理产权、协调和平衡劳动者个人之间和劳动者个人与其他自然人、家庭和用人单位之间的关系、明确劳动者集体和国家在制度中的合理角色、促进人与人之间的分工与合作、促进农村土地资源优化配置最基本的依据和标准，内含劳动者是农村土地的主人、实行按劳分配和重视发挥集体与国家的合理作用等基本思想。这些原则和思想是需要稳定不变或者长久不变的。实际上，只有坚持农村土地由劳动者所有，不劳动者退出是必须的或者具有强制性，从而为土地资源优化配置提供空间。只有坚持农村土地由劳动者受益，才能建立制度公平，排除不劳而获，保护所有实际参加劳动的人员，特别是没有土地所有权而参加生产经营劳动和提供各种生产性努力的相关服务人员获得劳动成果的资格和权利，使努力得到应有回报，从而为化解人与人之间的利益矛盾和平衡人与人之间的利益关系提供依据；只有坚持农村土地由劳动者集体管理和国家规范调节，集体和国家的参与才是有理有据的，参加集体和国家工作的人员才会得到人们的尊重，保护参加集体和国家工作人员的劳动积极性，从而提高集体管理和国家规范调节的公开性和可持续性。

在政策选择上，考虑到现实社会中劳动者的变化是最快的，集体的变化次之，国家的变化最慢或者具有稳定性，土地是不变的，为了实现在变化中求不变，保持农村土地集体所有制所确立的四大基本原则的内容稳定不变，建议国家有关机构对相关的法律政策规定进行修改，特别是在宪法中对这些内容作出明确规定。主要内容是，通过引入国家力量，统一思想，提高认识，立足现状，考虑全局和长远，以法律形式合理规范，保障制度基本内容及其实施的稳定性和连续性，从而适应社会劳动分工不断深化和市场经济不断发展变化的需要，在全社会建立并完善决定农村土地资源配置和利益归属的基本原则与基本标准。以此为依据，组织、引导和帮助人们化解劳动者个人之间、劳动者个人与其他农民、家庭、集体、单位和国家等之间的利益纠纷与矛盾，促进人与人之间在农村土地利用上更好地分工和合作，从根本上提高农村土地的资源配置效率，促进经济社会发展和谐稳定。

2. 在变化中有所变化

调整农村集体组织管理规范，既鼓励发展农村集体经济，也允许按照合约方式进行村社集体管理，对部分人地的归属或从属关系进行动态更新，改进农村集体管理的内容和方式，提升农村集体管理的有效性。

从制度设计看，在农村土地集体所有制中，人地的归属或从属关系的边界主要是劳动者集体。这个边界是人为设定的，是可以改变的。随着劳动者和土地本身的变化，合理的制度在对劳动者集体组织形式的规定上应该具有包容性。首先，劳动者这个词具有在劳动者和不在劳动者两种属性。只有人们实际参加所在区域内劳动时才属于在劳动者，而当人们不在劳动年龄阶段、没有劳动能力和劳动愿望、不实际参加劳动时，就属于不在劳动者。其次，集体这个词具有名词和副词双重属性。作为名词，集体代表的是一个经济实体，意味着参加者之间共同劳动和共同分配，与企业等法人具有类似性，对成员有严格而规范的要求。作为副词，集体代表的是一种公共管理合约，意味着参加者之间要承担义务、分配利益和交接产权等，与产权制度等规则具有类似性，对成员的管理要求则相对灵活和宽松。最后，不同类型的集体有不同的成本、效率及其适应范围。集体管理是有成本和代价的，有的人愿意联结成为集体，想共同劳动；有的人不愿联结成集体，不想共同劳动。这两种都有合理性。人与人的合作，有直接合作，也有间接合作。直接合作的，就是形成集体、合作社、公司等，共同劳动，有共同的爱好、兴趣、目标、相容性；间接合作的，就是建立一种约定，主要涉及相关责任和利益关系处理，可以进退，不用每天在一起，有事在一起就行，效率大大提高。集体的组织形式可以是集体经济实体，包括大集体（如乡集体、供销社集体、信用社集体）、中集体（主要是村集体），以及小集体（主要自然村集体），也可以是集体管理合约。

从现实社会看，随着工业化、城市化的推进和市场经济的发展，在农村土地上，农村集体管理的组织形式已经发生重大变化，对部分人地的归属或从属关系进行调整优化，不是要不要做的问题，而是如何做好的问题。改革开放以前，国家实行计划经济，农村土地由劳动者集体统一经营、统一劳动和按劳分配。改革开放以后，国家引入农户家庭经营并以此作为基础性的经营方式，同时对集体统一经营方式进行改造，形成了双层经营体制。目前土地承包关系已从合约约定转向国家赋权，家庭承包经营已从生产经营责任制转向产权制度改革，土地承包经营权已从生产经营自主权转向用益物权（叶兴庆，2013）。现阶段，与改革开放以前和改革开放初期相比，在农村土地上，人本身是变化的，农村劳动者不断分化，农村集体的人员不断发生变化，大规模的农村劳动力不断向城镇和非农产业转移，农村实行统一经营和共同劳动的情况极为稀少，在集体区域内实际参加劳动者已经大幅减少；集体内部的土地资源配置方式及利益归属关系发生变化，有的农民已经退出劳动但并没退出土地占有（出现占而不用），有的农民凭借对土地的承包经营权无偿收取较高地租（侵占劳动者利益）；部分集体土地的边界也发生变化，如由于城市化扩张及基础设施建设等，一些土地已经转为城市土地。这些变化表明，按照农村土地集体所有制的基本原则，对农村部分人地的归属或从属关系按照实事求是的原则进行适当调整优化，不仅是必要的，而且是紧迫的和重要的。

在政策选择上，要调整农村集体组织管理规范，按照实事求是的原则对劳动者集体成员进行动态调整，将集体管理的对象逐步调整到以管人为主，将集体管理的方式逐步转变为以集体合约管理为主，有计划有步骤地推进体制改革。一是调整农村集体组织管理规范，既鼓励发展农村集体经济，也允许按照合约方式进行集体管理。中国农村集体组织的特点是人多、地广和复杂多样，人与人之间、地与地之间、村与村之间的相差也很大。这种巨大的差异性，决定了农村集体组织对成员进行统一管理的要求不能就高，只能就低。这个最低要求就是实行劳动者集体合约管理。在此基础上，引入国家发展阶段和社会经济条件，考虑多数参加者的集体偏好、要素相对稀缺性的变化和劳动效率的提高，可对农村集体管理的性质按照生产管理型、资产管理型和合约管理型进行统一规范和分级分类，实行统一管理与分开管理相结合，因地制宜和因人制宜相结合，提高集体管理的有效性。二是将集体区域范围内的所有劳动者纳入集体管理服务范围，推进劳动者集体合约管理，引入动态管理服务机制。按照对农村土地集体所有制的新解释，明确劳动者集体的成员边界，适应市场化改革不断深化、工业化和城市化快速发展、农村经济社会结构发生变化、农村人口和劳动者流动性大幅提高的需要，调整劳动者集体管理服务的范围，以集体区域范围内所有实际参加劳动的人员为主要对象，对劳动者个人及家庭在农村集体内的权利和所应承担的责任和义务进行重新梳理，组织参加实际劳动的所有人员重新签约，建立新的农村集体成员登记管理服务系统，按照实事求是的原则对劳动者集体成员进行动态调整，加强对集体区域范围内劳动者的公共管理服务。三是有计划有步骤地推进农村集体管理体制改革，探索将农村集体土地所有权等进行拆分和组合，建构一种有条件的劳动者个人土地所有权并由国家和集体赋予行使，建立国家赋权、集体管理和个人有条件享有的管理新机制。现行的农村集体经济管理体制隐含了对劳动者与劳动者之间在地与地合作上的限制，交易费用很高，乃至无法市场化。要通过改革，将国家、集体和个人三个层次简化，按照集体利益从属于个人利益、集体责任由个人分担、国家利益从属于集体利益和个人利益、国家责任由集体和个人分担的思路进行整合，将集体利益和责任分解到个人与个人的合作关系中，形成规范化和标准化的劳动者个人土地所有权，按照新的机制进行管理和运行。改革后，土地仍然为劳动者所有和劳动者受益，但劳动者行使权利的方式发生变化，集体管理的对象主要是人而不是地和物，管理的内容主要为促进责任分担、利益分享和产权交接。

3. 以变化为依据深化改革

合理引入条件，明确制度设计目标，公开显示国家、劳动者个人和劳动者集体在制度中的角色，深入界定和保护劳动者在制度中的产权，引入土地所有权税费和土地特定用途使用补助，建立农村劳动者及劳动贡献登记管理服务中心、农村土地收储出让登记管理服务中心和农村投资交易所，激发各种劳动者在农村土地上的生产性努力。

从制度设计看，在农村土地集体所有制中，每一个关键词和具体制度规定都隐含了假设条件，如果实际变化超出隐含边界并对制度结构带来影响，就需要对具体制度规定进行完善。比如，“农村”这个词的隐含边界是，与城市不同及与城市的边界相对应，当城市的边界需要变化和出现变化时就需要调整；“土地”这个词的隐含边界是，区别于劳动和资本及其他要素，可分为耕地、其他农地、宅基地、经营性建设用地，也可分为城市土地、城市近郊区土地、城市远郊区土地和边远农村地区土地等，在使用中需要强调用途和地理位置，不同用途和不同地理位置的土地价值相差悬殊；“劳动者”的隐含边界是，区别于不劳动的人员或不在劳动的人员，强调有劳动年龄阶段、劳动能力、劳动愿望、实际参加劳动、从事行业等状态，劳动者本身是不断变化的；“所有”的隐含边界是，区别于土地使用、有期限、可能需要交地租，可分为绝对所有和相对所有，如果是相对所有，则与个人有关，当个人本身及相关条件发生变化后，这个所有自然也会发生变化；“制度”这个词的隐含边界是，区别于暴力、强权和人治，强调尊重对方、平等自由和信守承诺，受要素相对价格、技术和观念等影响，但这些因素发生变化时，制度规定就需要进行调整。

在实践中，中国农村土地集体所有制的具体内容非常丰富。由于农村人与人、地与地、村与村的差异很大，同时随着经济社会的快速发展，农村各种资源要素禀赋和结构变化很大，已经对制度变迁提出新要求。从人与人来看，农村中有的成员是劳动者，有的成员不是劳动者；有的劳动者有用人单位，有的劳动者没有用人单位；同样是劳动者，有的能力强，有的能力弱；有的提供的是生产性努力，有的提供的是非生产性努力，有的不努力。从地与地来看，城市市区、城市郊区和边远地区等不同位置的土地，价值不同；耕地与林地、牧草地、荒地等不同用途的土地，价值不同；可以转变为城市非农建设用地与不能转变为城市非农建设用地等发展潜力不同的土地，价值不同。从村与村来看，农村有的集体有经营性资产，有的没有经营性资产；有的成员乐于互助合作，有的成员不愿意互助合作；有的村位于城市市区，有的村位于城市郊区，有的村位于边远农村；有的村管理很严，有的村基本不管。在社会经济条件变化方面，工业化、城市化、市场化和农业现代化的快速发展，使制度对劳动者、土地、村庄、集体和国家的管理规定等都需要有所完善。

第一，根据经济发展环境、国家职责定位和社会思想观念发生的变化，改进制度本身的表现形式和基本内容。考虑社会环境、参加者、稀缺性、人的行为等条件，让这个制度的性质和内容更容易被社会上的普通人所理解，从而也更容易在实践中发挥重要作用。为此，要突破传统的制度设计理念，用制度结构替代制度安排，通过修改宪法和相关政策法规，明确制度设计目标，将制度的主要参加者从隐含变为显性，公开显示国家、劳动者个人和劳动者集体在制度中的地位和角色，将资源配置问题和利益归属问题关联并组合起来，将制度所要解决的公平和效率两个经济发展的重大问题放在一个内在逻辑一致的理论框架内进行统一考虑。

第二，针对工业化、城市化和农村分化的实际情况和发展需要，改进对农村土地的区域边界进行调整的组织机制和管理办法。考虑城乡变化、规划调整、用途管制、利益调节等条件，对集体区域的边界进行有计划有步骤的调整优化，在推动改革的具体措施上要稳妥，既要对农村的区域边界设置中不合时宜的内容进行及时调整，又要严格防控人们在地界调整中的分配性努力。这里的边界包括城乡之间的土地边界、集体与集体之间的土地边界、用途与用途之间的土地边界三种。调整的原则是，以劳动价值论为依据，既要突破地权调整的政府垄断，也要突破地权的私人垄断，包括个人垄断和集体垄断，让农村土地的地界调整更加科学、合理、公平和有效。调整的方法是，着眼全局和长远，考虑国家、集体、个人、单位的资源、能力、理性、信息对称等，加强国家规范调节，统筹城乡区域发展，引入市场交易机制。

第三，针对劳动者本身及劳动分工变化的实际情况和发展需要，改进对农村土地上的资源配置主体及权责进行规范管理的内容和方法。考虑劳动者变化、土地流转、农民流动、农业变化等条件，赋予实际参加劳动的劳动者个人可依法依规获得土地所有权的资格，取消不属于劳动者和不参加劳动的人员享有土地所有权的资格，深入界定和保护劳动者在农村土地上的相对产权，建立土地所有权的流动性，建构规范化、标准化和集成化的土地使用权，实行国家强制性规范和集体约定性规范，突破国家对土地产权的传统管理的局限。为了更好地吸引和促进资本或要素投入，让土地上的利益回归，由所有创造利益的劳动者所有，在国家规范调节下，可以对农村集体经济组织内劳动者个人之间的权利和义务关系进行合理拆分，农村土地既可以由劳动者集体所有，也可以由劳动者个人所有；随着劳动者本身的变化和社会流动，农村土地可以由这个劳动者个人所有，也可以由那个劳动者个人所有；随着人口的流动，农村土地可以由本村的劳动者所有，也可以由本村以外的劳动者所有；随着城市化的发展，要允许不再从事农业生产经营的区域在组织形式上进行调整，纳入国家直接管理的范围，可以由农村劳动者所有，也可以由城市劳动者所有。

第四，针对农村土地本身及其长期投资变化的实际情况和发展需要，改进对农村土地上的利益归属及分配进行规范调节的内容和方法。考虑社会性、政治性、经济性三大要求以及基本国情、路径依赖和改革成本等约束条件，引入土地所有权税费管理制度，实行国家强制性调节和集体约定性调节，实施因劳而占、不劳而退、所有者交税、使用者付费和劳动者受益，既要保护获得土地所有权的劳动者的利益，又要调节享有土地所有权的劳动者的利益。土地所有权税，是由国家对享有土地所有权的劳动者所征收的一种财产税，这种税与农业税或产业税不同，体现了只有公开、登记的财产及财产权才受保护的思想，同时也是对土地所有权享有者获得的垄断性收入进行的一种调节。土地所有权费，是在国家对享有土地所有权的劳动者征收土地所有权税时由劳动者集体所附带征收的费用。引入土地所有权税费以后，就为区分不同土地利益合理性和建立要素价值论与劳动价值论之间的等价关系创造了条件。一方面可以尊重和承认既得利益，对投资收益要进行保护，引入土地长期投资；另一方面，劳动者持有土地就从无成本变成了有成本，也可以平衡享有土地所有权和没有土地所有权的劳动者的利益，为引入市场机制和市场竞争创造了条件，对资源要素需要重新组合，化解劳动者与劳动者之间的矛盾。

第五，针对信息和服务在市场经济条件下的重要性和农村分化的实际情况与发展需要，创新服务组织，改进配套服务。考虑劳动者分工深化、土地变化、农村投资需求等条件，突破村社组织本身的局限，解决交易的技术、组织和经济问题，建立和开发大数据，引入国家服务和信息经济，扩大市场分工与合作范围。针对劳动者本身及劳动分工的变化和土地本身及其长期投资的变化，要建立农村劳动者及劳动贡献登记管理服务中心，解决劳动力结构性失业问题，将过剩转为稀缺，搭建桥梁，提供机会，保护努力，开发潜力，突破壁垒，扩大市场范围和交易容量；针对农村土地本身及其长期投资变化的实际情况和发展需要，建立农村土地收储出让登记管理服务中心，解决权利规范化、标准化和社会认可问题，从分散到集中，从不可用到可用，界定边界，消除边界，扩大市场范围，增进横向和纵向交易；针对农村投资交易需求，建立农村投资交易所，提供投资项目，包括国家投资、社会投资和个人投资的规范化、标准化问题，建立流动性、可流转性、可持续性，可进可退，创造新的生产力，保护生产力，扩大市场容量，增加横向和纵向交易。

第十四章
土地资源配置效率的提升与促进机制

把土地作为生产或财富要素使用，就必须关注土地资源配置效率。土地资源配置效率是土地制度设计和制度改革的一个关键问题。土地资源配置效率在形式上表现为土地的生产力及创造经济价值的水平，在本质上是劳动参与率、劳动生产率、劳动者报酬率及全要素生产率的结合。在实践中，提高土地资源配置效率是通过提高劳动者的积极性、主动性和创造性和促进劳动者之间的合作分工来实现的。具体途径主要有：发挥家庭经营作用，引入家庭联产承包；发挥公开拍卖作用，引入企业、市场竞争；发挥区域管理作用，引入集体、统一服务；发挥边界调整作用，引入政府、重新组合；发挥科技进步作用，引入平台、投资融资；发挥理性预期作用，引入国家、稳定秩序。

一、土地的资源配置效率问题关系重大

一个国家或地区的土地，不同的利用（包括利用主体、利用规划、利用途径、利用结构、利用方式、管理体制等），土地产出差异悬殊。有的土地利用产出高，而有的土地利用产出低，还有的土地利用没有产出甚至产出为负，比如遭受意外灾害绝产绝收、收不抵支以及造成生态环境污染等。总体上看，这种差异化的产出，内在核心因素是土地资源配置效率的差异，外在表现为土地价格或土地价值的差异。土地资源配置效率是多种因素作用的结果，是土地经济利益分配的基础，社会影响很大。在土地制度设计和制度改革中，一个关键问题就是土地资源配置效率问题。

现代经济学的永恒主题是资源优化配置及如何提高效率。马克思主义经济学和古典经济学用社会劳动来诠释资源配置原理，包括调动人的生产积极性、主动性和创造性，推进劳动分工，组织社会协调等。新古典经济学用均衡分析来回答资源配

置过程的问题，包括生产什么及生产多少、如何生产及组织方式、为谁生产及职业收入、谁作决策及依据什么程序等。发展经济学用推动工业化、结构调整、人口转移、人力资本投资等来探讨资源配置问题。制度经济学用社会交易、产权界定、交易费用、合约安排等来探讨资源配置问题。在高效率情况下，高工资、低成本和高利润可以并存。在现代社会和现代国家，生产发展规模化、批量化和标准化，组织创新和科学管理越来越成为生产的一个要素，将生产规划、技术操作和工作条件的改进等结合起来，可以使人在一定的工作日内发挥最大的工作效能而不疲劳懈怠，同时减少不必要的重复或浪费，大幅度提高稀缺资源配置效率。

在现代经济学中，对资源配置效率进行专门分析的一个重要框架是帕累托效率和帕累托改善。其基本逻辑是：如果资源在某种配置条件下没有替代方案，使得某些人比原有配置下获得更多的福利而不损害其他人的福利，那么这种资源配置就成为帕累托有效配置或帕累托最优配置；假定存在两个状态（状态 1 和状态 2），状态 1 为理想的帕累托效率最优状态，作为效率评判的基本标准；状态 2 为效率研究的对象，大多数情况下为实际表现状态；将状态 2 与状态 1 进行比较，任何偏离状态 1 的状态都是无效率的；如果想取得帕累托改善，针对相应的差异，由政府进行调整，因为此时政府被假定掌握了所有信息，同时是万能的，且可以无成本地对状态进行调整，使现实的状态 2 向状态 1 靠拢。

土地的稀缺性决定了必须提升土地资源配置效率。在现代经济学中，从马克思主义经济学到制度经济学的四大经济理论有关资源优化配置及提高效率的原理，其在土地利用中都是适用的。从实践来看，中国改革开放以来政府在资源配置中具有重要作用，市场也在资源配置中具有重要作用，二者在资源配置中的作用不可替代。在未来的土地制度改革中，把土地作为生产要素使用，究竟是更多采用市场配置资源，还是更多采用计划配置资源，在土地资源配置效率上差别很大，合理途径是既要让市场充分发挥作用，也要更好地发挥政府作用。

二、土地的资源配置效率具有特殊性

把土地作为生产或财富要素使用，土地就具有资源属性。资源是一个内容广泛的概念，一般有狭义和广义之分。狭义的资源指自然资源。联合国环境计划署对资源的定义是，“所谓资源，特别是自然资源，是指在一定时间、地点条件下能产生经济价值以提高人类当前和未来福利的自然环境因素和条件”。广义的资源是将资源的外延推广到社会因素、经济因素和劳动力因素等，指主体用以实现其特定目的的所有凭借。资源配置是人类将相对稀缺的资源在不同利用之间进行权衡并最终确定的行为。土地的资源配置，又称土地资源的分配、布局和对土地资源用途的选择，是人们将相对稀缺的土地资源在不同利用方式间进行权衡并最终确定的行为，包括在不同产业部门、不同时期、不同地区、不同单位等的配置。

土地资源配置效率是人们在土地利用中对土地的投入或占用与土地上的产出或劳动成果之比。由于土地具有不可移动性及不灭性，而利用土地的人及劳动是变动的，包括人的物化劳动投入变动、人的活劳动投入变动、人们利用土地的方式变动和与土地有关的人与人之间的关系变动等，导致土地的生产力及创造的经济价值出现变化。它在形式上表现为土地的生产力及创造经济价值的水平，在市场经济条件下表现为特定土地的价格水平，在本质上是土地上的劳动参与率、劳动生产率、劳动者报酬率及全要素生产率的结合。它在概念上比较抽象，在实际应用中还暗含了一定的隐含假设条件，特别是土地利用的边界条件。土地利用的边界条件包括时间条件、空间条件、用途条件、方式条件、责权条件等，会深刻影响土地利用的效率。它与资金、劳动的配置效率也有所不同。因为土地不仅具有资源属性，而且具有资产属性和自然属性。在土地的资源配置效率中，不仅包括某一单位面积（数量）土地使用取得的产品数量和经济价值，而且包括某一区域范围（边界）土地利用产生的资产积累和整体效益，包括直接效益与间接效益，当代效益与后代效益等。

与资金、劳动力等其他资源的配置相比，土地的资源配置非常特殊。土地的资源配置，主要不是直接的土地配置，而是对土地承载的反馈，是被承载主体在部门、时间、空间上的配置。土地在不同产业部门间的配置，是对土地所有权及特定使用权进行分割及重组，实质上是将不同的土地利用在一定范围、位置既定的土地地块上分配，以及不同产业部门扩大或缩小以确定合适的收益规模的过程。最典型的是将经济活动分为农业部门和非农业部门，对土地在不同用途之间进行配置，产生和形成将特定土地用于农业用地（特别是耕地）和建筑用地的决策。土地在不同时期的配置，实质上是对某块土地进行某种用途开发在时间选择上的决策。土地在不同地区的配置，实质上是对某种土地利用行为寻找合适的区位来落地，以及具体的企业寻找合适的地块来建造厂房等建筑物的决策。土地在不同单位的配置，实质上是对土地所有权及特定使用权进行分割及重组，采取政府划拨、协议出让、公开竞拍、市场交易等方式来提供土地使用权，供符合条件的个人或单位决策。

专栏 14-1　土地作为生产要素的特点

土地是重要的生产要素之一。生产要素是指进行社会生产经营活动时所需要的各种社会资源，包括劳动力、土地、资本、技术、信息等内容。这些内容随着时代的发展不断发展变化。生产要素一般分为土地、劳动和资本三部分。土地指一切自然资源，不仅仅指一般意义上的土地，还包括地上和地下的一切自然资源，如江河、湖泊、森林、海洋、矿藏等。劳动是人类从事的体力和脑力活动，是人类在生产过程中体力和智力的总和。资本泛指一切能够实现财富增长的手段。资本要素可以表现为实物形态和货币形态。实物形态又被称为投资品或资本品，如厂房、机械、动力燃料、原材料等，货币形态通常被称为货币资本。从某种角度理解，生产要素也可划分为自然和人类两部分。其中，人类是生产过程的中心环节，是生产、消费、分配和交换等问题的中心，处于主导地位，也是经济学研究的重点。土地具有自然和人为两种特性。一方面，土地指土地的成分、光热、水分等条件，它是自然的产物，数量有限，质量一定，不以人类的意愿而改变；另一方面，土地的某些性质又随人类活动而改变，例如土地用途和肥力。这使土地的研究变得复杂。

土地的基本属性，如阳光、空气、水分等天然物质的供给和土地的地理优势均非人力所能改变，它能够引起产量和地租的变化。人口增加会使土地得到最大限度的利用，由于投入土地的资源不断增加，土地能产出更多的产品以满足人们日益增长的需求。但人类从土地上获取收益的能力是有限的。土地肥力由多种因素共同决定，对土地肥力的衡量比较困难，或者需要综合考虑耕作方法和技术、资本和劳动投入等。土地肥沃程度直接决定从中获得生产报酬的高低，可以通过机械和化学两种标准对土地肥力进行衡量。人类能够通过自己的活动改变土地肥力，使之更适合生产。改变土地肥力的方法很多，如施肥、提高耕作和灌溉技术、进行土壤改造等。土地肥力是相对的，同一块土地在不同时期的肥沃程度不同，相邻两块土地的肥力也因不同耕作方法和技术及资本、劳动投入的不同而有差异。因此，比较两块土地的肥力时至少应考虑耕作者的技能、进取心、资本和劳动的数量以及现有资源等条件。随着人口增长，土地耕作技术不断提高，大量荒地被开垦，土地肥力会不断提升。

报酬递减规律同样适用于土地，即经营者对土地投入资本和劳动后，从土地获得的报酬是逐渐增加的，当达到一定程度后，再向其投入资本和劳动时，只会引起报酬的逐步递减，甚至出现负增长现象。简言之，就是随着投入土地中资本和劳动的增加，经营者从土地获得的报酬增加到一个顶峰后，再投入资本和劳动只会使其报酬率降低。在一定的时代和技术条件下，土地资源同样遵循报酬递减规律。李嘉图认为，资源报酬递减规律是制约经济发展的自然法则，由于土地数量有限和质量有差异，连续追加劳动和资本，最终会使农业的报酬呈递减的规律。考虑土地报酬的前提是人类活动，在统一标准下，人们对农业产出数量进行比较，进而分析是否出现了土地报酬递减现象。劳动和资金投入使农业生产成本提高，人们开创了选种的种植技术，使得农作物不断优胜劣汰，避免土地报酬进一步递减。报酬递减是以其数量进行衡量的，尽管该倾向在技术进步和开发土地过程中暂时会受到阻碍，但如果需求无限增加，该递减趋向无法阻挡。“剂”是投入土地的资本和劳动的衡量单位。随着投入土地的资本和劳动的“剂”的增加，报酬由少而多，并逐渐达到一个顶点，之后每“剂”的报酬会减少。当投入到某“剂”资本和劳动是土地的成本与报酬刚好相等，则该“剂”为边际剂。如果耕作者所得报酬大于投入劳动和资本的各边际报酬总和，则多出部分就是土地的剩余生产物，并且他们可以拥有这些剩余生产物，只要那些土地也属于他们。地租是土地所有者向佃户强行索取的报酬，只有在一定条件下，上述剩余生产物才能变为地租。有三个因素与此有关：土地的天然价值，土地的改良，富裕人口增长及交通便利的改善等，这最后一条起着最为重要的作用。

以现代技术支撑的工业化过程，是克服农业报酬递减而实现报酬递增的生产体系的建立过程。由于受当时的社会条件等原因限制，李嘉图并未对之有详细的论断，其也因此受到质疑。土地利用是人们根据土地的自然特点，按一定的经济、社会目的，采取一系列生物、技术手段，对土地进行长期性或周期性的经营管理或治理改造活动。土地利用的方式、程度、结构及地域分布和效益，既受自然条件（如光能、热量、水分、地形、土壤等）影响，更受各种社会、经济、技术条件（如开发历史、生产方式、技术装备、投入水平、土地经营管理水平及国民经济发展需要等）影响，但在所有影响土地利用的各种因素中，社会生产方式往往起决定性作用。早期由于耕种过于分散，农业新技术和新耕作方法很难推进，未能形成完善的市场及良好的竞争机制，加上缺乏创新性人才，因此农业发展十分缓慢。随着城市化、工业化的发展和人口的日益增长，协调好人地关系已经成为当今的迫切问题。土地作为一种资源，其开发利用必须要有计划性。因此，在一定时期和一定地域范围内，人们往往要根据土地资源现状和潜力，以及国民经济和社会发展规划，对各类用地进行统筹安排和合理布局。土地的发展规划是对土地的开发、利用、治理、保护，在空间上、时间上所作的总体安排和布局，是一个国家或地区实行土地用途管制的基础。

欧洲土地利用方式在历史上已经发生重要变化。市场证明，土地的小农经营、分散经营方式已难以适应市场经济的发展。小农经济是在社会生产力得到进步和发展，铁农具和牛耕被逐渐应用于耕种的土地基础上产生的。农民不同程度地拥有一定土地、农具、耕畜等生产资料，也具有生产积极性；他们以家庭为单位，农业和手工业相结合，实现了自给自足。但是由于农民经营规模小、生产条件简陋、缺乏必要的积累和储备能力、抵御天灾人祸的能力弱等，小农经济逐渐被进一步发展的生产力——集约化耕作所淘汰了。欧洲中世纪的小农经济以封建领主庄园最为典型，它是自给自足的经济单位，其经济形态十分封闭，农奴缺乏人身自由。如果说从希腊城邦中产生了西方城市的政治制度和传统，那么，欧洲中世纪的城市则奠定了西方城市的商业和经济属性。不过，当时的城市商品经济已经从乡村基础上发展起来，市民不像农奴那样依附于土地。在农业土地所有制的初期，英国的牧场十分分散，整个畜牧业发展比较缓慢。由于小土地所有制排斥社会化劳动大生产，不利于资本的集中和大规模生产方式的应用。1870 年，英国逐渐将土地改为国有，实行规模化经营。英国通过长达三个多世纪的圈地运动，实现了封建土地制度向近代资本主义土地制度的转变，分散的土地占有形式转变为大地产所有权与经营权相分离的产权制度。英国农业形成了一种新型土地关系，即地主和农场主之间的租赁关系。英国汲取了许多国家的经验，再加上其有利的地理位置，农业、制造业、加工业等均取得了快速发展。

土地所有制度和土地租赁制度及其变迁关系重大。小土地所有制具有以下特点：首先，农民既是劳动者又是土地所有者，土地是他的主要生产资料；其次，农民不需要向地主支付任何租金，他所得到的全部收益都归自己所有。随着土地租赁制度的开始，承租人和土地所有者之间通过订立合约建立起产权关系。这种合约的形式和内容是不断演变的，早期不是由法律规定，而是一种合伙制，后来才以法律条款的形式固定下来。无论是农业技术创新还是租赁制度改革，都存在较多的限制性因素。合伙经营农业，把大量土地集中起来进行规模化、集约化的生产，能够提高农业生产率，增加农作物产量，是简单的小农经济所不能比的。分益农制，即分成制，它是租地农民按比例向地主分配收获物。分成制中，由租地农民供给劳动（自己的或旁人的）和部分经营资金，地主供给土地和另一部分经营租金。在这种形态下，地主具有土地所有者和资本贷出者的双重身份。分益农制是由原始地租发展到资本主义地租的过渡形态。租地农民和土地所有者共同提供经营资本，由租地农民经营，产品按事先约定的比例在租地人和土地所有者之间进行分配。土地所有者和租地农民之间已不是纯粹的封建主义生产关系，也不是完全的资本主义经营关系，土地所有者得到的也不再是纯粹的地租，还包含了他预付资本所带来的利息和超额地租。大土地所有制将分散的土地所有权集中起来，进行大规模的产业化生产，才能集聚各种生产资源，并提高资源的使用效益，也有利于农业机械化的发展、农业机器的改进，进而推动农业生产方法和组织管理形式的变革，促进农业生产的发展。但在大规模生产中，工业经济与农业经济的效益完全不同，农业劳动力需要农业企业家自己雇用，由于农业种植的季节性短、农业劳动时间有限等，农业出现报酬递增的大小、时间和持续的长短与工业生产有明显区别。大土地所有制与小土地所有制各有其优缺点、适用场合和经营者。在实践中，需要发挥这些制度各自的优势，将大规模生产的经济利润和小规模生产的社会利益有效结合起来，探索和推进合作制的建立和发展。

资料来源：〔英〕阿尔弗雷德·马歇尔，彭逸林等译：《经济学原理》，人民日报出版社 2009 年版。

三、影响土地资源配置效率的各种因素

影响土地资源配置效率的因素是多种多样的。这些因素，不仅有内因，还有外因，外因通过内因起作用；不仅有快变量或可变性强的因素，而且有慢变量及不可变因素，不同变量之间相互关联并且其影响不可替代。内因主要是土地上的人的劳动及技术、资本投入的因素，包括劳动投入的积极性、主动性、创造性、性质、数量、质量、类型、结构和劳动投入的方式等。外因主要是土地上的人口、社会、自然和环境的因素，以及土地利用的制度与政策的因素等。这些因素可以细分为土地利用的人口与社会因素、自然与环境因素、技术与投资因素、制度与政策因素四大类。

（一）人口与社会因素

人口和社会是影响土地资源配置效率的首要变量。土地利用因人而变，人口因素是首要变量，包括人口数量、人口素质、家庭人口等。社会是状态变量，包括发展阶段、社会结构和政治领导。一些非正式制度，包括文化、习俗、习惯、传统、道德、宗教、信仰等行为规范，具有较长的演变进化过程和长期的对社会行为的监督或约束作用，也属于这类因素。这些因素对人的经济行为及土地资源配置效率的影响，有的属于硬约束，有的属于软约束（见表 14–1）。

表 14–1　　　　影响土地资源配置效率的人口与社会因素

编号	指标	影响内容	备注
1	人口	人是土地需求的主体，人包括人口数量、人口素质、家庭人口等。如果人口数量增加，人口素质提高，家庭平均人口数下降，会引起土地需求增加，拉动土地利用效率上行	土地的供求关系对土地利用效率影响极大，因为土地供给弹性小，在土地经济供给不变或变化不大的情况下，土地利用效率几乎完全受土地需求特别是人口变化的影响
2	经济发展	经济发展预示着投资生产活动活跃，对住宅、厂房、办公室、商场和各种文娱设施的需求增加，拉动土地利用效率上行	经济发展包括物质福利的改善，改变投入和产出的构成，生产性就业的普及，更多人对经济活动的参与和福利分享等
3	居民收入	居民收入的真正增加——非名义增加、非通胀情况下的增加，将提高人的生活水平，促使对土地的需求增加，拉动土地利用效率上行	不同人的收入水平及边际消费倾向不同。收入增长对土地利用效率的影响要看收入结构和权重
4	物价	通常，物价普遍波动，土地利用效率也将随之变动，物价影响土地收益的高低，从而影响地租的多少和土地利用效率。农产品价格与农地价格的变动也如此。在一个较长时间内，一般土地利用效率上涨率要高于物价和国民收入上涨率	土地利用效率与物价的关系非常复杂，从总体上看，土地利用效率涨落是物价涨落的结果。但就某一类或某一块地而言，土地利用效率涨落可以是物价涨落的原因
5	地租地价	地租地价越高，土地利用效率越高，反之土地利用效率越低，二者存在数量关系	地租地价与土地利用效率之间的数量关系见柴强《地价理论与土地估价方法》
6	利息率	当利息率下降时，土地利用效率升高，反之则下降。二者之间成反比。因为社会发展过程中利润率有下降趋势，土地价格即使与地租的变动和土地产品价格的变动无关，也有上涨趋势	马克思曾揭示了资本主义地价不断上涨的秘密。利息率由多种因素影响，但利息率下降与经济文化提高相联系。假定地租是一个不变量，土地价格的涨落就与利息的涨落成反比
7	购买年	当购买年增多，土地利用效率上升，反之则下降 。二者成正比。影响购买年多少的因素，主要是土地所有权保障程度，人口比例，对土地价值以及三代人同时生存期间的了解程度，以及发生叛乱的概率、财产受勒索情况、贫困现象、法律执行困难等	威廉·配第在《赋税论》中指出，在所有权有保障并能确实可靠享有年租的地方，土地的价值就等于 21 年的年租，但在其他一些国家，土地的价值可能等于 30 年的年租，或者比 21 年更短一些的年租
8	公共设施	公共设施或基础设施完善程度及水平越高，土地利用效率越高。这些设施不仅可以节省经济活动的费用成本，而且可以为居民生活带来便利	如果某一地区道路交通、上下水道、邮电通信、电灯供电等公共设施缺乏，土地利用势必难有优良发展，其土地利用效率必低
9	土地使用种类	通常，商业用途的土地利用效率最高，住宅区用地次之，农业用地的效率最低。但也并不是任何土地，只要当作商业用途及住宅用地，其价格就高于其他用途的价格，或相反	土地用途与土地利用效率的关系不是独立的，而是就具体地块最适宜的用途的结果而言的，是与区位等其他因素综合发挥作用

资料来源：南京市土地管理局、地政研究丛书编辑组编:《地价理论和土地估价方法》，江苏人民出版社 1990 年版。

（二）自然与环境因素

自然与环境是影响土地资源配置效率的基础变量。这些因素主要是慢变量或不变量，以及很难改变乃至基本上不可改变的变量。随着生产力发展水平提高，这些因素及其影响也会发生一定的变化，在深入系统分析的时候必须有所考虑。比如，如果资源配置的时间范围延长和空间范围扩大，究竟哪些是不可变因素，哪些是可变因素，会带来哪些可能的影响。

表 14-2　　　　影响土地资源配置效率的自然与环境因素

编号	指标	影响内容	备注
1	土地位置	土地位置的优劣直接影响土地使用者的经济效益或生活满足程度。城市土地利用效率几乎为位置优劣所控制。这种优劣或由于自然地形的限制，或由于后天人工的支配	各种经济活动和生活活动对土地位置都有不同要求。工业用地通常要看产业性质，住宅用地通常随其交通、距离市中心远近及周围环境而有差距
2	土地肥沃程度	土地肥力由日照、气温、降水、风力、风向等因素综合构成，影响植物的生长发育，与农用地土地利用效率高度相关，是最重要的决定因素。但对非农业用地价格影响小，有的可能没有影响	土地肥力具有综合性（如果单独考察其中某一项因素与土地利用效率的关系，可能得出的结论极不相同）和相对性（对某种作物肥沃，对另一种作物则可能不肥沃）
3	土地地质条件	地质条件决定土地的承载力。凡地质坚实，承载力就越大，有利于建筑使用，尤其在现代城市建设向高层化发展的情况下	现代技术条件在一定程度上可以克服不良地质造成的承载力低的问题。在这里，地质条件决定着建筑费用
4	地形地势	地势平坦、起伏、低洼等差异性，以及在城市如果人口剧增，而土地面积受地势限制，如四面环山等，不能调增，影响土地利用效率	地形地势会影响土地的建筑成本及利用价值。土地供给不会随人口增加而同比例增加，土地利用效率会普遍性上升
5	地域自然灾害	凡有周期性自然灾害的地带，土地利用价值必然低，甚至不能利用，如果勉强利用，一旦发生灾害，生命财产无保障	一旦建设了可靠的防洪或灌溉等工程，不再出现周期性自然灾害，这类土地利用效率可能会逐渐上升
6	土地本身形状	土地形状是否整齐，对土地利用效率有一定影响。土地本身不规则而不便于经济利用的，土地利用效率必然低	土地经过调整或整理后，利用价值及经济价值会提高
7	土地面积大小	一般来说，土地面积过于狭小而不利于使用的，土地利用效率必然低。但特殊情况可能也有例外	土地面积可能依城市繁荣地段或市郊及农村而异，依周边地块而异，依地方消费习惯而异，依建筑形态而异

资料来源：南京市土地管理局、地政研究丛书编辑组编：《地价理论和土地估价方法》，江苏人民出版社 1990 年版。

（三）技术与投资因素

技术和投资是影响土地资源配置效率的微观变量（见表 14-3）。它主要关系四个方面。一是组织与机构。把个人组织起来才能推进集体行动，组织包括科层、市场、混合等，组织的核心是契约设计。机构是组织的领导者、决策者与管理者。组织和机构影响土地利用的层次级别。二是技术与规模。技术可以改变生产函数，规模可以降低成本。技术和规模影响土地本身的利用。土地以外的因素，包括经济管理制度因素、社会发展阶段因素等。三是边界与范围。边界可以改变主体及其责权，范围可以降低成本。边界和范围影响土地利用的布局与结构、自然因素与人为因素。四是时间与战略。战略是跨时期配置，政策主要是短期配置。时间和战略影响土地利用的短期因素、长期因素、政治稳定因素、经济发展因素、技术进步因素、社会公平因素、生态保护因素。

表 14–3　　影响土地资源配置效率的技术与投资因素

编号	指标	影响内容	备注
1	工业化与城市化	工业化与城市化促进土地利用效率上升。具有同样生产力的土地，它的价格在临近小城镇的比在偏僻地区的高，临近大城市的比临近小城镇的要高。一般说来，工业化与城市化发展意味着人口向城市地区集中加快，造成城市土地需求不断增大，带动城市土地利用效率上升。这一因素在工业化与城市化还不发达的发展中国家表现得尤为突出。工业化与城市化不仅使城市土地利用效率上升，还使周围地区土地利用效率上升。从长远看，工业化与城市化与整个国民经济繁荣、国家昌盛有关，因此还促进农村土地利用效率的上升	罗西（R.H.Rossi）在社会科学词典中指出，城市化有四个含义：（1）城市中心对农村腹地影响的传播过程；（2）全社会人口逐步接受城市文化的过程；（3）人口集中的过程，包括集中点的增加和每个集中点的扩大；（4）城市人口占全社会人口比例提高的过程。李斯特在《政治经济学的国民体系》中指出，工业及有关商业的发展使具有同等地力的土地在英国的价值高于波兰十倍到二十倍
2	发展预期与心理因素	发展预期与心理因素往往使土地利用效率上升，具体表现为：（1）预期和希望受将来涨价心理的影响；（2）由于占有的土地在很多情况下成为社会的、政治的和经济的权力和地位的象征，一般人对持有土地具有特殊偏好，使得社会上表面的土地需求超过真正的需求；（3）虚荣心使得一些特殊地段如靠近名人住宅、一些象征社会地位高级住宅区的土地利用效率上升	由于土地的有限性和收益的长久性，持有土地一般没有损耗和折旧，相反受多种因素的影响不断增值的驱使，人们往往从发展预期和心理上对土地估价过高。发展预期与心理因素对土地利用效率的影响主要存在于土地私有制的情况，实际影响也非常复杂，特别是土地投机者的发展预期与心理对土地利用效率的影响尤为突出
3	国际形势与投资	如果国际形势动荡不安，会直接或间接影响土地利用效率。特别是一国受到战争威胁或其他威胁时，则土地利用效率必然下降	土地不可移动，一旦发生战争或动乱，繁华城市瞬间化为废墟，大家争相出售土地，土地利用效率必然下降
4	特殊因素与投资	一些特殊因素有时足以影响土地利用效率，比如有人偶然发生资金困难应急转让其土地使用权。有一些不宜单独开发的小块地，本来土地利用效率应该低下，但有人反以居奇的心态待价而沽，或者愿意出高价得之	在影响土地利用效率的因素中，有些因素现在看来是特殊因素，但随着时间的推移和地点的不同，可能不再是特殊因素；而现在不是特殊的因素，却在某些情况下可能成为特殊因素

资料来源：柴强：《地价理论与土地估价方法》，江苏人民出版社 1990 年版。

（四）制度与政策因素

制度与政策是影响土地资源配置效率的宏观变量（见表 14–4）。它对人的经济行为及土地资源配置效率的影响是直接的，关系到生产性因素与分配性因素的配置。在实践中，提高土地资源配置效率的途径是通过提高劳动者的积极性、主动性和创造性以及促进劳动者之间的合作分工来实现的。制度因素主要是建立良好的制度结构，核心是提供制度安排，它是慢变量，包括法律、产权、行政等。政策因素主要是要处理好政府和市场的关系，核心是发挥政府的积极作用，相对而言，它可以是快变量，也可以是慢变量。政府机制是封闭的、命令驱动，市场机制是开放的、利益驱动，究竟选择政府机制还是市场机制，关系已知因素、未知因素。政府的因素包括计划、投资与服务因素、战略与政策因素。市场的因素包括发展因素、风险因素。

表 14–4　　影响土地资源配置效率的制度与政策因素

编号	指标	影响内容	备注
1	行政变更	将某个乡镇、非建制镇或某个县、地区、城市升格，无疑会促进这一地区的土地利用效率上升。同样，将某一个原属于落后地区的地方划入另一个较发达地区，会促进这一地区土地利用效率上升；相反，则有可能导致土地利用效率下降	改革开放以来，在中国行政管理中，将某个乡升格为镇，将某个县或地区升格为市，将某个区域行政归属进行调整或重划，是经常发生的事，具有重要经济意义，有利于扩大对土地资源进行优化配置的空间和范围
2	经济体制与经济组织	计划体制和市场体制的资源配置方式不同。市场体制可以激发微观主体活力，而经济组织可以解决产权界定复杂及组织交易成本费用过高的问题。一些没有独立经济利益或不承担风险的国有企事业单位，为得到土地而报的价往往过高，拉高了土地利用效率	一般情况下，市场体制可以提高资源配置效率，但这是有前提条件的。如科斯就提出企业在市场体制下为什么会存在？因为企业作为经济组织可以解决市场交易成本费用为正的问题。土地利用的参与者及其行为多种多样，它们不是均质的，而是异质的
3	土地权责及土地制度	土地权责及土地制度对土地利用者或投资者的积极性有重要影响，进而促进和带动土地利用效率变化。一般来说，出让土地所有权的价格要高于出让土地使用权的价格，但特殊条件下也有意外。在新中国成立后很长一段时间，《宪法》规定土地严禁买卖、出租或者以其他形式非法转让，这时地租、地价根本不存在。1988 年对《宪法》及《土地管理法》进行适当修改后，地租、地价才逐步出现并在土地资源配置中发挥作用	土地权责及土地制度，包括土地产权界定、规定用途、容积率、覆盖率、土地出让方式、土地出让年期、土地征用、地价政策、土地课税等，与土地利用效率高度相关。但土地权责及土地制度是个综合因素，它与土地利用效率的关系极为复杂。日本熊泽二郎分析认为，日本东京住宅土地利用效率与伦敦、巴黎相差数十倍，除了日本人均地少外，最重要的就是日本土地使用制度较为宽松等制度原因

续表

编号	指标	影响内容	备注
4	规定用途	在土地条件一定的情况下，规定土地用途对土地价格有很大的影响，规定用途对土地利用效率的影响在城市郊区特别显著。比如，城市的发展已使郊区某些土地很适用于城市，但由于政府规定只能维持农业用途，土地利用效率必然很低。土地规定用途后，就某一地块而言它会降低土地利用效率，但从总体上有利于土地健康协调利用，有提高土地利用效率的作用	不同用途对土地条件的要求不一样，商业用地、工业用地、住宅用地、农业用地、林业用地等对土地的不同要求或影响这些用途地价的主要因素差异很大。比如在商业用地、高层住宅用地和工业用地中有地基一项，因为要建设高层建筑或装置机械，而一般住宅用地、农业用地、林业用地就没有
5	容积率	在实施了容积率管制的地区，容积率是影响土地利用效率的最直接最主要的因素之一。它与土地利用效率的关系很复杂，并不是容积率越低土地利用效率越高，也不是容积率越高土地利用效率越高，而是有一个适宜点。在一个地区楼面地价基本不变的情况下，就单块土地来看，土地利用效率可能与容积率成正比，因为容积率越大，意味着在同等面积的土地上允许建筑的建筑面积就越多，土地单价 = 楼面地价 × 容积率。但容积率提高会影响居住条件和居住质量，导致土地利用效率可能不会提高，反而下降	容积率是建筑物总面积与所用土地面积的比值，是对于土地使用强度的控制方法。规定容积率实际上是降低了土地的供给，就整个地区而言，可以改善环境条件，有提高土地利用效率的作用。许多已经具备完好居住设施和绿地的住宅区，居民往往不主张提高容积率，而希望政府降低该区的容积率，以免可能破坏已经形成的诸如采光、个人隐私权、通风状况、绿地保留等居住条件和居住环境
6	覆盖率	在实施了覆盖率管制的地区，覆盖率对土地利用效率有影响。就单块土地而言，它限制了土地使用的自由，是对土地使用的一种约束，会降低土地利用效率。但就整个地区而言，规定覆盖率有提高土地利用效率的作用	覆盖率是建筑物某一层的面积和所用土地面积的比例。规定覆盖率可以改善环境条件，特别是有利于绿化和提供充足的地面活动空间和阳光
7	土地出让方式	一般来说，采用协议出让方式出让的土地利用效率最低，其次是招标，拍卖有抬高土地利用效率的趋势。协议出让是政府对那些需要扶持的教育、卫生、慈善、宗教、高科技工业等供地，一般会降低土地利用效率。招标方式不仅考虑报价，而且考虑开发方案，中标者不一定是出价最高者。在拍卖场合，由于土地由谁取得完全靠报出土地利用效率的高低，所以最能提高土地利用效率。招标、拍卖的方式、时间等对土地利用效率也有影响	目前中国城镇土地的供应有行政划拨和有偿出让两种，有偿出让方式又分为协议出让、招标出让和拍卖出让三种，不同方式获得的土地使用权也有所不同。用地单位通过有偿出让取得的土地使用权，可以转让、出租、抵押。用地单位通过行政划拨取得的土地使用权，每年需缴纳土地使用费，但其土地使用权不得转让、出租、抵押
8	土地出让年期	在地租和利息率每年都不变的情况下，土地出让年期与地价呈现的关系是：$P=P_0[1-1/(1+r)^n]$。公式中：P 代表土地出让年期 n 年时的地价，P_0 为无限期情况下的地价，r 为利息率	土地出让年期的长短意味着土地使用期限的长短。它对土地利用效率的影响是显而易见的。但在不同的情况下，它与土地利用效率的关系也不完全相同

续表

编号	指标	影响内容	备注
9	土地征用	政府征用土地虽然会给予合理的补偿，但最终会造成土地使用的不安全感，因此一般起着抑制土地利用效率的作用。特别是在政府对土地征用的先决条件没有严格限定的情况下。但如果土地征用前后土地利用方式发生较大变化，如从分散利用走向集约利用、从农用地走向建筑用地等，土地利用效率则是提高的	世界上大多数国家和地区都规定，政府因一定原因可以对私人、企业或团体所有或使用的土地实行征用。例如，在马来西亚，过去州政府征用土地必须是“公共目的”或“具有公共用途”，后来在征用土地的条文中加上“为开矿、住屋、农业、商业或工业等目的”
10	地价政策	高地价政策促进土地利用效率上升，一般是指对地价放任不管或政府有意通过某些措施抬高土地利用效率；低地价政策促进土地利用效率下降*，一般是指政府采取种种措施抑制地价上升。值得注意的是，高地价政策并不意味着土地利用效率的绝对水平高，而低地价政策并不意味着土地利用效率的绝对水平低	地价政策抽象来看有两类，一类是高地价政策，另一类是低地价政策。比如日本政府为了抑制地价，建立了严格规范的土地交易管理制度，主要内容有：土地交易许可制，大规模土地交易的申报劝告制，事前确认制，以及地价公示制等
11	土地投机	一般来说土地投机对土地利用效率的影响有三种情况：一是引起土地利用效率上升；二是引起土地利用效率下跌；三是起着稳定土地利用效率的作用。土地投机具体导致怎样的结果，要看当时的多种条件，包括投机者的素质。当地价上升时，投机者纷纷抢购哄抬地价，会造成虚假需求，推动地价进一步上升；而当情况相反时，投机者抛售土地，使地价进一步下跌；当投机者误判或过度热烈及恐慌，可能造成地价剧烈波动。也有投机者逢地价低落时购置，日后抛出，或者逢地价高涨时抛出，日后买入，以稳定价格	投机是利用市场的不确定性，从价格的变化中获得特殊利益的行为，通常用于期望从价格变化中获利的证券、商品和外汇买卖活动，最常见的形式是空头投机（又称卖空，预期价格下跌）和多头投机（又称买空，预期价格上涨）。当投机对象是土地或房屋时，就称为土地投机或房地产投机。土地投机是一种特殊的投机行为，它和一般投机的共同点都是利用价格的变动做文章，但其投机手段、过程及影响都有独特之处
12	土地课税	对土地课税实际上是减少了土地的收益，因此造成土地利用效率低落。但是，不同的土地课税种类和多少，对土地利用效率的影响是不同的。另外，在考虑土地课税影响时，还必须注意土地课税的转嫁问题，如果某种课税可以通过某种途径部分或全部转嫁出去，那么它对土地利用效率的影响就小甚至不影响	土地课税的种类很多，包括按土地面积征收，按土地的总产品或总产量征收，按地租的多少征收，按土地利用效率的高低征收（地价税），将土地与其他财产一起征收财产税，将土地与房屋一起征收房地产税，征收土地增值税、空地税、土地赠与税、继承税等
13	房屋政策	如果实行低房租、低房价的政策，必然导致土地利用效率低落。特别是当房租、房价连房屋本身的建造成本都弥补不了时，不但不会有土地利用效率，而且从理论上看会出现负土地利用效率	房屋政策很重要，涉及规划、土地、税收、财政、金融、保险、福利等方面。在城市，地租地价在很大程度上是通过房租、房价来实现的，房租房价决定地租地价

* 抑制地价的措施是多种多样的，它们影响地价降低的速度和幅度也不尽相同。这些措施主要有：（1）制定最高限价，规定在土地交易时不得突破此价格；（2）制定标准价格，作为土地交易时的参考；（3）政府在地价高涨时抛出土地，以增加土地供给，从而平抑地价；（4）征收土地交易税或土地增值税；（5）像日本那样建立一套土地交易管理制度。

资料来源：南京市土地管理局、地政研究丛书编辑组编：《地价理论和土地估价方法》，江苏人民出版社1990年版。

四、关系土地资源配置效率的工作要求

一个国家的土地资源是稀缺的。在实践中，如何提升土地资源配置效率是经济管理工作的一个重大课题，需要统筹考虑在保护自然、顺应社会、达到目标、遵守规定和改进技术等多方面的工作要求。土地资源配置效率的提升不是自然的、免费的和无问题的，而是有前提条件、有成本费用、有风险不确定性的，是人的勤奋努力的结果，是对人的劳动投入特别是专业化劳动投入的一种回报。在制度设计上，重点是要深入研究条件，合理引入条件，按条件进行管理。要完善制度设计，深入牵线搭桥，建立提升阶梯；深入推进微分，提高流动性；深入推进积分，提高组织效率。

（一）保护自然环境生态

土地利用工作需要保护自然环境生态，在实践中要考虑和明确自然条件约束。它对提升土地资源配置效率是有影响的。土地利用的自然条件主要是地理位置、空间范围、水土条件等。促进土地资源配置效率提高，要求关注土地利用的自然条件，要尊重自然规律，实行因地制宜和科学利用，明确在土地利用中重视自然约束，保护生态环境。

（二）顺应社会发展需要

土地的开发利用工作需要顺应社会需要，在实践中要考虑和明确社会现实约束。它对提升土地资源配置效率是有影响的。土地利用的社会条件主要是人与地之间的关系、人与人之间的关系、土地承载率、工业化率、城市化率等。促进土地资源配置效率提高，要求关注土地利用的社会环境和发展阶段，要实行土地合理分配和高效利用，明确在土地利用中兼顾公平，追求社会进步，坚持土地为人服务，促进土地为劳动者服务，提高土地为高效率的劳动者服务的比重。

（三）满足政策目标要求

土地的开发利用工作需要满足政策要求，在实践中要考虑和明确政策目标约束。它对提升土地资源配置效率是有影响的。土地利用的政策目标主要是保障供应、解决问题，有进有退，提高土地利用率和土地生产率等。促进土地资源配置效率提高，要求关注土地利用的政策目标，要注重从实际出发，实行问题导向和目标导向，明确在土地利用中设定合理目标，确保实现目标。

（四）遵守制度规定约束

土地的开发利用工作需要遵守制度规定，在实践中要考虑和明确制度规定约束。它对提升土地资源配置效率是有影响的。土地利用的制度规定主要是管理体

制、市场竞争、生态保护、政府监管等。促进土地资源配置效率提高，要求关注土地利用的制度规定，要严格遵守法律规范，强调公共意识和规则意识，明确在土地利用中管控开发行为，建立良好秩序。

（五）改进技术标准方法

土地的开发利用工作需要不断改进方法，在实践中要考虑和明确技术标准约束。它对提升土地资源配置效率是有影响的。土地利用的技术标准主要是资质条件、科技进步、投入水平、建筑容积率等。促进土地资源配置效率提高，要求关注土地利用的技术标准，要重视技术标准应用，不断提高认识和创新观念，明确在土地利用中提高科技水平，符合技术标准要求。

五、提升土地资源配置效率的内在机制

提升土地资源配置效率是讲科学的。在理论上，土地利用的主体是人，土地上的收入或财富主要是人的劳动创造出来的，提升土地资源配置效率的着力点在人，特别是人的劳动，核心是调整和完善生产关系，解放和发展生产力。要深入推进国民收入分配和土地财产关系改革，调动人的生产积极性，促进和优化人在土地上的劳动，提高劳动参与率、劳动职业技能和劳动生产率。更准确估价土地及其背后人对财富创造的贡献，更多地发挥股份制在改进生产关系中的作用。完善和更新城乡经济分工原则，统筹解决产业、就业、交换、技术和组织问题。建立和革新农民进入非农产业和城镇、市民进入农业和乡村的多元化渠道和多样化形式，建构新型城乡关系及要素流动和管理框架。

（一）激励人的合作分工，发挥组织经济作用

在土地投入产出中，与集体的力量相比，个人的力量是有限的。将个人组织起来，推进分工与合作，调整优化布局和结构，可产生专业化及乘数效应，是提高土地资源配置效率的基本途径。要推进组织创新，建立有效率的经济组织，联系投入回报，建立交易平台，引入价格信号，显示效率信息，引导资源配置，优化土地和劳动结合。充分运用货币推动，为微分积分创造条件。但货币是“双面刃”[①]，在利

① 人们发明了货币，它既促进了经济增长，又造成了经济危机。当货币适合流通对它的需要，它促进经济的发展，特别是当经济不景气的时候，市场充满过剩的物质，货币的增加，甚至会加大需求，刺激进一步投资，把经济从不景气中拯救出来。而金融危机同样是货币累积起来的。流通中货币的不稳定性造成人们的错觉，人们在错觉引导下的投资借贷行为会累积起来，最后爆发金融危机，进而影响实体经济，引发全面的经济危机。

用货币时要有配套改革和管控措施。

（二）激励人的勤奋努力，发挥制度经济作用

在土地投入产出中，与物质资本作用的发挥相比，人力资本作用的发挥需要激励。通过调动人的生产积极性，促进人的劳动参与，可产生或形成劳动成果，是提高土地资源配置效率的前提条件。要推进制度创新，权责明晰化，劳动主人化，资产证券化，交易自由化，调动劳动者的生产积极性、主动性和创造性，增加劳动投入。

（三）激励人的知识增长，发挥技术经济作用

在土地投入产出中，与人的劳动数量投入增长相比，人的劳动知识的积累增长更有效率。在有劳动参与的基础上，提高劳动质量，改进方式方法，可产生技术经济效应，是提高土地资源配置效率的重要途径。要促进技术创新，开发利用知识增长，增加专业化劳动投入，减少无效劳动投入和稀缺资源配置浪费，提高劳动投入产出质量。

（四）激励人的积累投资，发挥规模经济作用

在土地投入产出中，人要利用机器才能大幅提高生产率，而机器的利用意味着人均资本增长。在有劳动参与的基础上，增加资本投入，加强物质装备，可产生规模经济效应，是提高土地资源配置效率的重要途径。要扩大资本积累，开发利用现代机器，发展公共资产设备，降低人际组织费用，为引入高层次人才和提高稀缺资源效率提供渠道。

（五）激励人的区域共生，发挥范围经济作用

在土地投入产出中，人的生存生产生活需要公共产品，而公共产品的生产供应需要协同并降低成本。在有劳动参与的基础上，促进人与人之间的协同，推进横向一体化或纵向一体化，可产生范围经济效应，是提高土地资源配置效率的重要途径。要提升协作层次，开发利用空间范围，发展连带集群产业，降低人际交易费用，为引入高层次人才和提高稀缺资源效率提供渠道。

六、提升土地资源配置效率的实践途径

提升土地资源配置效率是有路径的。在实践中，既要发挥组织化手段的重要作用，也要发挥市场化手段的重要作用。要注重分析影响土地资源配置效率的各种因素，考虑关系土地资源配置效率的工作要求，统筹兼顾、把握重点，因地制宜、因人制宜、因时制宜，从源头上做好土地开发利用和分配管理的重大决策。基本路径

是从促进投入入手，改进投入方法，优化投入结构，增加土地产出，建立良好体制，推进实行劳地结合、劳动者主权、城乡统一分类管理、土地使用权流转交易和土地利用格局总体优化。

（一）多投入，提质量，实行劳地结合

提升土地资源配置效率要从人入手。土地资源配置效率不是独立存在的，而是有依附性的，它依附于人的努力，是通过促进或改进人的劳动投入实现的。换言之，提升土地资源配置效率的载体和源泉是人的劳动投入，没有人的劳动投入，就没有劳动成果，也就没有效率问题。在人的劳动投入上，不仅人的劳动心态、劳动时间、劳动数量重要，而且人的劳动素质、劳动技能、劳动质量也重要；不仅人们投入的活劳动、亲临现场的劳动重要，而且人们投入的物化劳动、不在现场的相关劳动也重要。其关键是要从人入手，推进劳动者与土地结合，产生或形成劳动成果。从一定意义上讲，不仅劳动力投入属于劳动，而且资本、技术、管理投入等也都属于劳动。

（二）尊重劳动，保护利益，实行劳动者主权

提升土地资源配置效率要激励劳动者。在土地投入产出中，劳动者是最重要的。对劳动者进行激励的方式，既有政治的方式，也有经济的方式。核心是适应劳动者的需要，提升劳动者的地位，让在土地上创造价值的劳动者更好地获得土地利用的利益，更多地享有土地利用的权利。比较典型的政治方式是打土豪、分田地，死者退、自愿交，实行耕者有其田、不耕者退其田等。比较典型的经济方式是建立完善的土地占有、土地使用和土地产权流转的税费管理制度，以及对农业用地的支持保护制度等。

（三）分好类，划好区，实行城乡统一分类管理

提升土地资源配置效率要推动分工组合。在土地投入产出中，人的分工组合是重要的。不同类型的人对土地利用的需求不同，不同类型的土地在利用上的要求不同。既要对人进行分类，比如市民和农民、常住人口和流动人口等，也要对土地进行分类，比如农业用地和建设用地等，还要对土地进行功能分区，比如农区、牧区、林区、城市区等。通过加强分类分区管理，提高分类分区水平，实行城乡统一的分类管理，推动建立全国统一、分类科学、基础整合、系统完备的土地利用信息系统，服务引导社会土地高效利用，为合理引入市场机制提供支撑保障，为更好地发挥政府作用提供决策依据。

（四）明确责任，界定产权，实行土地使用权流转交易

提升土地资源配置效率要建立良好的体制机制。在土地投入产出中，人的变化、流动是正常的。一方面，对特定类型和特定区块的土地而言，土地利用者是不断更替的，在更替的时候会引起产权关系和利益关系的调整，但土地的利用特别是土地上的设施在一定时间内是不会调整的。另一方面，对一个人而言，在土地上进行劳动投入是有条件的以及随条件而改变的，比如处于劳动年龄阶段，有投入意愿、劳动技能、资本、技术、土地产出预期等，人们对土地的劳动投入可能不限于某一块土地，而是多块土地。不仅如此，人的劳动投入是多种多样的。在人的劳动中，既有生产性努力，也有分配性努力，还有破坏性努力，只有生产性努力是创造价值的劳动。因此，对人的劳动投入还要进行深入细分并区别对待。为了应对人的变化、流动的需要，要在土地分类分区的基础上，明确责任，深入界定产权，建设土地产权流转交易市场体系，实行土地使用权公开流转交易，让市场在资源配置中起决定性作用，推进建立良好稳定的社会秩序。

（五）改进边界管理，促进长期投资，实行土地利用格局总体优化

提升土地资源配置效率要调整优化格局。在土地投入产出中，人的时空范围是拓展的。随着工业化、城镇化、现代化的发展，生产力发展水平大幅提高，人与人之间的分工合作越来越深化细化，差异也越来越大。在土地开发利用和分配管理上，既要严格管理和科学规划，也要开放发展和明确条件；既要有短期和近期考虑，也要有长期和远期考虑；既要建设可变的设施，也要建设不变的设施。要通过改进土地边界管理，实行土地利用格局总体优化，促进土地长期投资，不断调整优化土地利用布局和结构，推进建立良好科学的土地利用总体格局。

七、提升土地资源配置效率的重要保障

提升土地资源配置效率是需条件的。这些条件就是要建立一整套从宏观到微观的重要保障体系，充分发挥党和国家、市场机制、投资融资、基础设施、科技支撑和公共服务的作用。要通过改善这些条件，激发土地利用者的内生动力。通过增加劳动投入、科技创新、优化格局等方式方法，不断提高土地的生产力及创造经济价值的水平。

（一）加强和改善土地利用的组织管理，发挥党和国家的重要作用

为提升土地资源配置效率，土地利用的宏观组织管理要统一和优化。这个保障由党和国家直接负责，由中央和地方政府体系来提供。土地的宏观组织管理在土地

利用中很重要。在实践中，要建立和完善全国统一高效的土地利用组织管理体系，统筹考虑影响土地资源配置的各种因素，包括人口与社会因素、自然与环境因素、技术与投资因素、制度与政策因素等，通过制定和实施全国及各地的土地政策法律法规、土地利用规划等，加强土地利用管理监督，处理好政府与市场的关系，创造良好的社会环境，激发劳动者努力。

（二）建立与完善土地利用的市场体系，发挥市场机制的重要作用

为提升土地资源配置效率，土地利用的微观主体分配要开放和竞争。这个是在党和国家的领导下，由土地市场体系来提供的。土地市场机制在土地利用中很重要。与一般商品市场不同，土地市场属于要素市场。要素市场是各类要素配置和交换的场所，具有发现要素价格、评价要素价值和传递信息的功能，具有反映要素供求的功能，具有形成市场秩序的功能；规则和秩序在市场竞争中形成，也要在市场运行中得到检验。土地市场与劳动力市场和资本市场有共同点，也有不同点。在土地利用中通过合理引入条件，放活土地使用责权，引入排他性、划定边界并予以保护，将土地从准公共物品转化为私人物品，从而引入市场机制①。市场有产品市场、服务市场、责权市场、资源市场、要素市场和投资品市场等多种类型，土地市场具有特殊性，兼有责权市场、资源市场、要素市场和投资品市场的特点。一要加强土地市场的基本建设；二要培育土地利用的市场供给；三要培育土地利用的市场需求；四要促进和发现土地利用的市场均衡；五要搞好土地市场的价格管理②；六要推进土地市场的金融发展；七要开展土地市场的税收调节。

专栏 14–2　土地市场的特点和新中国土地市场的建设

土地市场是指进行特定土地使用权的交易和转让的市场。中国的土地市场与一

① 市场机制是一种由各经济主体平等参与、分散决策、自主经营和自由交易的经济机制，通过推进交易条件规范化和标准化、测算和公布交易价格、组织开展参加者之间公平竞争，实现产销衔接和供求衔接、传递信息和发现价值、各尽所能和各取所需。土地本身是一种准公共物品，但通过合理引入条件，可以转化为私人物品进行使用，这就为引入市场机制提供了基础，可以发挥市场机制在资源配置中的决定性作用，同时政府更好地发挥作用。换言之，土地利用的合理市场机制不应是自然形成的，而应是特殊形成的。

② 一件商品的市场价格取决于商品价值与流通货币之间的比例。货币因素对商品价格影响很大。货币稳定很重要，但在实践中很难。马克思概述货币有价值尺度、流通手段、储藏手段、支付手段和世界货币五种功能。以前，当我们确定需要多少流通的货币才能维持物价水平稳定时，通常不包括充当储藏手段的货币，但现代银行制度发展了存贷业务、票据业务和数量庞大的金融衍生工具。储藏起来的货币在留下法定准备金后，可以贷出去，也就是作为流通手段行使职能；可以指定银行兑现的企业商业汇票，在兑现之前也可充当货币流通，因为人们相信它可以变现；庞大的金融衍生产品，甚至债券、股票等，都可以用来充当交换媒介，即当作流通手段使用。因此，维持货币稳定实际上是一项非常困难的工作。

般商品市场相比具有特殊性，即在土地市场上交易的是特定土地使用权，而不包括土地所有权的让渡。这是在土地公有制基础上的土地使用权流转。同时，土地使用权的转让是有期限的，不能一次性购买而永久性使用。土地市场形式主要有：一是土地的一级市场，指国家采取公开拍卖、招标、协议等方式，将土地使用权出售给开发者和使用者，也有的采取划拨形式；二是土地转让市场，指取得土地使用权的主体在二级市场上的转让。中国土地市场的特征是公有制经济始终居主导地位。土地市场的主要功能和作用是：有助于土地资源的合理配置；有助于产业结构的调整和生产力的合理布局；有助于政府部门筹集资金；有利于土地的成片开发和使用；有利于城市居民住宅问题的解决；有利于城市改造和小城镇建设。

到目前为止，中国城镇土地配置基本上实行“双轨制”，即对商业性质的开发建设用地实行土地有偿出让的方式，其价格是根据当地土地供需情况确定。一般称之为土地出让的一级市场，出让的主体是当地政府。对于政府用地、公益事业用地和安居住房工程、经济适用房、廉租住房建设开发用地等，仍由政府采取划拨的方式，体现了政府政策的基本取向。这种“双轨运行”的土地配置方式是符合中国现阶段实际情况的。土地市场存在的主要问题如下。一是“双轨制”带来的寻租现象。二是投机严重：一方面，一些单位使划拨的土地非法进入土地转让市场，获取巨额收益；另一方面，二级市场交易混乱，炒买炒卖，哄抬价格。三是对土地市场缺乏有效的管理，相关的法律、法规有待健全。

2020 年 3 月，中共中央、国务院发布《关于构建更加完善的要素市场化配置体制机制的意见》，明确了推进土地要素市场化配置的政策意见。一是要建立健全城乡统一的建设用地市场。加快修改完善土地管理法实施条例，完善相关配套制度，制定出台农村集体经营性建设用地入市指导意见。全面推开农村土地征收制度改革，扩大国有土地有偿使用范围。建立公平合理的集体经营性建设用地入市增值收益分配制度。建立公共利益征地的相关制度规定。二是要深化产业用地市场化配置改革。健全长期租赁、先租后让、弹性年期供应、作价出资（入股）等工业用地市场供应体系。在符合国土空间规划和用途管制要求的前提下，调整完善产业用地政策，创新使用方式，推动不同产业用地类型合理转换，探索增加混合产业用地供给。三是要鼓励盘活存量建设用地。充分运用市场机制盘活存量土地和低效用地，研究完善促进盘活存量建设用地的税费制度。以多种方式推进国有企业存量用地盘活利用。深化农村宅基地制度改革试点，深入推进建设用地整理，完善城乡建设用地增减挂钩政策，为乡村振兴和城乡融合发展提供土地要素保障。四是要完善土地管理体制。完善土地利用计划管理，实施年度建设用地总量调控制度，增强土地管理灵活性，推动土地计划指标更加合理化，城乡建设用地指标使用应更多由省级政府负责。在国土空间规划编制、农村房地一体不动产登记基本完成的前提下，建立健全城乡建设用地供应三年滚动计划。探索建立全国性的建设用地、补充耕地指标跨区域交易机制。加强土地供应利用统计监测。实施城乡土地统一调查、统一规划、统一整治、统一登记。推动制定不动产登记法。

资料来源：全国干部学习读本《社会主义市场经济概论》，人民出版社 2002 年版；《中共中央国务院关于构建更加完善的要素市场化配置体制机制的意见》（2020 年 3 月）。

（三）激活和加大土地利用的投资融资，发挥投资融资重要作用

为提升土地资源配置效率，要激活和加大土地利用的金融服务体系。这个保障是在党和国家的领导下，由各种金融机构来提供的。在土地的利用中，资本是现代化生产发展的必要条件，可以推动资源跨时空优化配置。但资本来之不易，需要深化改革创新，创造有利于土地开发投资融资的良好条件。同时，资本积累也是有条件的，不仅要解决市场的需求、交易和流通问题，而且要解决产权的归属、界定和保护问题。

专栏 14-3　与土地利用有关的资本积累的两个条件

现代土地利用需要资本。《资本论》是最权威、影响最普遍的经济学巨著，它阐释了资本的本质与力量。马克思指出，资本主义社会的全部财富就是资本。1867 年 9 月，《资本论》第一卷出版。《资本论》共四卷，马克思把前三卷称为理论部分，把第四卷称为历史批评部分，故通常所说的《资本论》指前三卷。

《资本论》的分析表明，资本积累很重要，但资本积累是有条件的。

资本积累的第一个条件是假定资本家能卖掉自己的商品，并把由商品转化而来的绝大部分货币转化为资本。这个条件的主要内容实际上是要解决市场的需求、交易与流通问题。一定量的货币要执行资本的职能，必须经历三个阶段。第一个阶段，在流通领域内，一定的货币额转化为生产资料和劳动力，即货币资本转化为生产资本。第二个阶段，把由一定的货币额转化而来的生产资料和劳动力投入生产过程，从而生产出包含原预付资本加上剩余价值的商品。在这一阶段，生产资本转化为商品资本。第三个阶段，这些生产出来的商品再投入流通领域，通过出售，实现它们的价值，使这些货币重新转化为资本。这样周而复始，就形成资本流通。为

此，资本积累的首要条件就是：资本按正常的方式完成了自己的流通过程。如果这个过程完不成或中断，资本积累就无从谈起。

资本积累的第二个条件是假定直接从工人身上榨取无酬劳动的资本家是剩余价值的所有者。这个条件的主要内容实际上是要解决产权的归属、界定和保护问题。直接从工人身上榨取无酬劳动并把剩余价值固定在商品上的产业资本家，是剩余价值的第一个占有者，但绝不是剩余价值的最后占有者。产业资本还必须同执行其他职能的资本家，如商业资本家、借贷资本家、土地所有者等共同瓜分剩余价值。因此，剩余价值还要转化为利润、利息、商业利润、地租等各种形式并归不同的人所有。为此，资本积累的第二个条件就是：生产商品的资本家是按照商品的价值出售商品的，资本主义的商品生产者是全部剩余价值的所有者或所有参加利益分配的人的代表。积累是直接生产过程的一个要素，只要积累在进行，资本家就是在出售所生产的商品，并把由商品转化而来的货币再转化为资本。剩余价值分为不同的形式，丝毫不改变其性质，也不会改变资本积累的必要条件。不管资本家自己拥有的或分给别人的剩余价值的比例如何，资本家总是最先占有剩余价值。如果这个归属或占有权利无法保证或被打破，资本积累也无从谈起。

资料来源：〔德〕卡尔·马克思原著：《资本论》，商务印书馆 2007 年版。

（四）加强和改进土地利用的科技支撑，发挥科技支撑重要作用

为提升土地资源配置效率，要加强和改进土地利用的相关科技支撑。这个保障是在党和国家的领导下，由各种科技机构体系来提供的。科技是现代社会第一生产力。需要在土地的利用中，提高科技水平和管理水平，改进方式方法，建立科技支撑，积极创造科技条件，建设土地利用大数据和信息平台。特别要加强村镇土地利用技术创新。

专栏 14-4　推动村镇土地利用的技术创新的途径探索

随着城镇化建设和村镇建设的步伐加快，中国土地资源形势将日益严峻，促进村镇土地资源利用的集约节约及技术创新具有重要意义。未来村镇土地利用技术的发展趋势主要有如下方面。①新技术的研发和推广以可持续利用为导向。②依托先进的技术装备，注重多学科、多领域的融合交叉。③现代信息技术高度集成的村镇土地信息化建设。“3S”技术（遥感技术、地理信息系统、全球定位系统）和其他相关技术相继在土地利用和规划，特别是在土地资源的动态监测、土地资源调查和土地管理等方面得到广泛应用。村镇土地利用技术的发展原则是：科学性原则，适用性原则，生态保护原则，适度超前原则。村镇土地利用技术的发展重点是：①加快实现“3S”技术和地基调查、监测技术等的集成与应用；②大力推进土地利用评价技术系统化；③构建城乡一体化的区域综合发展规划技术、农村居民点布局体系支撑技术等；④运用系统科学和信息工程技术方法，将“3S”技术、模型技术、激光技术等紧密结合，发展农用地规模化综合整治关键技术等；⑤发展村镇土地利用监管多源数据融合、传输和远程通信技术、数据中心布局和运行技术，建立各级、各类数据的信息共享服务平台；⑥完善与村镇土地利用相关的各种技术标准和规范等。

处理好小城镇中的土地利用问题对小城镇发展至关重要。中国小城镇建设中的土地利用问题突出。推动小城镇土地利用的技术创新，有四个方面的研究内容。①积极推动小城镇建设基础理论研究。理论研究必须适当超前才能更好地指导实践。②加强小城镇供地指标研究。目前还缺乏对不同类型小城镇的土地进行合理利用和指标分配的科学依据与统一标准。③加快小城镇用地集约化和土地资源优化配置评价指标体系的研究。④加快小城镇土地利用动态监测信息系统网络建设的研究。要以此为支撑，通过完善小城镇土地利用现状、土地利用规划、建设用地项目、地籍调查、土地价格、法律法规等基础信息，动态监测土地利用状况，调整土地利用策略，引导小城镇土地利用向集约化和优化配置方向发展。

资料来源：殷继勇、邬文兵：“村镇土地利用技术发展研究”，《管理现代化》2011年第8期；傅应铨：“小城镇土地利用的制度创新和技术创新”，《土地利用与城乡发展——2000海峡两岸土地学术研讨会论文集》，2000年10月。

（五）建设和配套土地利用的基础设施，发挥基础设施重要作用

提升土地资源配置效率，要建设和配套与土地利用相关的基础设施。这个保障是在党和国家的领导下，由各种基建机构来提供的。在土地利用中，基础设施是现代化生产的必要条件，同时基础设施建设也具有外部性，投资回收期长，需要加强土地开发基础设施建设和配套。建设和配套基础设施的重要途径，一个是由各级政府牵头，直接组织领导，加强重大水利、道路、土地整治等基础设施建设；另一个是组建土地整理开发机构或“土地银行”，适当引入市场机制，推进土地收购、整理、储备和出让等，加强城乡基础设施建设和综合配套。两种途径对提高土地利用水平和土地资源配置效率效果都很显著。从国外经验和国内实践看，建立和完善城

乡土地整治、土地储备及“土地银行”组织体系和管理制度非常重要。这项工作包含了土地资源管理、土地资产管理、土地资产经营和土地制度改革等多个层面，对于改善农村生产生活条件、维护耕地数量稳定和耕地质量提升、优化城乡土地利用结构和布局、改善土地生态环境和修复受损生态系统、提高土地资源配置效率具有重要意义和作用。在中国下一步土地改革中，需要积极探索创新建立城乡统一的土地整理储备制度，实行统一收购政策、统一储备政策、统一出让和统一资金管理，加强土地基础设施建设配套，建设乡村土地流转、整理和出让体系；完善法律法规，保证实施土地储备制度的合法性，规范土地经济利益分配关系；加强土地储备风险控制，建立社会化的资金筹措机制；控制土地储备成本，理性引导土地供应价格等。

（六）组织和提供土地利用的公共服务，发挥公共服务重要作用

提升土地资源配置效率，要组织和提供土地利用的相关公共服务。这个保障是在党和国家的领导下，由各地基层政府体系牵头来提供的。在土地利用中，公共服务是现代化生产的重要条件，同时公共服务也具有外部性和规模经济性，需要加强土地开发公共服务的组织和提供。

第十五章
土地经济利益分配的决定与调节机制

土地不仅可能是生产要素，而且可能是非生产要素。土地经济利益分配是土地制度设计和制度改革的另一个关键问题。土地利用的利益归属和管理问题非常重要，也比较敏感和复杂。保证收入分配公平是政府公共政策中最困难和最具有争议的一个问题。解决土地利用的利益分配问题，基本原理很简单，要将土地利益分配与土地利益创造联系起来并建立因果关系，讲投入回报，讲边际贡献，讲按劳取酬，讲盈余取酬，讲共享发展，讲统筹规范。但是，其具体操作是复杂的，需要深入考虑各种相关因素，建立解决问题的有效机制。要建设现代国家，发挥国家作用；发展现代组织，发挥集体作用；明确责权边界，发挥个人作用。通过规范和调节土地利益分配，防范土地投机行为，避免给企业增加不合理负担，加大非营利性的社会用地困难，打破一些利益集团的既得利益。

一、土地上的经济利益具有特殊性

土地上的经济利益是一种多元复合。它不仅凝结着直接劳动者和间接劳动者的利益，而且包含着过去劳动者的利益、未来劳动者的利益和社会相关者的利益。特别是，土地上的各种租金现象在客观上是普遍存在的，包括位置地租、土质地租、投入地租、管理地租等，不同土地的利用和在土地上的不同投入及管理创造的经济利益差别很大。土地上的经济利益本质上是人的利益，它是人的劳动创造出来的。这些劳动包括直接劳动和间接劳动，包括活劳动和物化劳动，包括体力劳动和脑力劳动，包括生产劳动、流通劳动、服务劳动、管理劳动、科研劳动和创新劳动等，不包括无效劳动。

（一）凝结直接劳动者的利益

土地因为可用、稀缺而产生价值，可以为人带来经济利益。土地的可用、稀缺既有自然资源的因素，也是人的劳动的成果。一方面，要将生地变成熟地、差地变为好地，须在土地上不断地投入劳动，包括进行土壤改良，建设配套的水利、道路、防灾减灾等基础设施，加强生态环境保护，使土地能够为人们使用。另一方面，需要变革土地占有人、土地使用人及其责权关系，在土地管理上不断进行劳动投入，推动土地从有人占而不用以及无效利用、低效利用变为劳地结合、有效利用和高效利用，使土地更好地为劳动者使用。在土地的经济利益中，首先凝结了直接劳动者的利益因素，主要是劳动者利用土地进行生产和经营活动，并向社会和市场提供与土地有关的劳动产品及服务。这些劳动产品和服务就是劳动者的投入回报。

（二）凝结间接劳动者的利益

土地的价值既有物质产品的内容，也有利益调节的内容。物质产品的内容主要是人们利用土地生产劳动产品或提供服务，包括农产品、生态产品、建筑物等。利益调节的内容是人们把土地作为利益载体或管理工具，调节人与人的政治、经济和社会关系等。将土地利用好，就要将土地作为物质产品的价值和作为利益调节的价值协调好，因而具有复杂性。在土地的经济利益中，不仅凝结了直接劳动者的利益因素，也凝结了间接劳动者的利益因素，包括为辅助和配合土地质量变化的劳动者的投入回报，组织开展土地管理的劳动者的投入回报，以及从事相关科研支持和配套服务的劳动者的投入回报等。

（三）包含过去劳动者的利益

土地的可用、稀缺来之不易，它是过去劳动者的成果。在土地的经济利益中，首先包含了过去劳动者的利益因素。这些劳动者是将生地变成熟地、将差地变为好地的劳动者，以及组织变革土地占有人、土地使用人及责权关系的劳动者。他们的利益是凝结在土地的价值中，并通过土地的投入、成本或收入表现出来的投入回报。

（四）包含未来劳动者的利益

在土地的经济利益中，也包含了未来劳动者的利益因素。在市场经济条件下，土地的经济利益往往通过土地占有或使用的经济收入或地租地价表现出来，而土地占有或使用的经济收入或地租地价的确定因素不仅有过去的成本费用，而且有未来的发展潜力，特别是按照特定规划和特定用途进行开发利用，发展新产业，建设房地产等。这种未来的发展潜力是由未来的劳动者的投入回报等决定的。而土地占有或使用的经济收入或地租地价一旦确定，对未来土地的利用及未来在土地上的劳动者的投入回报影响也是很大的。

（五）包含社会相关者的利益

在土地的经济利益中，还包含了社会相关者的利益因素。在市场经济条件下，由于土地位置不可移动，土地的经济利益复杂，土地占有或使用的经济收入或地租地价的确定因素不仅有本地土地开发利用者的投入回报，而且有相邻或相关土地开发利用者的投入回报，特别是国家、社会等进行基础设施建设和公共管理服务的投入回报；不仅有来自劳动者个人努力或劳动者单位努力的投入回报，还有来自土地占有或使用权利的垄断的利益，以及来自土地所处的地理位置带来的利益等。

专栏 15-1　土地作为分配因素的特点

土地是重要的分配因素之一。广义的分配是从生产到消费过程中一切要素的配置活动，狭义的分配指个人消费性劳动产品的分配。生产和消费相互关联，其对象都只是效用，非物质本身；消费可视为负生产，对产品的消费打乱了物质排列，破坏了其效用。个人通过各种途径所拥有的收益都可视为收入。国家收入是一国繁荣程度的重要指标。财富分为个人财富、国家财富和世界财富三个层次，相互包含，互为构成因素。财富一般指可转让或交换的个人私有财产的物质财货和非物质财货，不包括其个性和才能。公众共有的财货关系到国家和社会个体的利益。公共财产不应算作私人财货的范畴。国家财富是全体国民共有的财富。财富如此重要，其所有权显得尤为突出。目前主要是根据国内和国际法律及少数具有法律效力的风俗来确定财富所有权问题。财富多少最终要由价值衡量，因此价值概念值得注意。“价值”一词是相对的，人们说到某个物品的价值通常指其价值，而且其交换价值必须在一定时间和地点才有效，即可以用一种商品换取另一种商品的数量。价值表示一种关系，该关系发生在某一时间和地点的两种商品之间。作为衡量物质财富多寡的尺度，黄金是重要的手段之一。人类对自然的控制力量因为创造发明而大增后，衡量货币的实际价值也发生了一些变化；人们发现用劳动衡量比用商品更好，当然这仅限于某些特殊目的而发生的变化。

土地的收益要在耕种者、地主和农业资本家等之间进行分配。6 世纪中叶以来，欧洲西北的尼德兰、英国以及法国北部等地，农业技术开始逐步发生变化，到 18 世纪达到高潮，一些历史学家称之为“农业革命”。在这个过程中，英法等国家的农业产量大幅提高，农民的生活状况也得到了很大改善。由于土地始终不属于耕种者所有，耕种者需要向地主或资本家缴纳一定地租，因此获得利益最大的还是地主和资本家。马克思运用科学的劳动价值学说对土地价值进行分析，结合地租原理研究了土地价格。自然状态的土地不是人类劳动产品，没有价值。但是在一定的劳动条件下，土地能为人类永续提供产品和服务，具有特殊使用价值。这种固定在土地中的劳动即土地资本，土地资本与土地实体相结合，增加了土地的生产力和新的使用价值。在土地中凝结了人类劳动，所以具有价值。土地价值的计算要考虑国家因素。土地的价值一部分源自国家为了广泛用途而并非专门为农业所作的改良，比如修建交通设施或其他改良。计算土地价值所用的费用一定是纯费用，即每年开支的利息要计算在内，同时要除去每年因改良所得的额外产量的总产值。

地租是一种报酬，一种剩余，一种期望，一种制度。地租是使用土地资源应当支付的报酬，包括土地场地及其改良设施地租、位置地租及土壤肥力带来的收益等。马歇尔把地租看成土地的收益。土地的收益可分为两部分，一部分是基于自然赋予的特性而不是由人的努力获取的收入。这是土地的纯收入，是收益中扣除所花费资本与劳动以后的剩余部分，即生产者剩余，它是真正的地租。另一部分是基于对土地的投资，使土地改良所获取的收入。在农业生产中引入先进技术，进行技术创新，可以提高农业的综合生产能力和市场竞争能力，从而增加农业生产剩余。狭义的地租即土地的净收入，实质上为生产者剩余。地租的实质为生产者剩余，它取决于土地的肥沃程度及用于交换的农产品的相对价值等。首先，它取决于土地的肥沃程度，而土地的肥沃程度不是绝对的，而是相对的，随着作物性质的不同以及耕作方法和强度的不同而不同。其次，它取决于交易物品的相对价值，随着耕作农作物所需的原料的价格、农产品出售价格和工业环境的变化而变化。重农主义者认为生产者剩余源自农产品的销售，而与土地自然力无关，但土地肥沃程度无疑对生产者剩余有影响。土地租金作为一种期望剩余，其变化是由土地生产力、农产品价格、各种投入品的效率和价格变化所引起。土地租金的增加是土地的使用效率提高、期望剩余增加的结果。土地租赁制度直接关乎地租的形成，早期租赁制度多出于惯例或私下约定，并没有稳定可靠的法律作保障，具有不确定性和伸缩性。此后，租赁关系以法律条款的形式固定下来，地租也趋于稳定，租赁制度逐渐由单一走向多元化，其中分成制最具有代表性。分成制、分益农制等租赁制度导致了土地的分散，不利于生产协作和规模化生产，阻碍了农业的进步和革新。就规模而言，大土地所有制更具有规模化生产的优势。

生产者剩余对于不同土地所有者的形态不同，对地主来说是地租，而对农业资本家来说是利润。假设土地耕种者是土地所有者，那么这种剩余就都归他所有；如果不是，这种剩余就归他和农业资本家（他的佃户）共同所有。这对地主和农业资本家在所得上的界限划分具有重大意义。它给英国带来了很大的利益，使英国成为世界自由企业发展的灯塔，而早期被迫发生的各种变革也使人民获得了自由。地主一般指封建社会地租制经济下凭借土地所有权，主要以地租形式剥削农民的土地所有者，或封建社会领主制经济下的一切大土地所有者。农业资本家从地主手里租种土地，采用农业雇佣劳动，赚取农业工人创造的超过平均利润的那部分剩余价值。他们与地主一起剥削农业工人。现在，英国的很多地区在土地使用的交易方面，是由自由竞争和能力决定的，而感情和习惯越来越被忽略。而且人们都达成一致的观点：进行得很缓慢的土地改良在一定程度上都是由地主供应并且维持的，所以由此得到的全部生产者剩余除去农业资本家的正常利润外都应归地主所有。由此得出，农业资本家的性质与企业类似，他们自负盈亏，如果遇到丰年则获得利润，如果遭遇凶岁，则自负损失，甚至最后被迫离开农场；而如果其能力高于正常能力，那么自己获得额外利润。换言之，地主得自土地的收入在短时间看是由农产品的市场因素决定的，而与耕作条件等成本关系不大，所以这部分收入具有地租的性质。而农业资本家（佃户）得自土地的收入，不管是短时间看还是长时间看，都被认为是利润，列入农产品的正常价格。

资料来源：〔英〕阿尔弗雷德·马歇尔著，彭逸林等译：《经济学原理》，人民日报出版社 2009 年版。

二、土地上的经济利益的形成与分配

在土地利用中投入有效劳动（包括活劳动和物化劳动）、引入排他性使用权、划定各类使用权利边界并在法律上予以保护、依法依规征收土地税费、按特定条件提供相关补贴补偿等，就产生了土地的经济利益特别是土地财产价值，形成了现实社会中多样复杂的土地利益关系，因此需要对有关参与方的利益分配进行规范、管理和调节。

（一）土地上的利益形式

土地上的利益形式多种多样，包括获取土地上的劳动产品、土地上的生态价值、土地上的设施使用、土地的空间使用、土地产权市场转让收入、土地使用总收入、土地使用净收入、土地使用利润、土地使用租金、土地使用税收等。在这些利益形式中，如果用货币计量核算就表现为经济利益。如果这些利益可依法由人排他性占有并能进行市场交易，就是具有财产价值的经济利益。与其他物资不同，由于土地位置的不可移动等，土地的经济利益并非天然就是具有财产价值的。换言之，在土地的经济利益中，首先是共同利益，然后才是私人利益。只要是具有财产价值的经济利益，就需要进行财务成本和经济效益核算，需要提高投入产出效率，需要处理好利益形成和利益分配的关系，需要考虑利益调节问题。

（二）土地上的利益形成

土地上的利益是人在土地上投入有效劳动创造的。一般而言，这些利益本身不是独立存在的，而是与其他因素结合在一起的，在形成过程中不仅有各种因素的作用，而且有不同人特别是各种劳动者的作用。国家在土地利用上依法设立排他性的权利，包括土地利用的时空边界、方式边界和责权边界等，就形成了土地财产，产生了利益分配问题。

一是土地上的经营收入。即土地使用者在使用土地过程中所创造的劳动产品或服务的销售收入。它是土地与劳动结合的产物，同时要通过市场销售实现。在这个结合中的劳动概念，不是指狭义的劳动，而是指广义的劳动，是对人的生产性努力的一种统称，不仅劳动力在土地上的投入属于劳动，而且资本、技术、管理等在土地上的投入也属于劳动。

二是土地使用收入。即土地使用者在使用土地过程中所创造的劳动产品或服务的销售收入，减去相关劳动者的工资和资本、技术、管理等要素的投入回报后的剩余部分。它是对土地上的经营收入进行全面核算并按照因素法进行分解形成的，要引入社会参数（如劳动者工资社会标准和资本、技术、管理等投入回报社会标准等）并通过收入分配实现。

三是土地成本费用。即土地使用者在使用土地过程中的相关投入之和。它包括土地使用权取得费①和土地开发费②，应与建筑费等一起提取折旧费。这样，在土地使用到期时，土地产权人才能够重新获得或购置同等效用的土地及其房地产进行再生产。在土地成本费用中，国家或地区有关部门向土地使用者征收的与土地有关的费用是重要内容，它包括土地出让金、土地征用费、城市建设配套费用、拆迁安置补偿费等。对土地使用权出让金的估算，要按照有偿出让转让和行政划拨两种获取土地使用权的方式，依实际情况而定。

四是土地使用纯收入。即土地使用者的土地使用收入减去土地成本费用的剩余

① 土地取得费一般分三种。一是征用农村集体土地时，土地取得费就是征地费用。二是城镇国有土地的土地取得费按拆迁安置费计算；拆迁安置费主要包括拆除房屋及构筑物的补偿费、拆迁安置补助费及相关税费。三是从市场取得土地使用权时，土地取得费就是土地使用权的取得价格。

② 土地开发费一般也有三种：一是基础设施配套费；二是公共事业建设配套费；三是小区开发配套费。

部分。它反映了土地使用者的土地经营水平和土地利用效率。一般而言，只有经营性土地才核算土地使用纯收入，而公益性土地不核算土地使用纯收入。

五是土地税收。即国家或地区有关部门向土地使用者征收的与土地有关的税金。它包括财产税式的土地税（从量征收和从价征收）、所得税式的土地税（按总收益、纯收益、固定收益和租赁价格征收）和行为税式的土地税（按使用、交易等征收）。目前中国直接将土地及其房产和地产作为征税对象的税种包括耕地占用税、城镇土地使用税、土地增值税、房产税、契税（土地、房屋）、资源税、城乡维护建设税、固定资产投资方向调节税等。土地税收反映了政府对土地利用的经济效益进行统筹调节的程度。

六是土地补贴。即国家或地区有关部门向特定土地使用者提供的与土地有关的补贴。它有隐含补贴（如由政府直接划拨土地或组织土地开发建设）和显性补贴（由财政安排专项补贴资金）两种形式。目前中国的土地补贴主要包括国家行政和事业单位土地使用费、重大基础设施建设和公共服务项目以及特定时期特定招商引资项目土地开发费及税收减免、农业土地整理项目补助、耕地地力保护补贴、土地征用征收以及土地收储对原土地使用者和原土地所有者的补偿等。土地补贴也反映了政府对土地利用的经济效益进行统筹调节的程度。

七是土地租金。即土地使用者向提供土地使用权的人按期支付的租金。对提供土地使用权的人，它是一种土地收入，在收入时间上是短期的。土地租金的类型很多，不同的经济学理论对土地租金的认识和观点有所不同。比如，马克思主义政治经济学认为地租是由劳动者创造的一种剩余价值，地租分为级差地租、绝对地租和垄断地租。西方经济学认为地租是土地使用者为用地而付出的代价，地租分为契约地租（商业地租）和经济地租（理论地租）。中国台湾学者许文昌博士认为地租为素地地租和改良地租之和，素地地租为未经人为改良的土地所产生的地租，属于绝对地租；改良地租为经过人为改良（包括地主改良和社会改良）所产生的地租，属于级差地租（许文昌，1991；唐在富，2013）。

专栏 15-2　土地租金的内容

土地租金是出租土地使用权获得的经济报酬。它在形式上是一种与土地出租及使用有关的经济收入，在本质上是对土地使用者从事生产经营或社会服务活动所创造的经济利益的一种分配，也是对土地使用者所创造的剩余价值的一种转移支付，还是对土地占有者在土地上的物化投入或者长期投资的一种投入回报。地租支付的形式多种多样。按照租金支付的形态，有劳动（劳役）地租、实物地租和货币地租。按照租金计算方式的不同，有固定地租、分成地租和百分比地租。按照付租的时间规定，有长期地租、年租、月租以及临时地租等。按照付租的时间顺序，有预租（先交租后用地）和正常租（先用地后交租）。

土地租金是社会生产关系的反映，也是一个历史范畴。任何社会，只要存在着土地所有者和不占有土地的土地使用者，就有产生地租的经济基础。人类历史上出现过多种性质和形式的地租。马克思主义的地租理论认为，地租是由劳动者创造的一种剩余价值，地租分为级差地租、绝对地租和垄断地租。级差地租和绝对地租是地租的普遍形式。级差地租是等量资本投资于等面积不同等级的土地所产生的不同利润，因其所支付地租不同，就产生了级差地租。级差地租又可分为因土地肥力和位置不同而产生的级差地租和因投资的生产率不同而产生的级差地租。绝对地租是指由于土地私人所有权的存在，租种任何土地都必须缴纳的地租。垄断地租仅是个别条件下产生的特殊形式。垄断地租指从具有独特自然条件的土地上所获得的超额利润转化而来的地租。现代西方经济学认为，地租是由土地所有者在出租土地中获得的一种经济收入，或土地使用者为用地而付出的代价，地租分为契约地租（商业地租）和经济地租（理论地租）。契约地租是土地所有者将土地出租给土地使用者，由土地承租人与土地出租人签订租赁契约所确定的租金。经济地租是土地总收益扣除土地总成本的剩余部分，即人们利用土地所得超过成本的纯收入。

土地租金是土地上的产出物（包括农业产品、建筑物、有关服务业等）的价格的重要组成部分。土地租金的多少，与土地位置、土地用途、土地等级和土地使用主体有很大关系，与社会习俗、市场竞争和公共权威管控活动也有关系。城市土地、农业用地、矿业用地、林业用地的土地租金差异很大。在现代社会，受多方面因素的影响，土地租金的社会化现象越来越普遍，不仅有完整的土地社会化，也有部分的土地社会化。对私人产权土地的租金部分社会化而言，主要方式有：激励土地利用，推进对土地的最优化利用，实行土地税收和特殊评估政策，推动土地所有者发展利他主义，资助教育和慈善机构的发展等。

土地租金在中国社会主义制度下是客观存在的，承认、坚持并用好这个经济范畴意义重大。它是我们改革开放后实行土地有偿使用制度的理论基础，是强化土地管理的有力杠杆，是制定土地上的劳动产品价格政策的重要依据，是调控土地价格的客观标准。在社会主义制度下，国家可以采取多种方式组织管理、合理分配和科学调节地租。比如，创新土地制度，实行价格政策、税收政策、相关收费，提供财政拨款和信贷支持等；调整和完善生产关系，包括国家、集体与个人的关系，中央与地方的关系，经营性单位与非经营性单位的关系，积累与分配的关系，效率与公平的关系等，解放和发展生产力，促进经济社会协调发展。比如，政府在制定农产品价格政策时，要以农产品的社会生产价格为基础确定收购价格水平，这种价格应包括三个部分，即生产成本、平均利润和地租，这样才能保证耕种劣等地的农民在正常经营的条件下能够获得平均利润和必要的土地收益（地租）。如果不把地租作为农产品价格的必要组成部分，又不以劣等地的条件作为制定农产品价格的基础，那么由此制定的价格水平会大大低于社会生产价格，相当多的农民在农业生产经营中会处于无利可得甚至亏损的状态，最后必然导致农业的日益萎缩和城乡、工农之间收入差距的扩大。

资料来源：毕宝德主编：《土地经济学》（第6版），中国人民大学出版社2011年版。

八是土地价格。即土地使用者从市场获得或向市场转让特定土地使用权的价格。对提供土地使用权的人来说，它也是一种土地收入，在收入时间上是长期的乃至无期的。作为一种特殊的商品，土地在价格形成上有着与一般商品价格不同的特点，土地价格的形式和内涵都有特殊性。在土地价格的背后，有很多、很严格、很复杂的价格条件。土地价格与土地租金有着紧密的关系。在一般正常的市场条件下，地租的资本化就是地价。影响土地价格的因素很多。在实践中，土地价格由市场交易形成。不同的经济学理论对土地价格的认识和观点也有所不同。比如台湾学者许文昌博士认为，地价可分为收益地价和土地市价；其中，收益地价 =（素地地租 + 改良地租）/ 还原利率；土地市价 =（素地地租 + 改良地租 + 投机地租 + 预期地租）/ 还原利率；地价总额 = 原始地价 + 地主改良地价 + 社会改良地价 + 投机地价。

专栏15–3　土地价格的内容

一般情况下，土地价格是指在公开市场上形成的土地交易价格。土地价格的形式由价格条件和价格内容组成。其价格条件很多、很严格、很复杂，比如包括土地利用的时间条件、空间条件、用途条件、方式条件、责权条件等。如果忽视这些价格条件而分析评价土地价格，很容易出错。土地价格的内涵是在正常市场条件下，土地在未来所能提供的土地纯收益（地租）的资本化价值。它是劳动者创造的剩余价值的一部分，可能来自本宗地劳动者，也可能因为土地资源的稀缺和垄断，来自全社会劳动者剩余价值的转移。在正常市场条件下，它要能弥补自然土地的价值补偿和凝固在土地中的有效价值补偿。2001年中国颁布《城镇土地估价规程》，明确中国城镇土地估价的价格内涵是："在正常市场条件下一定年期的土地使用权未来纯收益的现值总和。其权利特征是出让土地使用权。划拨土地使用权价格、承租土地使用权价格是其特殊形式，租赁权价格、地役权价格是其派生形式。"

作为一种特殊的商品，土地在价格形成上有着与一般商品价格不同的特点。一是土地价格是土地的权益价格。土地价格本质上是一种与土地有关的财产权的买卖的收益或代价。二是土地价格不完全依照生产成本定价，主要由土地的供给和需求决定，土地的需求影响相对更大。土地的供给通常分为自然供给和经济供给两类。土地的经济供给相对其自然供给在一定程度上对土地价格更具有决定性意义。土地的需求是一种引致需求和要素需求，需求的类别有农业用地需求（包括耕地需求、园地需求、林地需求、牧草地需求等）和非农业用地需求（包括城镇建设用地需求、农村集体建设用地需求等）。经济发展包括经济规模的扩大和产业结构的变化，前者引起对土地总量的需求，后者导致土地需求结构的变化。三是土地价格具有强烈的地域性，各地之间差异大，不同的土地价格不完全可比。四是土地价格的形成机制有特殊性，在总体上具有上升趋势。一方面，土地的位置固定不变，自然供给不变，经济供给弹性有限，买卖双方不能自行决定土地位置和用途，土地价格受国家土地制度、社会政治局势以及经济繁荣与衰退影响很大。另一方面，随着人口增长、经济发展，社会对土地的需求扩大，地租特别是工商业和城市用地的地租有上涨趋势，同时社会的有机资本构成提高，社会平均利润率及利率有下降趋势，导致土地价格总体上呈上升态势。

影响土地价格的因素很多。不同的经济学理论对地价的解释不同。马克思主义经济学的地价理论认为，自然状态的土地没有价值，但有特殊的使用价值并存在价格，土地价格的实质是地租的资本化，经过人类的长期开发使用，现实中的土地包含了人类的物化劳动。这些固定在土地中的劳动是土地资本，它属于固定资本范畴，其折旧和利息同样决定价格。现代西方经济学的地价理论分为土地收益论和土地供求论，前者认为土地的纯收益（地租）最终决定土地价格，后者认为土地市场的供求关系决定土地价格。在实践中，大体可分为一般因素、区域因素、个别因素、时空因素和相关价格五类。一般因素主要是国民经济发展情况、财税体制、相关政策、城市规划、城镇化发展速度、土地资源禀赋、土地产权状况等。区域因素主要是区段位置、基础设施条件、规划限制、环境质量等。个别因素主要是宗地本身的条件和特征，如土地用途、宗地面积、形状、临街宽度、宗地开发程度、土地利用状况和规划条件、土地肥力和地质条件等。时空因素主要是土地利用时间条件、土地市场交易具体时间、土地利用空间条件和具体位置等。相关价格主要是房价、物价、股价、工资、利率、汇率等。

尽管土地价格主要由市场交易决定，但开展土地价格评估和土地价格管理也是重要的。土地价格评估是专业人员按照一定的目的，遵循科学的原则、程序和方法，对土地市场价格的测定。它有助于土地交易的顺利进行，有助于企业投资决策，有助于土地市场的完善，有助于土地市场管理。《中华人民共和国城市房地产管理法》规定，“国家实行房地产价格评估制度。房地产价格评估，应当遵循公正、公平、公开的原则”。开展地价评估的基本原则有：公平原则、预期收益原则、替代原则、最有效利用原则、供需原则、报酬递增递减原则等。开展地价评估的方法有市场比较法、收益还原法、成本逼近法、剩余法、基准地价系数修正法、耕地价格探索评估法等。国家要加强地价管理，建立完善的土地价格体系，包括基准地价、标定地价、交易地价等；制定有效的地价管理制度，包括土地估价制度、土地估价机构和人员的资格认证制度、基准地价和标定地价的定期公布制度、城镇地价监测公布制度、土地供应计划和土地储备制度、土地交易最低限价制度等；实施正确的地价政策，引导市场主体的理性参与，防控市场过度竞争引发地价的剧烈上涨和大幅波动。

资料来源：毕宝德等:《土地经济学》(第6版)，中国人民大学出版社2011年版；董藩等主编:《土地经济学》，北京师范大学出版社2009年版。

（三）土地上的利益分配

土地上的利益分配涉及面广、关系重大。它不仅涉及横向的利益分配，而且涉及纵向的利益分配，还涉及纵横交叉和不同代际的利益分配。它不仅与经济因素有关，而且与非经济因素有关。按照分配的层次不同，可以分为直接劳动者的利益、国家或社会的利益、土地所有者的利益、土地使用者的利益和土地相关者的利益。按照分配的性质不同，可以分为收入分配和非收入分配、初次分配和再分配、显性分配与隐性分配、国家分配与市场分配等。土地上的利益分配的最终对象不是地，而是人，核心是要处理人与人之间的关系。

一是直接劳动者的利益。土地上的利益是人的劳动创造出来的。这些劳动首先来源于直接劳动者，其次来源于间接劳动者，包括过去劳动者和相关劳动者等。换言之，土地上的利益来源于对土地的利用，来源于劳动者与土地的结合，如果没有劳动者的投入，如果土地闲置，土地上就没有利益之源。在土地利益的分配中，能否对直接劳动者的利益进行充分、合理的考虑，是组织开展土地利用工作和进行土地制度设计需要解决的一个重要问题。一方面，它关系直接劳动者的切身利益，是对直接劳动者的劳动投入的一种回报或补偿。另一方面，它关系其他人的重要利益，因为在土地上的间接劳动者和其他相关劳动者也是有投入的，也需要合理回报或补偿。此外，它关系未来劳动者的利益及土地与人的劳动的结合，直接影响土地上的再生产发展和土地的利用方式等。在实践中，对直接劳动者的利益分配有工分计酬、工资成本和经营剩余等多种方式。工分计酬方式是在计划经济和集体经济中普遍采用的方式。工资成本方式是在市场经济中对在土地上从事一般性劳动的投入者及企事业单位的普通职工等普遍采用的方式。经营剩余方式是在市场经济中对在土地上从事经营性劳动的农户及企业单位的有关管理负责人等采用的方式。

二是国家或社会的利益。国家或社会是相对于个人或私人而言的。在土地利益的分配上，能否对国家或社会的利益进行科学合理考虑，是组织开展土地利用工作和进行土地制度设计需要解决的另一个重要问题。一方面，国家或社会的利益在形式上是个人或私人以外的利益，尤其是间接劳动者及其他有关人的利益，它是由政府或特定组织等进行统筹、分配及中转来实现的。与个人或私人利益不同，国家或社会的利益不是一种最终利益，而是一种中间利益。如果不发挥国家或社会的作用，属于直接劳动者个人或私人以外的人的利益，很难乃至不能参与合理分配。在政策上明确强调这部分利益，对间接劳动者个人及其他人很重要。另一方面，尽管国家或社会的利益与个人或私人利益相比在形式上非此即彼，特别是其代表人在进行市场交易时具有博弈性和竞争性，但他们在内涵上并不完全是一种排斥关系，而是一种包含关系。在国家或社会的利益中，每个劳动者个人都是有份的。与个人或私人利益不同，国家或社会的利益在本质上是一种共同利益，它对直接劳动者个人或私人也很重要。在实践中，土地的可用、稀缺来之不易，是国家或社会发挥作用的结果。对个人或私人而言，不仅具有排他性的个人或私人利益是重要的，而且具有共享性的国家或社会利益也是重要的。

三是土地所有者的利益。土地上的利益分配是由土地所有者控制的。在实践中，土地所有者可能是直接劳动者，也可能是间接劳动者，还可能是社会相关者。从组织形式上看，土地所有者可能是国家或地区，也可能是劳动者集体、法人单位及居民家庭，还可能是个人或私人。在土地利益的分配中，对土地所有者的利益分配是对土地上的利益的一种统筹分配，特别是对土地进行长期投资、经营管理和物化劳动投入的一种投入回报，在分配上要考虑提留国家或社会的利益，实行责权对等和社会公平。

四是土地使用者的利益。土地上的利益分配是由土地使用者操作的。在实践中，土地使用者主要是直接劳动者，也可能是间接劳动者。从组织形式上看，土地使用者主要是个人或单位，也可能是劳动者集体或居民家庭等。在土地利益的分配中，对土地使用者的利益分配是对土地上的利益的一种直接分配，主要是对在土地上进行中短期投入、开发利用和活劳动投入的一种投入回报，在分配上要考虑依法、依规、依约、依投入并实行按贡献分配。

五是土地相关者的利益。土地上的利益分配受土地相关者的重要影响。在实践中，土地相关者包括土地所有者和土地使用者，对特定土地利用有劳动贡献的人员，对特定土地利用有额外影响的人员，以及在特定土地上的未来劳动者等。从组织形式上看，土地相关者主要是个人、单位或家庭。在土地利益的分配中，对土地相关者的利益分配，是对土地上的利益的一种必要分配，主要是对在土地周边进行基建投入、生产生活、科研环保及在宏观上进行组织管理等的一种投入回报，在分配上要考虑社会平均标准，提供合理保障。

（四）土地财产的利益调节

在土地利益的分配中，有一种利益很特殊。这种利益就是土地财产的利益，在实践中表现为土地财产权利收入，包括土地所有权收入和土地使用权收入等。这种利益在性质上从属于在土地上的劳动者创造的利益，是对土地利益的一种规范分配。但在内容和形式上，这种利益不是来自土壤，而是来自社会，来自人与人之间在土地利用上的排他性，来自部分个人或单位在一定条件下对土地使用权及土地所有权的垄断，来自国家或地区通过法律法规等对个人或单位使用土地的责权进行界定并提供保护。这种利益产生的基本原因是土地对于人类不可缺少而又数量有限，人与人之间的劳动技能、经营水平、发展基础和社会贡献存在差异等。对于这种利益，需要由国家或社会进行调节，推动建立良好的社会秩序。国家进行调节的一个重要方式是制定和实施土地政策法规。比如，台湾学者许文昌博士认为，在地价政策上，应鼓励地主改良地价和社会改良地价的成长，应消灭投机地价之滋生。社会进行调节的一种重要方式是促进人的联合与合作。比如，新中国成立以后，曾经在城镇发展国有经济和在农村发展集体经济，调节国家、集体和个人之间的利益关系等。

与土地财产权利收入相关的还有一种利益，就是土地管理的利益，在实践中表现为土地管理权利收入，包括土地国家管理权收入和土地地方管理权收入。这种利益在性质上也从属于在土地上的劳动者创造的利益，是对土地利益的一种规范分配。但在内容和形式上，这种利益同样不是来自土壤，而是来自社会，是由具有法定管理权的国家或地方政府及有关部门依法依规从土地所有者和土地使用者手中取得的。这种利益与国家或地方政府及有关部门的职责定位及工作绩效有关，直接影响土地所有权收入和土地使用权收入。这种利益也不是私人利益或个人利益，而是一种中间利益或公共利益，最后会通过规范分配、转移支付、建设公共基础设施和提供公共服务等由社会主体受益。这种利益产生的基本原因是土地利用的公共管理服务需要劳动投入和土地财产的利益需要调节。

三、解决土地上的经济利益矛盾的不同途径

土地上的经济利益关系重大，利益矛盾复杂而敏感。既有土地上的劳动者和土地使用者的矛盾，也有土地使用者与土地所有者的矛盾，还有土地使用者、土地所有者与土地管理者之间的矛盾，以及不同的土地管理者之间、不同的土地所有者之间、不同的土地使用者之间、不同的劳动者之间的矛盾；既有土地占有和使用方面的矛盾，也有土地收益和分配方面的矛盾，还有土地管理和调节方面的矛盾；既有关系社会公平的矛盾，也有关系经济效率的矛盾，还有关系可持续发展的矛盾。从历史上看，这些矛盾也是不断变化的。解决这些矛盾的途径，总体上看，有斗争与革命的途径、调解与发展的途径、调整与改革的途径等。

（一）斗争与革命的途径

这是在特定的年代，针对土地上的特殊经济利益矛盾，由政治组织或人民群众采取的一种比较极端的途径。比如，在中国新民主主义革命时期，针对在土地占有和使用方面严重不公以及由此带来的土地收益、分配、管理和调节之间的矛盾，中国共产党领导劳动群众，采取打土豪分田地的方式，改变土地所有者。在中国新民主主义革命取得胜利后，在中国共产党的领导下，通过改变土地所有制，改变土地所有者。

（二）调解与发展的途径

这是在和平时期，针对土地上的一般经济利益矛盾，由执政党、国家或地区机构等采取的一种比较正常的途径。比如，在改革开放以前，针对在土地占有、使用、收益和分配方面存在的矛盾，中央采取推进组织结构变革，重组资源要素，发展国有经济和集体经济等措施。

（三）**调整与改革的途径**

这是在快速发展时期，针对土地上的突出经济利益矛盾，由执政党、国家或地区机构等采取的一种比较有效的途径。比如在改革开放以后，针对土地使用、收益、分配、管理和调节方面存在的矛盾，中央引入现代国家管理制度，建立管制许可；组织课税奖补，改变收益成本；推进流转交易，建设标准合约；合理引入条件，推进制度完善创新等。

四、国家调节土地经济利益分配的基本原理

随着传统社会向现代社会转型，国家在调节土地经济利益分配中责任重大。现代社会是高效率、民主、文明和法治社会，要把国家在调节土地经济利益中的作用发挥好，必须贯彻劳动价值论，区分不劳动与劳动以及各种类型劳动，搞好政策制定和实施，加强制度顶层设计，推进从源头上解决问题。从工作实践来看，这些基本原理主要体现在六个方面。

（一）**归类劳动者和无劳动者，讲投入回报**

对参与土地经济利益的分配对象，可以归类为劳动者和无劳动者。由于土地上的经济利益是由劳动者的投入创造出来的，这些经济利益首先要归参与土地利益创造的劳动者所有。在这些经济利益的分配上，首先要讲投入回报。原则上，有劳动投入的才能参与利益分配，没有劳动投入的不能参与利益分配。但在实践中，由于多方面的原因，有一些无劳动者实际上也有所得。为此，要对所有参与土地经济利益分配的人员进行归类，对劳动者和无劳动者要分开考虑，实行不同的分配标准。对劳动者的分配要实行一个标准，比如较高标准、主要按贡献分配，这部分利益总额要占土地经济利益的大多数或绝大多数。对无劳动者的分配要实行另一个标准，比如很低标准、实行平均分配或按其他特殊政策性标准分配，这部分利益总额要占土地经济利益的少数或极少数。

（二）**考虑不同劳动不同报酬，讲边际贡献**

在创造土地利益的过程中，有各种各样的劳动者。不同劳动者的投入客观上存在差异，不同的劳动者及其劳动投入对土地经济利益的贡献是不同的。比如，在劳动类型上有活劳动和物化劳动，在劳动特点上有体力劳动和智力劳动，在劳动性质上有生产性努力和分配性努力以及正常性劳动和破坏性劳动，在劳动时间上有一次性劳动、短时间劳动、长时期劳动，在劳动质量上有低质无效劳动、简单低效劳动、复杂高效劳动，在劳动参与率上有很低参与、正常参与、较高参与，在劳动生

产率上有较低效率、中等效率、高效率等。随着生产力发展水平不断提高，社会劳动分工不断深化细化，劳动种类越来越多。在将土地经济利益向劳动者分配时，必须考虑不同劳动不同报酬。原则上，实行多劳多得、少劳少得，对产出贡献大的劳动多得、对产出贡献少的劳动少得。但在实践中，对不同的劳动者及其劳动投入很难进行全面、及时、精准的调查、测量、统计和汇总，要按劳动过程统计进行分配很难，比较可行的是讲边际贡献，即将劳动者的投入与产出贡献关联起来并按贡献进行分配，实行以按劳分配为主、多种分配形式并存。

（三）劳动者利益分配要优先，讲按劳取酬

在将土地经济利益向有劳动投入的人分配时，对活劳动投入者的利益分配要有优先性，在分配原则上要重点讲按劳取酬，在报酬标准上可能是相对较少、短期的或一次性的，同时可能是确保支付、有法可依的。因为活劳动投入者主要是直接劳动者，属于一般劳动者或普通劳动者，需要直接参加土地上的物资生产或劳动服务过程，其经济实力或风险损失承担能力相对较弱，往往对劳动报酬情况反应很敏感，而对投资回报情况反应一般。在实践中，一般是参考社会同行业劳动工资标准，根据劳动投入情况及边际贡献，核算劳动者工资及相关报酬，形成土地上的经营成本，在经营利润核算之前支付。

（四）投资者利益分配要综合，讲盈余取酬

在将土地经济利益向有劳动投入的人分配时，对物化劳动投入者的利益分配要综合考虑，在分配原则上要重点讲盈余取酬，在报酬标准上可能是相对较多、长期的或多次性的，也可能是投资失败、报酬不保的。因为物化劳动投入者主要是投资者，属于间接劳动者，不一定直接参加土地上的物资生产或劳动服务过程，其经济实力或风险承担能力相对较强，往往对投资回报情况反应很敏感，对劳动报酬情况反应一般。在实践中，一般是根据土地上的经营收入、经营成本等情况综合考虑，按经营盈余或亏损核算报酬，如果有盈余可以获得报酬，如果亏损则无报酬，在经营利润核算之后兑付。

（五）死亡者利益部分要分享，讲共享发展

在土地经济利益的分配对象中，对出现死亡的劳动者的利益要做社会处理，引入生死调节。原则上，土地上的经济利益是不向死亡者进行分配的，或者人一旦死亡就应自然退出分配资格，其本人不可能再享受利益，需要将其个人财产和利益在活着的人中进行再分配，由国家打破权利财产的代际传递。但传统中，对死亡的劳动者的财产和利益，一般由其家庭子女、配偶等全部继承，从而形成财产的代际传递并影响权利的代际传递。在实践中，对死亡者的利益分配既不能全部继承，也不宜全部剥夺，既要坚持原则，也要有灵活性，要讲共享发展，考虑群众的接受力或承受力，实行渐进调节。目前西方发达国家实行遗产税和继承税等制度，一般在劳动者死亡后，将其个人财产和利益进行核算，一半左右由其子女、配偶等继承，另一半以税收方式等缴纳国家或地区进行再分配。

（六）相关者利益要兼顾均衡，讲统筹规范

在土地经济利益的分配对象中，对社会相关者的利益要统筹考虑。这些人员尽管可能不是土地上的直接劳动者，也不是土地上的投资者，但对于土地上的商品生产或社会服务有贡献或利益攸关，需要承认、尊重和保护。原则上，要尊重和保护土地上各类人员特别是劳动者的利益，既要调动劳动者积极性，也要调动投资者积极性，还要调动社会相关者的积极性，面向国际和国内，联系过去、现在与未来，建立规范、完整、现代的土地税收和土地管理制度体系等，对土地利益分配进行合理调节，实行统筹兼顾和动态平衡。

五、国家规范土地经济利益分配的重要方式

国家参与土地经济利益分配调节的方式选择很重要。从宏观上看，国家是一个跨个人、跨单位、跨行业和跨地区的公共管理服务部门，国家对土地经济利益分配的调节主要是提供一种管理规范和制度规范，推进建立良好稳定的社会秩序。从微观上看，国家是一个市场经济主体，国家对土地经济利益分配的调节是一种依赖人才、技术和信息的专业化工作与投入产出工作，要提高工作能力、水平、效率，才能保证实现目标。在实践中，国家要将土地经济利益分配与土地利用管理联系起来，综合考虑各种前提条件和影响因素，合理确定参与土地经济利益分配调节的方式，大力提高规范调节的水平和绩效。总体上看，在和平时期和发展时期，国家规范土地经济利益分配的重要方式有实行土地使用许可、土地租息管制、土地征收补偿、土地债券发行、土地财政管理和土地金融监管六种方式。

（一）土地使用许可

这种方式主要是国家通过明确规定哪些土地不可开发和使用，哪些土地可以开发和使用，以及土地可以开发和使用的前提条件和隐含假设，包括时间条件、空间条件、用途条件、方式条件、责权条件等，对土地上的经济利益分配关系进行规范。如果国家明确规定一些土地不可开发和使用，那么对这些土地的所有者或占有者而言，就不会产生经济利益并进行利益分配；但对相邻土地以及其他相关所有者

或占有者而言，则有可能因为土地的稀缺性的提升而具有重要经济影响，一旦这些相邻土地或相关土地被开发和使用，这些经济影响可以转化为现实的经济利益并进行利益分配。

（二）土地租息管制

这种方式主要是国家通过明确规定对可以开发和使用的土地使用权进行开放、流转、交易的土地范围、土地租金、土地收入、土地费用的管理政策和控制标准，对土地上的经济利益分配关系进行规范。在可以开发和使用的土地中，有些土地使用权是可以开放、流转、交易的，有些土地使用权是不开放、不能流转、不能交易的，有些土地使用权是有限开放、有限流转、有限交易的。在有限开放、有限流转、有限交易中，限制方式可能因地而异、因人而异，包括土地使用对象、土地租金水平、土地收入方式和土地费用项目等，实际上也是一种土地使用条件，它不仅影响土地市场供求关系，而且影响土地使用成本收益。

（三）土地征收补偿

这种方式主要是国家依法将由私人或集体占有和使用的土地使用权及土地所有权进行调整转换并给予相应补偿，对土地上的经济利益分配关系进行规范。任何国家和地区，无论是私有制还是公有制，在土地非农化使用和由私人使用转为社会使用中，征地制度是其中的重要制度之一。由于制度设计不同，发展阶段各异，各国在征地目的、征地程序、征地补偿办法上存在巨大差异，对土地经济利益分配的影响不同，对经济发展的影响也不一。目前中国实行土地征收的对象主要是由农民集体所有的农用地，补偿的对象主要是农民及集体成员，土地使用权及土地所有权调整转换的主要方式是将农民集体所有权和使用权改为国家所有权和公共使用权。新中国成立 70 多年来，由于社会主义制度的独特性以及处于工业化、城市化快速发展阶段，土地征收制度的目标、内涵与特征也处于不断演变之中。

（四）土地债券发行

这种方式主要是国家依法对一定范围内的可开发和使用土地在基础设施建设、公共管理服务、产业事业发展和土地开发回报等方面进行规划设计并筹资融资，对土地上的经济利益分配关系进行规范。由于对土地上的重大基础设施建设、重要公共管理服务和特定产业事业发展投入很大，投资回报周期很长，土地的经济价值因为土地利用方式的不同差别很大。一般而言，如果土地利用进入土地债券发行范围和发行程序，比那些没有进行规划设计并筹资融资的土地，不仅会提前防范、化解或减少一些在土地开发和利用过程中的经济利益矛盾，而且会明显提高土地开发和利用的经济价值。

（五）土地财政管理

这种方式主要是国家依法对土地使用者和土地所有者征收与土地有关的税收作为财政收入并用于财政支出，以及依法向土地使用者出让国有土地使用权获得土地出让收入作为财政收入并用于财政支出，对土地上的经济利益分配关系进行规范。按照土地财政收入性质的不同，土地财政有两种类型，前一种是税收性土地财政，后一种是财产性土地财政。在税收性土地财政中，地方政府获得的土地收入是税收，包括耕地占用税、城市土地使用税、土地增值税以及房地产（不动产）税等，征税的范围、税率及不同类型税率差异是对土地经济利益进行调节的重要手段。在财产性土地财政中，地方政府获得的土地收入，在性质上属于国有资产收入，要以土地出让成交价款扣除政府征地或拆迁成本、基础设施开发成本等后的土地出让纯收入为准，其中对国有土地出让范围、出让程序的决定和土地出让数量的调控等，是对土地经济利益进行调节的重要手段。

（六）土地金融监管

这种方式主要是国家通过明确规定人们参与特定土地利用及与不动产建设交易有关的投资、融资、信贷、抵押、担保、利率的管理要求、支持措施和负面清单等，对土地上的经济利益分配关系进行规范和管理。改革开放以后，土地成为高速工业化和快速城市化的助推器，融资是城市基础设施建设的主要资金来源，个人住房按揭贷款是居民购置商品住房的资金来源，以土地抵押的金融贷款支持了房地产市场的发展，也支持了城市基础设施的投资，因此与高速的经济发展是相配套的。但这种模式也存在金融风险，同时带来了不同群体在土地经济利益分配中的差异。因此，对土地金融的监督、调节和管控重要且必要，不仅是推动经济发展的重要手段，也是调节土地经济利益分配的重要手段。

六、国家对土地及附属物进行课税的政策

税收是现代国家财政政策的重要组成部分，是现代社会良性治理的重要手段。土地课税是现代税收体系的重要组成部分。建立良好的土地税收体系和土地税收征管制度，既考虑在土地及附属物流转环节进行合理课税，也考虑在土地及附属物保有环节进行合理课税，以促进土地资源的高效利用、公平利用和可持续利用，调解人与人之间在土地上的矛盾或纠纷，推进建立良好稳定的社会秩序。

（一）土地课税的意义和性质

由国家对土地及附属物的占有者或使用者进行课税具有重要性。现代税收的性质是取之于民、用之于民，是现代化的国家管理行为，是规范化的政府工作手段。在某种意义上，现代税收是对传统计划经济的一种规范化、标准化和现代化，是现代社会建设和现代国家治理的工具或手段。

（二）土地课税的作用和负担

由国家对土地及附属物的占有者或使用者进行课税具有双重作用。一方面，它增加政府收入，国家取得税款以充实政府的开支，向社会提供公共产品，比如维护国防安全，建设水利、道路、能源等基础设施，提供免费的公共卫生服务，开展扶贫济困等。另一方面，它是控制人们占有和使用土地及其附属物的手段，有意或无意地调节和控制着人们在使用资源要素或社会财产时的具体行为。在现代社会，政府可以对现有的课税对象加税，也可以放宽课税基础以及开辟新的税源。一般而言，中央层面的税收来源主要是所得税和流转税，而地方政府层面的税收来源主要是财产税。在很多国家或地区，对土地及附属物课税是地方税收的主要来源。

（三）土地课税的历史与现状

国家对土地及附属物的占有者或使用者进行课税的历史悠久。这种课税的具体对象、计税基础、税率、估税方法、管理机构和实际征收情况是多种多样的和不断变化的。有的按土地面积征收，有的按耕地的总产品征收，有的按土地、房屋和动产等财产的收益及其分配征收。在理论上，将土地及其附属物课税纳入一般财产税征收范围。这些财产包括动产和不动产，按统一的税率课税。但在实际上，大多数的动产特别是股票和证券等是税收人员无法找到的，因而会有逃税。也有一些财产，税收人员是可以找到的，但其价值不一定符合售价，所以并不照实征收。还有一些财产，受所在地政府决策的影响，对于某种用途的土地（如农用地）和某种类型的住房在一定限期内是免予课税的，或者按一定比例税收减免。在实践中，除了一般财产税外，还有特别征税，即对特定财产按照特定设施建设所增加的利益的一定比例征收，通常用来筹措改良道路、街道设施等建设资金。

（四）土地课税的挑战和补救

不同的课税有各自的好处，也有各自的前提条件及隐含假设，需要对可能的缺点进行补救。一是征收单一税，政府将未改良土地所产生的收益全部征收。实行这种税收后，一切地租充公，其他的租税可以全部废除，从而成为单一税。其好处是简单；缺点是可能会导致政府收入不足，同时有可能削弱长期土地投资和降低土地利用效率，并最终导致土地全部为政府所有。二是征收土地增值税，政府对土地的增值课税。在征税方式上，可以采取在不动产转让时从某一基本年度起算对其价值的增加部分作为收益课税，也可以从某一年度起每年对不动产价值的增加部分征收一种附加税。其好处是公平。其缺点是可能会有妨碍土地发展的趋势，如有些城市允许建筑物免予课税的直接后果就是建筑活动扩张，征税的城市就很难发展了；同时可能会有阻挠土地自由流转的趋势，如果土地的自由流转不流畅，土地落到最有能力的人手中的机会就减少了。三是征收一般财产税。其好处是有效。其缺点是与动产比起来，不动产的税负是不平等的；对课税对象加以分类以求避免不公平征税的失败；不科学的估税方法；不能使课税适应社会政策；等等。在实践中，补救的途径是：改进税制，实行分类财产税、个人所得税和业务税等相结合；改良征税方法，更多借鉴英国按租价课税方式；扩大征税地区和范围，延长征税员任期，提高专任估税员待遇，加强专家稽核；对课税对象（如农作物用地和林地）进行严格区分并完善社会政策等。

（五）土地课税政策的优化

建立和完善由国家对土地及附属物的占有者或使用者的课税政策是政治性和专业性都较强、头绪纷繁的复杂问题和迫切问题。一方面，要考虑土地课税对政府收入的影响，按照规范先进的方法进行课税，通过调整优化税率、放宽课税范围等，增加政府收入并组织提供公共产品。另一方面，要考虑土地课税对土地利用的影响，在制度设计上把激励约束机制搞对。这种课税不能对经济生活的正常进程造成危害，不能阻挠土地利用的自由经营，不能阻挠土地的最好利用，避免节约或积累受到惩罚，避免奢侈性消费受到奖励。此外，还要考虑土地课税对社会发展的影响，调节收入分配，推进社会公平，促进社会进步。在实践中，要对课税政策进行精密设计和审查，不断完善和创新税制及征税方法，发挥课税在提高土地资源配置效率和调节土地经济利益分配中的重要作用。

表 15–1　　各国土地及房地产税收设置情况

国家（地区）	保有环节	流转环节	土地税收设置宗旨
美国	财产税（其中土地税收有不动产价值税，包括住宅土地税、经营土地税、农用土地税、房屋税等）	遗产税、赠与税，对土地转让实现的资产利得课所得税、法人税	属于财政型，主要是为地方公共服务设施等筹集资金，调整收入分配的作用居次要地位，目的是保证地方政府的财政收入，与国家土地政策无关

续表

国家(地区)	保有环节	流转环节	土地税收设置宗旨
加拿大	不动产税、房地产税		属于财政型，主要是为地方公共服务设施等筹集资金，调整收入分配的作用居次要地位，目的是保证地方政府的财政收入，与国家土地政策无关
巴西	土地税（农村土地税、城市财产税）	遗产税、赠与税	
英国	所得税（中央政府）、不动产税（地方政府）	遗产税、资本利得税、土地受益捐税	
法国	不动产税、已建筑地税、未建筑地税、地方建筑税、都市计划税	资本利得税、土地增值税（对短期土地转让加重收税）	属于政策型，具有直接针对土地投机和土地集中的性质，目的是通过征收保有税，提高占有土地的成本，从而促进土地的流动和更有效的利用，提高土地的供应量
德国	财产税、土地税（对农业生产用地征收土地税 A，对建筑用地征收土地税 B）、房地土地税	房地产交易税、登记许可税、遗产税和赠与税	
荷兰	财产税	登记许可税、土地收益税	
意大利		不动产增值税、登记许可税、遗产税、赠与税	
俄罗斯	农业税、建筑物税、土地税、财产税	遗产税、赠与税	
日本	固定资产税、城市规划税、特别土地所有税	继承税与赠与税、不动产取得税、特别土地取得税、宅地开发税、土地增值税、登记许可税	属于混合型，促进土地资源的合理利用，抑制土地投机的作用得到较为充分的发挥，达到兼顾满足地方财政收入和推进国家土地政策的目标
韩国	财产税、综合土地税	土地超额增值税、遗产与赠与税、不动产购置税	属于政策型，具有直接针对土地投机和土地集中的性质，目的是通过征收保有税，提高占有土地的成本，从而促进土地的流动和更有效的利用，提高土地的供应量
新加坡	财产税和财产税附加		
泰国	住房建筑税、地方开发税	遗产和赠与税	
印度	财产税、对农业耕地征收土地税	遗产与赠与税	

续表

国家（地区）	保有环节	流转环节	土地税收设置宗旨
中国香港	差饷（相当于不动产税，对拥有土地房屋、其他建造物等不动产耕地所有人课税）	遗产税、印花税	
中国台湾	地价税、荒地税、空地税、不在地主税、房屋税、工程受益税	土地增值税、契税	属于政策型，具有直接针对土地投机和土地集中的性质，目的是通过征收保有税，提高占有土地的成本，从而促进土地的流动和更有效的利用，提高土地的供应量
澳大利亚	土地税（州政府）、财产税、房产税、土地税附加		
新西兰	土地税，是对非农业用地征收，由土地所有者缴纳		

资料来源：林家彬、乌兰："对我国未来土地管理制度与房地产税制改革方向的探讨"，国务院发展研究中心《调查研究报告专刊》[2005年第26期（总402期）]；财政部税收制度国际比较课题组：《加拿大税制》《日本税制》《美国税制》，中国财政经济出版社2000年版；叶青：《德国财政税收制度研究》，中国劳动社会保障出版社2000年版；武彦民：《中外土地税制比较》，焦点房地产网，2001年8月8日；李福秀：《日本现行土地税制一览》，《中国房地产报》2000年8月11日。

七、国家土地利用管理制度的健全和完善

对土地经济利益的分配和调节是国家土地利用管理制度的重要内容，通过对国家土地利用管理制度的健全和完善，使之不断规范化、科学化、合理化和制度化。在国家土地利用管理制度中，对土地经济利益进行分配和调节的内容有可能是公开显示的，也有可能是内在隐含的。在国家土地利用管理制度中，对土地经济利益的分配和调节的内容，核心是要将土地利益分配与土地利益创造联系起来并建立因果关系，通过发挥国家及有关部门和劳动者的作用，激发人的生产性努力，抑制人的分配性努力，调节人的不努力，防控人的破坏性努力，推动建立良好稳定的社会秩序。对土地经济利益的分配和调节的制度建设是复杂的，要从国家管理制度入手，深入土地背后的人及其行为，重视国家及其机构发挥作用的有限性及复杂性，强化土地管理数据及科技支撑保障，确保土地管理制度实施的结果与制度设计预定目标保持一致。

（一）土地的国家管理制度建设

对土地经济利益的分配和调节是现代国家的社会责任。土地的国家管理制度是国家土地利用管理制度的首要组成部分，是由国家及其机构依法依规对土地的

占有、使用、收益和处分等进行管理和控制的制度规定的总称，包括与土地的国家管理有关的基本制度、土地经济利益的分配和调节制度、土地的社会主义市场经济体制等。在土地的国家管理制度中，这种管理和控制的实施主体是国家及其机构，在程序上一般需要有国家法律或相关政策进行明确规定，在内容上是国家及其机构行使公共权利以履行社会责任。换言之，由国家及其机构对土地及其相关的人进行管理和控制，既有可能是国家对土地具有所有权，也有可能是国家对土地没有所有权。在土地的国家管理制度中，要把对土地经济利益的分配和调节作为最重要内容贯穿整个制度设计，把激励机制和约束机制搞对，正确认识土地上的经济利益及其特殊性，促进人们积极投入劳动，创造经济利益，公平合理地统筹分配土地上的经济利益，为在土地上创造经济利益的各种劳动者的利益分配提供保护。

（二）深入土地背后的人及其行为

对土地经济利益的分配和调节的关键不是土地，而是人及其行为。这些人包括土地所有者、土地使用者、土地服务者、土地占有者、土地经营者和土地上的劳动者等，包括在土地上的直接劳动者、间接劳动者、过去劳动者、未来劳动者和社会相关者，包括个人、单位、家庭、机构等。这些人的行为包括人的活劳动投入、人的物化劳动投入和人的不劳动或无劳动投入等，包括人的生产性努力、人的分配性努力、人的不努力和人的破坏性努力等。在实践中，要贯彻劳动价值论，坚持按劳分配为主体、多种分配方式并存，促进效率和公平的有机统一。一方面，要坚持多劳多得、少劳少得，着重保护劳动所得，增加劳动者特别是一线劳动者、直接劳动者的利益分配。另一方面，要健全劳动、资本、土地、知识、技术、管理、数据等生产要素由市场评价贡献、按贡献决定报酬的机制，强化以增加知识价值、技术价值和相关价值为导向的利益分配，鼓励先进，促进效率，最大限度激发活力，又防止两极分化，保障各种劳动者的合理利益分配，使各相关者共享土地上的经济利益。

（三）重视国家的有限性及复杂性

对参与土地经济利益分配和调节的国家作用不能理想化。国家参与土地经济利益分配和调节的形式及内容是多样复杂的，包括实行土地使用许可、土地租息管制、土地征收补偿、土地债券发行、土地财政管理和土地金融监管，包括建立良好的土地税收体系和土地税收制度等。在实践中，要明确国家及其机构发挥作用的主要形式、具体内容、前提条件和隐含假设等，让国家在有限政府框架内更好发挥作用，积极重视防控“国家失败”[①]或“政府失灵”[②]，确保国家制度实施结果与制度设计预定目标保持一致。一方面，国家及其机构发挥作用需要投入稀缺资源，包括必要的人力、财力、物力、技术、信息等，不是免费、无成本和必然成功的，而是有成本费用、有代价和有风险的。另一方面，国家及其机构发挥作用需要严守公共规则，包括制定法律政策，明确责任、权利和利益边界等。

（四）强化土地管理数据及科技支撑保障

国家更好地发挥作用需要不断强化土地管理数据及科技支撑保障。国家参与土地经济利益分配和调节的重要基础是获取及时、准确、全面的信息数据。要把强化土地管理数据及科技支撑保障作为国家土地利用管理制度的重要内容。由于个人或单位之间的信息不对称以及可能存在相关利益，做好这项工作必须由国家及其机构牵头，从源头入手深入考虑，优化土地登记、利用和管理业务流程，应用信息化、工业化、智能化等现代科技革命成果，重视基础数据的采集、规范、处理、提供和管理，建立和完善对土地及利用人信息进行登记备案的工作平台和数据系统，加强现代化科技支撑保障。在实践中，要重视提高土地的国家管理制度设计水平，在制度中广泛考虑各种影响因素，合理引入条件并进行关联组合，明确各有关部门、单位和个人在组织提供信息数据方面的内容、形式和责任，有计划、有步骤、有组织地实施，推进现代科技成果应用，不断积累基础数据、丰富数据指标、完善数据形式、更新数据内容，为国家参与土地经济利益分配和调节提供决策依据与基础支撑。

---

① 一个可能的原因是汲取性和包容性制度的区别以及制度转变。参见〔美〕德隆·阿西莫格鲁、詹姆斯·A.罗宾逊著，李增刚译，徐斌校：《国家为什么会失败》，湖南科学技术出版社 2015 年版。

② 主要问题是政府的能力问题、不完全信息问题、激励约束问题、政府的浪费问题、政府预算和支出程序的效率问题、政府行动的意外后果问题等。参见秦中春：《引入农产品目标价格制度的理论、方法与政策选择》，中国发展出版社 2015 年版。

参考文献

[1] 艾四林，曲伟杰.《共产党宣言》导读.北京：中国民主法制出版社，2012

[2] 毕宝德主编.土地经济学（第6版）.北京：中国人民大学出版社，2011

[3] 蔡继明.中国的现代化、城市化与农地制度改革探析.经济前沿，2015（1）

[4] 蔡继明，祈梅主编.论中国土地制度改革——中国土地制度改革国际研讨会论文集.北京：中国财政经济出版社，2009

[5] 陈太先，魏方，潘信中.台湾土地问题研究.广州：广东省地图出版社，1995

[6] 陈锡文.农村改革的回顾和当前存在的问题.搜狐财经，2003年10月30日

[7] 陈锡文.从改革开放四十年看乡村振兴战略的提出.行政管理改革，2018（4）

[8] 陈锡文.中国农村改革：回顾与展望（校订本）.北京：知识产权出版社，2020

[9] 陈锡文，韩俊主编.乡村振兴制度性供给研究.北京：中国发展出版社，2019

[10] 陈业主编，陈寿山副主编.新加坡土地管理制度考察.北京：地震出版社，1992

[11] 陈志武著.财富是怎样产生的.北京：中国政法大学出版社，2005

[12] 董藩，徐青，刘德英，秦凤伟主编.土地经济学.北京：北京师范大学出版社，2010

[13] 杜润生.杜润生自述：中国农村重大决策变革纪实.北京：人民出版社，2005

[14] 樊勇明，杜莉.公共经济学.上海：复旦大学出版社，2001

[15] 方竹兰.重建劳动者个人所有制论.上海：生活·读书·新知上海三联书店，1997

[16] 甘藏春.一部关系中华民族可持续发展的重要法律——《中华人民共和国土地管理法》修订简介.人大工作通讯，1998（19）

[17] 甘藏春.以制度创新推动社会经济发展——重温《土地管理法》的全面修订.国土资源，2011（10）

[18] 甘藏春主编.社会转型与中国土地管理制度改革.北京：中国发展出版社，2014

[19] 甘藏春等.当代中国土地法若干重大问题研究.北京：中国法制出版社，2019

[20] 高延利，樊志全，朱留华主编.澳大利亚土地登记——国土资源部赴澳大利亚昆士兰州考察报告.北京：中国大地出版社，2007

[21] 国家发展和改革委员会.全国及各地主体功能区规划.北京：人民出版社，2015

[22] 国家土地总督察办公室，国家土地督察西安局，中国国土资源经济研究院．农村土地制度改革土地增值收益分配研究.2017 年 12 月

[23] 国务院发展研究中心农村经济研究部．集体所有制下的产权重构．北京：中国发展出版社，2015

[24] 《光明日报》特约评论员．实践是检验真理的唯一标准．光明日报，1978 年 5 月 11 日

[25] 韩俊等．农村市场经济体制建设．南京：江苏人民出版社，1998

[26] 韩俊．中国经济改革 30 年：农村经济卷．重庆：重庆大学出版社，2008

[27] 何正斌编著．经济学 300 年（第三版）．长沙：湖南科技出版社，2009

[28] 洪朝辉．经济转型时期的政治冲突和妥协——关于美国《宅地法》立法进程的历史思考（1785-1862）．世界历史，1990（6）

[29] 洪荞．英国土地法悖论研究．北京：中国人民大学出版社，2017

[30] 华生．中国改革做对的和没做的．北京：东方出版社，2012

[31] 华生．城市化转型与土地陷阱．北京：东方出版社，2014

[32] 华生．新土改——土地制度改革焦点难点辨析．北京：东方出版社，2015

[33] 黄奇帆．关于建立房地产基础性制度和长效机制的若干思考．经济观察报，2017 年 5 月 28 日

[34] 黄中廷，陈涛主编．从共同共有到按份共有的变革．北京：中国农业出版社，2003

[35] 黄中廷．农村集体经济产权制度研究．北京：新华出版社，2007

[36] 黄贤金等编著．土地制度和政策研究导引．南京：南京大学出版社，2016

[37] 胡维哲编校．农地农舍与休闲农业相关法规实务．教育之友文化，2011 年 11 月

[38] 简新华．为什么我国实行土地私有制是有害的？．红旗文稿，2013（19）

[39] 金德群．中国国民党土地政策研究（1905-1949）．北京：海洋出版社，1991

[40] 李超玲．公司法人特征与公司治理困境问题解决机制研究．中南大学，2008

[41] 李剑阁主编．中国新农村建设调查．上海：上海远东出版社，2007

[42] 李铁映．关于土地使用制度改革和土地管理的几点意见．载于改革开放探索．北京：中国人民大学出版社，2008

[43] 李石强．要素异质性视角下的企业建立与租金分配研究．北京：中国经济出版社，2014

[44] 厉以宁．中国经济改革与股份制．北京：北京大学出版社，1992

[45] 厉以宁．股份制与现代市场经济．南京：江苏人民出版社，1994

[46] 厉以宁．经济・文化与发展．北京：生活・读书・新知三联书店，1996

[47] 厉以宁．转型发展理论．北京：同心出版社，1996

[48] 厉以宁．中国经济双重转型之路．北京：中国人民大学出版社，2013

[49] 林毅夫．制度、技术与中国农业发展．上海：上海三联书店，上海人民出版社，1992

[50] 林毅夫．再论制度、技术与中国农业发展．北京：北京大学出版社，2000

[51] 刘国光主编 . 中国经济体制改革的模式研究 . 北京：中国社会科学出版社，1988

[52] 刘俊 . 中国土地法理论研究 . 北京：法律出版社，2006

[53] 刘俊 . 土地所有权国家独占研究 . 北京：法律出版社，2008

[54] 刘鹤主编 . 两次全球大危机的比较研究 . 北京：中国经济出版社，2013

[55] 刘礼欣 . 固定资产投资的理论与实践 . 北京：中国财政经济出版社，1987

[56] 刘尚希 . 财政政策要为改革注入“确定性”. 中国经济时报，2018 年 7 月 16 日

[57] 刘守英 . 直面中国土地问题 . 北京：中国发展出版社，2014

[58] 刘艳中，陈勇 . 土地利用总体规划 . 北京：中国地质大学出版社，2014

[59] 卢超著 . 规制、司法与社会团结——美国土地开发负担政策的考察 . 上海：上海人民出版社，2016

[60] 罗重谱 . 我国农村土地产权制度变迁与创新研究 ——基于制度经济学的视角 . 地方财政研究，2009（3）

[61] 马克思和恩格斯选集（第 1 卷）. 北京：人民出版社，1995

[62] 马克思恩格斯全集（第 23 卷）. 北京：人民出版社，1972

[63] 茅于轼 . 财富是如何创造的 . 郑州：郑州大学出版社，2006

[64] 茅于轼 . 道德 经济 制度 . 郑州：河南人民出版社，2002

[65] 南路明，肖志岳 . 中华人民共和国地产法律制度——土地制度改革及土地使用权出让转让 . 北京：中国法制出版社，1991

[66] 彭真怀 . 三农问题需顶层制度设计 . 人才开发（沪），2012（1）

[67] 蒲坚 . 解放土地——新一轮土地信托化改革 . 北京：中信出版社，2014

[68] 秦中春 . 农村土地集体所有制的阶段性特征考量 . 改革，2015（10）

[69] 秦中春 . 新养老金经济学 . 北京：清华大学出版社，2014

[70] 秦中春 . 引入农产品目标价格制度的理论、方法与政策选择 . 北京：中国发展出版社，2015

[71] 秦中春 . 治疆逻辑——新疆的长治久安和现代化治理研究 . 北京：中国发展出版社，2017

[72] 芮明杰主编 . 管理学：现代的观点 . 上海：世纪出版集团，1999

[73] 《人民日报》特约评论员 . 贯彻执行按劳分配的社会主义原则 . 北京：人民出版社，1978

[74] 夏方舟，杨丹凤，严金明 . 国外土地银行与土地储备的制度比较研究 . 四川理工学院学报（社会科学版），2015（5）

[75] 盛洪主编 . 现代制度经济学（上、下集）. 北京：北京大学出版社，2003

[76] 盛洪著 . 治大国如烹小鲜—关于政府的经济学 . 上海：上海三联书店，2003

[77] 盛洪主编 . 为什么制度重要 . 郑州：郑州大学出版社，2004

[78] 盛洪主编 . 中国的过渡经济学 . 上海：格致出版社、上海三联书店、上海人民出版社，2009

[79] 盛洪著 . 长城与科斯定理 . 上海：上海远东出版社，2011

[80] 宋志红．中国农村土地制度改革研究——思路、难点与制度建设．北京：中国人民大学出版社，2017

[81] 孙立平．从社会结构的角度看问题．个人微信公众号：孙立平社会观察，2018年5月16日

[82] 孙佑海．《土地管理法》1998年修订之回顾．中国环境法制，2008（001）

[83] 深圳市规划国土发展中心编著．深圳市土地资源．北京：科学出版社，2019

[84] 谢明．政策透视——政策分析的理论与实践．北京：中国人民大学出版社，2004

[85] 徐远等．深圳新土改．北京：中信出版集团，2016

[86] 夏业良．制度是怎样炼成的．天津：天津人民出版社，2002

[87] 许文昌编著．不动产经济学．中国台北：文生书局，1991

[88] 许文昌著．土地经济学新论．中国台北：文生书局，1991

[89] 唐在富．中国政府土地相关收入的财政学属性分析——兼论土地出让收入与房地产税并存的理论依据．发展研究，2013（11）

[90] 王辰昊．借鉴国内外经验 完善天津滨海新区土地储备制度．中国房地产，2009（10）

[91] 王沪宁主编；林尚立，孙关宏副主编．政治的逻辑——马克思主义政治学原理．上海：上海人民出版社，2004

[92] 王加春，王萌．固定资产管理体制改革30年．经济研究参考，2008（49）

[93] 王加春．固定资产投资．北京：中国金融出版社，改革出版社，1993

[94] 王守智，吴春岐．土地法学．北京：中国人民大学出版社，2011

[95] 吴次芳，宋戈编著．土地利用学．北京：科学出版社，2009

[96] 吴振宇．经济思想中的动态观念：从剩余到均衡．北京：中国发展出版社，2017

[97] 文贯中．吾民无地：城市化、土地制度与户籍制度的内在逻辑．北京：东方出版社，2014年

[98] 肖金成．我国土地产权制度研究．经济要参，2006（74）

[99] 徐俊忠．农业合作化时期毛泽东农治思想及其历史回响．东岳论处，2013（9）

[100] 杨重光，吴次方．中国土地使用制度改革10年．北京：中国大地出版社，1996

[101] 杨家兴．马克思主义人学视阈下的幸福观．理论界，2011（9）

[102] 叶兴庆．合理界定农地所有权、承包权和经营权．国务院发展研究中心调查研究报告择要，2003（155）

[103] 周诚．土地经济问题．广州：华南理工大学出版社，1997

[104] 周诚．土地经济学原理．北京：商务印书馆，2003

[105] 周其仁，杜鹰，邱继成．发展的主题．成都：四川人民出版社，1987

[106] 周其仁．真实世界的经济学．北京：中国发展出版社，2002

[107] 周其仁．产权与制度变迁——中国改革的经验研究．北京：社会科学文献出版社，2002

[108] 周其仁．收入是一连串事件．北京：北京大学出版社，2006年10月。

[109] 周其仁 . 城乡中国（上）. 北京：中信出版社，2013

[110] 周其仁 . 城乡中国（下）. 北京：中信出版社，2013

[111] 周其仁 . 改革的逻辑 . 北京：中信出版社，2013

[112] 张中华，谢进城 . 投资学 . 北京：中国统计出版社，2001

[113] 张军 . 中央计划经济下的产权与制度变迁理论 . 经济研究，1993（5）

[114] 张军 . 制度、组织与中国的经济改革 . 上海：上海财经大学出版社，2004

[115] 张培刚，厉以宁 . 宏观经济学和微观经济学 . 北京：人民出版社，1980

[116] 赵燕青 . 战略与选择：中国城市化道路回顾 . 城市规划，1990（3）

[117] 赵燕菁 . 土地财政与政治制度 . 北京规划建设，2013（4）

[118] 赵燕菁 . 农地改革与城市化 . 北京规划建设，2013（5）

[119] 赵燕菁 . 重新研判土地财政 . 第一财经日报，2013 年 5 月 13 日

[120] 赵燕菁 . 土地财政 : 历史、逻辑与抉择 . 城市发展研究，2014（1）

[121] 赵燕菁 . 国家信用与土地财政——面临转型的中国城市化 . 城市发展研究，2016（12）

[122] 郑诗华 . 中国台湾及日本农地政策与管理制度之研究 . 台湾：丰年社，1991

[123] 左大培，杨春学 . 经济增长理论模型的内生化历程 . 北京：中国经济出版社，2007

[124] 张玥，黄河 . 深圳新土改：城中村“更新”博弈 . 南方周末，2014 年 8 月 14 日

[125] 赵燕青 . 城市规划、土地利用规划与主体功能区规划——国家视角的国土空间规划，澎湃新闻，政务：中国城市中心 2020 年 11 月 8 日

[126] 中国发展研究基金会编 . 农村土地制度改革与基层治理 . 北京：社会科学文献出版社，2018

[127] 中国社会科学院农村发展研究所“农村集体产权制度改革研究”课题组 . 关于农村集体产权制度改革的几个理论和政策问题 . 中国农村经济，2015 年 2 期

[128] 中共中央文献编辑委员会 . 毛泽东选集（第一卷至第四卷）. 北京：人民出版社，1991

[129] 中共中央毛泽东主席著作出版编辑委员会 . 毛泽东选集（第五卷）. 北京：人民出版社，1977 年 4 月

[130] 〔德〕卡尔 · 马克思著；曾灵先等编译 . 资本论 . 北京：商务印书馆，2007

[131] 〔德〕马克思，恩格斯著；陈望道译 . 共产党宣言 . 社会主义研究社，1920 年 9 月

[132] 〔法〕H. 蒙德拉斯著；李培林译 . 农民的终结 . 北京：中国社会出版社，1991

[133] 〔加〕简 · 雅各布斯著；金衡山译 . 美国大城市的死与生 (纪念版). 上海：译林出版社，2006

[134] 〔加〕简 · 雅各布斯著，金衡山译 . 美国大城市的生死 . 南京：译林出版社，2006.

[135] 〔美〕道格拉斯 · 诺斯，罗伯斯 · 托马斯著；厉以平，蔡磊译 . 西方世界的兴起 . 北京：华夏出版社，2009

[136] 〔美〕埃里克 · 弗鲁博顿，〔德〕鲁道夫 · 芮切特著；姜建强，罗长远译 . 新制度经济学——一个交易费用分析范式 . 上海：格致出版社、上海三联书店、上海人民出版社，2006

[137] 〔美〕阿瑟·刘易斯．经济增长理论．北京：商务印书馆，2010

[138] 〔美〕杰克·哈维，厄尼·乔赛著；夏业良译．城市土地经济学（第6版）．福州：福建人民出版社，2012

[139] 〔美〕康芒斯著；于树生译．制度经济学（上、下册）．北京：商务印书馆，1962

[140] 〔美〕劳埃德·雷诺兹．微观经济学——分析和政策．北京：商务印书馆，1982

[141] 〔美〕劳埃德·雷诺兹．宏观经济学——分析和政策．北京：商务印书馆，1983

[142] 〔美〕雷利·巴洛维著；谷树忠等译．土地资源经济学——不动产经济．北京：北京农业大学出版社，1989

[143] 〔美〕路易斯·普特曼，兰德尔·克洛茨纳编，孙经纬译．企业的经济性质．上海：上海财经大学出版社，2000

[144] 〔美〕伊利·莫尔豪斯著．土地经济学原理．北京：商务印书馆，1982

[145] 〔美〕罗纳德·哈里·科斯著，盛洪、陈郁译：企业、市场与法律．上海：格致出版社、上海三联书店、上海人民出版社，2009

[146] 〔美〕马斯洛著；许金生，刘锋等译．自我实现的人．北京：生活·读书·新知三联书店，1987

[147] 〔美〕曼昆．经济学原理．北京：机械工业出版社，2003

[148] 〔美〕迈克尔·波特著．竞争优势．北京：华夏出版社，1997

[149] 〔美〕迈克尔·波特著．国家竞争优势．北京：华夏出版社，2002

[150] 〔美〕亚伯拉罕·哈罗德·马斯洛著．动机与人格．西安：陕西师范大学出版社，2010

[151] 〔美〕约瑟夫·斯蒂格利兹著，曾强、何志雄译．政府经济学．北京：春秋出版社，1988

[152] 〔美〕罗纳德·哈里·科斯著，盛洪、陈郁译校．企业、市场与法律．上海：格致出版社、上海三联书店、上海人民出版社，2009

[153] 〔美〕斯蒂格利兹.21世纪中国与全球化的世界经济，中国经济学教学科研网，http://economics. efnchina.com/show-2201-35935-1.html

[154] 〔美〕克拉克著，李淑萍译．应该读点经济史．北京：中信出版社，2009

[155] 〔美〕奥利弗·E威廉姆森，西德尼·G·温特编，姚海鑫、邢源源译著．企业的性质：起源、演变和发展，北京：商务印书馆，2007

[156] 〔日〕速水佑次郎，〔美〕弗农拉坦著；郭熙保，张进铭等译．农业发展的国际分析：补充修订版．北京：中国社会科学出版社，2000

[157] 〔日〕小川竹一．中国集体土地所有权与总有论，原文发表于《岛大法学》，第49卷4号（2006年3月），中文译文发表于《法学思潮》，2006年第2卷第2期

[158] 〔英〕阿尔弗雷德·马歇尔著．经济学原理．北京：人民日报出版社，2009

[159] 〔英〕加雷斯·D.迈尔斯著；匡小平译．公共经济学．北京：中国人民大学出版社，2001

[160] 〔英〕亚当·斯密著；杨敬年译．国富论（上·下卷）．西安：陕西人民出版社，2001

[161] 〔英〕亚当·斯密著.国富论.上海：译林出版社，2016

[162] Martin Dixon：*Modern Land law*（*Seventh edition*），Loutledge，2010

[163] A. C.Picou,M.A. Socialism Versus Capitalism，Macmillan and Co.,Limited,1937

[164] WARREN WEAVER. Science and Complexity [J].American Scientist,1948. 36(4).

后　记

中国土地问题重要而复杂，把土地问题解决好关系全局和长远。从现代经济学入手，特别是从现代制度经济学的角度，针对土地作为一个经济物品所特有的准公共物品性质，建立一个良好的理论框架，促进人们提高认识、转变观念、统一思想、协调行动，科学认识问题，准确提出问题，合理界定问题，客观分析问题，推进从根本上解决问题，意义重大。这也是近年来我作为国务院发展研究中心研究人员在从事政策咨询研究方面的一个小的心愿。

经济学的基本理论是重要的。没有理论就没有高度、全局和长远。恩格斯有一句名言:“一个民族要想站在科学的最高峰，就一刻也不能没有理论思维”。经济政策产生于经济理论，而绝不是倒过来。北京大学光华管理学院教授厉以宁曾经指出，一部经济学说史清楚地表明，任何一个时代的经济学家，如果要做出成绩，都需要端正经济理论和经济政策的关系。他只有不把自己的任务局限在对现行经济政策的解释，才能在研究中有所突破，才能取得理论研究的新进展。经济学界面临的任务是重大的，他们一要脚踏实地，从国情出发，二要解放思想，勇于探索新问题。经济学界除了应当知道经济部门当前正在考虑什么，正在着手制定什么样的政策以外，更应当知道经济部门忽略了什么、没有考虑到什么。这就是说，即使以政策研究而论，经济学界也应当“想政府之所想，急政府之所急”。对于一些志在为国家服务、站得更高、看得更远的学者而言，还应当“想政府之未想，急政府之未急”。

理论研究常常走在实践之前。理论是一套科学化、系统化、观念化的复杂知识体系，是人们认识问题、分析问题和解决问题的思想方法和工作方法，是人们不断提出假设观点并在实践中验证假设的精练过程。经济学是在不断的假设和不断的验证之中前进的。经济学中的一切理论观点，在它们刚被提出时，都可以看成一种假设，这种假设有可能是正确的，也有可能是错误的，它的真正命运取决于它以后能否经得起实践的检验。如果经不起实践检验，很快会烟消云散，只会成为经济学说史上一个小小的插曲。只有经得起实践检验，才有可能发展壮大，乃至成为完整的学说体系。北京大学国家发展学院教授、名誉院长林毅夫先生深刻地指出，经济理论的作用就像一张地图，地图不是真实世界本身，而是帮助我们了解周遭的环境以及下一步如何往前、往后、往右或往左会遇到什么新景象，地图一定要有一定的抽象或简化，但如果把重要的地标忽略了或画错了，经常会造成人们行动的失误。

好的理论必须与实践深度结合。理论建构需要解放思想、深入实践和解决问题。解放思想对于完善和创新土地经济学是重要的。人的知识是从学习、思考和实践中来的，无论任何人，都是在改造客观世界的同时，改造主观世界，从而不断吸纳知识，也不断创造新知识。深入实践和解决问题对于完善和创新土地经济学也是重要的。随着中国特色社会主义进入新时代，在土地制度方面存在一系列深层次问题和现实难题亟待破解，这是中国土地经济学的发展必须探讨的课题和承担的任务。要以更加宽阔的视野、以更加长远的眼光、更深入的层次，加强学习、辩证思考，统一思想、提高认识，更加主动地开放、尊重和包容实践，统筹考虑组织生产发展的实践活动、处理社会关系的实践活动和开展科学实验的实践活动，积极推动实践，坚持实践是检验真理的唯一标准，用实践的成果来完善和创新理论体系，不断提高用科学理论指导来提出问题、界定问题、分析问题和解决问题的能力和水平。

目前中国的经济社会发展已经进入新的伟大征程。2021 年是中国共产党成立一百周年，也是党领导人民全面建成小康社会、实现第一个百年奋斗目标，向全面建设社会主义现代化强国的第二个百年奋斗目标迈进的具有里程碑意义的一年。2021 年中央经济工作会议提出，经济社会发展是一个系统工程，党领导经济工作必须尊重客观实际和群众需求，必须有系统思维、科学谋划，必须综合考虑政治和经济、现实和历史、物质和文化、发展和民生、资源和生态、国内和国际等多方面因素。希望本书的研究和出版能够为党为国为民做一点有意义的小事，为推进新时代中国土地制度的深化改革和全面建设社会主义现代化强国提供一些理论参考和实践借鉴。

本书的研究、写作和出版，得到了很多专家学者、朋友和家人的大力支持和帮助，他们提出了一些很好的意见和建议，在此表示衷心感谢！本书中的观点是我从学术研究的角度独立提出的，仅供学术界和政策制定领域参考。由于个人能力水平有限，一些分析可能有不当之处，文字上也难免存在疏漏，欢迎各位专家、学者、读者不吝赐教和批评指正。

秦中春

2021 年 12 月